Réflexe

# BTS
1re année

# CULTURE ÉCONOMIQUE, JURIDIQUE ET MANAGÉRIALE

NOUVEAU PROGRAMME

3e ÉDITION

Pierre Arcuset
Nancy Baranes
Caroline Bayle
Alexandra Bucher
Isabelle Delzant
Hélène Dugier
Pascale Larue
Olivia Lenormand
Xavier Le Ven
Patrick Mercati
Théodore Papa

## Avec ce livre, une licence i-MANUEL 2.0

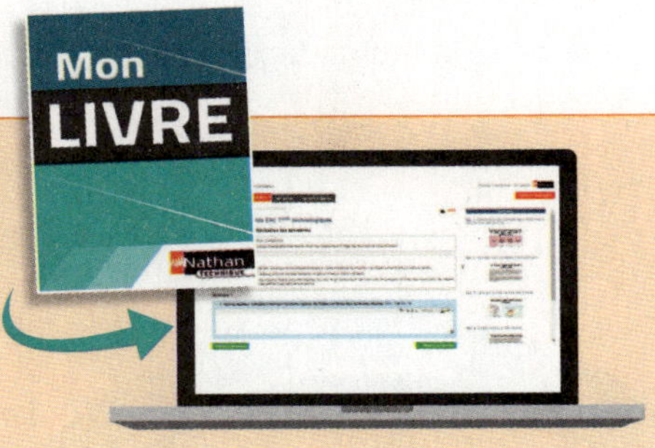


### Le i-Manuel 2.o, un outil simple d'utilisation qui reprend l'ensemble des contenus de ce livre sous forme numérique et interactive.

**Il permet d'accéder au contenu de ce manuel à tout moment et en tout lieu sur un ordinateur ou une tablette.** L'utilisateur peut donc passer du papier au numérique et choisir le support qui lui convient le mieux selon le travail à faire et le lieu où il se trouve.

### Une véritable interactivité entre l'enseignant et sa classe

- **Vidéoprojeter** en classe les activités, les documents et les corrections pour animer les cours et travailler collectivement.
- N **Feuilleter le livre papier enrichi et le télécharger** pour un usage sans connexion.
- N Bénéficier d'**une banque de ressources.**
- **Piloter la classe** en assurant le suivi du travail des élèves à distance et en cours (recevoir et envoyer du travail, faire des commentaires, intervenir en temps réel).
- **Intégrer et envoyer à la classe**, à un ou plusieurs élèves, **des documents personnels**.
- **Afficher les corrigés** ou la correction individuelle du travail de l'élève.
- **Imprimer** les documents nécessaires pour mettre les élèves en **situation d'examen**.

### Des fonctionnalités innovantes pour favoriser l'intérêt, la motivation et l'implication des élèves

- **Saisir les réponses** en travaillant sur ordinateur ou tablette.
- **Faire les activités et les exercices**, préparer ou réviser le cours **en classe ou à la maison**.
- **Accéder** aux **ressources numériques**, vidéos, fichiers élèves (Word, Excel, GeoGebra...).
- **Sauvegarder** au **format Word** le travail effectué dans un dossier (classeur).
- **Envoyer le travail** au professeur.
- **S'enregistrer** pour les activités orales.
- **S'auto-évaluer**.

**Toutes les infos et les tutos sur www.nathan.fr/i-manuel2**

## Avec ce livre, des ressources numériques en accès direct

**Flashez les QR Codes avec votre smartphone ou saisissez les mini-liens associés** pour accéder à des vidéos, animations, QCM...

N° de projet : 10288654 - Dépôt légal : avril 2023
Imprimé en mars 2023 en France par FOT Imprimeurs

# Sommaire

## THÈME 1 — PANIER DE CAMPAGNE
## L'intégration de l'entreprise dans son environnement



## THÈME 2 — FREE
## La régulation de l'activité économique



## THÈME 3 — TEE-SHIRT DE FRANCE
## L'organisation de l'activité de l'entreprise

## CRÉDITS PHOTOS :

**Sauf indication contraire, toutes les illustrations proviennent de stock.adobe.com**
**p. 6 :** pressmaster ; **p. 7 :** Werner Lerooy/Shutterstock ; **p. 8 :** Julien Eichinger ; **p. 9 haut :** esOlex ; **bas :** Monkey Business ; **p. 10 :** pixelheadphoto ; **p. 11 :** adisa ; **p. 12 :** . Luoxi/Shutterstock ; **p. 13 :** djile ; **p. 14 haut :** Pictures news ; **milieu gauche :** philipus ; **milieu droite :** goodluz ; **bas :** illustrez-vous ; **p. 15 :** Mike Fouque ; **p. 17 :** pixarno ; **p. 19 :** olrat/Shutterstock ; **p. 20 haut :** iQoncept ; **bas :** Industrieblick ; **p. 21 :** lukaspuchrik ; **p. 23 :** Eyesonmilan/Shutterstock ; **p. 26 :** Jackin ; **p. 27 :** Yuri Gubin ; **p. 29 haut :** eleonimages; **bas :** Tobias Arhelger ; **p. 33 :** VanderWolf Images/Shutterstock ; **p. 34 :** fizkes ; **p. 35 :** Jacob Ammentorp Lund ; **p. 36 :** DEBORDE Jean_michel ; **p. 37 :** mbruxelle ; **p. 38 :** Christian BERND ; **p. 40 :** Alex Yeung ; **p. 42, haut :** Gajus ; **bas :** Adam Gregor ; **p. 43 :** candy1812 ; **p. 45 :** Chlorophylle ; **p. 47 :** Flamingo Images ; **p. 48 haut :** alphaspirit ; **bas :** studio4pic ; **p. 49** : pressmaster ; **p. 50 haut :** Olivier Le Moal ; **bas :** adisa ; **p. 51 :** Dirima ; **p. 52 haut gauche :** hurca.com ; **haut droite :** JKstock ; **bas :** Syda Productions ; **p. 53 :** pressmaster ; **p. 54 haut :** Monkey Business ; **p. 55 :** © Moustache Bikes ; **p. 57 :** Jérôme Rommé ; **p. 58 :** coldwaterman ; **p. 59 :** rigaccidenio ; **p. 60 :** www.airfranceklm.com ; **p. 61 :** pressmaster ; **p. 64 :** Premier Photo/Shutterstock ; **p. 65 :** Stéphane Peneaud Design graphique communication pour Léa Nature ; **p. 67 :** seiler ; **p. 74 haut :** Maridav ; **bas :** Patrick J. ; **p. 75 :** Stihl024 ; **p. 76 :** oceane ; **p. 77 :** WavebreakmediaMicro ; **p. 78 :** I Viewfinder ; **p. 80 :** Atlantis ; **p. 81 :** cassis ; **p. 83 :** Tanusha ; **p. 84 :** Florence Piot ; **p. 85 haut :** Patryk Kosmider ; **bas :** Marina Zlochin ; **p. 89 :** Obatala-photography/Shutterstock ; **p. 93 :** Gamut ; **p. 94 :** Andrey Popov ; **p. 95 :** joel_420 ; **p. 96 haut :** Zoran Zeremski ; **bas :** Parato ; **p. 97 haut :** Red_Shadow/Shutterstock ; **bas :** Benjamin Sibuet ; **p. 98 :** WavebreakmediaMicro ; **p. 100 :** Sergii Figurnyi ; **p. 101** : Leonid Andronov ; **p. 105 haut** : WavebreakMediaMicro ; **bas :** Denis Kuvaev/Shutterstock ; **p. 106 :** zozzzzo ; **p. 107 haut :** Petair ; **bas :** Галина Сандалова ; **p. 109 :** VanderWolf Images ; **p. 110 :** rafapress/Shutterstock ; **p. 111 haut :** ra2 studio ; **bas :** tiero ; **p. 112 :** BillionPhotos.com ; **p. 113 haut :** boykung ; **bas :** Nonwarit ; **p. 114 :** Olivier Le Moal ; **p. 116 haut :** Alexandros Michailidis/Shutterstock ; **bas :** M.studio ; **p. 117 haut :** Andrey Kiselev ; **bas :** syahrir ; **p. 119 :** Benjamin Sibuet/Shutterstock ; **p. 120 :** Alessio Orrù ; **p. 121 :** Martinan ; **p. 122 haut :** Вадим Пастух ; **bas :** Olga Besnard/Shutterstock ; **p. 123 haut de gauche à droite :** Scanrail ; NicoElNino ; Mike Fouque ; **bas :** Concept web Studio ; **p. 124 :** T. Schneider/Shutterstock ; **p. 125 :** wladimir1804 ; **p. 127 :** avec l'aimable autorisation de Tomogrow ; **p. 138 :** Auttapon Moonsawad ; **p. 139 :** kichigin19 ; **p. 140 haut :** Jerome Kundrotas/Shutterstock ; **p. 140 bas :** underverse ; **p. 141 haut :** Gamut ; **bas :** Photostocker ; **p. 142 :** pengyou92/Shutterstock ; **p. 144 :** pp1mbp ; **p. 145 :** -Misha ; **p. 146 :** zhu difeng ; **p. 147 :** Patagonia ; **p. 148 haut :** Seraj Mahmoud/Shutterstock ; **p. 148 bas :** HongKi ; **p. 149 :** emirhankaramuk/Shutterstock ; **p. 153 :** Oliver Nowak ; **p. 154 :** chris32m ; **p. 155 :** FotoIEdhar ; **p. 156 :** Marc Chesneau, Brian Jackson ; **p. 159 :** Freedomz ; **p. 160 :** Svitlana ; **p. 162 haut :** Jacob Ammentorp Lund ; **p. 162 bas :** fizkes ; **p. 163 :** Alexi Tauzin ; **p. 164 :** JackF ; **p. 169 :** volant ; **p. 170 haut :** Ivan Traimak, **bas :** Rawf8 ; **p. 171 haut :** maxhalanski, **bas :** Kaspars Grinvalds ; **p. 172 haut :** AlcelVision ; **bas :** PJDespa ; **p. 173 :** Robert Przybysz ; **p. 174 :** romaset ; **p. 175 :** Joe Gough, omphoto ; **p. 177 :** Leonid Andronov, photocrew ; **p. 178 :** Kaspars Grinvalds ; **p. 179 :** ThamKC ; **p. 181 :** sylv1rob1, juan_aunion ; **p. 183 :** s4svisuals ; **p. 184 :** constrastwerkstatt ; **p. 185 :** chika_milan ; **p. 186 :** northallertonman Shutterstock ; **p. 187 :** Gilles Paire ; **p. 188 :** Jean-Claude Moschetti/REA ; **p. 191 :** artinspiring ; **p. 192 :** max3d007 ; **p. 194 :** Gecko Studio, Robert Kneschke ; **p. 195 :** Whitevector/Shutterstock ; **p. 197 :** chika_milan ; **p. 198 haut :** Jan Engel, **bas :** zinkevych ; **p. 199 :** luckybusiness, chika_milan ; **p. 203 :** deagreez ; **p. 204 :** Rido, folienfeuer ; **p. 205 :** avec l'aimable autorisation d'AMI ; **p. 206 :** Chany167 ; **p. 209 :** Sergey Ryzhov ; **p. 211 :** Looker_Studio

**INFOGRAPHIES :** Vincent Landrin, Alexandre Leguedey

**Édition :** Samuel Briand-Favard / Marine Riem, Florence Terrasse
**Conception maquette :** Aude Paradis, Graph'M
**Conception couverture :** Vincent Rioult
**Mise en pages :** Graph'M
**Coordination artistique :** Vincent Rioult
**Fabrication :** Emmanuelle Perrier
**Code éditeur :** 911915


ISBN : 978-2-09-501885-6

# THÈME 1

# L'intégration de l'entreprise dans son environnement

Question :

## Comment s'établissent les relations entre l'entreprise et son environnement économique ?



Question :

## Comment les contrats sécurisent-ils les relations entre l'entreprise et ses partenaires ?



Question :

## De quelle manière l'entreprise s'inscrit-elle dans son environnement ?

THÈME 1

# L'intégration de l'entreprise Panier de Campagne dans son environnement

**Pour renouer avec la simplicité et la proximité !**
**Pour redonner de la vitalité à nos campagnes !**
**Pour améliorer notre qualité de vie !**

**CONTEXTE DE L'ENTREPRISE**

## Panier de Campagne

La start-up Panier de Campagne développe un projet solidaire pour apporter au cœur des villages les services de proximité dont les habitants ont besoin, dans un lieu de vie et de rencontres.

Des commerces multiservices utilisent les outils pratiques et modernes de commercialisation au profit d'une offre durable.

Panier de Campagne propose des « services et produits d'ici, pour simplifier la vie » :
– des produits locaux favorisant les circuits courts et les savoir-faire artisanaux ;
– des services de proximité : La Poste, Retrait Colis, cordonnerie, pressing, repassage, livres… ;
– un espace salon de thé et petite restauration avec les produits de la boutique ;
– une e-boutique (www.panierdecampagne.fr) avec service de livraison ;
– des animations et un point wi-fi.

Panier de Campagne s'inscrit dans l'économie sociale et solidaire. Son ambition est de créer un modèle de commerces durables en franchise, organisés en réseaux, afin que des centaines d'entrepreneurs créent des « Panier de Campagne » dans tous les villages de France.

Son **développement** en Région Occitanie :
– 2015 : ouverture d'une première boutique à Laguiole (1 250 habitants), vers Rodez, dans l'Aveyron (12) ;
– 2016 : ouverture d'une deuxième boutique à Burlats (1 821 habitants), près de Castres, dans le Tarn (81) ;
– 2017 : ouverture d'une troisième boutique à Quillan (3 540 habitants), près de Limoux, dans l'Aude (11), etc.

Aujourd'hui, l'entreprise Panier de Campagne compte 10 boutiques et un effectif de 48 collaborateurs.

Chaque point de vente Panier de Campagne est composé d'une équipe de trois ou quatre personnes : un gérant, deux employés, un stagiaire éventuel.

***Les partenaires de l'entreprise Panier de Campagne***

Pour mener à bien son projet, l'entreprise a noué des liens avec des partenaires clés, comme La Poste et la SNCF. Elle possède un réseau de fournisseurs locaux : des maraîchers, des éleveurs, des viticulteurs… Aujourd'hui, elle recrute des responsables de magasin pour gérer les nouveaux points de vente créés et recherche de nouveaux partenaires financiers pour assurer son développement et pour que les futurs commerces se créent à travers un réseau de franchise.

**Comment les relations de l'entreprise Panier de Campagne avec ses différents acteurs lui permettent-elles de se créer, de se développer et d'assurer sa pérennité ?**

# 1 Les agents économiques en relation avec l'entreprise

**PLAN DU CHAPITRE**

- 1 • Identifier les agents économiques et leurs rôles
- 2 • Analyser les échanges entre les agents économiques

**LA COMPÉTENCE ATTENDUE**

→ Identifier les principaux agents économiques en relation avec l'entreprise et leurs rôles (ménages, entreprises, banques, État).

**LES SAVOIRS ASSOCIÉS**

→ Les agents économiques et leurs rôles
→ Le rôle des banques
→ Les échanges entre les agents économiques

## Le succès croissant du réseau O'Tacos

**Créé en France en 2007, O'Tacos est aujourd'hui un acteur incontournable dans son secteur d'activité où il compte plus de 280 restaurants.**

[…] Grâce à son concept du French Tacos (tacos à la française), à l'antipode du taco mexicain, qui consiste à combiner la cuisine rapide et traditionnelle française en apportant la *french touch* unique aux recettes : l'unique sauce fromagère O'Tacos qui ravit les nombreux clients de la marque, l'enseigne O'Tacos se positionne aujourd'hui comme une référence dans son secteur d'activité. […] Le réseau O'Tacos ambitionne de poursuivre sur cette bonne dynamique de développement encore cette année en recrutant de nouveaux porteurs de projet.

José Kossa, toute-la-franchise.com, 11 janvier 2022.



**LE CIRCUIT ÉCONOMIQUE**

Vidéo
liennathan.fr/pk3m92

1. **Que produit l'entreprise O'Tacos ?** Tacos
2. **Avec quels acteurs est-elle en relation dans le cadre de son activité ?** CP, Bq, Fou, Etat
3. **À votre avis, quelles sont les raisons de son succès ?** Sauce fromagère, French tacos

# 1 Identifier les agents économiques et leurs rôles

## A La notion d'agent économique

**DOC. 1 La nécessité de regrouper les agents économiques**

On entend communément par « agent économique » un individu ou un groupe d'individus constituant un centre de décision économique indépendant. Chaque individu, comme chaque organisation, constitue donc un agent. Toutefois, l'analyse théorique ne peut considérer simultanément des millions de centres de décisions autonomes. Elle doit faire comme si n'existaient que quatre ou cinq types d'agents différents, et considérer que tous les individus composant chacune de ces grandes catégories partagent des modes communs de raisonnement et de décision. De plus, la réalisation des comptes de la nation rend nécessaire le regroupement des milliards d'opérations économiques individuelles réalisées dans l'année dans des catégories économiquement significatives et relativement simples à manier. […]
Dans la réalité, en effet, tout le monde ne fait pas tout. La plupart des agents ne produisent pas eux-mêmes les biens ou les services nécessaires à la satisfaction de leurs besoins. […]
Bref, dans le monde réel, la plupart des individus appartiennent à des groupes relativement distincts quant à la nature de leur activité. Il est donc possible de regrouper les différents agents selon leurs fonctions économiques principales.

**Jacques Généreux, *Introduction à l'économie*, Éditions du Seuil, 1992, nouvelle édition « *Points Économiques* », 2017.**

**1. Qu'est-ce qu'un acteur ou agent économique ?**
**2. Pourquoi opère-t-on un regroupement des agents économiques par catégories ? En fonction de quel critère est effectué ce regroupement ?**

**DOC. 2 Quatre catégories d'agents économiques**

| Agents économiques | Définitions |
|---|---|
| **Ménages** | Un ménage est un individu ou un groupe d'individus, vivant habituellement dans un même logement, qu'il y ait entre eux un lien de parenté ou non. |
| **Entreprises** | Une entreprise produit des biens ou des services pour les vendre sur un marché afin de réaliser un profit. |
| **Administrations publiques** | Elles répondent aux besoins d'intérêt général de la population (ordre public, services publics…). Elles comprennent l'État, les collectivités locales (communes, départements, régions) et la Sécurité sociale. |
| **Banques** | Elles assurent le financement de l'économie. Elles accordent des crédits aux agents ayant des besoins de financement. |

**3. Identifiez la catégorie d'agents économiques à laquelle appartient chacun des agents économiques suivants : ZARA, l'hôpital de Nice, la Caisse d'épargne, M. et Mme Sorci, vous-même, un boulanger, le Crédit mutuel, la mairie de Paris, La Poste.**

## B Les fonctions économiques principales des agents

**DOC.3** **Lego, numéro un du jouet en France**

**Le fabricant danois de briques enracine sa croissance avec une nouvelle hausse à deux chiffres de ses ventes aux consommateurs et de ses revenus.**

Si, au niveau mondial, les ventes aux consommateurs de Lego se sont envolées l'an dernier de 22 %, l'ensemble des régions où est implanté le groupe ont enregistré des croissances à deux chiffres, lui permettant de gagner des parts de marché et de renforcer ses positions à travers le monde. [...]

Depuis trois ans, Lego a initié un fort plan d'investissements stratégiques axé sur l'innovation produit, la vente au détail, les capacités de production, la digitalisation et le développement durable. [...] Après avoir renforcé, l'an dernier, les capacités de production de ses cinq usines, Lego a également annoncé la création d'une nouvelle unité de production au Vietnam.

**Véronique Yvernault, Isa-conso.fr, 8 mars 2022.**

| | |
|---|---|
| **Chiffre d'affaires 2021** | 7,4 milliards d'euros |
| **Bénéfice 2021** | 1,8 milliard d'euros |
| **Part de marché sur le marché du jouet** | 10 % du marché français |
| **Effectif** | 24 000 salariés |
| **Implantation** | 830 magasins dans le monde |

**DOC.4** **Les entreprises produisent**

La catégorie des entreprises regroupe toutes les entreprises dont la fonction principale consiste à **produire des biens et des services marchands**. C'est de cette activité économique principale qu'elles tirent l'essentiel de leurs ressources par le produit de leurs ventes.

**Produire des biens et services...**

Les biens sont des produits matériels, durables (un appareil électroménager, un vêtement...) ou non durables s'ils sont détruits à la première utilisation (la nourriture...).

Les services sont des produits immatériels (services d'un médecin, d'un coiffeur, d'un formateur...). En ce qui concerne les sociétés non financières, ces services sont de toute nature, à l'exclusion des services financiers et d'assurance, qui sont produits par les sociétés financières (les banques, principalement).

**... marchands**

La comptabilité nationale qualifie de « marchande » toute production destinée à être vendue sur un marché au prix du marché, c'est-à-dire à un « prix économiquement significatif » – par convention, celui qui permet de couvrir 50 % du coût de production.



4. **Quelles sont les différentes opérations économiques réalisées par Lego en 2021 ? Laquelle constitue sa fonction principale ?**
5. **D'où la société Lego tire-t-elle ses ressources financières pour mener ses activités économiques ?**
6. **Pourquoi parle-t-on de production marchande dans le cas de Lego ? Quelle est la nature des produits vendus ?**

## DOC. 5 Les ménages consomment

En comptabilité nationale, la notion de ménage revêt une acception très large : tout individu ou groupe d'individus, habitant sous le même toit, constitue un ménage.
Les ménages perçoivent des revenus primaires*, résultant soit de leur participation directe à l'activité productive, soit de la détention d'un patrimoine. […]
Précisons d'emblée que l'activité économique des ménages ne se limite pas exclusivement à la consommation et à l'épargne ; tout comme les entreprises, les ménages investissent, en particulier à l'occasion de l'achat d'un logement ou de grosses réparations. Néanmoins, il ne s'agit pas là de leur principale fonction : les ménages sont d'abord perçus comme des consommateurs, c'est-à-dire comme des agents qui dépensent une partie de leur revenu pour acquérir des biens et services. […]
La consommation des ménages est une consommation finale : elle est destinée à satisfaire directement des besoins (se nourrir, se cultiver, etc.).

**Emmanuel Combe, *Précis d'économie*, Éd. PUF, 13e édition.**

* Les revenus primaires des ménages proviennent de leur travail (ex. : salaires) et/ou de la détention d'un patrimoine (ex. : loyers perçus sur la location d'un bien immobilier, intérêts de l'épargne).

## DOC. 6 La consommation des ménages a fait un bond en 2021

Avec une hausse de 5,2 % sur un an, la dépense de consommation finale des ménages a fait un bond historique en 2021. L'Insee pointe toutefois que la tendance « *reste en deçà de celle d'avant-crise* ».

**Thomas Engrand, *Le Figaro*, 29 juin 2022.**

**On compte 29,6 millions de ménages en France.**

**7.** Indiquez, en prenant soin de justifier votre réponse, si les personnes ou groupes de personnes suivants forment ou non un ménage au sens de l'Insee : un célibataire vivant seul ; une famille composée d'un couple, un enfant résidant avec eux et un deuxième vivant en résidence étudiante ; des étudiants en colocation.

**8.** Quelle est la fonction économique principale des ménages ? Après l'avoir définie, vous indiquerez comment elle a évolué en 2021.

**APPROFONDISSEMENT**

**9.** Quelles sont les autres utilisations du revenu des ménages ? Illustrez chacune d'elles par un exemple.

**10.** Quelles sont les origines du revenu des ménages ?

## DOC. 7 Le financement de l'économie par les banques en 2021

**2 664 MILLIARDS D'EUROS**

C'est le montant de financement apporté à l'économie française, sous forme de crédits bancaires **(source : BdF – 2022)** :
– pour l'activité des entreprises (besoin de trésorerie, investissements, développement de nouveaux marchés ou innovations technologiques) ;
– comme pour les projets des ménages (logement, véhicules, études…).

**1 226 MILLIARDS D'EUROS** DE CRÉDITS AUX ENTREPRISES

/ Banque de France fin septembre 2022 /

**LES CRÉDITS À LA CONSOMMATION EN HAUSSE**

**Vidéo** liennathan.fr/424grt

## DOC. 8 Les services proposés par les banques aux ménages

**Gérer les comptes et les moyens de paiement :** ouvrir un compte, gérer ses comptes, obtenir des moyens de paiement (cartes, chèques…).

**Emprunter :** obtenir un crédit pour acheter un logement, réaliser des travaux, financer des projets.

**Épargner :** trouver un produit d'épargne adapté à ses projets, pour préparer sa retraite, constituer un patrimoine.

**11.** Quelle est la fonction principale des banques ? À qui s'adressent-elles ?

**12.** Quels sont les différents services proposés par le Crédit agricole à ses clients ?

# C La distinction entre production marchande et production non marchande

## DOC. 9 Le rôle des administrations publiques

Les administrations publiques regroupent toutes les organisations dont l'activité principale consiste à produire des services non marchands financés par des contributions obligatoires ou à redistribuer le revenu et la richesse.
Elles comprennent les administrations centrales (État, Sécurité sociale) et les administrations locales (communes, départements, régions). [Pour] simplifier, [on emploie] souvent le terme « État » au sens large d'agent représentatif de l'ensemble des administrations publiques.

**Emmanuel Combe, *Précis d'économie*, Éd. PUF, 13e édition.**

## DOC. 10 Productions marchande et non marchande

**PRODUCTION**

**MARCHANDE**

Production réalisée à un prix de marché, en vue de réaliser un profit.
*Exemple : la vente d'un smartphone par Samsung est réalisée à un prix de marché, qui résulte de la concurrence entre les différents producteurs.*

**NON MARCHANDE**

Production proposée gratuitement ou à un prix inférieur à 50 % du coût de production. *Exemples : l'entretien des routes, la police, la justice, l'enseignement public, l'entrée d'une piscine municipale.* Cette gratuité ou quasi-gratuité est en réalité financée par les agents économiques à travers les impôts et cotisations sociales.

**13.** Quelle est la différence entre la production marchande et la production non marchande ? Par quels agents économiques sont-elles respectivement réalisées ?

**14.** Quelle est la mission principale des administrations publiques ?

**15.** À quels besoins les services publics cités dans le document 10 répondent-ils ? Les citoyens paient-ils le prix de ces services ? Expliquez.

# APPLICATION AU CAS

## PANIER DE CAMPAGNE

## DOC. Le prêt créateur du Crédit agricole

Les créateurs de Panier de Campagne ont financé l'ouverture de leur nouvelle boutique multiservice en plein cœur de Séverac d'Aveyron près de Rodez grâce à la banque Crédit agricole, qui les a accompagnés dans leur projet de création. En effet, pour démarrer leur activité, ils ont eu besoin de fonds pour financer la location et l'aménagement de leur magasin, les premières commandes…

**1.** À quelle catégorie d'agents appartiennent respectivement Panier de Campagne et le Crédit agricole ? Rappelez leurs fonctions principales respectives.

**2.** Quel service apporte le Crédit agricole aux créateurs de Panier de Campagne ? À quel prix ?

# 2 Analyser les échanges entre l'entreprise et les autres agents économiques

## A La nécessité de l'échange

### DOC. 11 L'intérêt de l'échange

Dans nos sociétés développées, il est rare que les individus puissent vivre en autarcie en produisant tous les produits nécessaires à la satisfaction de leurs besoins. Ils se spécialisent dans un type de production, et grâce aux revenus acquis dans leurs activités respectives, ils peuvent se procurer les biens et les services produits par les autres.
En ce sens, l'échange est l'un des piliers de la vie en société.

**1. Pourquoi les individus sont-ils amenés à échanger entre eux des biens et services ?**

### DOC. 12 Danone développe son offre de boissons végétales

Le site de Villecomtal-sur-Arros dans le Gers, qui sera désormais entièrement dédié aux boissons végétales UHT Alpro, va bénéficier d'un investissement de 43 millions d'euros pour installer deux lignes de production dernières générations afin de livrer le marché français et européen. En effet, le marché de l'alimentation végétale a triplé en 7 ans et devrait croître de 50 % d'ici 2025 en France. Avec ce projet, Danone prévoit d'augmenter sa capacité de production de boissons végétales UHT de 25 % d'ici 2024 en France.

**Camille Harel, lsa-conso.fr, 21 novembre 2021.**

Les investissements se sont élevés à 1 043 millions d'euros, en hausse de +8,4 % par rapport à l'année précédente. [...]
Au 31 décembre 2021, la dette nette de Danone s'est établie à 10,5 milliards d'euros, soit une baisse de 1,4 milliard d'euros par rapport au 31 décembre 2020.

**Danone, Communiqué de presse, 23 février 2022.**

### DOC. 13 Opérations économiques et échanges

Les comptes nationaux, élaborés en France par l'INSEE, permettent d'enregistrer, dans un cadre comptable, les opérations économiques qui se déroulent entre les agents économiques. [...]
Les comptables nationaux procèdent à la classification des agents et des opérations économiques. [...]
Les opérations économiques réalisées par les [agents économiques] sont classées en deux catégories :
– les **opérations sur produits** : elles permettent de connaître l'origine et l'utilisation des biens et services échangés dans l'économie. Les ressources sont constituées par la production et les importations. Les emplois regroupent [la consommation, l'investissement et les exportations] ;
– les **opérations financières** : elles désignent les opérations par lesquelles les acteurs économiques se procurent des moyens de financement ou mettent à disposition leurs moyens de financement, par l'intermédiaire des institutions financières.

**Sandrine Roque, *Comprendre la comptabilité nationale*, Educagri Éditions, 2015.**

**2. Indiquez les opérations réalisées par Danone en distinguant les opérations sur produits et les opérations financières.**
**3. Quelle est la nature de l'échange réalisé entre Danone et ses clients ?**

## DOC. 14 L'exemple des échanges entre les entreprises et les ménages

Le circuit économique entre les entreprises et les ménages décrit comment les premières créent simultanément des biens et des services (flux réels) ainsi que des revenus (flux monétaires). Les flux circulant entre les deux agents sont ainsi de deux natures : des flux réels et des flux monétaires.
On peut remarquer que tout flux réel est toujours doublé d'un flux monétaire : la contrepartie monétaire de l'achat d'un bien est son paiement, celle du travail est le salaire. La comptabilité nationale enregistre donc les échanges selon les principes de la « partie double », qui signifie que toute dépense (emploi) pour un agent est une source de revenus (ressource) pour un autre agent.

**D'après *Économie*, DCG, Éditions Nathan.**

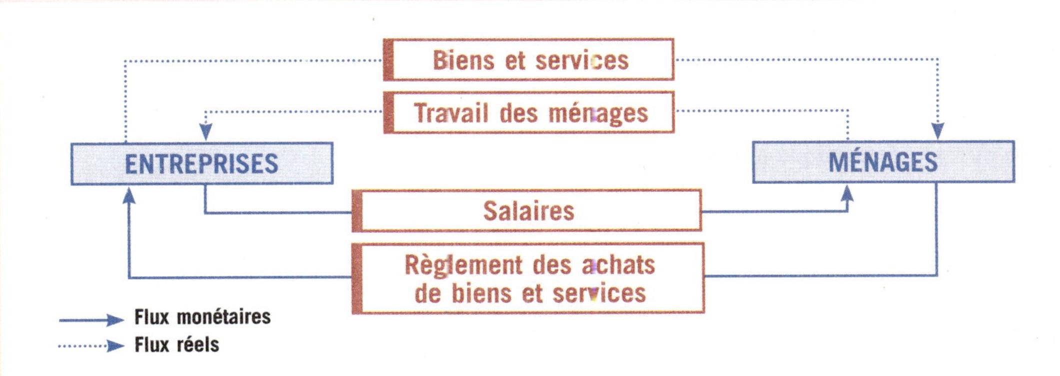


> **4.** Quelle est la contrepartie des salaires reçus des entreprises par les ménages ? En quoi peut-on considérer qu'il s'agit d'un échange ?
> **5.** Expliquez l'autre catégorie d'échanges réalisés entre les entreprises et les ménages, en prenant soin de distinguer le flux réel du flux monétaire.

## DOC. 15 Offre d'emploi : les modalités de l'échange

CAAP ouest — ASSOCIATION INTERMÉDIAIRE
Insertion par l'activité économique

L'Europe s'engage en Pays-de-la-Loire

OFFRE D'EMPLOI - CONTRAT DE MISE A DISPOSITION DE PERSONNEL - Code Rome : G1203 et G1603

### AGENT DE SERVICE DE COLLECTIVITÉ H/F

Accueillir et s'occuper des enfants pendant le temps de la cantine

**TÂCHES EFFECTUÉES**

- Accompagner les enfants au restaurant scolaire
- Aider les enfants à se laver les mains et installer les enfants dans le réfectoire
- Effectuer le service au self ou à table et aider à la prise des repas
- Surveiller les enfants pendant la prise de repas
- Débarrasser les tables
- Surveiller les enfants dans la cour jusqu'au retour des enseignants

**MODALITÉS DU CONTRAT**

- **Type de contrat :** Contrat de mise à disposition
- **Durée :** 24 mois maximum
- **Horaires décalées :** Entre 2 h et 10 h hebdomadaires.
- **Rémunération :** SMIC
- **Lieux :** Possibilité d'intervention sur différents lieux : *Saint-Étienne de Montluc, Cordemais, Vigneux-de-Bretagne, Le Temple-de-Bretagne et Sautron*

**http://caapouest.com**

> **6.** Quelles sont les conditions de l'échange proposées à travers cette offre d'emploi ?

## B La représentation des échanges entre l'entreprise et les autres agents économiques

**DOC. 16 La notion de circuit économique**

En passant d'une économie à deux agents à l'ensemble de l'économie nationale, on intègre au circuit les sociétés financières et les administrations publiques.
La comptabilité nationale représente la réalité économique sous la forme d'un circuit qui est une représentation schématique, et donc très simplifiée, des relations qui existent entre les différents agents économiques.

***Économie*, DCG, Éditions Nathan.**

**DOC. 17 Le circuit économique d'ensemble**

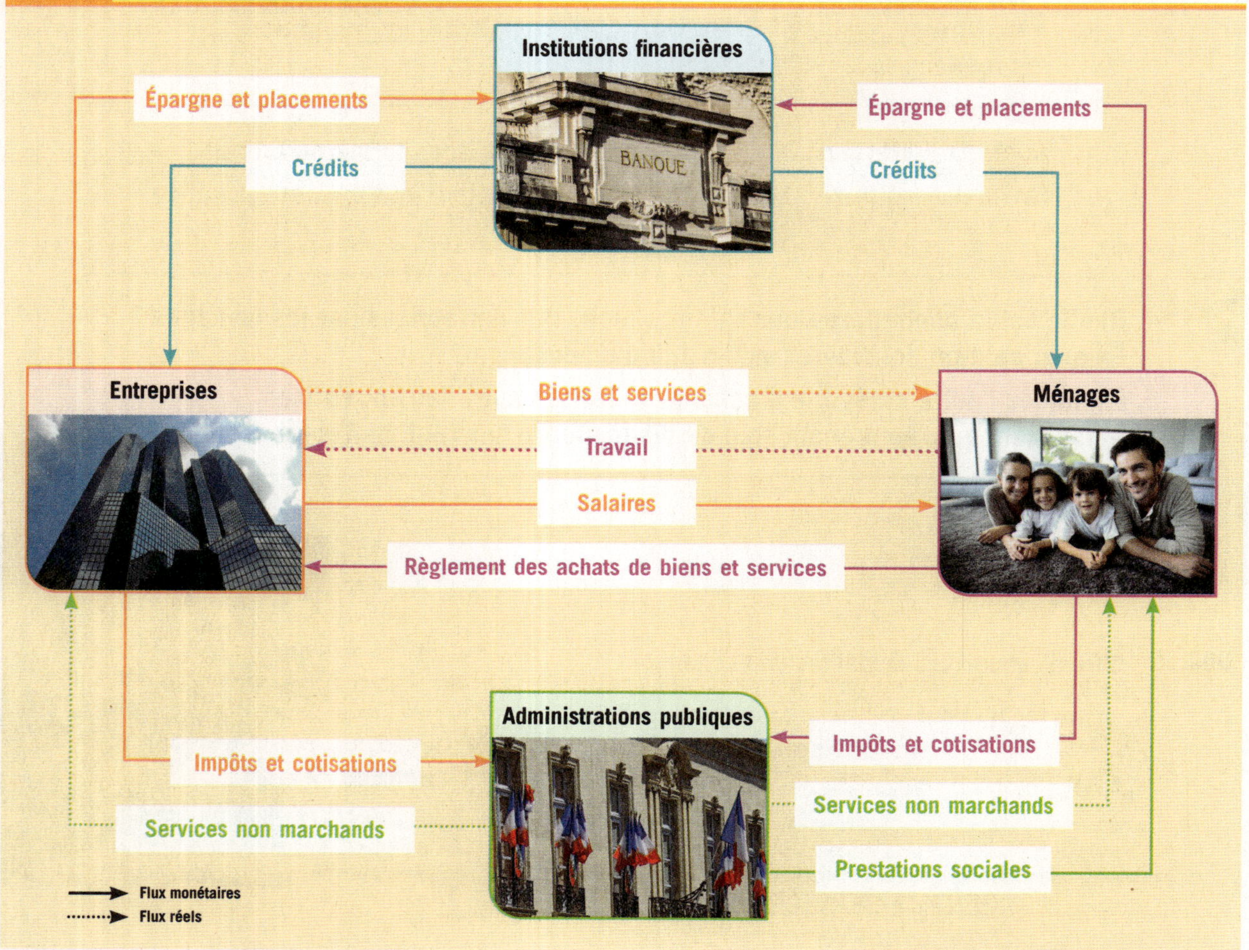


7. **Une entreprise doit renouveler son parc de machines. Où trouve-t-elle au moins en partie l'argent nécessaire à cet investissement ?**
8. **Où va l'argent d'un ménage ?**
9. **Auprès de quels agents économiques l'État perçoit-il des impôts ? En échange de quoi ?**
10. **Qui doit payer des intérêts aux banques ? En contrepartie de quels services ?**

**DOC. 18** **Le circuit des fonctions économiques**

Il est possible de représenter le circuit économique entre les grandes fonctions de l'économie.
Les producteurs fournissent des revenus qui conduisent à des dépenses (consommation, investissement) qui permettent d'acheter les productions et ainsi de suite.
Il est donc également possible d'établir un circuit des fonctions économiques. Ce circuit peut être représenté par un schéma circulaire fermé où sont représentés les flux de production, de revenus et de dépenses.

Le circuit des fonctions économiques

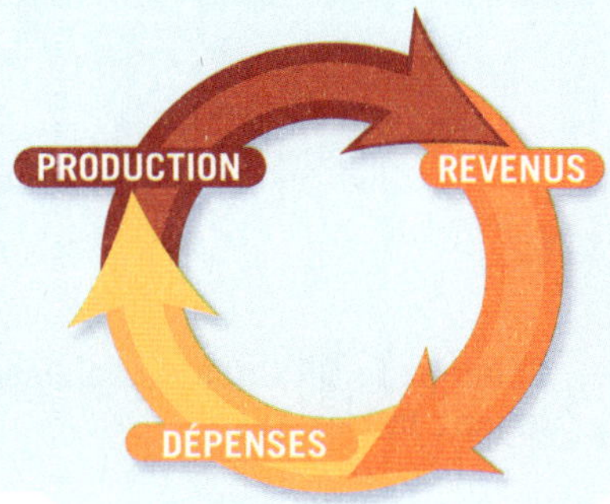


11. **À partir du document 18, expliquez les liens entre la production, les revenus et les dépenses.**

**APPROFONDISSEMENT**

12. **Quel est l'intérêt d'une analyse des échanges sous forme de circuit ?**
13. **Un flux monétaire est-il toujours la contrepartie d'un flux réel ? Justifiez.**

# APPLICATION AU CAS

## PANIER DE CAMPAGNE

**DOC.** **Panier de Campagne : création d'une filière bio**

Avec le soutien du Crédit agricole et une subvention de 5 000 € du conseil régional d'Occitanie, les créateurs de Panier de Campagne sont parvenus à ouvrir leur commerce multiservice de proximité, dans lequel ils proposent des produits achetés auprès de producteurs bio et locaux. Ils mettent en effet un point d'honneur à valoriser le territoire sévéragais et souhaitent s'approvisionner directement chez les producteurs locaux au moment des récoltes, dans un circuit court, c'est-à-dire dans un périmètre de 40 kilomètres.

La majeure partie de leur clientèle réside dans le périmètre de la boutique et enregistre un panier moyen de 32 € par achat.

Très rapidement, ils ont embauché M. Bernard pour compléter l'équipe à la boutique et ont investi dans un véhicule Renault utilitaire pour assurer l'approvisionnement auprès des fournisseurs locaux ainsi que les livraisons à domicile pour les personnes âgées.

1. **Pour chacun des agents économiques mentionnés dans le document, identifiez :**
   - **son nom ;**
   - **sa catégorie ;**
   - **sa fonction économique principale.**
2. **Réalisez le circuit qui représente les flux économiques entre tous les agents avec lesquels Panier de Campagne est en relation. Représentez les agents économiques par des rectangles, les flux réels par des flèches noires et les flux monétaires par des flèches rouges.**
   PIX D3.1

## Tester ses connaissances

### 1 Quiz

**Scannez le QR Code ou saisissez le mini-lien pour tester vos connaissances avec le quiz numérique.**

liennathan.fr/i2un22

### 2 Les agents économiques : fonction principale et ressources

**Pour chacun des acteurs suivants, identifiez la catégorie d'agents économiques à laquelle il appartient, sa fonction principale et la nature de ses ressources.**

| | Agent économique | Fonction principale | Ressources principales |
|---|---|---|---|
| Deezer | (E) | product BRS | Benefice |
| Un étudiant | ménage | consommer | salaire<br>argent parent/AP |
| La BNP | Banque | acorder credits<br>financer l'éco | Interets/Benefice |
| L'hôpital de Nice | A P | fourniture servi public | impots/cotisat sociales/taxes |

### 3 L'Éducation nationale : un service non marchand

1. **Indiquez la catégorie d'agents à laquelle appartient une école maternelle et la nature de sa production.**
2. **Qui finance la plus grande partie du coût d'éducation ? D'où proviennent ses ressources ?**
3. **Quelle part de la dépense d'éducation d'un lycéen est financée par sa famille ?**

**DOC. La dépense intérieure d'éducation (DIE)**

En 2020, la dépense intérieure d'éducation (DIE) [qui mesure l'effort consenti par la Nation pour le fonctionnement et le développement du système éducatif] est estimée à 160,6 milliards d'euros, soit 7 % du PIB. […]

Le financement initial de la DIE est majoritairement assuré par l'État, de façon plus marquée en 2020 (58,8 % après 57,3 % en 2019). Ce poids s'explique par sa prépondérance dans la rémunération des enseignants, ainsi que par le versement des bourses d'études. […]

La dépense moyenne annuelle par élève ou étudiant est de 8 900 euros en 2020. Elle varie de 6 980 euros dans le premier degré à 9 850 euros dans le second degré et 11 580 euros pour un étudiant. Sur le long terme, la dépense moyenne par élève a augmenté (+ 1,5 % par an depuis 1980 à prix constants).

**Insee Références, *France, Portrait social*, 15 septembre 2021.**

DOC.

**Le financement de l'Éducation (en %)**

| | 2020 |
|---|---|
| État | 58,8 |
| Collectivités territoriales | 22,4 |
| Autres administrations publiques | 3,2 |
| Ménages | 9,1 |
| Entreprises | 6,5 |
| **Total** | **100,0** |

Champ : France métropolitaine + DOM.

***Source : ministère de l'Éducation nationale – Compte de l'éducation.***

# 4 L'évolution de la consommation des ménages

Fiche méthode 2

1. **Indiquez comment a évolué la part des dépenses d'alimentation entre 1960 et 2020. Pensez-vous que l'on mange moins aujourd'hui qu'en 1960 ? Justifiez votre réponse.**
2. **Relevez les autres grands changements affectant la consommation des ménages depuis 1960.**
3. **Recherchez les principales causes de ces évolutions.** PIX D1.1

**DOC. Les dépenses de consommation des ménages par postes de dépenses**

Les modes de vie changent et se manifestent par des transformations économiques et sociales. Ainsi, les dépenses de consommation des ménages ont évolué au cours du temps.

| | Part de la consommation des ménages | | Valeur en 2020 (en millions d'euros) |
|---|---|---|---|
| | 1960 | 2020 | |
| Alimentation | 27,5 | 11,1 | 177,8 |
| Habillement | 10,1 | 2,3 | 37,1 |
| Logement | 9,7 | 20,9 | 334,8 |
| Équipement du logement | 7,9 | 3,6 | 57,4 |
| Santé | 1,9 | 2,9 | 47,1 |
| Transports, communications | 9,5 | 10,5 | 168,2 |
| Loisirs et culture | 6,1 | 5,6 | 89,9 |
| Autres | 13,1 | 16,4 | 262,7 |
| Dépenses de consommation socialisée[1] | 14,1 | 26,6 | 426,2 |
| **TOTAL (consommation effective des ménages)** | **100,0** | **100,0** | **1 601,2** |

1. Dépenses en biens et services que les ménages financent de manière indirecte (santé, éducation...) par les prélèvements obligatoires.

**Insee, Comptes nationaux 2021.**

## Le rôle des agents économiques

- **Les entreprises** → Produisent des biens et services marchands
- **Les ménages** → Consomment des biens et services
- **Les banques** → Produisent des services bancaires
- **L'État** → Produit des services non marchands

## Les échanges entre les agents économiques

- Sont nécessaires car aucun agent économique ne peut produire lui-même l'ensemble des biens et services lui permettant de satisfaire tous ses besoins.
- Peuvent être représentés de façon schématique et simplifiée sous la forme d'un circuit économique.
- Traduisent les liens entre les opérations réalisées par les agents économiques : les producteurs assurent la production et distribuent des revenus qui seront dépensés sous forme de consommation et d'investissement.

## CONSTRUIRE SA SYNTHÈSE

**Rédigez votre synthèse à l'aide des mots-clés suivants :**

Agent économique – Consommation – Investissement – Ménage – Entreprise – Banque – Administrations publiques – Production marchande – Production non marchande – Échange – Circuit économique

# 2 Le fonctionnement des marchés

**PLAN DU CHAPITRE**

- 1 • Présenter le fonctionnement des marchés sur lesquels intervient l'entreprise
- 2 • Analyser les dysfonctionnements du marché
- 3 • Repérer l'existence d'externalités

**LES COMPÉTENCES ATTENDUES**

- → Présenter le fonctionnement des marchés sur lesquels intervient l'entreprise.
- → Repérer l'existence d'externalités pour l'entreprise.

**LES SAVOIRS ASSOCIÉS**

- → Le rôle du marché et son fonctionnement
- → Le rôle des banques et du marché financier
- → La concurrence et les relations de coopération
- → Les barrières à l'entrée
- → L'asymétrie de l'information
- → Les externalités positives et négatives

## Carburant : en pleine pénurie, les prix du diesel et de l'essence flambent

Après une semaine en légère augmentation, les prix des carburants sont repartis très fortement à la hausse dans toute la France la semaine dernière, selon les données du ministère de la Transition écologique publiées ce lundi. […]

Une augmentation encore plus spectaculaire pour le diesel : le gazole coûtait en moyenne 1,80 euro par litre la semaine dernière en France. Sur une semaine, le prix a flambé de 10,8 centimes. Malgré cette nouvelle flambée, les prix des carburants demeurent cependant nettement sous les niveaux records, grâce aux remises gouvernementales et aux aides consenties par certains distributeurs, comme TotalEnergies. C'est néanmoins la deuxième semaine de hausse consécutive des prix à la pompe.

**Hugo Martin, www.lindependant.fr, 10 octobre 2022.**

En raison du mouvement de grève reconduit dans les raffineries Total et Esso-ExxonMobil qui dure depuis vingt jours, de nombreuses stations-service sont en rupture de stock ou en manque d'approvisionnement. Une situation aggravée par le fait que les stations-essence sont prises d'assaut par les automobilistes à la suite des ristournes cumulées du gouvernement […] et de TotalEnergies.

**Jennifer Franco, www.midilibre.fr, 10 octobre 2022.**

**PRIX DE L'ESSENCE : POURQUOI TANT D'ÉCARTS ENTRE LES STATIONS ?**

Vidéo
liennathan.fr/s63dt9

1. **Repérez le marché sur lequel interviennent TotalEnergies et les stations-service.**
2. **Quels sont les éléments qui influencent le prix du carburant ?**
3. **Pourquoi le prix n'est-il pas le même partout ? (vidéo)**

# 1 Présenter le fonctionnement des marchés sur lesquels intervient l'entreprise

## A La détermination et le rôle du prix sur les différents marchés

**DOC. 1 Les différents marchés**

**A – Gamesplanet.com** est une boutique officielle de jeux vidéo à télécharger sur PC, Mac et Linux. Depuis 2006, Gamesplanet permet aux joueurs d'acheter leurs jeux légalement, au meilleur prix et de recevoir immédiatement dans leur compte Gamesplanet leurs clés d'activation officielles Steam, Origin ou Uplay fournies directement par les éditeurs de jeux vidéo.

**B – L'action Tesla pourrait bientôt être trois fois moins chère**

Le fabricant de véhicules électriques Tesla va fractionner par trois son action à Wall Street pour rendre le titre plus accessible à ses salariés et aux petits actionnaires, imitant ainsi plusieurs grands noms de la tech. […] Un fractionnement d'actions ne change rien à la valeur totale d'une société, il modifie uniquement le nombre d'actions en circulation. Mais l'entreprise qui y procède parie qu'à un prix moins élevé, une action attirera de nouveaux petits porteurs.

AFP, 13 juin 2022.

**C – Un métier qui recrute : monteur-câbleur**

Le monteur-câbleur ou la monteuse-câbleuse aéronautique réalise l'installation et la vérification des fils conducteurs reliant les différents matériels électroniques et électriques.

**Débouchés et évolution professionnelle**

Les emplois se situent dans les compagnies aériennes, les entreprises de maintenance d'aéronefs et leurs sous-traitants…

**Salaire**

Le salaire d'un(e) monteur(-euse)-câbleur(-euse) débutant(e) est de l'ordre du SMIC. Le revenu moyen d'un(e) professionnel(le) qualifié(e) est d'environ 2 000 € brut par mois.

**Offre** → Lieu de rencontre entre l'offre et la demande, où se fixe un prix ← **Demande**

- Les entreprises offrent des biens et/ou des services. → **Marché des biens et services** ← Les entreprises et/ou les ménages achètent des biens et/ou des services.
- Les ménages proposent leur force de travail. → **Marché du travail** ← Les entreprises emploient les individus qui ont proposé leur force de travail.
- Les agents économiques avec un excédent d'épargne (ménages, le plus souvent) cherchent à le placer. → **Marché financier** ← Les agents économiques ayant un besoin de financement (entreprises et État) recherchent des capitaux.

1. **Précisez quels sont les marchés présentés dans les exemples A, B et C et identifiez pour chacun d'eux l'offreur, le demandeur et l'objet de l'échange.**
2. **Repérez le prix que l'employeur est disposé à payer pour le travail d'un monteur-câbleur. Quelle est l'appellation retenue pour le caractériser ?**
3. **Quel est l'objectif de la décision de Tesla en fractionnant son titre ?**

**APPROFONDISSEMENT**

4. **Montrez que le prix de l'action Tesla suit la loi du marché de l'offre et de la demande.**

## DOC. 2 Apple augmente discrètement le prix de ses produits, même les plus anciens

Traditionnellement, les constructeurs baissent le prix de leurs produits à mesure que les mois passent, mais aussi que de nouveaux modèles font leur apparition, afin de continuer d'attirer les clients, et de se débarrasser de leur stock. Or, Apple semble avoir décidé de rompre avec la tradition. C'est ainsi que le dernier iPhone SE est désormais proposé au prix de 559 €, soit 30 € plus cher qu'à sa sortie. Quant à l'iPhone 13, son prix n'a pas diminué malgré l'année écoulée et la sortie de son remplaçant.
[…] La firme de Cupertino n'échappe pas à la crise mondiale. Ainsi, l'augmentation des prix de l'énergie et donc, de production, la pénurie de matières premières liée à la guerre en Russie et tout simplement les problèmes au sein de la chaîne d'approvisionnement sont des facteurs qui ont certainement poussé Apple à augmenter ses prix […].
Dans tous les cas, sa décision pourrait avoir du mal à passer auprès des consommateurs qui, rappelons-le, souffrent, eux aussi, de l'inflation généralisée et de la crise de l'énergie. D'ailleurs, l'augmentation de prix de la firme américaine pourrait lui jouer des tours, car en rendant ses produits moins accessibles, elle pourrait pousser les consommateurs à y réfléchir à deux fois avant de passer à la caisse.

**Jennifer Mertens, fr.newsmonkey.be, 25 octobre 2022.**

## DOC. 3 Pourquoi le prix des smartphones risque d'augmenter

Le plus grand fabricant de puces au monde TSMC pourrait prochainement relever ses tarifs pour faire face à la pénurie de puces. La hausse devrait *in fine* se reporter sur le prix des smartphones.
Le problème, c'est que depuis des mois TSMC tente tant bien que mal de satisfaire la demande sur fond de pénuries de composants. Pour y faire face, le fondeur aurait ainsi décidé de renchérir ses tarifs entre 10 % et 20 %. Cette hausse devrait en effet réduire un peu la demande.
[…] Les puces fabriquées par TSMC font déjà partie des composants les plus chers dans les smartphones haut de gamme. Par exemple, dans les derniers iPhone, deux des trois pièces les plus chères sont sa puce A14 Bionic et le modem 5G Qualcomm.

**RPB, www.presse-citron.net, 27 août 2021.**

**5.** **Expliquez pourquoi, traditionnellement, une entreprise baisse les prix des anciens produits lors de la sortie d'un nouveau modèle.**
**6.** **Repérez les éléments permettant d'expliquer la hausse du prix des puces, puis celle des produits Apple.**
**7.** **Expliquez l'impact possible de cette hausse sur la demande de produits Apple.**

**APPROFONDISSEMENT**

**8.** **À partir des décisions d'Apple et de TSMC, démontrez que le niveau de la demande d'un produit et son prix sont reliés.**

## DOC. 4 Pour vendre vite, il faut proposer un bien immobilier au juste prix

Céder vite son bien et surtout au meilleur prix. Telle est l'éternelle quête du vendeur. Or, dans un marché porteur où la marge de négociation […] ne cesse de se réduire, comme c'est le cas en ce moment, ce scénario semble facile à concrétiser.
Il n'en demeure pas moins que la référence au prix de marché continue de rester le juge de paix. « *Le délai de vente dépend de la valeur de présentation sur le marché. Un bien partira rapidement s'il est présenté "au juste prix". Cela signifie qu'une mise à prix doit refléter les transactions enregistrées récemment dans le secteur pour des habitations analogues* », indique Thomas Bertin, de l'agence Laforêt Immobilier du 17e arrondissement de Paris […].
De toute façon, « *les acheteurs motivés et en recherche active connaissent bien les valeurs pratiquées. Impossible d'afficher un prix déconnecté du marché car il n'attirera personne* », ajoute Philippe Buyens, directeur général de Capifrance. […]
Savoir déterminer le « juste prix », c'est aussi replacer l'habitation dans son environnement immédiat. Dans un quartier populaire où le pouvoir d'achat immobilier

**DOC. 4**

des acquéreurs est limité, une grande surface avec des prestations de standing aura plus de mal à trouver preneur que si elle se situait dans un quartier résidentiel. L'offre disponible à un instant « T » est aussi un facteur qui joue sur le prix. Par exemple, la rareté des petites surfaces à vendre peut être un atout pour céder rapidement, et au prix, un bien de taille réduite. À l'opposé, l'abondance de logements similaires accroît la concurrence et risque de peser sur le prix. Dernier élément à ne pas oublier au moment d'arrêter le prix : la valeur affichée doit tenir compte des éventuels travaux à réaliser pour remettre le bien en état.

**Laurence Boccara, *Les Échos*.**

**9. Identifiez les facteurs qui interviennent dans la fixation du prix de vente d'un bien immobilier.**

**10. Montrez comment ces informations permettent d'ajuster le prix du bien.**

**APPROFONDISSEMENT**

**11. Pourquoi peut-on dire que le prix joue un rôle de « signal » sur les caractéristiques du bien vendu ?**

## DOC. 5 Les règles à connaître avant d'investir en Bourse

Investir en Bourse revient à acheter ou vendre des titres sur les marchés financiers. Cet investissement permet entre autres de :

- **recevoir des revenus :** un particulier peut recevoir des dividendes qui représentent une partie des bénéfices de la société s'il achète des actions. Il peut également recevoir des coupons d'obligations qui représentent un versement d'intérêts, les obligations étant des prêts consentis par les investisseurs aux émetteurs ;
- **profiter de plus-values :** un investisseur tire des profits s'il vend plus cher un titre qu'il ne l'a acheté du fait de l'évolution du prix du titre sur le marché.

**Il est important de bien s'informer sur les produits financiers avant d'investir.** Il s'agit de s'informer d'une part sur le type de produit (actions, obligations, produits dérivés), ses mécanismes et les risques qu'il comporte, et d'autre part sur l'émetteur, dont la santé financière et les perspectives auront une influence sur le prix et le risque des valeurs mobilières qu'il a émis. […]

Il est également conseillé de suivre régulièrement l'information économique et boursière *via* la presse financière ou les sites Internet boursiers.

**www.binck.fr**

## DOC. 6 La banque, un intermédiaire dans le financement de marché

La plupart des entreprises qui souhaitent se développer et mener à bien des projets d'envergure ont besoin de capitaux extérieurs. Elles doivent alors emprunter et/ou trouver des fonds sur les marchés financiers. Mais au-delà de cette confrontation entre l'offre et la demande classique de capitaux, les banques ont également développé des activités nouvelles sur les marchés financiers.

Pour aider les entreprises à lever des fonds, le rôle des banques est souvent essentiel. Elles interviennent en amont, pendant et en aval de l'opération. Leur fonction première est de conseiller la société sur le montage du dossier, notamment sur le choix des instruments financiers (actions, obligations), sur les conditions offertes (prix d'émission, durée de l'emprunt…). Elles ont ensuite un rôle de « placeur » auprès des particuliers, entreprises, institutionnels et fonds de placement désirant investir.

**La finance pour tous**

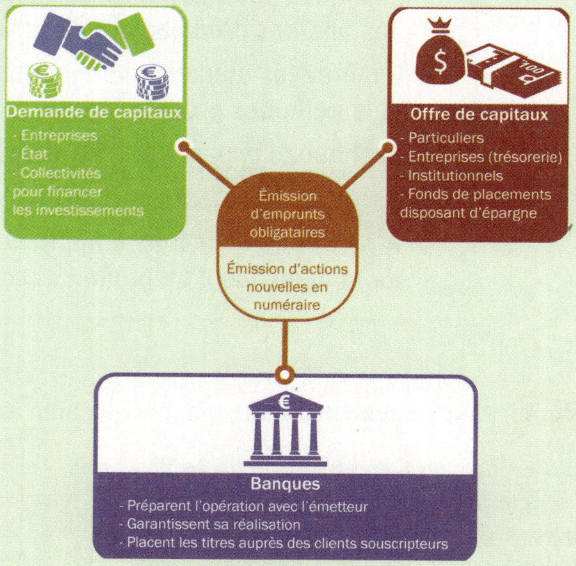


**12. Pourquoi est-il difficile pour un investisseur de connaître le « juste » prix des titres sur le marché financier ?**

**13. Présentez le rôle joué par les banques pour résoudre ce problème.**

## B Analyser les conditions de la concurrence et de la coopération entre les acteurs du marché

### DOC. 7 L'ouverture du marché ferroviaire du transport de voyageurs

**Transport ferroviaire et ouverture à la concurrence**

En juin 2018, le pacte ferroviaire[1] a signé la transition vers une ouverture à la concurrence progressive du secteur ferroviaire pour le transport de voyageurs, dans des objectifs multiples : améliorer la qualité de service et garantir le meilleur prix pour les clients, améliorer la productivité des entreprises ferroviaires, diversifier et dynamiser l'offre. [...]

En tant que mode de transport éco-responsable avec un impact écologique beaucoup plus faible que d'autres modes de transport tels que la voiture ou l'avion, l'ouverture à la concurrence doit contribuer à l'attractivité du transport ferroviaire et ainsi favoriser sa part en France pour le transport de personnes.

1. L'organisation du système ferroviaire dépend de la loi pour un nouveau pacte ferroviaire adoptée en juin 2018.

**Laurent Choain, Marc Champeaux et Nathalie Gay, kpmg.fr, 27 avril 2021.**

CONCURRENCE DANS LA GRANDE VITESSE FERROVIAIRE

**Vidéo**
liennathan.fr/6vb5z9

**Après 83 ans de monopole, la SNCF ouvre son réseau à la concurrence**

En 2021, c'est au tour des [...] trains dits « commerciaux » comme les TGV et les trains de grandes lignes, de perdre leur monopole et de faire face à la concurrence internationale.

Ces lignes ne disposent pas d'obligation de service public. Pour faire rouler leurs trains, les compagnies achètent le sillon convoité à SNCF Réseau, le gestionnaire d'infrastructures. [...] Ainsi, l'usager pourra choisir entre plusieurs compagnies pour une même ligne. Cela se fait déjà pour le transport aérien où plusieurs compagnies proposent des vols pour le même trajet. [...]

Thello, une filiale de la compagnie italienne Trenitalia, effectue déjà des marches à blanc : elle fait rouler ses TGV pour se préparer au lancement de sa ligne Paris-Lyon-Turin-Milan. Pour la ligne Lyon-Marseille, c'est la compagnie espagnole Renfe qui prendra le relais.

**Clara Depoers, www.pourleco.com, 30 septembre 2021.**

### DOC. 8 Les conditions de la concurrence

La concurrence doit permettre aux échanges de se faire de façon optimale, en permettant la satisfaction maximale des agents économiques. Elle nécessite pour cela des conditions particulières :

- une **information parfaite**, véhiculée grâce au prix fixé par le marché : l'acheteur doit pouvoir évaluer grâce au prix qu'il paye les caractéristiques essentielles du produit ou du service ;
- une **absence de barrières à l'entrée ou à la sortie du marché** : si une entreprise décide de produire sur ce marché ou d'aller produire sur un autre marché, elle doit pouvoir le faire instantanément, sans contraintes et sans subir de coûts supplémentaires ;
- une **atomicité du marché** : les offreurs et les demandeurs sur le marché sont très nombreux et leur taille ne doit pas leur permettre d'influencer le marché.

**14.** **Repérez les offreurs et les demandeurs sur le marché du transport ferroviaire.**

**15.** **En quoi l'ouverture à la concurrence peut-elle être bénéfique pour le consommateur ?**

**16.** **Quelle caractéristique du marché ferroviaire a été modifiée par son ouverture à la concurrence ?**

**DOC. 9** **Air Canada et Emirates activent un accord d'exploitation**

En juillet 2022, Air Canada et Emirates annonçaient la conclusion d'un partenariat stratégique. Aujourd'hui, ces deux transporteurs annoncent le lancement de cet accord d'exploitation [...] dans l'objectif d'élargir leur réseau mondial respectif et améliorer l'expérience client.

« Ce nouveau partenariat prometteur avec Emirates permettra à Air Canada d'augmenter significativement le choix de vols que nous offrons à nos clients. Il facilitera les correspondances entre le Canada et des destinations au Moyen-Orient, en Afrique, en Asie du Sud-Est et dans le sous-continent indien. Cela nous donnera en outre l'occasion d'attirer plus de trafic de correspondance à notre plaque tournante mondiale de Toronto et d'accroître notre présence dans ces régions dynamiques où la demande pour les voyages internationaux devrait augmenter. » Michael Rousseau, président et chef de la direction d'Air Canada.

« Nous sommes ravis d'établir un partenariat avec Air Canada afin de desservir davantage de destinations en Amérique du Nord. Ce partenariat avec le transporteur national du Canada nous permettra d'offrir aux clients des correspondances sans tracas à Toronto lorsqu'ils voyagent à l'intérieur du Canada. » Sir Tim Clark, président d'Emirates.

**Milesopedia, 1er novembre 2022.**

**DOC. 10** **Trois fabricants de sandwichs industriels condamnés pour entente**

L'Autorité de la concurrence a sanctionné les sociétés Roland Monterrat, La Toque Angevine (LTA) et Snacking Services (Daunat), qui fabriquent toutes trois des sandwichs sous marque de distributeur pour les enseignes de la grande distribution, pour avoir élaboré et mis en œuvre, entre septembre 2010 et septembre 2016, un plan visant à se répartir les volumes et les clients et à s'accorder sur les prix.

[...] Après une période 2009-2010 au cours de laquelle les entreprises se faisaient fortement concurrence sur les prix, chacune tentant de gagner des parts de marché auprès des enseignes de la grande distribution, les trois entreprises ont conclu un « pacte de non-agression » à la fin de l'année 2010 pour mettre fin à ce qu'elles qualifiaient entre elles de « guerre des prix ». Ce pacte visait à figer les positions respectives des uns et des autres. [...]

Ces pratiques sont par nature très graves. En se répartissant les marchés et en s'entendant sur les prix, les trois principaux fabricants [...] ont fait obstacle au libre jeu de la concurrence. Ils ont pu ainsi élever leurs prix sans craindre la riposte de leurs concurrents.

**pointsdevente.fr, 24 mars 2021.**

**17. Repérez les objectifs des accords passés dans les documents 9 et 10 puis montrez comment ils modifient les forces en concurrence sur le marché.**

**18. Expliquez pourquoi la première coopération est autorisée par le marché alors que la seconde situation est interdite.**

## APPLICATION AU CAS

## PANIER DE CAMPAGNE

Panier de Campagne propose actuellement un panier de fruits et légumes bio de 5 kg au prix de 22 €. L'entreprise livre en moyenne 25 paniers par jour. Malheureusement, les conditions météorologiques rendent les récoltes plus difficiles et moins abondantes. En particulier, les petits producteurs doivent faire appel à une main-d'œuvre supplémentaire pour installer des protections contre le froid sur les arbres fruitiers.

| Étude comparative de la variation des prix du panier de 5 kg – Année 2022 | | | | | |
|---|---|---|---|---|---|
| Évolution des prix | 20 € | 21 € | 22 € | 23 € | 24 € |
| Nombre de paniers moyens vendus | 28 | 26 | 25 | 23 | 20 |

**Source : service Marketing de Panier de Campagne.**

**1. Quelles sont les conséquences possibles de la dégradation de la météo sur l'offre de produit ? (Vous tiendrez compte à la fois des effets sur l'offre et sur le prix.)**

**2. Que risque-t-il alors de se passer au niveau de la demande face à ces nouvelles conditions du marché ?**

# 2 Analyser les dysfonctionnements du marché

## DOC. 11 Les barrières à l'entrée

Une **barrière à l'entrée** désigne un obstacle qui rend difficile ou impossible l'implantation d'une entreprise sur un marché. Cet obstacle peut avoir différentes origines.

Les **barrières à l'entrée naturelles** (ou **barrières structurelles**) sont indépendantes de la volonté des producteurs et sont liées au caractère même du marché, à la nature de l'activité ou à la réglementation existante. Par exemple, lorsque les coûts fixes et donc les investissements initiaux sont très élevés dès l'entrée sur le marché.

Les **barrières à l'entrée artificielles** (ou **barrières stratégiques**) s'inscrivent dans une vision de stratégie concurrentielle des entreprises et ont pour objet d'empêcher de nouveaux concurrents d'arriver sur le marché.

## DOC. 12 Le marché des télécoms

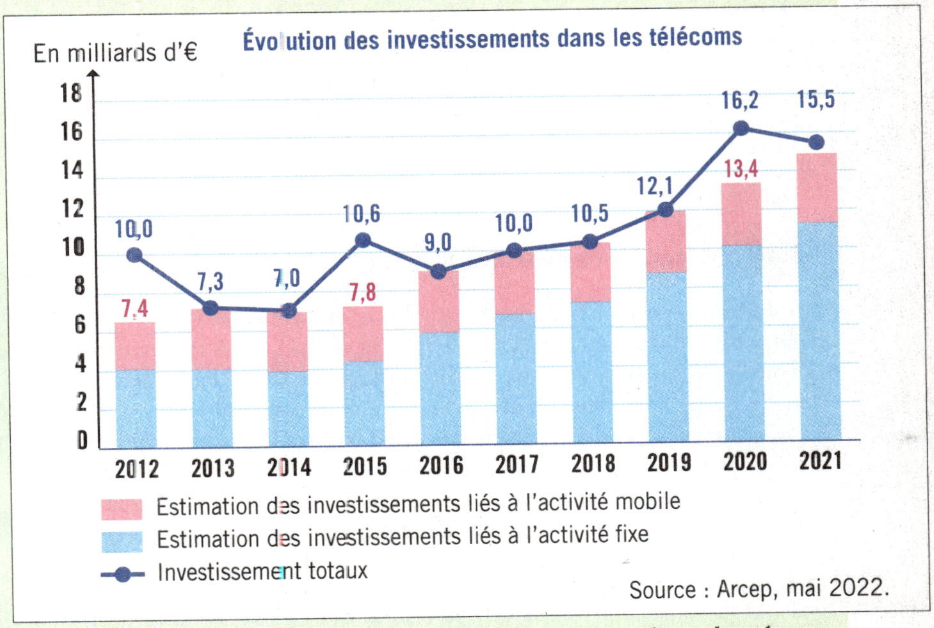

Source : Arcep, mai 2022.

D'un point de vue concurrentiel, le marché des télécoms est depuis longtemps segmenté nationalement dans les pays développés, avec en général deux à trois opérateurs par pays depuis les déréglementations successives des années 1990 (qui ont vu la France ouvrir ce marché qui, jusqu'alors, était couvert uniquement par France Télécom à 2 autres acteurs en 1996, SFR et Bouygues Telecom, puis à Free en 2012) […]. [De plus,] les infrastructures colossales que les réseaux requièrent nécessitent des investissements initiaux et d'entretien importants […].
Un dernier élément de taille caractérise cette industrie, conséquence de la fragmentation des marchés : des régulations fortes, que ce soit au niveau national ou, dans le cas des opérateurs européens, au niveau communautaire.

**www.alumneye.fr**

L'Arcep (Autorité de régulation des communications électroniques et des postes) est l'**autorité administrative indépendante en charge de la régulation des communications électroniques et des postes.**
Indispensable dans le processus de **libéralisation du marché des télécoms,** l'Arcep a rendu possible l'apparition des nouveaux opérateurs (Bouygues Telecom, SFR et Free Mobile) en imposant à Orange, successeur de France Télécom, l'obligation de partager ses structures et en régulant les tarifs ainsi proposés.
Elle a ainsi pour mission de **fixer les obligations faites aux opérateurs** (ex. : obligation d'effectuer la portabilité mobile) et d'**attribuer des fréquences aux opérateurs.**

1. **Repérez les principales barrières à l'entrée sur le marché des télécoms.**
2. **En quoi ces barrières sont-elles utiles aux entreprises présentes sur le marché ?**

## DOC. 13 Des offres de services de paiement nombreuses mais inaccessibles sur les iPhone

La solution de paiement mobile Apple Pay repose sur la technologie NFC (pour *Near Field Communication*). Elle permet à un utilisateur de payer *via* son smartphone simplement en l'approchant du terminal de paiement. Cette fonctionnalité est ouverte aux développeurs tiers sur Android, mais doit nécessairement passer par un compte Apple Pay pour les utilisateurs d'iPhone. Autrement dit, les propriétaires d'iPhone ne peuvent utiliser le paiement NFC qu'au travers de la solution de paiement d'Apple.
Cela contrevient aux règles de concurrence, car ce principe empêche de fait de nombreux opérateurs et banques de proposer d'autres services de paiement sur ces terminaux. […]
[…] La firme à la pomme a toujours mis en avant des raisons de sécurité pour défendre ces restrictions, arguant que l'accès par d'autres applications de paiement mobiles concurrentes pouvait augmenter le risque de fraude et créer des failles de sécurité.

**Aude Chardenon, www.usine-digitale.fr, 18 septembre 2020.**

**À la suite d'une enquête ouverte en juin 2020, la Commission européenne a informé Apple d'un possible abus de position dominante sur le marché du paiement mobile sur iPhone.**
[…] En restreignant la NFC de l'iPhone à Apple Pay, le régulateur européen estime qu'Apple «*produit des effets d'éviction pour ses concurrents, affaiblit l'innovation et restreint le choix des consommateurs en ce qui concerne les portefeuilles mobiles sur iPhone*».

**Stéphane Moussie, www.igen.fr, 2 mai 2022.**

**3. Montrez que la stratégie d'Apple constitue une barrière à l'entrée sur le marché du paiement mobile.**

## DOC. 14 Le marché des voitures d'occasion

Un «citron», en argot américain, c'est une voiture dont on découvre les défauts après l'avoir achetée. Dans le marché de l'occasion, le vendeur sait si sa voiture est un «citron», mais l'acheteur l'ignore. On a donc une situation dans laquelle le vendeur en sait plus que l'acheteur. L'économiste Akerlof a essayé de comprendre les effets de cette incertitude sur les marchés […]. Il conclut que, dans ce marché, les propriétaires de voitures en très bon état ne les mettent pas en vente parce que le prix que les acheteurs sont prêts à payer est trop faible. Les acheteurs ont leurs raisons: comme ils ne connaissent pas la qualité réelle du bien, ils ne sont prêts à payer que le prix d'un bien de qualité moyenne. Tant mieux pour ceux qui mettent en vente un bien de mauvaise qualité, mais cela ne fait pas l'affaire de ceux qui ont une voiture en très bon état. Ces vendeurs restent donc en dehors du marché, et la qualité moyenne de la marchandise offerte a donc tendance à baisser. À la limite, il ne reste plus dans ce marché que des «citrons». Les mauvais objets chassent les bons.

**Itzhak Gilboa, parisinnovationreview.com**

## DOC. 15 L'existence d'asymétries d'information

L'asymétrie d'information décrit une situation dans laquelle tous les participants à un marché ne disposent pas de la même information. […]

Exemple: dans le cadre d'un crédit, l'emprunteur est parfaitement informé de sa capacité de remboursement alors que le prêteur n'a pas cette information.

L'asymétrie d'information peut concerner toutes les formes d'information: les composantes du prix, la qualité, le travail fourni…

**4. Repérez la différence entre les acheteurs et les vendeurs en termes d'accès à l'information. Qui est avantagé dans cette situation ?**

**5. Pourquoi les «bons» vendeurs sont-ils éliminés progressivement du marché des voitures d'occasion ?**

**DOC. 16** **L'asymétrie d'information sur le marché de l'immobilier**

Lors de l'achat ou la location d'un appartement, le vendeur ou le bailleur possèdent beaucoup plus d'informations sur leur bien que le futur acheteur ou locataire. Ensoleillement, nuisances sonores et troubles du voisinage… autant d'informations difficilement vérifiables lors d'une simple visite et qui pourtant peuvent avoir un impact important sur la valeur réelle du bien.
La luminosité, par exemple, est devenue un des critères les plus importants après le prix, la localisation et l'emplacement (enquête du *Figaro Immo*, mai 2020). Or, il est difficile d'évaluer celle-ci, puisqu'elle varie en fonction du temps qu'il fait, de l'heure ou de la saison. Afin de réduire cette asymétrie d'information, la start-up Solen a mis en place un certificat de luminosité, qui quantifie l'ensoleillement et la luminosité d'un bien immobilier donné, ce qui permet de fournir une information fiable au futur acquéreur.

6. **Déterminez le principe de la concurrence pure et parfaite qui n'est pas respecté sur le marché de l'immobilier.**
7. **Montrez que l'asymétrie d'information existante sur le marché peut perturber l'échange économique.**

# APPLICATION AU CAS

## PANIER DE CAMPAGNE

Dans le cadre du développement de son activité, Panier de Campagne envisage d'acheter un nouveau véhicule de transport. Le directeur comptable hésite entre l'achat d'un véhicule neuf à un prix de départ d'environ 16 490 € pour la version simple et un véhicule d'occasion (petite annonce).

| Modèle | Version | Énergie | Boîte de vitesses | Puiss. fiscale | Date entrée | Prix à partir de |
|---|---|---|---|---|---|---|
| Fiat Scudo | 1.6 D MultiJet 90 1.0 CH1 Pack (Fourgon) | Diesel | Manuelle | 5 CV | 09/2011 | 26 628 € |
| Fiat Scudo | 1.6 D MultiJet 90 1.2 CH1 Pack (Fourgon) | Diesel | Manuelle | 5 CV | 09/2011 | 27 228 € |
| Fiat Scudo | 1.6 D MultiJet 90 1.0 CH1 Pack CD Clim (Fourgon) | Diesel | Manuelle | 5 CV | 06/2012 | 27 408 € |

**Peut-on réguler le prix ?** L'efficacité des marchés avec asymétries d'information repose sur l'existence d'organisations sociales à même de réguler les échanges. Dans le cas des véhicules d'occasion, de nombreux mécanismes permettant de réduire les asymétries d'information entre acheteurs et vendeurs sont apparus : contrôles techniques obligatoires, cote officielle, etc.

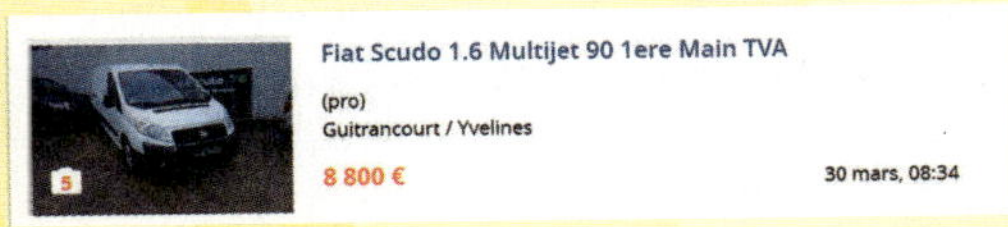


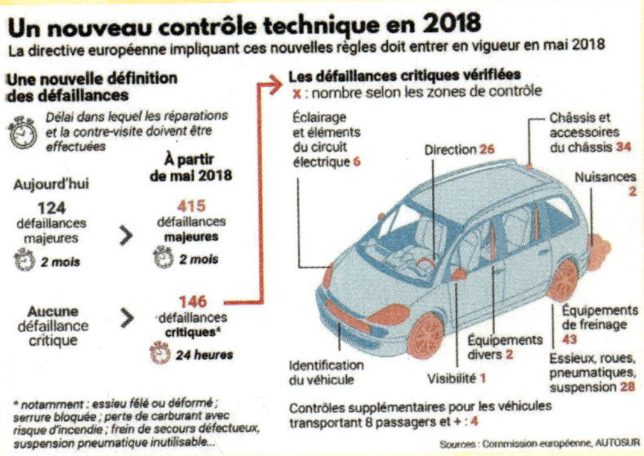


1. **Panier de Campagne peut-elle s'appuyer uniquement sur le prix de vente pour faire son choix ? Justifiez votre réponse.**
2. **Quelle information est censée donner le prix à l'acheteur ?**
3. **Quelle défaillance du marché apparaît ici ?**
4. **Quels mécanismes permettent de la limiter ?**

# 3 Repérer l'existence d'externalités

## DOC. 17 Quand l'industrie et l'agriculture ne produisent pas que des biens...

**Pesticides dans les eaux de surfaces phréatiques**

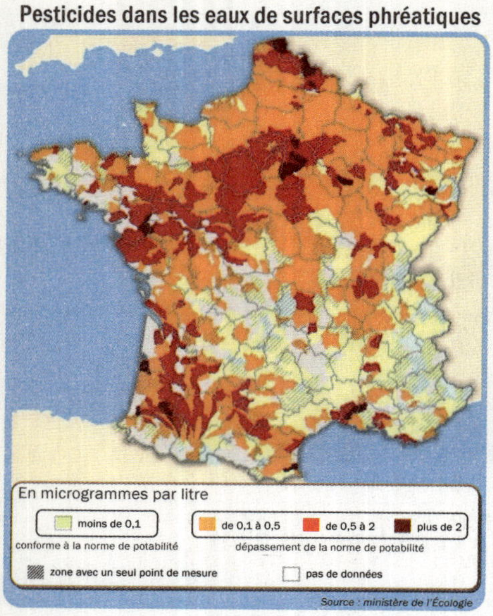


L'activité industrielle nécessite souvent le transport, le stockage, l'utilisation, la production et l'élimination de substances dangereuses. [...] Les stations-service, les nettoyages à sec, les ateliers de réparation ou de démontage de véhicules, les imprimeries, les dépôts de liquides inflammables... sont des activités potentiellement dangereuses pour les sols et les eaux souterraines. En effet, ces entreprises manipulent et entreposent régulièrement des substances nuisibles pour la santé humaine et l'environnement. [...]
En ville, on peut être exposé à un sol pollué de différentes manières :
– en mangeant des légumes qui y ont poussé ;
– en buvant l'eau supposée potable qui le traverse (infiltrations des polluants *via* les conduites)...
Même si le sol n'est pas pollué en surface et ne constitue pas un danger immédiat pour les êtres vivants, il peut l'être en profondeur et constituer tout de même un risque pour l'environnement, par dispersion de la pollution vers les terrains voisins, vers les eaux de surface...

**Bruxelles Environnement**

1. **Quelles sont les conséquences de l'activité industrielle et agricole sur l'environnement ?**
2. **Quelles peuvent en être les conséquences sur les êtres humains vivant à proximité des sites pollués ?**
3. **Pensez-vous que les entreprises dédommagent les individus qui subissent cette pollution ? Pourquoi ?**

## DOC. 18 L'existence d'externalités affecte le bien-être des individus

Certaines des décisions que nous prenons ont des conséquences sur le bien-être des individus qui nous entourent. On parle d'effet externe ou d'externalité.
Une externalité se manifeste lorsque l'activité économique d'un agent a un impact sur le bien-être des autres agents économiques, sans contrepartie financière.
• Les **externalités positives** désignent la situation où cet impact avantage gratuitement un agent économique. Ex. : l'installation d'un apiculteur permet de polliniser gratuitement les champs des agriculteurs aux alentours.
• Les **externalités négatives** représentent les effets négatifs générés par l'activité d'un agent sans qu'il dédommage ceux que les subissent. Ex. : la pollution générée par une usine à proximité d'habitations.

## DOC. 19 Les effets des externalités sur les stratégies des entreprises

Les entreprises qui veulent maximiser leurs profits, et ainsi garantir leur pérennité, ont tout intérêt à ignorer les externalités négatives inhérentes à leur activité car leur prise en compte induirait très souvent des coûts supplémentaires. Une entreprise n'a ainsi aucun intérêt à indemniser les victimes de la pollution ou des nuisances qu'elle engendre.
De la même façon, le marché est inefficace pour encourager les comportements responsables, générateurs d'externalités positives. En effet, une entreprise qui met en place des mesures complémentaires pour améliorer le bien-être commun, comme des actions de formation qui améliorent les compétences des salariés, n'est pas toujours récompensée par des marges plus élevées. Au contraire, ce surcoût la rendra moins compétitive.
Ce système crée donc un déséquilibre qui favorise les entreprises qui ne prennent pas en considération les externalités négatives de leur activité au détriment de celles, plus responsables, qui cherchent à réduire ces externalités négatives.

4. **Définissez la notion d'externalité. Différenciez les externalités négatives et positives.**
5. **Quel impact les externalités ont-elles sur la stratégie des entreprises ?**

**APPROFONDISSEMENT**

6. **Montrez que les externalités sont une conséquence de la défaillance du marché.**
7. **Recherchez comment l'État peut inciter les entreprises à réduire leur pollution.** PIX D1.1

**DOC. 20** Antenne-relais : Free attaqué pour cause de préjudice esthétique

**Pollution visuelle… Dans la commune de Lewarde, dans le Nord, une antenne Free Mobile considérée comme disgracieuse fait débat.**

« *Si jamais je voulais vendre ma maison, je perdrais 30 % à cause de cette antenne* », s'insurge un habitant, surpris d'avoir constaté le mois dernier en revenant de vacances qu'une antenne-relais Free Mobile s'est dressée à 30 mètres de chez lui, juxtaposée à une station d'épuration. Trop grande et trop épaisse à leurs yeux, deux riverains comptent même attaquer Free en justice pour « *cause de préjudice esthétique* », rapporte *La Voix du Nord*. « Ce totem » met d'ailleurs la mairie dans l'embarras, celle-ci a bien repris les discussions avec Free en lui demandant « *de camoufler l'antenne en lui donnant l'apparence d'un arbre* », en vain car « *cela coûtait trop cher* » à l'opérateur.

**www.univers.freebox.com**

**8.** **Expliquez en quoi l'installation d'une antenne-relais peut être considérée comme une externalité négative mais aussi positive.**

# APPLICATION DE CAS

## PANIER DE CAMPAGNE

L'entreprise Panier de Campagne a implanté un nouvel entrepôt pour améliorer sa logistique à Cagnac-les-Mines, une petite commune proche d'Albi et de la route nationale qui dessert de nombreux villages. Lors de la dernière réunion du conseil communal, un élu a indiqué que de nombreux villageois s'étaient plaints de l'augmentation du trafic de camions et de leur conduite trop dangereuse. Le maire décide de communiquer sur l'impact de l'implantation du nouvel entrepôt.

« Il est certain que la circulation des poids lourds est un problème pour la commune. Les camions roulent vite, sont bruyants et détériorent la qualité de l'air. Cependant, l'activité du nouvel entrepôt apporte aussi des satisfactions : 8 nouveaux emplois ont été créés et une autre entreprise nous a contactés pour s'installer à proximité de Panier de Campagne. Ils souhaitent mettre en place un partenariat sur la logistique pour baisser leur coût de transport. Cela pourrait donc générer des emplois supplémentaires. De plus, n'oublions pas que cela génère des revenus à la fois pour la commune mais aussi pour les habitants.
Il faut trouver des solutions, c'est certain et je m'y engage. Mais nous ne pouvons pas leur faire payer un droit de passage : cela augmenterait leurs propres tarifs et ils finiraient par s'implanter ailleurs. »

**Extrait du discours du maire.**

1. **Repérez les externalités positives et négatives liées à l'implantation de l'entrepôt pour la commune de Cagnac-les-Mines.**
2. **Montrez que le marché est inefficace pour résoudre le problème des externalités négatives.**

# Tester ses connaissances

## 1 Quiz

**Scannez le QR Code ou saisissez le mini-lien pour tester vos connaissances avec le quiz numérique.**

liennathan.fr/7e6n4t

## 2 Identifier les différents dysfonctionnements du marché

**Indiquez, pour chacune des situations, le dysfonctionnement de marché dont il s'agit.**

| Situations | Dysfonctionnements |
|---|---|
| **a.** Un employeur désire recruter un informaticien spécialisé dans le codage. Le candidat qui se présente est, lui, spécialisé dans la mise en place des réseaux mais omet de donner l'information à l'employeur. | asymétrie d'informat |
| **b.** Depuis 2022, 35 sociétés agréées ont le droit d'importer du tabac et de le distribuer auprès des buralistes. | barrière à l'entrée naturel |
| **c.** Les géants du matériel électrique Schneider Electric, Legrand et Rexel annoncent leur mise en examen pour entente sur les prix. | barrière a l'entrée stratégique |

## ★★ 3 Les externalités environnementales

1. **Identifiez les conséquences du réchauffement climatique pour la ville de Lacanau.**
2. **Montrez que le réchauffement climatique et la montée des eaux illustrent le concept des externalités.**

**DOC. La montée des eaux devient critique**

Comme partout dans le monde, les littoraux français sont déjà affectés par la montée du niveau de des eaux ~~la mer~~ due au réchauffement climatique. […]
À la station balnéaire Lacanau-Océan, la bande de sable qui sépare les bars et hôtels de la mer s'est rétrécie à vue d'œil […]. Dans l'urgence, la ville a renforcé les rangées de roches […] le long du front de mer, pour freiner l'érosion. […]
Un nouveau dispositif d'enrochement est prévu pour 2025. Il pourrait coûter une trentaine de millions d'euros, soit dix fois plus cher que les travaux de protection de 2014. « *Il n'y aura plus de plage centrale, il n'y aura plus que des cailloux* », expose Laurent Peyrondet. De plus, les installations publiques, c'est-à-dire des parkings, un poste de secours et une maison de la glisse, vont être déplacées. Mais la collectivité prévoit toujours d'accueillir des baigneurs devant les 5 kilomètres de dunes qui entourent la zone urbanisée. Pour après 2050, la municipalité présente deux scénarios : soit continuer à lutter avec un nouvel enrochement encore plus conséquent, soit organiser un repli. Dans ce cas, il faudra avoir réinventé l'identité de Lacanau, qui repose aujourd'hui en grande partie sur son attractivité balnéaire.

**Héloïse Leussier, reporterre.net, 8 juin 2021.**

# 4 La hausse du prix du blé

Fiche méthode 1 Fiche méthode 3

1. Indiquez les différents facteurs qui impactent l'offre du blé.
2. Repérez l'évolution de la demande de blé.
3. Analysez l'évolution du cours du blé depuis 2019 et ses conséquences.

## DOC. 1 Pourquoi les prix du blé flambent-ils ?

Cotation du blé tendre, en euros

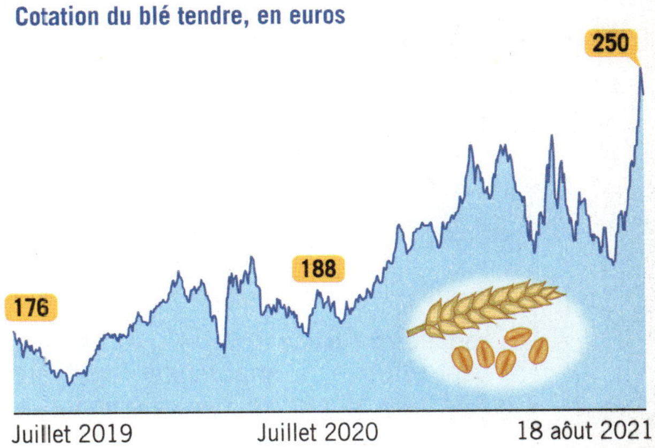


Source : Agritel

Dans les salles de courtage comme dans les rayons des supermarchés, les prix du blé flambent, et cela se voit déjà sur les tickets de caisse. […] Mais à quoi est dû ce « vent de folie » sur les marchés ? […] D'une part, les récoltes en Amérique du Nord ont été assez faibles en 2021, alors même qu'il s'agit d'une des principales régions exportatrices. D'autre part, la demande a, elle, augmenté sous la pression d'une démographie mondiale en hausse.

Le marché réagit à ce rapport de force entre l'offre et la demande de blé, et la première est « *clairement insuffisante* » par rapport à la seconde, explique [Nathan Cordier, analyste pour Agritel[1]] […].

La guerre en Ukraine est le premier événement de l'année à avoir secoué le marché du blé. […] La production russe ne participe plus au marché mondial depuis que Vladimir Poutine a décidé de restreindre les exportations, au moins temporairement, afin de maîtriser les prix à la consommation dans son pays.

L'Ukraine fait quant à elle face à une double problématique. D'abord, un risque fort pèse sur sa production de blé puisque « *environ un tiers de ses surfaces de blé d'hiver est situé dans l'est du pays* », épicentre des combats entre les forces russes et ukrainiennes, avance l'analyste d'Agritel […].

D'autre part, […] près de 95 % des exportations s'effectuaient par la mer. Or la marine russe a, dès les premières heures du conflit […], miné tous les accès maritimes. […]

Face à un tel choc d'offre, les analystes misaient sur une production de blé indienne importante pour compenser les manques ukrainien et russe. […]

Mais les mois de mars et d'avril ont été historiquement chauds en Inde, entamant largement les récoltes. […] Une « *chute drastique* » qui risque d'engager la sécurité alimentaire du pays et qui a poussé son Premier ministre, Narendra Modi, à imposer […] un embargo sur les exportations de blé.

Pour finir, la France, premier exportateur de blé en Europe, connaît également une sécheresse intense et précoce. […] Si les récoltes françaises sont effectivement mauvaises, le marché « *pourrait bien encore augmenter* » et la faiblesse de l'offre pourrait, à terme, mettre en péril l'équilibre alimentaire mondial et « *provoquer de nouvelles émeutes de la faim* » dans certains pays très dépendants des importations de blé, conclut [Nathan Cordier].

1. Cabinet de conseil et d'analyse des marchés agricoles.

**Sandra Favier, *Le Monde*, 20 mai 2022.**

## DOC. 2 La consommation mondiale de céréales va encore augmenter en 2022

La demande mondiale de blé devrait ainsi s'inscrire pour la prochaine campagne à 787 millions de tonnes, soit 17 millions de tonnes de plus que pour la campagne en cours, et près de 50 millions de tonnes de plus qu'en 2019.

[…] L'essor de la population mondiale, la croissance de la richesse de la Chine et le rebond de l'Europe et des États-Unis, après la crise du Covid, sont autant de facteurs de soutien pour la demande de céréales dans les années qui viennent.

**lesillon.info, 16 août 2021.**

## SYNTHÈSE

Le marché, **lieu de rencontre entre l'offre et la demande**, permet de **fixer un prix** pour lequel l'offre = la demande.

- **Marché des biens et services**
  - **Choix stratégiques possibles :**
    - **Affronter la concurrence**
    - **Coopérer avec les concurrents**
- **Marché du travail**
- **Marché des capitaux**

**Mais parfois, la régulation par le marché n'est pas efficace.**

### Les dysfonctionnements du marché

Les **barrières à l'entrée** désignent les obstacles qui rendent difficile ou impossible l'implantation d'une entreprise sur un marché.

- Barrières à l'entrée **structurelles**, liées à la particularité du secteur
- Barrières à l'entrée **stratégiques**, liées au comportement des firmes

Les **asymétries d'information** désignent une situation dans laquelle certains des participants à un échange disposent d'informations (pertinentes) que d'autres n'ont pas.

### L'existence d'externalités

Une externalité, ou effet externe, se manifeste lorsque **l'activité économique d'un agent a un impact sur les autres agents économiques, sans contrepartie financière.**

**Externalités négatives**

Situation où un agent subit les effets négatifs d'une activité économique sans être indemnisé

**Externalités positives**

Situation où un agent profite des effets positifs d'une activité économique sans en payer le prix

### CONSTRUIRE SA SYNTHÈSE

**Rédigez votre synthèse à l'aide des mots-clés suivants :**

Marché des biens et services – Marché du travail – Marché des capitaux – Offre – Demande – Marché – Concurrence – Information parfaite – Barrières à l'entrée et/ou à la sortie – Atomicité – Coopération – Entente illicite – Barrières à l'entrée naturelles – Barrières à l'entrée artificielles – Asymétries d'information – Externalités positives – Externalités négatives

# 3 Des pourparlers au contrat

**PLAN DU CHAPITRE**



**LES COMPÉTENCES ATTENDUES**

- → Qualifier une situation précontractuelle et repérer le processus de formation d'un contrat.
- → Analyser et évaluer les conditions de validité d'un contrat, les clauses et les effets juridiques d'un contrat.

**LES SAVOIRS ASSOCIÉS**

- → Les principes contractuels et leur évolution
- → La formation du contrat
- → Le contenu du contrat

## Le Crédit Agricole commande 10 000 berlines à hydrogène à la start-up Hopium

L'hydrogène va-t-il réussir à s'imposer au sein de la filière automobile française ? C'est en tout cas ce que semble penser CA Consumer Finance, la filiale de crédit à la consommation du Crédit Agricole, qui vient de signer un protocole d'accord avec le constructeur Hopium pour une commande prévisionnelle de 10 000 véhicules. Annoncée le 22 octobre, la veille de clôture du Mondial de l'Auto, cette intention d'achat constitue une étape majeure pour la start-up, fondée en 2019 par le pilote français Olivier Lombard. [...] Ce contrat potentiel, qui dépendra des capacités de l'entreprise de produire ses voitures dès 2025, pourrait lui rapporter jusqu'à 1,2 milliard d'euros.

**Valentin Hamon Beugin, www.usinenouvelle.com, 24 octobre 2022.**

**IMMOBILIER : J'AI UN ACHETEUR, ET MAINTENANT ?**

**Vidéo**
liennathan.fr/mr29c6

1. **De quel contrat est-il question ici ? Est-il formé ?**
2. **Quelles en seraient les parties ? Pourquoi n'ont-elles pas conclu directement le contrat définitif ?**

# 1 Analyser le processus de formation d'un contrat

**DOC. 1** **De étapes vers le contrat**

**Article 1113 du Code civil** – Le contrat est formé par la rencontre d'une **offre** et d'une **acceptation** par lesquelles les parties manifestent leur volonté de s'engager. […]

L'offre comprend les éléments essentiels du contrat envisagé et exprime la volonté de son auteur d'être lié en cas d'acceptation. L'acceptation consiste en l'agrément pur et simple de l'offre : c'est la manifestation de volonté de son auteur d'être lié dans les termes de l'offre.
Les contrats courants (ex. : acheter un livre, prendre le bus) se forment en un instant, l'offre étant suivie d'une acceptation sans réserve de la part de la personne intéressée.
Mais dans la vie des affaires, ou pour les contrats engageant des intérêts patrimoniaux importants (ex. : grosse commande de matériel industriel, achat d'une maison), il est fréquent que le contrat soit précédé d'une **phase de négociations dite « précontractuelle »** éventuellement suivie d'un **avant-contrat** (pacte de préférence, promesse de contrat) permettant la négociation du prix et la réalisation des conditions indispensables à la conclusion du contrat (obtention d'un prêt ou d'un permis de construire, etc.).

**1.** **Repérez le processus de formation d'un contrat et précisez quelles doivent être les caractéristiques de l'offre et de l'acceptation pour qu'il y ait contrat.**

**2.** **Quels types de contrats ne sont pas conclus directement ?**

## A Les pourparlers et les avant-contrats

**DOC. 2** **Les pourparlers**

La conclusion d'un contrat est fréquemment précédée d'une période de **pourparlers**, des négociations étant nécessaires en vue de fixer les conditions des engagements réciproques des parties. Pendant cette période, les parties évoluent généralement en dehors de tout cadre contractuel. Elles sont donc par principe libres de mettre fin à tout moment aux négociations.

**DOC. 3** **La rupture des pourparlers**

Cette liberté de rupture [des pourparlers] n'est pas totale et s'exerce dans la limite du respect, par chacune des parties, d'une obligation de bonne foi. En effet, en cas d'abus résultant des circonstances de la rupture, la partie à l'initiative de celle-ci peut se voir condamner à des dommages et intérêts sur le fondement de la responsabilité extracontractuelle.
En pratique, différents éléments sont susceptibles d'être pris en compte par les juges dans leur appréciation du caractère abusif de la rupture : stade avancé des pourparlers, croyance légitime de l'autre partie, brutalité de la rupture, intention de nuire, rupture trop tardive…

www.soulier-avocats.com

**Selon l'article 1112, alinéa 2 du Code civil**
« En cas de faute commise dans les négociations, la réparation du préjudice qui en résulte ne peut avoir pour objet de compenser la perte des avantages attendus du contrat non conclu. »

**3.** **En principe, les personnes en pourparlers sont-elles engagées par leurs propositions ?**

**4.** **Dans quel cas la rupture des pourparlers peut-elle être sanctionnée ? Quelle est la sanction prévue ?**

**APPROFONDISSEMENT**

**5.** **Quelle est la limite légale à la réparation du préjudice lié à la rupture des pourparlers ?**

## DOC. 4 L'obligation d'information

[L]'obligation générale d'information de l'article 1112-1 du Code civil […] commande à tout contractant de communiquer à l'autre partie toutes les informations susceptibles d'être déterminantes de son consentement, à une exception près : l'information portant sur la valeur de la prestation.
Rappel des conditions cumulatives de mise en œuvre de l'obligation d'information :
- la connaissance de l'obligation par le débiteur de l'obligation ;
- l'ignorance de l'information par le créancier de l'obligation ;
- le caractère déterminant de l'information pour le consentement de l'autre partie. […]

Étudions maintenant le positionnement du juge […] :
- Trib. com. de Versailles du 6 juin 2018 : Achat de fonds de commerce. Le demandeur est débouté au motif qu'il ne rapporte pas la preuve que le vendeur détenait l'information en cause susceptible de changer sa décision d'acquisition. […]

**Grégory Leveau, Village de la justice, 13 janvier 2020.**

**6. Sur quelle(s) partie(s) l'obligation d'information pèse-t-elle ? En quoi consiste-t-elle ?**

## DOC. 5 Le pacte de préférence

**Définition et effets** – Le pacte de préférence est un **contrat unilatéral** par lequel une personne s'engage à proposer prioritairement à son bénéficiaire de traiter avec lui pour le cas où cette personne déciderait de passer le contrat (article 1123 du Code civil).
L'offrant potentiel s'interdit de conclure avec un tiers tant qu'il n'est pas libéré de son engagement avec le bénéficiaire du pacte, dont on peut prévoir une durée limitée.
**Exemple :** un des associés d'une SARL accorde un pacte de préférence à un autre associé aux termes duquel il s'engage à lui donner la priorité s'il décidait un jour de céder ses parts sociales.

**7. Quelle obligation incombe à une personne ayant accordé un pacte de préférence ?**

## DOC. 6 Les promesses de contrat

| Promesse unilatérale de contrat | Promesse bilatérale de contrat (dite « synallagmatique ») |
|---|---|
| Contrat en vertu duquel un promettant s'engage envers un bénéficiaire à conclure un contrat déterminé si ce bénéficiaire en manifeste la volonté (**levée de l'option**). *Exemple :* dans le cas d'une vente de maison, un acheteur potentiel se montre intéressé, sans vouloir s'engager immédiatement : le vendeur s'engage sur le prix et accorde un délai de réflexion à ce candidat acquéreur. Si celui-ci lève l'option au cours du délai (fixé à la promesse), il s'engage à acheter. | Contrat en vertu duquel les deux parties donnent leur consentement au contrat définitif dont la réalisation est généralement subordonnée à des conditions (**conditions suspensives**). *Exemple :* dans le cas d'une vente de maison, un acheteur potentiel se dit désireux de conclure l'achat. Il a cependant besoin d'obtenir un prêt bancaire pour en payer une partie du prix. Les deux parties concluent une promesse bilatérale, qui les engage tous les deux. Le contrat de vente ne sera définitivement conclu que dans le cas de l'obtention du prêt. |

**8. Quelle est la principale différence entre la promesse unilatérale et la promesse synallagmatique ?**

**APPROFONDISSEMENT**

**9. Qu'est-ce qui différencie le pacte de préférence de la promesse unilatérale de contrat ?**

LE COMPROMIS DE VENTE
Vidéo
liennathan.fr/2ss98b

## B Le contrat

**DOC. 7 La liberté contractuelle**

**Article 1102 du Code civil**
Chacun est libre de contracter ou de ne pas contracter, de choisir son cocontractant et de déterminer le contenu et la forme du contrat dans les limites fixées par la loi. La liberté contractuelle ne permet pas de déroger aux règles qui intéressent l'ordre public.

**10. À quelle composante de la liberté contractuelle cette illustration renvoie-t-elle ?**

**DOC. 8 Le contrat et ses formes**

Un contrat est un **accord de volontés** entre deux ou plusieurs personnes, appelées « parties », destiné principalement à créer des obligations. Mais, contrairement à une idée largement répandue, **le contrat n'est pas nécessairement un document écrit**. Bien au contraire, la forme des contrats est en principe libre. Tous les modes d'expression de l'accord des volontés sont donc admis : écrit, bien sûr, mais aussi parole et même geste. Toutefois, la loi subordonne parfois la conclusion d'un contrat à l'accomplissement d'une forme. Exemple : les statuts d'une société sont obligatoirement écrits.

**11. Tous les contrats sont-ils soumis à une obligation de forme ?**

**12. Comment la rencontre des volontés se réalise-t-elle dans les situations contractuelles suivantes : la vente aux enchères ? l'achat en hypermarché ? l'interpellation d'un taxi ?**

## APPLICATION AU CAS

### PANIER DE CAMPAGNE

La directrice de Panier de Campagne est amenée à prospecter auprès de propriétaires de locaux destinés à accueillir ses points de vente. Elle vient récemment de retenir un local susceptible de l'intéresser à Foix, après avoir abandonné des pourparlers qu'elle menait depuis un mois avec M. Tréville, un autre propriétaire de la même ville dont le magasin lui paraît finalement trop petit.

**DOC. Extrait d'un avant-contrat**

**Promesse de bail commercial**

**PAR :** La SCI Les Coteaux, représentée par Bruno Colas, son gérant […]

**AU PROFIT DE :** La société Panier de Campagne, représentée par X…, sa directrice générale […].

**DÉSIGNATION**

Un local à usage d'activité de salon de thé, sis à Foix (09000), allée des Brumes, d'une superficie de 62 m² au RDC + un jardin attenant de 280 m² avec un bâtiment en ruine […].

**LEVÉE DE L'OPTION**

Le présent acte sera complété par l'acceptation éventuelle du preneur dans le délai d'un mois. Seule cette levée de l'option engagera la société Panier de Campagne. […]

**1. M. Tréville, mécontent de ne pas conclure de bail avec Panier de Campagne, prétend pouvoir être indemnisé. Selon vous, cette prétention est-elle juridiquement valable ?**

**2. La SCI Les Coteaux est-elle définitivement engagée par la promesse de bail signée ?**

**3. À quel moment Panier de Campagne sera-t-elle engagée auprès de la SCI Les Coteaux ?**

# 2 Analyser et évaluer les conditions de validité d'un contrat

**DOC. 9** **Les trois conditions de validité selon l'article 1128 du Code civil**

| Consentement des parties<br>Manifeste et non vicié | Capacité des parties | Contenu du contrat<br>Licite et certain |
| --- | --- | --- |

↓

**Contrat valable**

## A Le consentement

**DOC. 10** **Ne pas mentir...**

En Martinique, Mme X achète une superbe villa à proximité de l'océan. Quelque temps après la vente, elle subit des nuisances liées à la présence d'algues sargasses qui s'échouent sur la plage et émettent des gaz toxiques en se décomposant. Elle agit en nullité de la vente en invoquant un dol : souffrant de problèmes respiratoires, Mme X avait à plusieurs reprises questionné les vendeurs sur la présence de sargasses, ces derniers ayant apporté des réponses mensongères. En première et deuxième instance, Mme X est déboutée, la cour d'appel écartant le dol au motif que les vendeurs ignoraient le caractère déterminant pour l'acquéreur des éléments dissimulés.
La Cour de cassation juge indifférente la méconnaissance, par le vendeur, du caractère déterminant pour son acheteur du fait dissimulé. En d'autres termes, pour caractériser le dol, il suffit de prouver séparément la dissimulation du vendeur, d'une part, et le caractère déterminant de l'information pour l'acquéreur, d'autre part.

**D'après Cass. 3e civ. n° 21-13.286 du 15 juin 2022.**

**DOC. 11** **Les vices du consentement**

| **Vices** | **Erreur** | **Dol** | **Violence** |
| --- | --- | --- | --- |
| **Définitions d'après le Code civil** | L'erreur ne vicie le contrat que si une partie commet une erreur portant sur une des qualités essentielles de la prestation due ou sur celles du cocontractant. | Il y a dol quand une partie donne son consentement à cause de manœuvres, de mensonges ou d'une dissimulation intentionnelle de l'autre partie. | Il y a violence si une partie s'engage sous la pression d'une contrainte qui lui inspire la crainte d'un mal considérable pour sa personne, ses biens ou celles de ses proches. |
| **Sanction** | Nullité du contrat | | |

1. **Analysez le vice du consentement rapporté dans le document 10.**
2. **Quelle différence y a-t-il entre l'erreur et le dol ?**
3. **Imaginez des exemples d'erreur et de violence dans un contrat entre entreprises.**

## B La capacité

### DOC. 12 La capacité des parties, aptitude à conclure

| PRINCIPE : CAPACITÉ JURIDIQUE |
| --- |
| Aptitude à être titulaire de droits et à les exercer, par exemple en concluant un contrat (vendre sa maison, faire une donation, emprunter une somme d'argent, etc.). |
| **EXCEPTION : INCAPACITÉ JURIDIQUE** |
| Incapacité à passer des contrats (ou les plus importants) en raison du jeune âge (moins de 18 ans) ou d'une altération des facultés personnelles chez certains majeurs.<br>Dans ce cas, un tiers représente le mineur ou le majeur incapable. |

### DOC. 13 La capacité professionnelle du mineur

« *L'âge n'est pas un frein, c'est même une force.* » Voilà la leçon retenue par Clément Corselle, un jeune entrepreneur de 18 ans. Son aventure entrepreneuriale débute en 2020. À l'époque, il a tout juste 16 ans. Deux ans plus tard, il est l'un des plus jeunes dirigeants français et est à la tête de Digicomarket, une agence de marketing digital basée à Lille.

**A. Castel, www.bpifrance.fr, 12 août 2022.**

**Conditions de création d'entreprise par un mineur de 16 ans non émancipé :**
- une autorisation préalable est nécessaire (parent[s] ou juge des tutelles) ;
- seule une entreprise unipersonnelle peut être créée : EURL ou SASU ;
- le mineur ne peut accomplir que les actes d'administration (gestion courante), les actes de disposition (actes juridiques graves tels que les ventes) devant être autorisés par les représentants légaux.

**4.** **La capacité des jeunes entrepreneurs est-elle totale ? Justifiez votre réponse et expliquez-en la raison.**

**APPROFONDISSEMENT**

**5.** **Recherchez en quoi consiste la procédure d'émancipation d'un mineur et présentez la capacité professionnelle du mineur émancipé.** PIX D1.1

### DOC. 14 La représentation des personnes morales

À défaut d'existence matérielle, les personnes morales (les sociétés et autres groupements) n'ont pas la possibilité d'exercer leur capacité, c'est-à-dire de conclure elles-mêmes des contrats. Ils sont donc conclus par l'intermédiaire de leurs organes de direction (personnes physiques : gérant d'une SARL, président d'une SA…) par le jeu de la **représentation juridique**. Ces organes sont les mandataires de la personne morale et doivent agir dans l'intérêt de celle-ci.

**6.** **Pour quelle raison une personne morale doit-elle être représentée sur la scène juridique ?**

## C Le contenu du contrat

### DOC. 15 Un commerce d'éléments du corps humain sur les réseaux sociaux

La police américaine a mis aux arrêts un homme […] [qui aurait] acheté auprès d'une femme des parties de corps humain. […] [L]e mis en cause est visiblement spécialisé dans la vente de membres du corps humain. […] Sur une page du réseau social Facebook, il aurait posté selon la police des photos de seaux d'os et autres morceaux de corps, tels que des crânes, des mains, des cerveaux, des poumons ou encore de la peau humaine.

**Désiré Sossa, lanouvelletribune.info, 19 août 2022.**

En France, l'article 16 du Code civil déclare que « *le corps humain est inviolable* » et que « *ses éléments et ses produits ne peuvent faire l'objet d'un droit patrimonial* ».

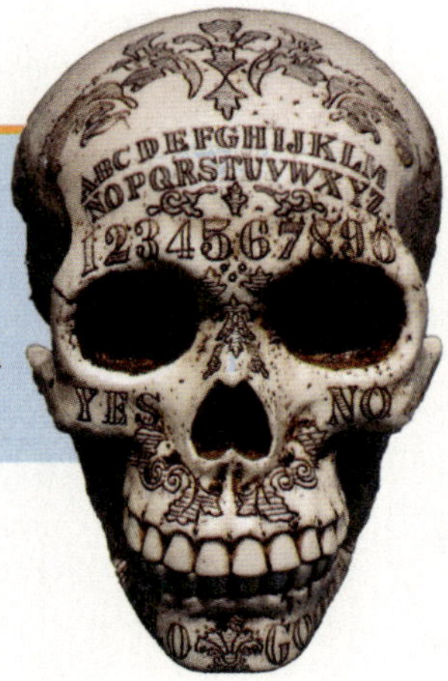

**DOC. 16** Le contenu du contrat doit être licite

**Article 1162 du Code civil**
Le contrat ne peut déroger à l'ordre public ni par ses stipulations, ni par son but, que ce dernier ait été connu ou non par toutes les parties.

**DOC. 17** Le contenu du contrat doit être certain

| Art. 1163 du Code civil | Exemples |
|---|---|
| « L'obligation a pour objet une prestation **présente**… | Un garagiste vend une Renault Twingo d'occasion, année 2020, noire, 25 000 km, immatriculée FK 227 NG. |
| … ou **future**. | Un promoteur vend des appartements sur plan. |
| Celle-ci doit être **possible**… | Une agence de voyages ne peut pas vendre un voyage sur Mercure. |
| … et déterminée ou **déterminable**. […] » | Un fournisseur vend à un distributeur 1 tonne de riz complet de Camargue. |

**7.** **Qualifiez le contrat évoqué dans le document 15. Son contenu est-il certain ? licite ? Justifiez vos réponses.**

**8.** **Imaginez un contrat entre entreprises dont le but serait illicite.**

APPROFONDISSEMENT

**9.** **Illustrez le caractère certain de l'objet du contrat dans un autre exemple que celui de la vente.**

**DOC. 18** La nullité du contrat

Si l'une des conditions de validité du contrat fait défaut, la sanction est la nullité du contrat. Celle-ci peut être demandée en justice dans le délai de 5 ans, ses effets étant la disparition de tous les effets du contrat, avec, si c'est possible, les restitutions qui en découlent.

**Un exemple de situation de nullité**
Un mineur ayant créé une start-up décide de recourir à un emprunt bancaire pour financer ses premiers investissements. Il est incapable juridiquement de conclure ce contrat. Si le banquier lui fait confiance et lui accorde un prêt, ce contrat pourra être annulé par les juges, par exemple à la demande d'un des parents du mineur.

**10.** **Quelles personnes le droit veut-il protéger dans les cas de nullité du contrat ?**

## APPLICATION AU CAS

### PANIER DE CAMPAGNE

Lors de la signature du bail définitif avec la SCI Les Coteaux, la directrice de Panier de Campagne a demandé et obtenu verbalement du propriétaire l'autorisation de rénover un bâtiment annexe, en ruine mais indispensable pour stocker les produits à vendre. En contrepartie des travaux, elle avait reçu une autorisation d'occupation gratuite de ces locaux.
C'est avec consternation qu'elle apprend que la mairie avait mis en demeure le propriétaire de démolir ce local construit sans autorisation et en infraction avec le PLU (plan local d'urbanisme).
Le local qui devait servir de lieu de stockage à Panier de Campagne va donc disparaître.

**DOC.** Le dol dans le Code civil

**Article 1137**
Le dol est le fait pour un contractant d'obtenir le consentement de l'autre par des manœuvres ou des mensonges. Constitue également un dol la dissimulation intentionnelle par l'un des contractants d'une information dont il sait le caractère déterminant pour l'autre partie.

**1.** **Qu'est-ce que la notion de « dissimulation intentionnelle » constituant un dol ?**

**2.** **Analysez la situation juridique consécutive à la découverte de l'impossibilité d'exploiter le bâtiment attenant au local loué par Panier de Campagne.**

# 3 Analyser et évaluer les clauses d'un contrat

**DOC. 19 Les clauses du contrat**

**Définition :** une « clause » est une phrase ou un ensemble de phrases contenues dans le texte d'un acte juridique (tel un contrat) où sont définis les droits et les obligations des personnes concernées par cet acte.
**Exemples :** clause relative au prix payé, clause de garantie commerciale, clause limitative de responsabilité, etc.
**Finalité :** le contrat est structuré par la somme des clauses qu'il contient, celles-ci étant soit négociées entre les parties, soit édictées par un contractant qui les propose à l'autre.

**1. Proposez un synonyme du terme « clause » d'un contrat.**

**DOC. 20 Le prix dans les contrats**

**Principe**
Élément clé de l'accord des parties, le prix doit être déterminé ou au moins déterminable lors de la conclusion du contrat. Selon les cas, il est négocié par les deux parties ou prévu par un contractant qui le propose à l'autre, qui ne peut que l'accepter ou refuser le contrat dans son ensemble.

**La fixation unilatérale du prix dans certains contrats selon le Code civil**
**Article 1164** – Dans les contrats-cadres*, il peut être convenu que le prix sera fixé unilatéralement par l'une des parties, à charge pour elle d'en motiver le montant en cas de contestation. En cas d'abus dans la fixation du prix, le juge peut être saisi d'une demande tendant à obtenir des dommages et intérêts et le cas échéant la résolution du contrat.
**Article 1165** – Dans les contrats de prestation de service, à défaut d'accord des parties avant leur exécution, le prix peut être fixé par le créancier, à charge pour lui d'en motiver le montant en cas de contestation. En cas d'abus dans la fixation du prix, le juge peut être saisi d'une demande en dommages et intérêts.

* Contrats de longue durée qui fixent un cadre général aux relations entre les parties.

**2. Citez des exemples de prix négociés et des exemples de prix acceptés.**
**3. Quelles sont les limites à la fixation du prix par une seule des parties ?**

**LA NÉGOCIATION DES PRIX DANS LA GRANDE DISTRIBUTION**
**Vidéo**
liennathan.fr/s2u69i

**DOC. 21 L'imprévision et la faculté de renégociation du prix**

**Problème :** comment conserver une marge raisonnable sur un bien vendu si le prix d'une des matières premières flambe à cause d'une pénurie liée à des conditions climatiques ou du fait d'une raréfaction sur le marché international pour des raisons géopolitiques ?

**Réponse du droit :** le principe à l'article 1195 du Code civil est celui de la possibilité de prendre en compte des **circonstances imprévisibles** pour demander à son cocontractant la **révision du contrat**.

**Les conditions pour admettre la renégociation du prix :**
– un changement de circonstances imprévisible au jour du contrat ;
– une exécution du contrat rendue excessivement onéreuse pour une partie ;
– l'absence d'acceptation lors du contrat de prendre en charge ce risque.

**LA FLAMBÉE DES PRIX DE L'ÉNERGIE ET DES MATIÈRES PREMIÈRES**
**Vidéo**
liennathan.fr/xt442n

**4. Précisez le type de contrat dans lequel l'imprévision peut avoir des conséquences.**
**5. Dans quelle mesure la possibilité de renégocier le prix est-elle un gage de maintien de l'équilibre contractuel dans le temps ?**

**DOC. 22** **La clause de réserve de propriété dans un contrat de vente**

Il est convenu entre les parties que le matériel livré ce jour, à savoir une cuisinière à gaz professionnelle type BN326 de notre catalogue, demeurera la propriété du vendeur jusqu'au paiement complet du prix. Conformément à l'article 2367 du Code civil et à l'article L. 621-122 du Code de commerce, cette réserve de propriété produira ses effets en cas de défaut de paiement, et en particulier en cas de cessation de paiements de l'acquéreur.

**6. À quel moment, du fait de la clause de réserve de propriété, la propriété du bien vendu est-elle transférée à l'acheteur ?**

**7. Quelle est l'utilité de cette clause?**

**DOC. 23** **La clause pénale**

**CONDITIONS GÉNÉRALES DE VENTE (extraits)**

Nos ventes de véhicules sont soumises aux conditions générales de vente et de garantie du constructeur. […]

Dans le cas où le délai de paiement figurant ci-dessus ne serait pas respecté, des pénalités seront réclamées par nos soins dont le montant correspondra à deux fois le taux de l'intérêt légal appliqué à la somme due.

**8. Montrez que cette clause peut éviter une action en justice en cas de retard de paiement.**

# APPLICATION AU CAS

## PANIER DE CAMPAGNE

Panier de Campagne ne se charge pas des livraisons des produits qu'elle vend. L'entreprise passe par les services de la société de transport Ruby. Les relations entre les deux sociétés sont gouvernées par le contrat suivant.

**Contrat-cadre de transport de marchandises (extraits)**

Entre la Société RUBY, entreprise de transport […]

Et

L'entreprise PANIER DE CAMPAGNE […]

**Article 1er.** – Le présent contrat a pour objet le transport routier de marchandises.

**Article 2.** – Les envois concernés par l'application de ce contrat seront remis par l'entreprise Panier de Campagne à l'entreprise Ruby.

**Article 3.** – La prise en charge des produits de Panier de Campagne s'accompagnera chaque fois d'un contrat spécifique indiquant le contenu du transport, l'adresse et la date de livraison, ainsi que d'éventuelles conditions spécifiques.

**Article 4.** – Livraison : la remise des colis se fera contre remboursement par le client.

**Article 5.** – Matériel de transport […]

**Article 6.** – Les opérations de chargement et de déchargement incomberont respectivement à Panier de Campagne et au destinataire. En cas de dommages matériels survenus au cours de ces opérations, la responsabilité du transporteur ne saurait être retenue.

**Article 7.** – Livraison […]

**Article 8.** – Le prix du transport sera fixé lors de chaque contrat d'application de ce contrat-cadre, sur la base de 8 € le kg pour les textiles et de 2,50 € le kg pour les autres produits. Ce prix sera révisé chaque année à proportion de l'augmentation du prix du carburant. Tous les prix sont calculés hors taxes.

**Article 9.** – La société Ruby sera tenue de verser une indemnité pour la réparation de tous les dommages justifiés dont elle serait légalement tenue pour responsable, résultant de la mauvaise exécution ou de l'inexécution du transport.

**Article 10.** – En cas de préjudice prouvé résultant d'un retard à la livraison du fait du transporteur, celui-ci est tenu de verser une indemnité qui ne peut excéder le prix du transport (droits, taxes et frais divers exclus).

**Article 11.** – Conformément aux dispositions légales et réglementaires, le transporteur s'engage à conduire les opérations de transport dans des conditions strictement compatibles avec la réglementation des conditions de travail et de sécurité.

**1. Quels sont la nature et l'objet de ce contrat?**

**2. Analysez et évaluez la clause relative au prix du transport.**

**3. Repérez et évaluez les clauses relatives à la responsabilité du transporteur.**

# 4 Analyser et évaluer les effets juridiques d'un contrat

## A Les effets du contrat entre les parties

**DOC. 24 Le principe de la force obligatoire du contrat**

L'**article 1103 du Code civil** exprime le principe de la force obligatoire du contrat : « Les contrats légalement formés tiennent lieu de loi à ceux qui les ont faits. »
Pour bien marquer la force des obligations nées de l'accord des volontés, les rédacteurs du Code civil ont utilisé une comparaison d'une très grande hauteur : le contrat s'impose aux parties comme la règle de droit s'impose à l'ensemble des citoyens. […]

**D'après F. Terré, P. Simler, Y. Lequette, *Les obligations*, Précis Dalloz, 13e édition, 2022.**

**1. Montrez comment l'article 1103 du Code civil insiste sur la force des engagements contractuels.**

**APPROFONDISSEMENT**

**2. Qu'est-ce qui justifie, selon vous, le principe de la force obligatoire d'un contrat pour les parties ?**

**DOC. 25 Ce qui est convenu est convenu !**

Vous pouvez nous lire ce matin non seulement sur Clicanoo.re mais aussi en tenant l'édition papier du *Journal de l'Île* dans vos mains. Tel est le sens de la décision du tribunal de commerce. Ce qui n'était plus possible depuis le 1er octobre l'est donc à nouveau. Cette situation rocambolesque, marquée par six jours de parution interdite*, n'est désormais plus possible sauf graves conséquences. […]
Après l'assignation en référé […] le juge a donné raison dans son intégralité à notre titre. Dans son ordonnance, le tribunal […] de commerce « *condamne la société Imprimerie Chane Pane à exécuter le contrat la liant à la société nouvelle du Journal de l'Île de La Réunion pour l'impression de l'édition papier du journal qu'elle édite, ainsi que tout supplément mensuel ou hebdomadaire, et ce, sous astreinte de 200 000 euros par jour de retard à compter de la notification de la présente ordonnance, et pour un mois* ».

*La décision de cesser l'impression du quotidien avait été prise par le patron de l'imprimerie à la suite d'un conflit l'opposant au patron du *Journal de l'Île de La Réunion*.

**Jérôme Talpin et Éric Lainé, www.clicanoo.re, 6 octobre 2022.**

**DOC. 26 Le sens des engagements contractuels**

Selon l'article 1194 du Code civil, les obligations contractuelles doivent se comprendre par rapport aux suites qui découlent de l'équité, de l'usage ou de la loi. <u>En cas de contestation, le juge doit privilégier l'esprit du contrat à sa lettre</u> (C. civ., art. 1188). Certains auteurs ont même parlé du « forçage » du contrat (interprétation du contrat dépassant la volonté des parties), comme lorsqu'on fait peser sur un contractant l'obligation de sécurité (pour le transporteur de voyageurs) ou l'obligation de renseignements (pour le professionnel face à un profane).

**3. Identifiez dans le document 25 le contrat évoqué et ses parties.**

**4. Quel est le sens de la décision du juge dans cette affaire ?**

**APPROFONDISSEMENT**

**5. Expliquez et justifiez la phrase soulignée dans le document 26.**

## B Les effets du contrat à l'égard des tiers

**DOC. 27 Le principe de l'effet relatif du contrat**

**Article 1199 du Code civil** – Le contrat ne crée d'obligations qu'entre les parties.
Les tiers ne peuvent ni demander l'exécution du contrat ni se voir contraints de l'exécuter […].

6. Quel est le contrat à l'origine du litige ?
7. Pourquoi, selon vous, les juges du fond ont-ils condamné le sous-traitant à assumer les vices de construction ?
8. Pourquoi la Cour de cassation n'accepte-t-elle pas cette solution ? Le client est-il sans recours ?

**DOC. 28 Une chaîne de contrats**

**Le cas :** une personne commande la construction d'une maison à un entrepreneur. Ce dernier sous-traite la réalisation du chantier à une autre entreprise. Ultérieurement, des défauts apparaissent et le propriétaire de la maison assigne en garantie l'entreprise sous-traitante qui a procédé aux travaux, et non pas l'entrepreneur qui avait été initialement chargé du chantier.
**La solution jurisprudentielle :** alors que la cour d'appel avait estimé que le client pouvait retenir la responsabilité contractuelle du sous-traitant, la Cour de cassation, dans un arrêt de principe du 11 juillet 1991, désapprouve cette décision en considérant que le sous-traitant n'a conclu aucun contrat directement avec le « maître de l'ouvrage » (le client de l'entrepreneur principal).

**DOC. 29 L'exception à l'effet relatif du contrat à l'égard des tiers**

**Article 1205 du Code civil** – On peut stipuler pour autrui.
L'un des contractants, le **stipulant**, peut faire promettre à l'autre, le **promettant**, d'accomplir une prestation au profit d'un tiers, le **bénéficiaire**. Ce dernier peut être une personne future mais doit être précisément désigné ou pouvoir être déterminé lors de l'exécution de la promesse.

**Exemple : le contrat d'assurance-vie**

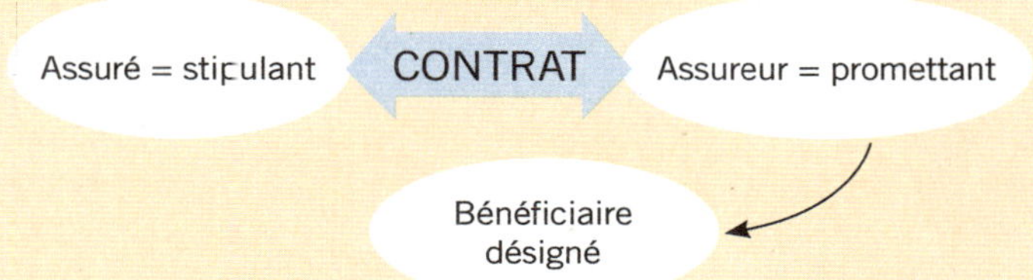


9. En quoi le contrat d'assurance-vie constitue-t-il une exception à l'effet relatif du contrat ?

## APPLICATION DE CAS

### PANIER DE CAMPAGNE

Le développement des activités de Panier de Campagne *via* Internet amène l'entreprise à recourir fréquemment au service du transporteur Ruby, chargé d'effectuer les livraisons des achats en ligne. À l'occasion d'un important retard de livraison, un destinataire prétend devoir être indemnisé par le transporteur. Ce dernier met en avant l'absence d'accord entre le client et lui-même pour refuser cette demande.

1. Quelles sont les parties au contrat de transport ? Qui est le stipulant ? le promettant ? le bénéficiaire ?
2. Le client est-il fondé à demander une indemnisation au transporteur ?

# Tester ses connaissances

## 1 Quiz

**Scannez le QR Code ou saisissez le mini-lien pour tester vos connaissances avec le quiz numérique.**

liennathan.fr/uc2c53

## 2 Maîtrise des notions clés

**Entourez le terme juridique qui correspond à chacune des notions suivantes.**

1. **Phase précontractuelle de négociations en principe librement rompues :** Contrat • Pourparlers • Promesse synallagmatique de contrat
2. **Avant-contrat par lequel un promettant s'engage envers un bénéficiaire à conclure un contrat déterminé si ce bénéficiaire lève l'option :** Pacte de préférence • Promesse unilatérale • Promesse synallagmatique
3. **Accord manifeste des parties à un contrat :** Capacité • Consentement • Contenu
4. **Capacité juridique :** Besoin de protection • Aptitude à être titulaire de droits et à les exercer
5. **Nullité du contrat :** Disparition des effets du contrat • Médiocrité du contrat
6. **Clause d'un contrat fixant les pénalités dues en cas de non-respect des obligations contractuelles :** Clause pénale • Clause de réserve de propriété • Clause illicite
7. **Obligations des parties d'exécuter leurs obligations :** Effet relatif • Effet obligatoire • Effet boomerang

## ★★ 3 Un avant-contrat

Fiche méthode 5

1. **Pour quelle opération cette promesse de contrat est-elle conclue?**
2. **S'agit-il d'une promesse unilatérale ou bilatérale? Justifiez.**
3. **Après la signature de la promesse, si le cessionnaire refuse de signer l'acte authentique, récupère-t-il son dépôt de garantie? Pourquoi?**

**DOC. Compromis de cession de fonds de commerce (extraits)**

**ENTRE LES SOUSSIGNÉS**

La société dénommée VILLAROSA, société à responsabilité limitée unipersonnelle au capital de 5 000 €, dont le siège est à VILLENEUVE-LOUBET (06270) […]
Ci-après dénommée le « **CÉDANT** »

**D'UNE PART**

**ET**

Monsieur Jean-Charles SUCCO, commerçant, demeurant à NICE (06300) […]
Ci-après dénommé le « **CESSIONNAIRE** »

**D'AUTRE PART**

**IL A ÉTÉ CONVENU ET ARRÊTÉ CE QUI SUIT :**

Par les présentes, le **CÉDANT** s'engage à céder au **CESSIONNAIRE**, qui accepte, sous les conditions ci-après définies et sous réserve de la réalisation des conditions suspensives figurant aux présentes, le fonds dont la désignation suit :

DOC.

**DÉSIGNATION DU FONDS**

Le fonds de commerce de RESTAURATION RAPIDE, RESTAURATION TRADITIONNELLE sis à NICE [...], lui appartenant, connu sous le nom commercial « CHEZ MARIE » [...].

**PROPRIÉTÉ / JOUISSANCE**

Le **CESSIONNAIRE** sera propriétaire du fonds de commerce objet des présentes au jour et en vertu de la signature de l'acte authentique de cession devant les réitérer.
Il en aura la jouissance à compter de la réalisation de l'acte authentique de cession de fonds de commerce [...].

**PRIX**

En outre, la cession, si elle se réalise, sera consentie et acceptée moyennant le prix principal de CINQUANTE-HUIT MILLE TROIS CENTS EUROS (58 300 €) [...].
Le prix sera payé comptant le jour de la signature de l'acte authentique.

**DÉPÔT DE GARANTIE**

En considération des présentes, le **CESSIONNAIRE** a versé ce jour au **CÉDANT**, qui le reconnaît et lui en donne quittance, la somme de CINQ MILLE EUROS (5 000 €) à titre de dépôt de garantie. Cette somme s'imputera sur le prix en cas de cession rendue parfaite.
Cette somme restera acquise de plein droit et sans formalité au **CÉDANT** si le **CESSIONNAIRE** refuse de signer l'acte authentique, alors que toutes les conditions suspensives sont réalisées dans le délai ci-après fixé et selon les conditions indiquées aux présentes.

Fait à NICE, le 5 mars N.
En un seul exemplaire qui, d'un commun accord, reste en la garde et possession de l'office notarial [...] qui sera habilité à en délivrer des copies ou extraits aux parties ou à leurs conseils.

SIGNATURES

## 4 Analyse d'une clause contractuelle

1. À l'aide du document 2, indiquez si la clause extraite du contrat de construction d'une maison individuelle (document 1) est légale.
2. Cette clause est-elle obligatoire ?
3. Quelle partie au contrat cette clause protège-t-elle principalement ?

### DOC. 1 Contrat de construction de maison individuelle (extraits)

**2.6 DÉLAIS**
Les travaux commenceront dans le délai fixé [...].
La durée de construction à compter du commencement des travaux est [...].
En cas de retard dans la livraison, le constructeur devra au maître de l'ouvrage une indemnité égale à 1/2 000e du prix convenu fixé au contrat par jour de retard.

### DOC. 2 Code de la construction et de l'habitation

**Article L231-2**
Le contrat [de construction d'une maison individuelle] doit comporter les énonciations suivantes :
a) La désignation du terrain destiné à l'implantation de la construction et la mention du titre de propriété du maître de l'ouvrage [...] ;
c) La consistance et les caractéristiques techniques du bâtiment à construire [...] ;
d) Le coût du bâtiment à construire [...] ;
e) Les modalités de règlement en fonction de l'état d'avancement des travaux ; [...]
i) La date d'ouverture du chantier, le délai d'exécution des travaux et les pénalités prévues en cas de retard de livraison [...].

**Article R231-14**
En cas de retard de livraison, les pénalités prévues au i de l'article L.231-2 ne peuvent être fixées à un montant inférieur à 1/3 000e du prix convenu par jour de retard.

# SYNTHÈSE

- **La formation du contrat**
  - La situation précontractuelle
    - Les pourparlers : rupture libre, sauf abus
    - Les avant-contrats : pacte de préférence, promesse unilatérale, promesse bilatérale
  - La situation contractuelle
    - Principe de la liberté contractuelle
    - Obligation d'information
- **Les conditions de validité**
  - Le consentement
    - Rencontre de l'offre et de l'acceptation
    - Donné sans vice : ni erreur, ni dol, ni violence
  - La capacité
    - Principe : toute personne peut contracter.
    - Exceptions : incapacité des mineurs et de certains majeurs
  - Le contenu
    - Licite
    - Certain
  - La sanction du non-respect
    - Nullité du contrat
- **Les clauses du contrat**
  - Relatives au prix
    - Fixation : prix déterminé ou déterminable
    - Fixation unilatérale parfois
    - Révision en cas d'imprévision
  - Relative à l'exécution
    - Clause de réserve de propriété
  - Relative à l'inexécution
    - Clause pénale
- **Les effets du contrat**
  - À l'égard des parties
    - Force obligatoire du contrat
  - À l'égard des tiers
    - Effet relatif du contrat

## CONSTRUIRE SA SYNTHÈSE

**Rédigez votre synthèse à l'aide des mots-clés suivants :**

Pourparlers – Avant-contrat – Pacte de préférence – Promesse unilatérale – Promesse bilatérale (ou synallagmatique) – Obligation d'information – Liberté contractuelle – Contrat – Consentement – Vices du consentement – Erreur – Dol – Violence – Capacité juridique – Incapacité juridique – Représentation juridique – Contenu du contrat – Nullité – Clause – Prix – Imprévision – Clause de réserve de propriété – Clause pénale – Effet obligatoire – Effet relatif – Stipulation pour autrui

# 4 De la création à la pérennité de l'entreprise

**LES COMPÉTENCES ATTENDUES**
- → Caractériser les étapes de création d'une entreprise.
- → Distinguer une démarche entrepreneuriale d'une démarche managériale.

**LES SAVOIRS ASSOCIÉS**
- → Logique entrepreneuriale
- → Logique managériale

**PLAN DU CHAPITRE**
- 1 • Caractériser les étapes de la création d'une entreprise
- 2 • Distinguer une démarche entrepreneuriale d'une démarche managériale

## La création d'entreprise au féminin

S'il subsiste des disparités entre hommes et femmes, l'entreprenariat féminin progresse timidement. En 2021, 43 % d'entre elles se lançaient dans la création d'entreprise individuelle selon l'Insee. […]

L'une des motivations évoquées est l'épanouissement professionnel[1]. « *Pour plus de 80 % des répondantes, il permet un accomplissement à la fois personnel et professionnel* », étant un moyen d'accéder à un réel espace de liberté et d'indépendance.

Être actrice de son propre projet peut être gratifiant. […] « *Entreprendre c'est vraiment extraordinaire quand on aime l'autonomie et qu'on a cette fibre-là. C'est le meilleur choix que j'ai fait dans ma vie* », raconte Natacha Ordas en revenant sur sa propre carrière. Baignée dans l'industrie du digital et de la musique, elle fait ses débuts auprès de David Guetta, puis décide à 30 ans de créer sa plateforme de découverte de talents dans la musique, Soonvibes. […]

Confiance en soi, détermination et persévérance sont vos alliés pour prendre son envol. Mais avoir le goût de l'initiative ne suffit pas et l'entreprenariat requiert des compétences spécifiques qui nécessitent parfois une formation. De la communication à la partie commerciale, les rôles sont multiples. […]

Malheureusement, le parcours des jeunes entrepreneures est souvent semé d'embûches, comme le rapporte l'Observatoire des représentations de l'entrepreneuriat liées au genre (Orelig). Entre autres, les problèmes de légitimite en tant que femme : « *Pour 57,1 % des répondantes, la plupart des interlocuteurs institutionnels (financeurs, banques, fournisseurs, partenaires) sont méfiants lorsqu'une femme présente un projet de création d'entreprise.* »

1. Étude Orelig, 2020.

**Aurélie Jean, omagazine.fr, 12 septembre 2022.**

**« ÊTRE UNE FEMME ENTREPREUNEUSE, C'EST BEAUCOUP D'ATOUTS »**

**Vidéo**
liennathan.fr/74tt2i

1. **Quelles sont les motivations des femmes pour créer leur propre entreprise ?**
2. **À votre avis, quelles sont les principales difficultés liées à la création d'entreprise ?**

# 1 Caractériser les étapes de la création d'une entreprise

## DOC. 1 Trouver une idée et la tester

Qu'il s'agisse d'une création ou d'une reprise, tout projet d'entreprise part d'une idée. L'idée est souvent une intuition qu'il faut approfondir afin de décrire le bien ou le service envisagé (utilité, usage, performance) et le fonctionnement de l'entreprise à créer. Pour évaluer la pertinence du projet, il ne faut pas hésiter à en parler à ses amis et à sa famille pour l'enrichir avec les différents avis et remarques reçus. Afin de protéger son idée et de garder son exclusivité, il est conseillé dès le départ de la déposer auprès de l'INPI (Institut national de la propriété industrielle) sous la forme d'une marque, d'un brevet ou d'un nom de domaine.
Enfin, avant de se lancer, il est nécessaire de tester la faisabilité du projet en réalisant une étude de marché. Il s'agira de découvrir le marché et ses tendances, de vérifier l'existence d'une demande et d'étudier l'offre déjà présente. L'étude de marché va ainsi permettre de connaître les acheteurs et leurs besoins, d'estimer la demande potentielle et d'identifier les concurrents et leurs stratégies. Grâce à l'étude de marché, il sera possible de fixer des hypothèses de chiffre d'affaires et de parts de marché.

**1. Pourquoi est-il recommandé de réaliser une étude de marché avant de se lancer dans la création d'une entreprise ?**

## DOC. 2 Les débuts d'Eovolt

En 2016, [Baptiste Fullen] essaye pour la première fois un vélo électrique dans un salon professionnel, accompagné par celui qui sera le futur cofondateur d'Eovolt, Luca Chevalier. […] Les deux futurs entrepreneurs s'intéressent au marché, « *et il y avait un constat simple : la majorité des vélos électriques était très semblable : ils ont des batteries imposantes, ils sont lourds, et encombrants* ». Eovolt avait trouvé son positionnement : un vélo électrique pliable, ergonomique et harmonieux. […]
« *Nous avons réussi à faire deux prototypes viables, dès la fin de l'année 2017.* » Ils commencent alors à démarcher des professionnels pour avoir des retours sur le produit. […] Les professionnels s'inquiètent du service après-vente, comment ils pourront répondre à leurs clients si un problème se présente sur les vélos et surtout, si Eovolt ne perdure pas dans le temps. […] Le duo d'entrepreneurs s'attache donc à sécuriser leurs clients sur ce frein : « *On a tout de suite mis un point d'honneur sur la qualité des produits et la réactivité du SAV. Aujourd'hui, on a 0,4 % de retour sur les produits.* »
Ils se sont adaptés, et c'est, selon l'entrepreneur, le meilleur conseil qu'il pourrait donner. Se confronter rapidement au marché est l'approche la plus constructive selon lui. « *Plus tôt on a des retours, plus tôt on sait si notre idée peut fonctionner, ou pas. Il n'y a pas de mauvaise idée, mais est-ce qu'il y a suffisamment de demandes pour qu'une idée soit viable ? Se confronter au marché, cela permet très rapidement de bifurquer ou de réadapter une idée.* »

**Charlotte Rabatel, www.maddyness.com, 14 septembre 2022.**

**2. Quelle est l'idée initiale des créateurs d'Eovolt ?**
**3. Comment les créateurs ont-ils testé leur idée ?**
**4. Quel est l'intérêt de confronter son idée sur le marché ?**

## DOC.3 Financer le projet

Avant de créer ou de reprendre une entreprise, il faut déterminer l'ensemble des moyens nécessaires pour lancer le projet : les investissements à réaliser et le montant de la trésorerie de départ qui permettra d'assumer les premières dépenses (frais de création, achat de matériel, loyers, assurances, stocks, salaires, charges sociales…).
Une fois les besoins financiers estimés, la recherche des financements va commencer. Ces financements peuvent résulter de la combinaison de plusieurs sources.

| Sources de financement | Caractéristiques |
|---|---|
| **Les apports des créateurs** | Ils représentent les apports personnels injectés par les créateurs. Ils constituent les fonds propres de l'entreprise. |
| **Les levées de fonds** | Elles correspondent aux apports réalisés par des investisseurs privés ou publics. |
| **Les prêts bancaires** | Les banques octroient des prêts pour financer la création d'entreprise. L'existence de fonds propres et un projet bien préparé facilitent l'obtention d'un financement bancaire. |
| **Le financement participatif (*crowdfunding*)** | Il consiste à solliciter les particuliers *via* une plateforme Internet pour financer le projet de l'entreprise. |

Dans cette étape de financement, il ne faut pas hésiter à solliciter l'État et les collectivités territoriales qui proposent des aides à la création d'entreprise sous diverses formes : aides financières, allègements fiscaux, exonération de charges sociales, mise à disposition de locaux…

**5. Pourquoi est-il nécessaire de prévoir une trésorerie de départ lors de la création d'une entreprise ?**

## DOC.4 Le financement participatif

Par rapport aux solutions de financement traditionnelles, le *crowdfunding* possède un certain nombre d'avantages. Il s'agit par exemple d'un moyen rapide et sécurisé pour lever des fonds sans garanties personnelles. De plus, il permet de tester une idée à grande échelle, la crédibilité d'un projet, et d'obtenir des éléments d'étude de marché, tout en profitant d'une communication intéressante auprès de son réseau. La clientèle est ainsi plus facilement fidélisée et l'entreprise profite d'une notoriété plus importante à moindre coût.
Le procédé comporte toutefois quelques inconvénients, notamment le fait qu'il s'agit d'une méthode de financement incertaine. Autrement dit, si le montant de collecte n'est pas atteint, les investisseurs sont remboursés et le projet n'est pas financé. Les entrepreneurs doivent de ce fait impérativement mettre l'accent sur la communication afin d'atteindre leurs objectifs. En outre, le financement participatif n'est pas adapté à tous les projets, seulement aux plus innovants.

*Les Échos*, 7 octobre 2021.

LE *CROWDFUNDING*

Vidéo
liennathan.fr/99pyny

## DOC.5 Concevoir un business plan

Tout créateur d'entreprise doit, avant de se lancer, élaborer un business plan, document qui formalise le projet par écrit et en présente les éléments principaux (notamment financiers). La rédaction de ce document est souvent perçue comme un exercice difficile, et parfois même comme une perte de temps. Pourtant, ce document est indispensable car il est attendu par les investisseurs et autres partenaires pour les convaincre du sérieux du projet et de la viabilité économique de la future entreprise.

LE BUSINESS PLAN

Vidéo
liennathan.fr/iphhkn

**6. Présentez les avantages et les inconvénients du financement participatif.**

**7. Présentez l'intérêt d'élaborer un business plan pour un créateur d'entreprise.**

**8. Recherchez sur Internet les différentes rubriques qui doivent apparaître dans un business plan.** PIX D1.1

**DOC. 6** Choisir un statut juridique et réaliser les formalités administratives

Le choix du statut juridique est une étape importante de la création d'entreprise car il va avoir des conséquences fiscales et sociales. Il s'agit de trouver la forme juridique qui convient le mieux en tenant compte des caractéristiques du projet (activité de l'entreprise, nombre d'associés…).
Après avoir choisi le statut juridique le plus approprié, les formalités administratives de création d'entreprise vont permettre de déclarer l'activité et d'obtenir une immatriculation.
Depuis le 1er janvier 2023, les formalités peuvent être réalisées en ligne sur le **guichet des formalités des entreprises**. Cet interlocuteur unique va centraliser les pièces du dossier et les transmettre aux différents organismes et administrations concernés par la création d'une entreprise.

9. **Quel est le rôle du guichet des formalités des entreprises ?**
10. **Pourquoi ce guichet facilite-t-il la création d'entreprise ?**

# APPLICATION AU CAS

## PANIER DE CAMPAGNE

### Entretien avec Nathalie Dills, dirigeante et créatrice de Panier de Campagne

***Quelle était votre idée de départ ?***
**N. D. :** Je suis partie du constat que de plus en plus de personnes faisaient le choix d'habiter en milieu rural, et aussi paradoxal que cela puisse paraître, il est très difficile d'y manger local. J'ai eu l'idée d'ouvrir des commerces multiservices en milieu rural et une boutique en ligne.

***Concrètement, comment se concrétise votre idée ?***
**N. D. :** Les commerces Panier de Campagne proposent des services du quotidien, un salon de thé et un snack du terroir, sans oublier la distribution de produits valorisant les producteurs bio et locaux. Nous avons également créé une boutique en ligne où les internautes font leur choix sur une sélection de produits alimentaires issus de la ferme.

***Quelles ont été les difficultés rencontrées lors de la création de votre entreprise ?***
**N. D. :** La phase la plus dure a été la recherche de financement. Difficile de gagner la confiance des investisseurs et des banquiers lorsque l'on n'a aucune expérience dans le secteur ! Le Crédit agricole m'a accordé un prêt et j'ai lancé une levée de fonds sur la plateforme de *crowdfunding* en capital LITA.co. La création d'une entreprise entraîne des difficultés de trésorerie. En tant que créateur, vous êtes le dernier payé, si votre trésorerie permet de le faire en fin de mois. Un créateur d'entreprise ne commence à se payer généralement qu'après deux ans d'activité.

1. **Quelle est l'idée de départ de la créatrice de Panier de Campagne ?**
2. **Décrivez l'activité de son entreprise.**
3. **Expliquez pourquoi la recherche de financement a été compliquée.**
4. **Comment Nathalie Dills a-t-elle financé la création de son entreprise ?**
5. **Pourquoi le lancement de l'activité entraîne-t-il des difficultés de trésorerie ?**

# 2 Distinguer une démarche entrepreneuriale d'une démarche managériale

**DOC. 7** Caractériser la démarche entrepreneuriale

La démarche entrepreneuriale se caractérise par la volonté d'une ou de plusieurs personnes de créer ou de reprendre une entreprise à partir d'une idée. Cette démarche nécessite d'être curieux et visionnaire. Elle suppose de savoir détecter les opportunités qui se présentent sur un marché et d'avoir l'envie et le courage de la concrétiser en créant une entreprise.

La démarche entrepreneuriale est risquée car toutes les idées ne sont pas nécessairement bonnes et certaines sont vouées à l'échec. Entreprendre comprend donc une dimension d'incertitude car c'est mettre sur pied un projet, une idée sans en connaître son issue.

**DOC. 8** L'entrepreneur selon Joseph Schumpeter

L'entrepreneur est tout particulièrement, pour **Schumpeter**, le fer de lance de l'innovation : il combine en lui l'esprit de décision et la capacité de découvrir, dans la masse des innovations scientifiques, celles qui permettent, d'une part, d'augmenter la productivité (innovations de procédé, de mode de production, de matières premières) et, d'autre part, de satisfaire une demande non encore révélée (innovations de produit, de débouché). […]

L'entrepreneur possède plus particulièrement d'exceptionnelles qualités de vision et de volonté. Il est capable de voir les choses sans pouvoir les justifier, par intuition.

**https://1000-idees-de-culture-generale.fr**

1. **Quelles qualités un créateur d'entreprise doit-il posséder ?**
2. **Pourquoi la démarche entrepreneuriale est-elle risquée ?**

**DOC. 9** La genèse de la success-story de BlaBlaCar

C'est lorsqu'il est étudiant en informatique à Stanford en Californie à la fin des années 1990 que Frédéric Mazzella découvre le covoiturage par la pratique. Avec des amis, il se rend tous les matins à l'université en empruntant les « *carpool lanes* » (voies réservées au covoiturage). Grâce aux *carpool lanes*, il gagne beaucoup de temps, puisqu'elles sont libres alors que les autres voies sont bouchées par d'innombrables voitures ayant une seule personne à bord. De retour à Paris, il abandonne sa voiture. Alors qu'il tente de rentrer dans sa Vendée natale à Noël, il se heurte à des trains bondés et ne trouve aucune place. Il pense alors à chercher une voiture qui ferait son trajet pour proposer un partage des frais sur un trajet Paris-Vendée. Mais il est quasi impossible de trouver une telle information sur Internet… C'est finalement avec sa sœur (conductrice) qu'il rentrera en Vendée en voiture.

Mais il a alors un flash de 72 h durant lequel il imagine toutes les possibilités d'un service de covoiturage synchronisé *via* Internet et téléphones mobiles, qui permettrait de partager des trajets à l'échelle nationale, et non seulement en famille ! L'aventure est lancée…

**www.blablacar.fr**

3. **Quelles opportunités le créateur de BlaBlaCar a-t-il détectées pour créer son entreprise ?**
4. **Montrez que Frédéric Mazzella est un entrepreneur au sens de Schumpeter.**
5. **Classez l'idée de Frédéric Mazzella parmi les cinq types d'innovations proposées par Schumpeter.**

## DOC. 10 Le rôle du manager

Le manager a pour mission de maintenir et de développer l'entreprise en utilisant un ensemble de ressources pour réaliser ces tâches. L'une des capacités les plus importantes du manager est de mettre en œuvre une stratégie afin de garantir l'atteinte des objectifs fixés. Pour ce faire, il doit planifier, organiser et contrôler l'entreprise. Il doit être en mesure d'animer et de diriger ses équipes, de mobiliser et de motiver les salariés.

## DOC. 11 Entrepreneur et manager : 2 rôles en 1 !

Être entrepreneur nécessite de posséder des compétences techniques, et un esprit créatif et innovant. Le développement de l'entreprise oblige l'entrepreneur a développé des qualités managériales. En effet, pour assurer la pérennité de son entreprise, il doit être capable de gérer les ressources de manière optimale.
Par exemple, lorsque l'entreprise grandit, le nombre de collaborateurs augmente, ce qui induit la mise en place d'une organisation et la nécessité de manager les salariés.
Si les fonctions entrepreneuriales et managériales sont bien distinctes, dans la majorité des petites et moyennes entreprises, c'est le dirigeant qui assume à la fois les deux rôles d'entrepreneur et de manager. Seules les grandes entreprises peuvent se permettre de recruter des cadres managers.

6. **Quelles sont les missions du manager dans l'entreprise ?**
7. **Pourquoi la fonction managériale est-elle complémentaire de la fonction entrepreneuriale ?**

## DOC. 12 Le renouveau de la fonction managériale

La révolution numérique a transformé la place du management et le rôle du manager dans les organisations. Quelles sont les évolutions majeures et les conséquences sur les façons de manager vers un but commun ?
La légitimité du manager, historiquement basée sur son statut et la maîtrise de sa spécialité dans une organisation verticale, est impactée par un contexte nouveau. Aujourd'hui, pour être crédible, le manager ne doit plus être celui qui détient l'information, mais il doit au contraire s'ouvrir, partager l'espace de décisions, responsabiliser et être capable de mobiliser l'intelligence collective. […]
Dans ce contexte incertain et ambigu, le manager doit se doter d'une vision claire de ses contributions et de sa création de valeur. […] Être une boussole plus qu'une horloge, plus inspirant, plus stimulant, plus responsabilisant. Et la façon de se projeter doit évoluer en s'appuyant sur un management par la confiance : en soi, en l'autre et en l'avenir !

**performanse.com, 28 février 2022.**

8. **Quel était le rôle traditionnel du manager ?**
9. **Quelles sont les qualités attendues d'un manager aujourd'hui ?**

**APPROFONDISSEMENT**

10. **Expliquez pourquoi la fonction managériale doit évoluer.**

## DOC. 13 La start-up Indy recrute un nouveau directeur général

En plein développement, [Indy] la start-up lyonnaise qui automatise la comptabilité et les déclarations des professionnels et entrepreneurs indépendants vient de nommer Julien Zakoian à la tête de sa Direction Générale. Diplômé de l'ESSEC, Julien Zakoian a occupé de nombreux rôles de Direction Générale et de Direction Marketing dans des sociétés à forte croissance entre Paris et New York. […]. Aujourd'hui, il rejoint Indy dans le cadre de son développement rapide, encore accru depuis sa levée de fonds de 35 millions d'euros en 2021. « *Nous sommes vraiment heureux d'accueillir Julien qui nous rejoint au meilleur moment* », déclare Côme Fouques, [PDG]. « *Son expérience des phases d'accélération dans les [start-up] va nous aider à passer une étape tout en renforçant l'ADN et la culture d'Indy.* » « *Le nombre de travailleurs indépendants ne cesse d'augmenter depuis dix ans, et connait une véritable accélération depuis la pandémie. Indy s'est donné comme mission d'aider à accélérer cette transition vers un monde du travail où les free-lances deviennent possiblement la norme* », confie Julien Zakoian. « *Il est donc indispensable de les accompagner dans la création et la gestion de leur entreprise, et de les libérer au maximum de toutes tâches de gestion, contraignantes, chronophages et coûteuses.* »

**Communiqué de presse, www.indy.fr, 30 août 2022.**

**11. Identifiez les objectifs de la start-up Indy.**

**12. Pour quelles raisons la start-up Indy a-t-elle embauché Julien Zakoian ?**

**APPROFONDISSEMENT**

**13. Montrez que le nouveau directeur général d'Indy est un manager et non un entrepreneur.**

# APPLICATION AU CAS

## PANIER DE CAMPAGNE

Panier de Campagne connaît un succès grandissant sur la Région Occitanie.
Les commandes se font de plus en plus nombreuses. Nathalie Dills, la créatrice, a recruté deux personnes pour traiter les commandes et préparer les livraisons.
Elle a de moins en moins de temps pour effectuer ce qu'elle affectionne particulièrement : l'ouverture de nouvelles boutiques, la sélection des fournisseurs et l'actualisation du site Internet.

« *Actuellement, je ne me consacre plus au développement de mon entreprise,* déclare Nathalie Dills. *Je souhaiterais proposer de nouveaux services dans nos points de vente et ouvrir environ 60 nouveaux commerces multiservices en France d'ici cinq ans. Malheureusement, toute la partie administrative et gestion de l'entreprise me prend beaucoup de temps. J'ai peur qu'à terme, cela nuise à la pérennité de Panier de Campagne.* »

**1. Parmi les différentes tâches réalisées par Nathalie Dills, distinguez celles qui relèvent de la démarche entrepreneuriale et celles qui relèvent de la démarche managériale.**

**2. Pourquoi Nathalie Dills craint-elle que sa surcharge de travail nuise à la pérennité de son entreprise ?**

**3. Quel pourrait être le rôle d'un manager au sein de Panier de Campagne ?**

# Tester ses connaissances

## 1 Quiz

**Scannez le QR Code ou saisissez le mini-lien pour tester vos connaissances avec le quiz numérique.**

liennathan.fr/49zrv4

## 2 Les sources de financement

**Identifiez la source de financement utilisée par chacune des entreprises ci-dessous pour financer leur projet.**

| Exemples | Sources de financement |
|---|---|
| **a.** Pour lancer sa marque de produits cosmétiques bio, Manon a lancé une campagne de financement sur la plateforme Ulule. | crownfounding |
| **b.** La brasserie Déquerre, qui fabrique de la bière artisanale, va s'agrandir en proposant prochainement un espace de restauration et dégustation à Marseille. Pour financer le projet, l'entreprise a récolté 1,5 million d'euros auprès de 186 clients professionnels et particuliers qui sont entrés au capital. | |
| **c.** Le 1er août, Mathis a lancé son entreprise d'entretien et de dépannage de chauffage et plomberie. Grâce au réseau Initiative Vendée Terres et Littoral, il a bénéficié d'un prêt à taux zéro pour la création de son entreprise, ce qui lui a permis d'obtenir un prêt bancaire plus facilement. | |

## ★★ 3 La création d'une entreprise innovante

1. **Repérez l'idée proposée par le créateur de Polytesse.**
2. **Classez cette innovation parmi les innovations de Schumpeter.**
3. **Identifiez le moyen de financement utilisé par le créateur de Polytesse pour lancer son projet.**
4. **Recherchez sur Internet le principe des précommandes pour les créateurs d'entreprise.** PIX D1.1

**DOC. Polytesse, la marque de vêtements qui fait du beau avec du bon**

De la bouteille en plastique au T-shirt, il n'y a qu'un pas. Il a été franchi par Clément Pelletier […] avec sa marque de vêtements Polytesse […] lancée en février [2020] sur le site de campagne de financement Ulule. Polytesse propose « *des T-shirts, des sweats et des chaussettes pour homme et femme aux valeurs éthiques* », résume Clément Pelletier. […] Pour les réaliser, le jeune fondateur […] utilise des bouteilles plastiques et des chutes de tissus qui échappent ainsi à l'enfouissement et à l'incinération. […]

Si l'aventure a commencé en février, elle aurait pu vite être stoppée par la crise sanitaire et le confinement. Résultat : les quelques magasins qui devaient proposer à la vente la marque Polytesse ont annulé. Mais les précommandes sur Ulule ont, elles, fonctionné. « *On a atteint notre objectif de 100 préventes en à peine 48 heures. Peut-être que les gens étaient plus connectés sur leur ordinateur pendant le confinement. Mais je pense aussi que les mentalités évoluent.* […] *On arrive vers une tendance de consommation raisonnée et responsable* », analyse Clément Pelletier […].

**Virginie Vandeville, www.francebleu.fr, 18 juin 2020.**

# 4 Un profil d'entrepreneur

1. Montrez que les deux créateurs de la marque Moustache sont dans une démarche entrepreneuriale.
2. Identifiez les idées et les choix qui ont permis à l'entreprise Moustache de réussir sur le marché des vélos à assistance électrique.
3. Repérez et présentez les avantages et les inconvénients des moyens de financement utilisés par les deux créateurs pour lancer leur entreprise.

**DOC.** **Moustache Bikes, le fleuron du made in Vosges, fête ses 10 ans**

« *Cela était normalement impossible* », admettait Emmanuel Antonot en 2017, cinq ans après le lancement de la société vosgienne devenue le leader français du vélo à assistance électrique. Durant les cinq années qui ont suivi, l'impossible est pourtant devenu la règle chez Moustache Bikes. « *En 2011, quand on démarchait les banques, on prévoyait avec optimisme de produire 20 000 vélos au bout de 10 ans. En 2021, nous en avons sorti 50 000 de nos ateliers* », résume Greg Sand, l'autre cofondateur de l'une des plus belles réussites industrielles de la région Grand Est. Une aventure quasi unique née d'une idée et de la rencontre de deux hommes. « *Pour avoir vu ce qui se passait en Hollande, j'étais persuadé que le vélo à assistance électrique était voué à se développer, mais il fallait l'adapter au marché français qui n'existait quasiment pas il y a dix ans* », explique Manu Antonot, qui imagine alors développer une gamme de vélos électriques pouvant répondre à toutes les utilisations. « *Les Hollandais avaient développé le principe pour les personnes âgées qui veulent continuer à rouler. En France, il fallait pouvoir intéresser l'utilisateur du quotidien, mais aussi celui qui veut juste se balader sans oublier le sportif.* » […]

Moustache Bikes est donc créée en 2011. Mais pourquoi Moustache ? Une référence au guidon des vélos des Brigades du Tigre en forme de moustache. Mais pas que… « *Chaque moustache est unique et a une forte identité. Comme nos vélos* », explique Greg Sand. Un argument difficile pourtant à expliquer à tous les banquiers démarchés pendant plusieurs mois. « *En plus, on leur disait qu'on n'allait faire que de l'électrique* », se marre Manu Antonot. […] Les financeurs sont donc frileux. Greg et Manu parviennent à décrocher difficilement un prêt de 80 000 euros. Le reste des 500 000 euros nécessaires, ils le financent par eux-mêmes. Avec la vente de la maison de Manu, les économies de Greg et l'aide de leurs familles respectives. « *Quand tu te lances avec l'argent de tes proches, tu as encore plus de pression qu'avec l'argent des banques. Tu ne peux pas te rater* », avoue Manu. C'est dans un appartement de Rambervillers situé au-dessus du premier magasin de cycles tenu par Manu, que le premier vélo est assemblé. Âgé de 49 ans, Emmanuel Antonot a fait ses études à Saint-Dié avant d'obtenir un BTS de génie mécanique. Il ouvre rapidement un magasin de cycles à Rambervillers, sa ville natale. « *Je vendais des vélos de la marque Lapierre. Et je faisais souvent remonter des infos techniques à l'entreprise. Celle-ci m'a alors proposé de travailler pour elle à Dijon.* » Ce que fait Manu durant onze ans avant de penser à voler de ses propres ailes, attiré par ces vélos à assistance électrique que les cyclistes regardaient avec dédain à l'époque. Il quitte donc son emploi, revient dans les Vosges et planche sur son projet. « *Mais je savais que j'avais des lacunes. Il y avait plein de domaines que je ne maîtrisais pas pour lancer l'entreprise.* »

On lui glisse alors le nom de Greg Sand. Âgé de 41 ans, celui qui a étudié le commerce à l'ICN de Nancy, a débuté sa carrière en passant 7 ans dans une société de mobilier haut de gamme. « *J'ai passé mon temps à voyager un peu partout. Mais je voulais monter ma boîte. Et je cherchais un projet de reprise d'entreprise.* » Les deux futurs associés comprennent vite qu'ils se complètent parfaitement. L'aventure pouvait débuter. Avec Manu, qui assemble les vélos dans un appartement, et Greg, qui sillonne la France en camionnette pour proposer les produits Moustache aux revendeurs de cycles.

***L'Est Républicain*, 15 mai 2022.**

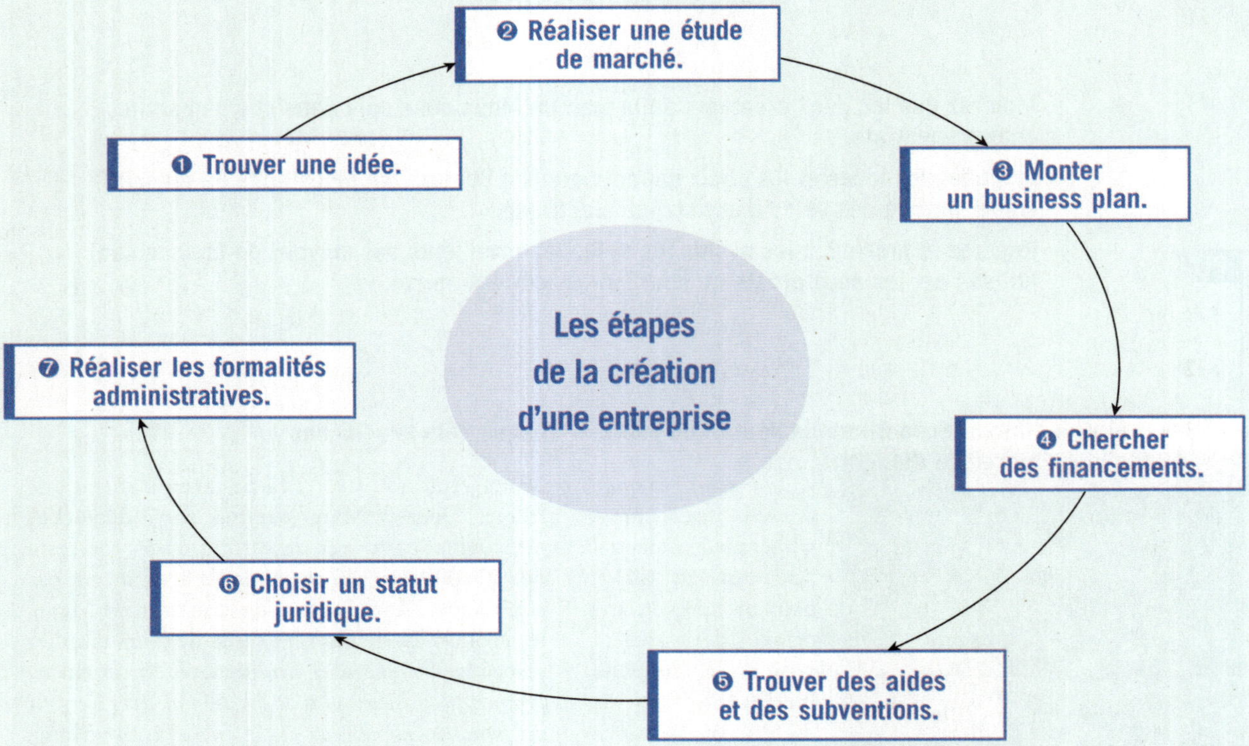


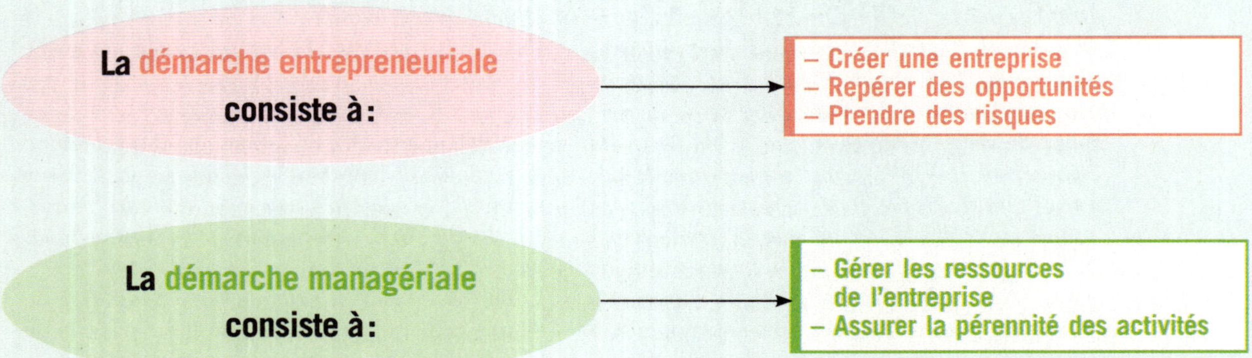


## CONSTRUIRE SA SYNTHÈSE

**Rédigez votre synthèse à l'aide des mots-clés suivants :**

Étude de marché – Levée de fonds – Financement participatif – Business plan – Démarche entrepreneuriale (Joseph Schumpeter) – Démarche managériale

# 5 Finalités et performance de l'entreprise

**LES COMPÉTENCES ATTENDUES**
- Identifier les finalités économique, sociale et sociétale de l'entreprise.
- Caractériser les différentes parties prenantes de l'entreprise.
- Identifier les différentes composantes de la performance de l'entreprise.

**LES SAVOIRS ASSOCIÉS**
- Les finalités de l'entreprise
- Les parties prenantes
- Les indicateurs de performance

**PLAN DU CHAPITRE**

*« L'entreprise doit faire des profits, sinon elle mourra. Mais si l'on tente de faire fonctionner une entreprise uniquement sur le profit, alors elle mourra aussi car elle n'aura plus de raison d'être. »*

**Henry Ford**

## La RSE, source de performance ?

La RSE est un investissement sur l'avenir tant au niveau économique qu'humain, et ce quelle que soit la taille des entreprises. Il s'agit en effet d'un levier de performance, de recrutement et de rétention des talents. [...] Selon le site du ministère de l'Économie et des Finances, « la Commission européenne définit la RSE comme l'intégration volontaire par les entreprises de préoccupations sociales et environnementales à leurs activités commerciales et leurs relations avec les parties prenantes. Il s'agit en effet de la contribution des entreprises aux enjeux du développement durable [...] ». [...] Selon le rapport de France Stratégie pour la RSE, on observe un écart de performance économique d'environ 13 % en moyenne entre les entreprises qui mettent en place des pratiques RSE et celles qui ne le font pas. En effet, la RSE contribue à la performance économique des entreprises en leur permettant de maîtriser voire de réduire les coûts énergétiques. Elle permet également de réduire les risques et d'améliorer la productivité des équipes. [...]
La crise sanitaire a impulsé une nouvelle dynamique en faveur de la RSE. La prise de conscience de l'impact humain et environnemental des entreprises prend de l'essor. [...] La cause environnementale apparaît comme la priorité RSE des entreprises françaises : 4 entreprises sur 5 ont déjà mesuré ou prévu de mesurer leur empreinte carbone.

**Julia Lévy, epsor.fr, 7 juin 2022.**

1. **Quel est l'intérêt pour une entreprise de dégager des profits ?**
2. **Que montrent les résultats de l'étude menée par France Stratégie ?**
3. **Pour quelles raisons les entreprises se tournent-elles vers la démarche RSE ?**

**LA CRÉATION D'UNE PME**
**Vidéo** liennathan.fr/i378gv

# 1 Identifier les finalités économique, sociale et sociétale de l'entreprise

## DOC. 1 La finalité de l'entreprise

La finalité est la raison d'exister de l'entreprise définie lors de sa création par les fondateurs. L'entreprise peut avoir une ou plusieurs finalités d'ordre économique, social et/ou sociétal. La finalité guide l'entreprise en donnant une orientation générale sur le long terme et en fonction de laquelle seront déterminés des objectifs. Alors que la finalité a un caractère général, les objectifs sont les résultats que l'entreprise souhaite atteindre pour accomplir sa finalité dans un délai donné.

Pour **Peter Drucker** (1909-2005), théoricien du management, la finalité d'une entreprise est de créer et de développer une clientèle. Pour y parvenir, elle doit se fixer des objectifs clairs dans certains domaines : marketing, innovation, organisation des RH, ressources financières, productivité, responsabilité sociale et profit.

| | | |
|---|---|---|
| La **finalité économique** consiste à créer de la valeur financière en combinant le profit et la croissance. Elle permet à l'entreprise de réaliser son activité, d'assurer sa pérennité et de pouvoir accomplir d'autres finalités. | La **finalité sociale** correspond à l'engagement de l'entreprise à prendre en compte les attentes de ses salariés, par exemple en améliorant leurs conditions de travail ou en favorisant leur épanouissement. | La **finalité sociétale** est l'engagement de l'entreprise à contribuer au bien-être de la société et à interdire ce qui peut lui nuire (par exemple, utiliser des matériaux non polluants, refuser de s'installer dans un pays où les droits de l'homme sont bafoués). |

1. **Expliquez ce que représente la finalité pour une entreprise.**
2. **Distinguez les différentes finalités que peut avoir une entreprise.**
3. **Établissez le lien entre les finalités et les objectifs d'une entreprise.**

## DOC. 2 La stratégie verte et responsable de Botanic

La crise sanitaire et ses confinements successifs ont poussé les Français à embellir leurs jardins, balcons et terrasses. Ainsi, les magasins Botanic ont vu leur chiffre d'affaires annuel bondir de 380 à 450 millions d'euros, d'août 2020 à août 2021. […]

La florissante PME s'est construite dès l'origine sur une charte de valeurs qui portait en germe sa politique actuelle en matière de responsabilité sociétale et environnementale. Dès 2008, la jardinerie avait retiré de ses rayons tous les pesticides et produits chimiques pour les remplacer par des gammes 100 % bio et naturelles. […] La suite de l'histoire, c'est « *autant de business, mais moins d'énergie et d'eau, et moins de* $CO_2$ *avec encore plus de production européenne et française* », précise le directeur général de l'entreprise. […] L'enseigne convertit ses installations gaz à l'électricité et se lance dans la production photovoltaïque en toiture sur 40 000 m².

« *On veut rester n° 1 mais familial et indépendant, sans chercher le développement à tout prix : concilier croissance, satisfaction client, respect de l'environnement et politique sociale* », précise Luc Blanchet. Côté RH, les 2 400 employés bénéficient de nombreuses formations, de salles de pause, de massages assis et de consultations gratuites de naturopathes… Et après la bonne année 2020-2021, les salariés se sont partagé un tiers des bénéfices de cet exercice « record ».

**Léa Delpont, *Les Échos*, 12 octobre 2021.**

**BOTANIC : SOCIÉTÉ À MISSION ET TRANSFORMATION RSE**

**Vidéo**
liennathan.fr/k562yp

4. **Repérez les finalités de l'entreprise Botanic.**
5. **En quoi la politique environnementale de Botanic permet-elle à l'entreprise d'atteindre sa finalité économique ?**
6. **Présentez les objectifs sociétaux et sociaux de l'entreprise Botanic.**

## DOC.3 La responsabilité sociale (ou sociétale) des entreprises (RSE)

La RSE consiste pour une entreprise à intégrer de façon volontaire les préoccupations sociales, environnementales et économiques dans ses activités et dans ses interactions avec ses parties prenantes. Elle correspond à la contribution de l'entreprise aux enjeux du développement durable.

**B Corp, le label d'économie responsable qui monte**

« *Ne pas chercher à être la meilleure entreprise du monde, mais la meilleure pour le monde.* » C'est la devise du label B Corp (Benefit Corporation), une certification créée en 2006 par trois entrepreneurs de Philadelphie, qui souhaitaient promouvoir un modèle plus responsable d'entreprise. […]

La responsabilité sociétale devient primordiale pour les entreprises, elle les rend attractives, salariés et clients sont demandeurs. C'est une tendance lourde qui enterre définitivement l'idée de Milton Friedman selon laquelle la seule responsabilité sociale de l'entreprise serait de faire du profit.

**Fanny Magdelaine, www.la-croix.com**

Nature & Découvertes, enseigne spécialisée dans les articles liés à la nature, est la première entreprise française à obtenir le label B Corp en 2015. Avec une électricité 100 % d'origine renouvelable, le traitement de 14 types de déchets différents et une lutte contre le gaspillage alimentaire, ce label la récompense pour son implication au sein de la société.

**LE LABEL B CORP**

**Vidéo**
liennathan.fr/2m4pz3

7. **Quelles sont les actions mises en place par Nature & Découvertes dans le cadre de la RSE ?**
8. **La RSE est-elle compatible avec la finalité économique de l'entreprise ? Justifiez votre réponse.**
9. **Repérez l'intérêt pour l'entreprise Natures & Découvertes d'obtenir le label B Corp.**

**APPROFONDISSEMENT**

10. **Montrez que le label B Corp permet aux entreprises d'être plus performantes économiquement.**

# APPLICATION AU CAS

## PANIER DE CAMPAGNE

Depuis sa création, l'entreprise Panier de Campagne développe des valeurs de partage, d'engagement, de solidarité et d'authenticité. En effet, son activité facilite la vie des habitants des zones rurales en leur proposant une offre de produits locaux et de services du quotidien. Son snack permet de favoriser les rencontres et les échanges entre les individus. Pour transmettre ses valeurs à ses partenaires, l'entreprise a rédigé une charte comprenant un ensemble de cinq engagements.

### DOC. Les 5 engagements de Panier de Campagne

❶ Participer au développement économique local en choisissant des partenaires locaux et en favorisant les circuits courts.

❷ Réduire les déchets et les émissions de $CO_2$ liés à son activité.

❸ Optimiser sa consommation d'énergie en réduisant le gaspillage énergétique.

❹ Promouvoir l'égalité hommes-femmes, l'emploi des jeunes et des séniors dans l'entreprise.

❺ Développer des indicateurs de progrès pour mesurer ses actions de RSE.

1. **Quelles sont les finalités recherchées par l'entreprise Panier de Campagne ?**
2. **Peut-on dire que l'activité de cette entreprise relève d'une démarche de RSE ?**
3. **Comment l'entreprise Panier de Campagne met-elle en œuvre cette démarche ?**

# 2 Caractériser les différentes parties prenantes de l'entreprise

## DOC. 4 Les parties prenantes de l'entreprise

Selon **R. Edward Freeman** (né en 1951), une partie prenante désigne « tout groupe ou individu qui peut affecter ou être affecté par la réalisation des objectifs de l'organisation ».
Les parties prenantes peuvent être classées selon leur proximité ou leur appartenance avec l'entreprise. Par exemple, les parties prenantes primaires, essentielles à la survie de l'entreprise (actionnaires, salariés, clients, fournisseurs) ou secondaires, qui ont une influence moindre (médias, pouvoirs publics…), qu'elles soient internes (salariés, actionnaires…) ou externes (clients, fournisseurs…).

**1.** **Qu'est-ce qu'une partie prenante pour une entreprise ?**

**2.** **Identifiez les parties prenantes primaires et secondaires, et présentez leurs attentes respectives.**

**3.** **Montrez que les intérêts des parties prenantes peuvent être contradictoires.**

**4.** **Relevez les intérêts pour une entreprise de dialoguer avec ses parties prenantes.**

## DOC. 5 Les attentes des parties prenantes

L'entreprise doit satisfaire ses parties prenantes parce que sa création de valeur et sa pérennité reposent sur sa capacité à répondre à leurs attentes. Pour cela, elle doit les identifier et instaurer un dialogue avec elles.
La reconnaissance des attentes des parties prenantes peut conduire l'entreprise à remettre en cause sa finalité économique au profit de finalités sociales et sociétales.

| Bénéfices du dialogue avec les parties prenantes |
| --- |
| • Réduction du risque de réputation (image de l'entreprise ternie par un scandale ou une rumeur)<br>• Anticipation des risques (commerciaux, d'activité…)<br>• Amélioration de l'image de l'entreprise<br>• Innovation pour répondre aux attentes<br>• Mieux répondre aux attentes des parties prenantes |
| **Risques du dialogue avec les parties prenantes** |
| • Exposition directe aux critiques<br>• Perte de temps et d'argent<br>• Perte de contrôle des discussions<br>• Mauvaise perception en interne<br>• Manque de cohérence des messages vers les différentes parties prenantes |

**Tableau d'après www.blog-seche-environnement.fr**

## DOC. 6 Créer de la valeur en répondant aux attentes des parties prenantes

Des associations de riverains avaient identifié un bruit particulièrement gênant de l'A320 en phase d'approche et en ont fait part à Air France et à la DGAC (Direction générale de l'aviation civile) à l'occasion de rencontres informelles. Dès qu'une solution technique palliative a été disponible, appelée « *Air Flow Deflector* », Air France a pris la décision d'investir pour l'appliquer à la totalité de sa flotte moyen-courrier (A318, A319, A320, A321) alors qu'aucune réglementation ne l'y obligeait.
En janvier 2016, Air France avait modifié 90 avions sur 116. Plusieurs associations de riverains ont déjà fait part des effets positifs apportés par l'*Air Flow Deflector* : réduction du niveau sonore global, réduction du temps d'émergence du bruit au passage de l'avion, disparition du sifflement caractéristique.
Air France a profité de la dynamique créée par ce retour positif pour organiser une « rencontre territoriale » rassemblant les riverains de l'aéroport de Paris-Charles de Gaulle, leurs représentants et leurs élus.

**D'après www.blog-seche-environnement.fr**

**5.** **Caractérisez les parties prenantes d'Air France évoquées dans cette situation.**

**6.** **Comment le groupe Air France a-t-il répondu aux attentes de ses parties prenantes ?**

**7.** **Quel peut être le danger pour Air France de ne pas prendre en compte les attentes de ses parties prenantes ?**

## DOC. 7 La cartographie des parties prenantes de la SNCF

Pour mener à bien notre mission et servir l'intérêt général, notre Groupe s'appuie sur l'ensemble de ses parties prenantes et en particulier sur ses collaborateurs.
Nos parties prenantes sont multiples : nos salariés, nos clients, des associations, nos fournisseurs, nos partenaires financiers, des acteurs du monde académique, les pouvoirs publics, la société civile. Avec chacun de ces interlocuteurs, nous développons un dialogue à plusieurs niveaux : enquêtes, panels, groupes de travail, rencontres, accords, etc.

www.sncf.com

**8.** Pourquoi la SNCF a-t-elle réalisé une cartographie de ses parties prenantes ?

**9.** Expliquez comment la SNCF développe ses relations avec les parties prenantes.

**APPROFONDISSEMENT**

**10.** Montrez que la finalité de l'entreprise influence ses relations avec les parties prenantes.

# APPLICATION AU CAS

## PANIER DE CAMPAGNE

Pour accomplir sa finalité sociétale, l'entreprise Panier de Campagne cherche à comprendre les attentes et les besoins de ses différentes parties prenantes pour y répondre efficacement et construire une relation de confiance.

### DOC. 1 Des relations de partenariat

Panier de Campagne est soucieuse de l'origine et de la qualité des produits qu'elle propose dans ses magasins. Pour cela, dès sa création, elle a noué des partenariats avec ses fournisseurs locaux pour renforcer les connaissances mutuelles, la traçabilité des produits et le dialogue. Elle entretient aussi des relations régulières avec les collectivités locales et les entreprises publiques telles que La Poste et la SNCF à travers des projets de collaboration qui ont permis la création d'un relais-poste et colis, et la vente de billets de train au sein des points de vente Panier de Campagne.

### DOC. 2 Panier de Campagne à l'écoute de ses clients

Pour mieux satisfaire ses clients, Panier de Campagne réalise régulièrement des enquêtes de perception et de satisfaction auprès d'eux. Elle organise aussi des conférences et des ateliers dans ses locaux pour faciliter les rencontres et les échanges.

**1.** Quelles sont les parties prenantes de l'entreprise Panier de Campagne ?

**2.** Comment Panier de Campagne agit-elle pour en connaître les attentes ?

**3.** Établissez le lien entre finalité sociétale et réponse aux attentes des parties prenantes.

# 3 Identifier les différentes composantes de la performance de l'entreprise

## DOC. 8 La performance de l'entreprise

La performance de l'entreprise correspond à sa capacité à atteindre les objectifs qu'elle s'est fixés en respectant les ressources dont elle dispose. Une entreprise est efficace si elle réalise les objectifs attendus. Elle est efficiente si elle les réalise en minimisant les ressources utilisées.
L'entrepreneur ou le manager doit contrôler l'activité de l'entreprise afin de mesurer sa performance. Pour y parvenir, il faut évaluer les différentes composantes de cette performance : financière, économique, commerciale, sociale, organisationnelle, sociétale… En effet, afin de créer de la valeur pour l'ensemble de ses parties prenantes et assurer sa pérennité, l'entreprise ne doit pas être uniquement pilotée sur la base d'objectifs économiques et financiers.
Aujourd'hui, les entreprises cherchent la performance globale, qui correspond à la réunion des performances économique, sociale et sociétale.

**1. Montrez qu'une entreprise performante est efficace et efficiente.**

**2. Pourquoi les entreprises cherchent-elles à atteindre la performance globale ?**

## DOC. 9 La mesure de la performance à l'aide d'indicateurs

La mesure de la performance de l'entreprise se réalise à l'aide d'indicateurs :
– quantitatifs : part de marché de l'entreprise, chiffre d'affaires, résultat net, montant du dividende versé aux actionnaires, montant d'un poste de charges… ;
– qualitatifs : qualité perçue des biens et des services, notoriété de l'entreprise, satisfaction des clients et des salariés, implication des salariés…

**3. Distinguer les différents indicateurs qui permettent de mesurer la performance de la SNCF.**

**4. Montrez que la SNCF cherche la performance globale et l'efficience.**

**LA VALORISATION DES DÉCHETS**

Vidéo
liennathan.fr/ix42v2

## DOC. 10 La performance de la SNCF

Le projet stratégique « TOUS SNCF » place la RSE au cœur de la stratégie du groupe et trace le cap vers 2030 avec comme objectifs :
- la performance économique et commerciale : parvenir à l'équilibre économique en 2024 avec des indicateurs de développement des trafics (+ 9 % en 2026) et augmentation des recettes (+ 20 % en 2026) ;
- la satisfaction des clients : indice satisfaction (7/10 en 2026) ;
- l'engagement des salariés : indice engagement (66 % en 2026) ;
- l'engagement sociétal : collecte à horizon 2025 de 100 % des matériaux structurants de la voie en vue de leur valorisation, et réduction à horizon 2030 de 25 % des émissions carbone.

| **Résultat financier :** un CA en progrès | 2021 | 2020 | 2019 |
|---|---|---|---|
| CA (en millions €) | 34 752 | 29 975 | 35 120 |
| *Variation 2021/2020* | *+ 15 %* | | |
| *Variation 2020/2019* | | *- 1 %* | |

**Résultat commercial (en 2021) :**
**une satisfaction en hausse**
**6/10**
Note de satisfaction clients. Soit + 0,4 point par rapport à fin 2020. Objectif 2026 : 7/10.

**Résultats sociaux :**
**un taux de fréquence des accidents du travail en baisse**
**9,84**
Le taux de fréquence des accidents du travail avec arrêts constaté sur 12 mois à fin décembre 2021 est plus élevé que l'objectif fixé mais reste en baisse.

**Résultats sociétaux : une empreinte environnementale réduite**
**- 3,2 %**
d'émissions carbone directes liées aux actions d'économie d'énergie.
Objectifs 2030 : - 27 %

SNCF, Rapport d'activité responsable 2021 et Communiqué de presse du 24 février 2022.

## DOC. 11 L'évaluation de la performance à l'aide du tableau de bord

Un tableau de bord est un document qui récapitule et synthétise l'ensemble des indicateurs retenus afin de suivre leur évolution et d'évaluer les performances de l'entreprise. Sa construction facilite l'analyse des indicateurs. Dans les années 1990, **Robert Kaplan** et **David Norton** développent le tableau de bord prospectif (TBP), ou équilibré. Le TBP est un outil de management novateur car il regroupe des indicateurs financiers (chiffre d'affaires, résultat net…) et non financiers (fidélité des clients, implication des salariés, innovation…), quantitatifs et qualitatifs, qui permettent d'améliorer la performance globale de l'entreprise.

## DOC. 12 Tableau de bord d'avancement de la SNCF (extrait)

| LES PILIERS | NOTRE AMBITION POUR CHAQUE PILIER | NOS INDICATEURS PHARES |
|---|---|---|
| **SATISFACTION ET RELATIONS CLIENTS** | Développer la **part du transport ferroviaire dans les mobilités des voyageurs et des marchandises par la satisfaction** des besoins de nos **clients** (transporteurs, autorités organisatrices de mobilité, industriels). | • Indice de satisfaction clients : de 5,2/10 en 2019 à 6/10 en 2023, 7/10 en 2026 et 7,5/10 en 2030. |
| **ENGAGEMENT SOCIÉTAL, TERRITORIAL ET ENVIRONNEMENTAL** | Faire de notre démarche de **responsabilité environnementale** et sociétale un **levier de crédibilité** et de confiance vis-à-vis de nos **clients** et des **territoires**. | • Collecte de 100 % des matériaux structurants de la voie (rails, traverses, ballast, câbles) en vue de leur valorisation, à l'horizon 2025.<br>• Réduction de 25 % des émissions carbone grâce à notre politique d'économie circulaire à l'horizon 2030. |

« TOUS SNCF Ambition Réseau. L'essentiel du projet stratégique d'entreprise, horizon 2030 », www.sncf-reseau.com

**5.** **Quel est l'apport du tableau de bord prospectif de Robert Kaplan et David Norton ?**
**6.** **Quel est l'intérêt pour la SNCF de réaliser un tableau de bord ?**
**7.** **Analysez la performance de la SNCF.**

# APPLICATION AU CAS

## PANIER DE CAMPAGNE

Pour respecter les engagements de sa charte de responsabilité sociétale, l'entreprise Panier de Campagne s'est fixé, dès sa création en 2015, plusieurs objectifs qu'elle souhaite atteindre au plus tard en 2024.

### DOC. La performance de Panier de Campagne

| Engagements | Indicateurs | Objectifs 2024 | Objectifs 2022 | Résultats 2022 |
|---|---|---|---|---|
| **Élargir l'offre de biens et de services** | Panier moyen des clients | 30 € | 25 € | 27 € |
| **Réduire les émissions de $CO_2$** | Part de véhicules électriques de livraison (clients isolés) | 80 % de véhicules électriques | 60 % de véhicules électriques | 60 % de véhicules électriques |
| **Promouvoir l'égalité hommes-femmes** | Part des femmes à la direction des magasins | 50 % de femmes dirigeantes | 37,5 % de femmes dirigeantes | 40 % de femmes dirigeantes |

**1.** **Comment l'entreprise Panier de Campagne agit-elle pour respecter sa charte RSE ?**
**2.** **Proposez des indicateurs supplémentaires pour réduire les émissions de $CO_2$.**
**3.** **Pourquoi peut-on dire que l'entreprise Panier de Campagne est performante ?**

# Tester ses connaissances

## 1 Quiz

**Scannez le QR Code ou saisissez le mini-lien pour tester vos connaissances avec le quiz numérique.**

liennathan.fr/w7j6c2

## 2 La nature des indicateurs

**Associez chacun des indicateurs suivants à sa nature : économique, financière, commerciale, sociale ou sociétale.**

| Indicateurs | Natures |
|---|---|
| Taux de satisfaction des clients • | • Économique |
| Part de marché • | • Financière |
| Chiffre d'affaires • | • Commerciale |
| Taux d'emploi des travailleurs en situation de handicap • | • Sociale |
| Taux de fréquence des accidents du travail • | • Sociétale |
| Résultat net • | |
| Taux d'émission de $CO_2$ • | |

## 3 La stratégie RSE du groupe Yves Rocher

1. **Identifiez les finalités du groupe Yves Rocher.**
2. **Caractérisez les différentes parties prenantes du groupe.**

**DOC. Yves Rocher veut « reconnecter les gens à la nature »**

En 2019, la loi Pacte instaurait la possibilité d'inscrire la raison d'être dans les statuts d'une entreprise, et la qualité de société à mission […], qui implique de se doter d'un ou plusieurs objectifs sociaux et environnementaux dont l'exécution est vérifiée par un organisme tiers indépendant. […] Concrètement, la raison d'être du groupe Rocher consiste à « *reconnecter ses communautés à la nature* ». Cette « *mission* » est poursuivie à travers plusieurs objectifs, comme « *agir en faveur de la biodiversité sur ses territoires* » et « *développer l'innovation frugale et des actions de consommation responsable* ». Le groupe s'est engagé à réduire ses émissions de gaz à effet de serre de 50 % par rapport à 2010, et de 30 % sa consommation de plastique d'ici 2030. Le groupe Rocher insiste pour que la société à mission soit vue comme « *une trajectoire* » et non comme un label. « *Il y a un risque que les médias s'attendent à ce qu'on soit parfaits et nous apostrophent sur de nombreux sujets. Mais notre engagement est de progresser continuellement* », appuie Vincent Nida. Dans le cas contraire, « *la direction juridique, nos clients ou d'autres parties prenantes peuvent contester nos choix stratégiques, car la raison d'être et nos objectifs sont gravés dans le marbre* », reconnaît Jean-David Schwartz[1]. Parce qu'elle s'accompagne d'engagements précis, « *l'adoption par une société de la qualité de société à mission est susceptible de renforcer le risque de mise en cause de sa responsabilité (civile) par les tiers* », que ce soient des associations ou des concurrents, alertait d'ailleurs Bris Rocher[2] dans son rapport.

1. Directeur général adjoint en charge de la RSE et à la tête de la marque Yves Rocher. - 2. PDG du groupe Rocher.

**Jonathan Grelier, www.usinenouvelle.com, 17 janvier 2022.**

# 4 Léa Nature, engagée de nature

1. À travers les actions menées, montrez que Léa Nature recherche la performance globale.
2. Quels indicateurs permettent de mesurer la performance de Léa Nature ?

## DOC. La RSE au cœur de la stratégie de Léa Nature

Entreprise française, familiale et indépendante créée en 1993 par Charles Kloboukoff, Léa Nature propose des produits bio et naturels, bénéfiques pour la santé et respectueux de l'environnement. [...] Et engagé, le groupe l'est véritablement en multipliant les bonnes pratiques RSE au sein même de son fonctionnement. Depuis 2007, Léa Nature a fait adhérer ses marques au collectif mondial « 1% for the Planet » : elles reversent chaque année 1% de leur chiffre d'affaires à des associations de protection de la nature. Son siège social près de La Rochelle est quant à lui évalué « Ecocert 26000 niveau Excellence » depuis 2013.
Le Président-fondateur, Charles Kloboukoff, s'est même « déshérité de son vivant », en transmettant progressivement ses actions dans un fonds de dotation philanthropique qui détiendra à terme la majorité du capital. L'objectif ? Préserver l'âme et l'indépendance du groupe et éviter qu'il ne soit racheté par une multinationale. Engagé, vous dites ?
« *Nous sommes fiers d'être le plus grand mécène environnemental de France, avec plus de 16 millions d'euros (à fin 2021) reversés depuis 2007 à des associations œuvrant pour l'environnement et pour la protection de la biodiversité* », explique Mireille Lizot, directrice des engagements et de la communication institutionnelle de Compagnie Léa Nature. [...]
Sur les matières premières, le groupe propose 85 % de produits finis bio et 70 % de produits fabriqués dans ses ateliers en régions (avec un objectif de 80 % en 2025). Il achète 73 ingrédients (plantes, céréales, fruits, légumineuses) auprès de producteurs, coopératives ou groupements de producteurs, toujours en France. Une sélection de produits Jardin BiO Étic porte par exemple le label Origine France Garantie, qui indique que 50 % à 100 % du prix de revient unitaire du produit est français (ingrédients majoritaires, fabrication et conditionnement).
Avec seulement 9,6 % des surfaces agricoles biologiques en France, l'approvisionnement n'est pas toujours aisé. C'est pourquoi Léa Nature met un point d'honneur à contribuer au développement des filières locales bio, avec notamment la création d'un fonds de soutien pouvant aller jusqu'à 5 % du résultat net de ses filiales. [...]
En faisant ce choix de maintenir le savoir-faire et les emplois en région, Léa Nature œuvre en faveur d'une véritable mission d'intérêt général au service de l'économie locale.

**Ambre Saclier, www.l'infodurable.fr en partenariat avec Léa Nature, 13 décembre 2021.**

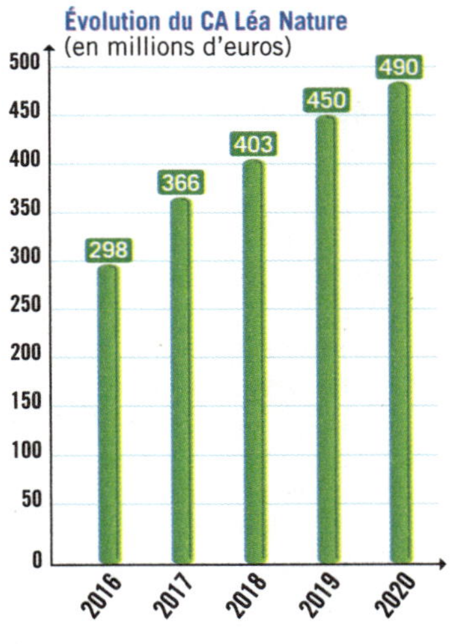


**Performance économique**

- **+ 9%** croissance chiffre d'affaires 2020*
- Près de **5 000** références aux catalogues de nos marques

* CA 2021 : 500 millions

**Performance environnementale**

- **1 %** du chiffre d'affaires de 18 de nos marques reversé pour la planète
- **2,6** millions d'euros reversés en 2020
- **13,5** millions d'euros reversés à plus de 1 900 projets de protection de l'environnement depuis 2007 (à fin 2020)
- **70%** de matières organiques en moins dans les effluents rejetés

Léa Nature, *Rapport d'activité économique 2020.*

## Les finalités de l'entreprise

**La finalité économique :** créer de la valeur financière en réalisant du profit.

**La finalité sociale :** prendre en compte les attentes des salariés.

**La finalité sociétale :** contribuer au bien-être de la société.

Intégration volontaire des préoccupations sociales et environnementales dans les activités de l'entreprise = responsabilité sociétale des entreprises (RSE)

## Les parties prenantes de l'entreprise

Groupe ou individu qui affecte ou est affecté par l'activité d'une entreprise

**Parties prenantes internes**
- Les dirigeants
- Les salariés
- Les actionnaires
- Les syndicats

**Parties prenantes externes**
- Les clients
- Les fournisseurs
- Les administrations
- Les banques
- Les associations ou ONG
- Les riverains

## La performance de l'entreprise

**La performance**

Atteinte des objectifs fixés en respectant les ressources à disposition

**L'efficacité :** produire les résultats attendus et réaliser les objectifs fixés.

**L'efficience :** réaliser les objectifs en minimisant les ressources utilisées.

**La performance globale**

Réunion des performances économique, sociale et sociétale

**Mesure de la performance**

**Indicateurs quantitatifs :** chiffre d'affaires, résultat net…

**Indicateurs qualitatifs :** notoriété, satisfaction des salariés…

**Tableaux de bord** pour suivre l'évolution des indicateurs

## CONSTRUIRE SA SYNTHÈSE

**Rédigez votre synthèse à l'aide des mots-clés suivants :**

Finalités (économique, sociale, sociétale) – Objectifs – RSE – Développement durable – Parties prenantes (internes et externes, primaires et secondaires) – Cartographie – Performance – Performance globale – Indicateurs – Tableau de bord

# Velcorex, l'unique entreprise de velours en France



## Contexte

Riche de son savoir-faire d'excellence, Velcorex est la dernière entreprise de velours en France. Son expertise dans le velours, sans compter la diversité des textures (gabardines, sergés, satins, suédines, etc.), est unique en Europe et reconnue dans le monde entier.

En 2010, Velcorex, en liquidation judiciaire, est reprise par Pierre Schmitt, un industriel alsacien, qui décide de rassembler les fleurons de l'industrie textile alsacienne au sein d'un même groupe, Matières françaises, et obtient ainsi le label Alsace Terre Textile.

Aujourd'hui, Pierre Schmitt dirige le groupe Velcorex. Plusieurs marques réalisent leurs propres collections et favorisent la collaboration entre entreprises locales comme Philea, Tissage de la Mouline, Emanuel Lang et, plus récemment, Sème. L'objectif est de réhabiliter la filière textile en Alsace.

### 1 Analysez les externalités positives liées à l'activité de l'entreprise Velcorex.

a. **Sens de la question :** il s'agit d'identifier et d'étudier l'impact de l'activité économique de l'entreprise sur les autres agents.

b. **Compétence à travailler** Économie : repérer l'existence d'externalités pour l'entreprise.

c. **Notions à maîtriser :** les externalités positives et négatives.

d. **Méthodologie à exploiter :** analyser un texte à caractère économique (fiche méthode 1, p. 224).

### 2 Démontrez que la démarche de Pierre Schmitt s'inscrit dans une logique entrepreneuriale.

a. **Sens de la question :** il faut repérer les différentes actions de M. Schmitt qui relèvent d'une démarche entrepreneuriale.

b. **Compétence à travailler** Management : distinguer une démarche entrepreneuriale d'une démarche managériale.

c. **Notions à maîtriser :** logique entrepreneuriale, logique managériale.

d. **Méthodologie à exploiter :** conduire une analyse organisationnelle (fiche méthode 6, p. 234).

M. Schmitt souhaite confectionner des vêtements à partir de matières végétales. Depuis six semaines, il est en contact avec un fournisseur d'orties et une négociation a été engagée. Des rencontres ont eu lieu sans que la question du prix des orties n'ait été abordée ni aucun document signé. Finalement, le fournisseur est contraint de rompre la négociation à la suite de violentes intempéries qui ont endommagé ses récoltes. M. Schmitt est mécontent car ces orties correspondaient parfaitement à ses attentes et il doit reprendre ses recherches pour trouver un autre fournisseur. Il souhaite être indemnisé pour le préjudice qu'il estime avoir subi à l'occasion de cette rupture des pourparlers.

### 3 Évaluez, à l'aide d'un raisonnement juridique, la légalité de la rupture des pourparlers.

a. **Sens de la question :** il s'agit de relever les éléments du contexte qui permettent d'évaluer la légalité de la rupture des pourparlers en structurant la réponse avec une argumentation juridique.

b. **Compétence à travailler** Droit : qualifier une situation précontractuelle.

c. **Notions à maîtriser :** les principes contractuels.

d. **Méthodologies à exploiter :** analyser une situation juridique (fiche méthode 4, p. 230) et savoir exploiter des ressources juridiques (fiche méthode 5, p. 231).

# Dossier documentaire

## ANNEXE 1 Le « parcours du combattant » de Pierre Schmitt

Pierre Schmitt est un entrepreneur qui n'a pas froid aux yeux. En quelques années, cet ancien cadre de chez DMC a racheté trois entreprises de textile dans le Haut-Rhin, évitant ainsi leur disparition. [...]
« *À l'époque, tout le monde pensait que c'était une folie de reprendre une vieille entreprise dans le textile. Mais je ne pouvais pas laisser disparaître un patrimoine historique vieux de deux siècles* », raconte Pierre Schmitt. Privilégiant le capital immatériel de Velcorex à ses ennuis financiers, il reprend l'entreprise en 2010, alors qu'elle est au bord de la fermeture et placée en liquidation depuis mars.
Sa stratégie pour la redresser est simple, s'appuyer sur ses atouts : une main-d'œuvre très qualifiée, un outil industriel à la pointe et la renommée internationale de la marque Velcorex. Pour réussir, il a conservé une cinquantaine de salariés puis a réembauché progressivement jusqu'à 95 salariés aujourd'hui, en priorité parmi les anciens de chez Velcorex. Pierre Schmitt a également changé le nom de l'entreprise, SAIC Velcorex est devenu Velcorex since 1828 pour valoriser la marque, son histoire et son expérience. « *Il ne faut jamais oublier de préserver ce qui fonctionne bien quand on reprend une entreprise. Dans toute société, même la plus mal en point, il y a toujours des choses qui marchent. Il faut juste savoir les identifier et les garder* », résume Pierre Schmitt.
L'un des gros chantiers de cette reprise a aussi été la question du financement, indispensable pour financer la reprise d'activité, stoppée pendant près de sept mois. Cinq banques ont joué le jeu, soutenues par des cautions de la part de Bpifrance mais aussi des cautions personnelles de la part du repreneur. C'est cette stratégie qui lui a permis de faire revenir de grands clients comme Zara et Hugo Boss en un temps record. « *En 2012, notre chiffre d'affaires est passé de 14 à 20 millions d'euros, ce qui nous a permis de sortir du rouge* », commente Pierre Schmitt.

**Jennifer Matas, *Les Échos*, 30 août 2019.**

La dernière création [du groupe Velcorex] sort des usines cet automne : un jean en lin dont toutes les étapes de fabrication sont réalisées en France, de la fabrication du fil à partir du lin cultivé en Normandie, jusqu'à la confection, en passant par le tissage et l'ennoblissement (teinture). Cette maîtrise de la chaîne de production distingue Velcorex (147 salariés, 23 millions d'euros de chiffre d'affaires) de ses concurrents : la plupart achètent le tissu à l'étranger pour ne réaliser que la découpe et les coutures dans l'Hexagone, ce qui suffit pour apposer un label tricolore aux vêtements. [...]
Avec cette maîtrise de la filière, le groupe propose, en plus du jean, tout un vestiaire *made in France*, commercialisé sous la marque Sème, développée par Agathe, la fille de Pierre Schmitt. Ancienne de LVMH, elle a quitté la carrière qui s'offrait à elle pour « *retrouver du sens* ».
Son père a déjà d'autres projets en tête : à partir de fibres textiles naturelles (lin, chanvre ou ortie), mettre au point des matériaux biosourcés comme alternative aux dérivés du pétrole.

**AFP, 30 novembre 2022.**

## ANNEXE 2 La rupture des pourparlers

[...] Si la liberté de ne pas contracter reste le principe, ce droit peut dans certains cas dégénérer en abus, engageant alors la responsabilité de celui qui rompt les négociations. [...] [P]our qu'une responsabilité puisse être encourue, les pourparlers doivent être « avancés ». Ainsi, par exemple, dans une décision du 16 décembre 2010, une cour d'appel a-t-elle souligné que des pourparlers qui n'avaient duré que deux mois et qui étaient bloqués dès l'origine n'étaient pas « avancés » et que partant « chacune des parties restait libre de mettre fin à tout moment à ces pourparlers ». Pareillement, la cour d'appel de Paris réaffirmait qu'il n'y avait pas non plus rupture fautive lorsque « les parties en étaient restées à un stade exploratoire et n'avaient aucunement formalisé les bases d'un accord définitif et qu'en refusant de finaliser celui-ci les intéressées n'ont fait qu'exercer leur liberté contractuelle qui implique celle de ne pas contracter ».

**François Gine, avocat associé, cabinet Gatienne Brault & Associés, cra.aaso.fr**

**Article 1112 du Code civil**
L'initiative, le déroulement et la rupture des négociations précontractuelles sont libres. Ils doivent impérativement satisfaire aux exigences de la bonne foi.

# La BioBox de Lola

THÈME 1

Lola Thessier est une jeune entrepreneuse bretonne. Après quelques années dans un groupe agroalimentaire, elle rejoint sa Bretagne natale et lance un projet de box mensuelle : « La BioBox de Lola ».
L'idée est simple pour les clients : recevoir, chaque mois, un colis découverte avec une sélection de 6 à 8 articles issus de l'agriculture biologique.
Après avoir étudié les nouvelles tendances de consommation, Lola souhaite en effet développer le concept des box par abonnement, un segment d'e-commerce qui se développe en France.

**L'étude est composée de 2 missions :**

**MISSION 1 : L'analyse de la faisabilité du projet « La BioBox de Lola »**

**MISSION 2 : La mise en œuvre du projet « La BioBox de Lola »**

**Composition du dossier documentaire :**



**En prenant appui sur vos connaissances, le contexte et le dossier documentaire, il vous est demandé de répondre aux questions relatives aux deux missions du sujet. Vous êtes invité(e) à mobiliser les concepts et les apports théoriques dès lors qu'ils sont pertinents et que le lien avec la mission est argumenté.**

## MISSION 1 L'analyse de la faisabilité du projet « La BioBox de Lola »

(Annexes 1, 3, 4 et 5)

Lola Thessier étudie la faisabilité de son nouveau projet.
Les études de marché ont démontré l'intérêt des consommateurs pour les box mensuelles.
Lola s'inspire donc du succès de la FoodizBox pour définir son modèle économique, avec en outre le souci de s'inscrire dans une démarche globale de développement durable.

**1.1.** **Analysez le marché des box mensuelles : offre, demande, mode de fixation des prix.**

**1.2.** **Après avoir rappelé les différents agents économiques en relation avec l'entreprise, vous préciserez en quoi l'évolution décrite dans l'annexe 5 est défavorable au projet de la BioBox.**

**1.3.** **Exposez les étapes nécessaires à la création de l'entreprise de Lola Thessier, en prenant appui sur l'expérience de FoodizBox.**

## MISSION 2 La mise en œuvre du projet « La BioBox de Lola »

(Annexes 2 et 6)

Dynamique et enthousiaste, Lola Thessier a trouvé un local dans la périphérie de Rennes et sa banque est prête à financer une partie du projet.
Les priorités majeures de la jeune entrepreneuse sont la qualité et la traçabilité des produits, ainsi que le respect de l'environnement. Pour cela, elle cherche à s'associer avec de grandes marques de l'alimentation biologique afin d'acheter à bas prix et de leur assurer en contrepartie un nouvel outil publicitaire.

**2.1.** **Identifiez les finalités économique, sociale et sociétale de La BioBox de Lola.**

**2.2.** **Précisez l'objet du contrat de l'annexe 6 et identifiez les parties en présence. Précisez à quelles conditions elles ont la capacité de conclure ce contrat et mettez en lumière l'existence d'une représentation juridique.**

**2.3.** **Relevez dans la clause concernant le loyer les dispositions protectrices des intérêts de chacune des parties. En quoi cette clause contribue-t-elle à un juste équilibre de ce contrat ?**

1 THÈME

ENTRAÎNEMENT À L'EXAMEN

# DOSSIER DOCUMENTAIRE

## ANNEXE 1 Le cas FoodizBox : de l'étude de marché au *business plan*

FoodizBox est un site de e-commerce par abonnement sur le marché de l'épicerie fine. Nous proposons à nos abonnés de recevoir chaque mois une sélection de 5 à 7 produits gastronomiques surprise ainsi qu'un ustensile de cuisine original.
La FoodizBox est accompagnée du FoodizMag', reprenant la description de chaque produit et marque, ainsi que de quelques idées cuisine, et de 4 fiches recette réalisées par nos deux chefs Noëmie (Top Chef 2012) et Bernard (Blogueur culinaire). […]
Afin d'apporter encore plus de conseils à nos abonnés, ils ont la possibilité de retrouver toutes nos recettes en vidéo sur notre site et notre chaîne YouTube.
En plus de l'effet de découverte, des produits « *Full Size* » présents dans la box, et de la livraison incluse, la valeur marchande des produits est supérieure au prix de vente de celle-ci.

### Le marché des box par abonnement

La concurrence est rude notamment avec les autres food box (Gastronomiz, Kitchen Trotter, Eat Your Box, etc.) qui sont nombreuses et surfent chacune sur un positionnement particulier (box culinaire voyage, box culinaire bio, etc.).
La concurrence offre une gamme tarifaire d'abonnement comprise entre 17 et 29 euros TTC.
Si, sur ce marché, on peut considérer qu'il y a 6 concurrents toujours dans la course, nous constatons à ce jour quelques abandons et rachats entre food box. […]
Sur le web, nous sommes une goutte d'eau, d'où le besoin notamment d'ambassadeurs pour gagner en visibilité. La communication est donc un facteur à ne pas négliger. D'autre part la logistique et le transport constituent deux facteurs clés de succès car il faut bien maîtriser ces deux aspects, d'un point de vue financier mais aussi par rapport à la qualité perçue par le client.
Concernant notre *business model*, le plus grand avantage de l'abonnement est la récurrence, qui permet d'avoir une bonne visibilité sur le *cash flow* et sur l'évolution de la clientèle. En outre, le e-commerce permet de se lancer avec des fonds limités là ou l'ouverture d'une enseigne physique coûte beaucoup d'argent.

### Le *business plan*... bien souvent incontournable

Nous avons bien entendu procédé à la rédaction d'un *business plan*, et même plusieurs puisque le *business plan* évolue et change avec la société et le projet, qui grandit et gagne en maturité. La rédaction du *business plan* a été primordiale pour décomposer le projet, et pour vérifier sa faisabilité et sa viabilité. Cela nous a permis de poser le projet sur papier, et ainsi d'anticiper certaines phases de coûts. De plus, le *business plan* constitue un élément essentiel pour convaincre les banques comme les investisseurs, et il permet de garder une trame du projet.

**www.my-business-plan.fr**

## ANNEXE 2 La charte de La BioBox de Lola pour un engagement responsable

Lola Thessier envisage de rédiger une charte des engagements qu'elle souhaite obtenir de ses différents partenaires (fournisseurs, prestataires, transporteurs, etc.). Elle pense que le succès de son activité repose sur la garantie de produits respectueux de l'environnement et du travail humain dans une logique de développement durable. Il s'agit d'un engagement vis-à-vis des consommateurs, des clients, des équipes, des fournisseurs ainsi qu'envers l'ensemble de ses parties prenantes.

L'objectif de cette charte des achats responsables est de démontrer l'engagement de sa société en matière d'environnement, de droits de l'homme et de loyauté des pratiques commerciales vis-à-vis de ses clients et bien sûr de clarifier ses exigences vis-à-vis de ses fournisseurs.
Cette initiative est un engagement dans une démarche de responsabilité sociétale des entreprises (RSE) et permet également la définition de critères de sélection et d'évaluation de ses fournisseurs aussi importants que la qualité, le service et les coûts.

## ANNEXE 3 Le marché florissant des box mensuelles

Le marché des box mensuelles commercialisées en ligne explose. Un secteur concurrentiel qui suscite l'intérêt de plus en plus d'acteurs. [...]

### Diversité des acteurs

Sur ce marché concurrentiel, le succès n'est pas garanti. Si certains entrepreneurs peinent à faire décoller leur nombre d'abonnés, quelques-uns affichent des chiffres enviables. «*Aujourd'hui, certaines en France peuvent avoir de 10000 à plus de 100000 abonnés. Il y en a aussi à 15 ou 20 abonnés, pour les micro-entrepreneurs qui font cela plus comme une activité à côté de leur travail ou leurs études*», note Michaël Maarek [créateur des sites touteslesbox.fr et laboxdumois.fr]. Mais la plupart restent en dessous de 10000 abonnés, explique de son côté David Azoulay, fondateur de Ziqy [...].

### Les stratégies gagnantes

Les modèles économiques sont eux aussi variés. Michaël Maarek distingue le modèle des box beauté du reste. «*Bien souvent, les box beauté ne vont même pas payer les produits qui sont à l'intérieur*», indique-t-il. Mieux, elles peuvent même être rémunérées pour les inclure... En effet, «*les box permettent aux marques de toucher directement un certain nombre de clients*», et leur faire ainsi essayer leur produit. «*Un moyen de marketing exceptionnel*», conclut-il.
Autre élément vital: les marges. Pour David Azoulay, «*sans un minimum de 30% de marge sur la box qu'on va expédier, c'est dur de survivre*». Pour lui, les ingrédients essentiels sont «*un bon prix d'acquisition du produit, une bonne stratégie de communication, un bon service client. Et un produit cool, avec un bon positionnement...*»

### L'expérience client, un élément clé

Une box à succès répond à divers critères. «*On ne peut se contenter d'envoyer simplement un carton avec des produits à l'intérieur. Il faut qu'il y ait une cohérence dans le thème, une explication sur les produits envoyés et que la boîte soit jolie*», poursuit Michaël Maarek. Dans tous les cas, il ne faut pas que le client s'ennuie, sous peine de se désabonner... La sélection des produits, mais aussi la gestion des publications sur les réseaux sociaux sont autant d'éléments clés. Au-delà du produit, «*il faut que les clients en aient pour leur argent*», relève David Azoulay. Par exemple, «*pour 20 euros par box, recevoir pour 40 euros de produits à l'intérieur...*».

### Perspectives et potentiel

Si la fidélisation est un enjeu majeur, une nouvelle tendance se dégage sur le marché: celle de la monétisation d'audience. Pour David Azoulay, «*lorsqu'on a déjà l'audience, il est beaucoup plus facile de lui apporter un produit en relation avec ses goûts plutôt que de constituer le produit et de lui trouver une audience. Le coût d'acquisition devient largement inférieur*».
Une autre voie de développement passe par l'international. Certaines box françaises ont d'ores et déjà franchi les frontières, à l'instar d'Emma & Chloé, une box de bijoux de créateurs qui s'exporte aux États-Unis. Quant à celles qui s'apprêtent à tenter l'aventure, David Azoulay prévient: il ne suffit pas de traduire un site en anglais. Encore faut-il intégrer la culture du pays et ses habitudes de consommation.

**Étude de Bpifrance, 25 février 2020.**

## ANNEXE 4 Une demande en plein essor

### Le marché

Apparu aux États-Unis pour la première fois en 2010, le concept de box par abonnement connaît aujourd'hui un essor phénoménal. En France, ce n'est qu'en 2012 qu'il se développera. Il existe plus de 400 box de nos jours sur le marché français. [...]

### Les prix

Côté tarif, la plupart des box par abonnement coûtent entre 20 et 50€. Les consommateurs se tournent généralement vers ce type de vente à cause de leur soif pour les cadeaux originaux et idéaux. Cela intervient surtout lors des fêtes clés telles que la fête de Saint-Valentin, fête des Mères, fête des Pères, fête de Noël, ou encore pour un anniversaire. [...]

Les box par abonnement s'inscrivent toujours dans un processus de promotion avec un rapport qualité/prix très avantageux pour les consommateurs. De façon concrète, une box de 30 € peut afficher des cadeaux deux fois plus élevés, soit 60 €. Cette technique attire le client et le fidélise. [...]

**Profil des abonnés**

La cible première des entreprises reste les femmes. En effet, les trois-quarts des box cadeaux les plus vendus sont les box beauté. C'est d'ailleurs le thème le plus représenté. Pour avoir plus de clients, les entreprises visent plus les jeunes de 24 à 34 ans qui représentent 40 % des consommateurs. Ensuite suivent les personnes de 35 à 44 ans qui représentent 20 % des consommateurs de box par abonnement.

**Marion Jullian, cadresetdirigeants-magazine.com, 8 mars 2022.**

## ANNEXE 5 Inflation : les nouvelles habitudes de consommation des Français

La vague d'inflation qui a commencé à l'été 2021 a poussé de nombreux Français à modifier leurs habitudes de consommation pour tenter de préserver leur pouvoir d'achat. Des changements qui profitent indéniablement à certains produits et qui font le malheur d'autres, auxquels les consommateurs renoncent. [...]

Dans les supermarchés, les « marques distributeurs », créées par les enseignes et généralement moins chères, grappillent des parts de marché. [...]

Les ménages « coupent en revanche sur les produits moins essentiels », constate [l'analyste] Nicolas Léger, alors que les données Nielsen montrent une baisse des achats d'alcool et de produits d'hygiène et de beauté, particulièrement marquée chez les familles. Il relève que les familles ont tendance à « reporter leurs achats d'alcool vers des sodas sucrés » pour continuer à se faire plaisir à moindre coût.

**AFP, 15 novembre 2022.**

## ANNEXE 6 Extrait du bail commercial

**Le présent contrat est conclu entre :**
Monsieur Jean HIGELIN, propriétaire de l'immeuble concerné par le présent contrat, ci-après désigné LE BAILLEUR,
et
La Société La BioBox de Lola, représentée par Lola Thessier sa gérante, ci-après désignée LE PRENEUR.
Il est convenu que les stipulations du présent bail commercial sont conformes aux dispositions des articles L145-1 et suivants du Code de commerce.

**DÉSIGNATION de l'immeuble loué :** un local à usage commercial, sis à Rennes, 12 avenue Carnot, d'une superficie de 65 $m^2$ au RDC.

**DURÉE DU BAIL :** le bail est conclu pour 9 ans, étant précisé que LE PRENEUR pourra exercer son droit à renouvellement du bail à l'issue de cette durée, selon les modalités et règles prévues aux articles L145-8 à L145-12 du Code de commerce.

**LOYER :** le loyer trimestriel est fixé à 1 300 € et fera l'objet d'une révision triennale selon les dispositions des articles L145-33 et suivants du Code de commerce. En particulier sera respectée la règle selon laquelle la variation du loyer n'excédera pas celle de l'indice trimestriel des loyers commerciaux ou de l'indice trimestriel des loyers des activités tertiaires mentionnés aux premier et deuxième alinéas de l'article L112-2 du Code monétaire et financier, publiés par l'Institut national de la statistique et des études économiques.

**ACTIVITÉ EXERCÉE :** LE PRENEUR s'engage à exercer dans les locaux visés par le présent bail exclusivement l'activité de préparation et vente de box. Toute intention de déspécialisation, en particulier pour exercer une activité connexe ou complémentaire, devra être communiquée au BAILLEUR, conformément aux articles L145-47 et suivants du Code de commerce.

[...]

# THÈME 2

# La régulation de l'activité économique

**Question :**

## Quel est le rôle de l'État dans la régulation économique ?



**Question :**

## Comment les activités économiques sont-elles régulées par le droit ?



**Question :**

## Comment l'entreprise intègre-t-elle la connaissance de son environnement dans sa prise de décision ?

THÈME 2

# La régulation de l'activité économique : le cas de Free

2e fournisseur d'accès à Internet

4e opérateur de téléphonie mobile

**CONTEXTE DE L'ENTREPRISE**

## L'aventure Free

Free appartient au groupe Iliad, acteur majeur sur le marché français de l'accès à Internet et des télécommunications.

Son aventure débute en 1999, lorsque le marché des télécommunications se libéralise et qu'Iliad obtient une licence pour l'exploitation d'un réseau de télécommunications. Xavier Niel fonde alors la filiale Free qui s'impose comme un pionnier de l'accès à Internet en France avec une offre sans abonnement ni numéro surtaxé.

Quelques années plus tard, Xavier Niel lance une nouvelle offensive sur le marché : il a l'idée de centraliser l'accès à Internet, le téléphone et la télévision au sein d'un même boîtier dans le but de proposer ces trois services à moindre coût. La Freebox voit le jour en 2002.

Dix ans après, avec une stratégie axée sur l'innovation, Xavier Niel s'attaque à ses concurrents SFR, Bouygues et Orange avec l'objectif de diviser par deux la facture de téléphonie mobile des consommateurs.

Il fait désormais partie des leaders sur le marché du mobile et en termes de couverture 5G.

**La régulation du secteur**

L'État intervient sur le marché des télécoms. Législateur et contrôleur *via* différentes autorités de contrôle et de régulation des télécoms, il intervient également par ses politiques publiques pour démocratiser l'accès à Internet et accélérer la couverture mobile des zones rurales. Résoudre la fracture numérique est un enjeu politique de taille : en accentuant la dépendance aux démarches en ligne, et en retardant encore le déploiement de la couverture très haut débit du territoire, le confinement a renforcé les inégalités d'accès au numérique en France.

**En quoi les décisions et les activités de Free sont-elles orientées et influencées par l'action de l'État ? Quel est l'impact des politiques économiques sur son activité et sa prise de décision ? Quelles sont les règles de droit qui s'imposent à cette entreprise ? Comment intègre-t-elle la connaissance de son environnement dans sa prise de décision ?**

# 6 Le rôle de l'État et les finalités de la politique économique

**LA COMPÉTENCE ATTENDUE**
→ Identifier les principales politiques économiques et leurs outils.

**LES SAVOIRS ASSOCIÉS**
→ Le rôle de l'État (allocation, redistribution, régulation)
→ L'existence de déséquilibres : inflation, chômage
→ Les politiques économiques et leurs finalités
→ La croissance économique
→ Les politiques conjoncturelles et structurelles

**PLAN DU CHAPITRE**

## Horizon 2025 : la fibre optique sur 100 % du territoire

**Le Plan France Très Haut Débit**
Le Plan France Très Haut Débit (PFTHD), initié en 2013, prévoit le déploiement de la fibre optique partout sur le territoire au plus tard fin 2025. Les investissements dans le cadre du PFTHD permettent d'assurer un accès à Internet performant à tous citoyens, au domicile ou au travail, notamment à ceux qui habitent en zone rurale.

**Aide de l'État**
Afin de renforcer l'accès effectif au très haut débit pour les Français qui ne disposent pas encore de la fibre, le soutien de l'État dans le cadre du dispositif « Cohésion Numérique des Territoires » a été renforcé, en prévoyant [en 2022] une aide au consommateur allant jusqu'à 300 € pour permettre de faciliter l'accès aux offres « très haut débit » (débit montant supérieur à 30 Mbit/s) ; cette aide est portée jusqu'à 600 € pour les foyers les plus modestes sous conditions de ressources.

**www.entreprises.gouv.fr, 18 mai 2022.**

**LE PLAN FRANCE TRÈS HAUT DÉBIT**
Vidéo
liennathan.fr/w6u4k7

1. **Quel est l'objectif du Plan France Très Haut Débit ?**
2. **Pourquoi l'intervention de l'État est-elle justifiée ?**

# 1 Identifier les fonctions de l'État

## A La fonction d'allocation

### DOC. 1 À quoi sert l'État ?

Si entreprises et ménages sont au cœur d'une économie de marché, pourquoi l'État y occupe-t-il toujours une place conséquente ? La question mérite d'être posée.

[Le] marché libre ne fonctionne pas toujours bien. L'économiste américain Richard Musgrave établit une typologie des fonctions de l'État destinées à corriger ce problème.

**La première est la fonction d'allocation.** Elle consiste à intervenir sur les marchés dans certaines situations, appelées « défaillances de marché ».

*La première défaillance concerne une concurrence trop faible, ce qui engendre des prix élevés.*

L'État peut alors lutter contre les monopoles ou bien réglementer leurs prix, comme c'est par exemple le cas dans le secteur de l'électricité.

*La deuxième est l'existence de biens publics ou d'externalités.*

Les biens publics […], quoique désirés, personne ne les produira gratuitement ! C'est pourquoi, par exemple, l'éclairage des rues est financé par l'impôt.

On parle d'externalité quand l'action d'un individu a un impact sur un autre, sans qu'il y ait un paiement sur un marché pour cela. C'est par exemple le cas quand une firme pollue les sols voisins. L'État peut alors taxer la firme pour l'inciter à moins polluer.

*Enfin, l'insuffisance d'information peut réduire les échanges.* Un consommateur ignorant la vraie qualité d'un produit peut renoncer à l'acheter. L'État peut y remédier en apportant une information supplémentaire aux clients.

http://education.francetv.fr

**1. Repérez les quatre défaillances de marché mentionnées dans le texte. Précisez comment l'État intervient pour corriger chacune d'elles.**

**2. Pourquoi l'intervention de l'État est-elle justifiée ?**

### DOC. 2 Mesures du projet de loi de finances 2023

Face à la crise climatique, le gouvernement met en place des mesures pour la transition écologique :
- **leasing social :** location de voiture électrique à 100 euros/mois pour les foyers modestes ;
- **fonds vert :** 1,5 milliard d'euros pour aider les collectivités locales à financer leurs investissements verts.

**3. Indiquez la défaillance du marché dont il est question ici.**

**4. Montrez que l'État remplit une fonction d'allocation des ressources.**

### DOC. 3 L'étiquette énergétique

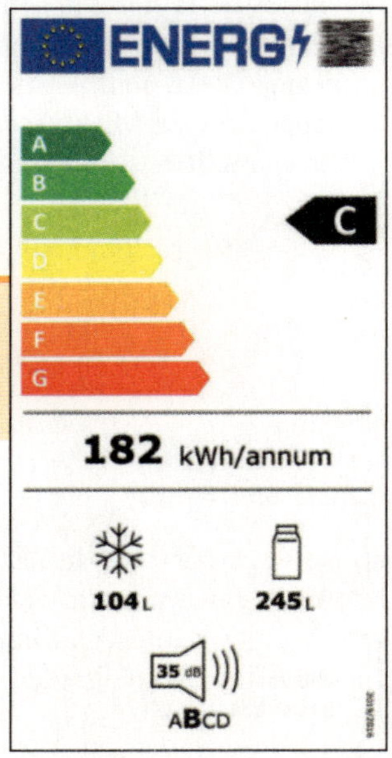


Depuis 2011, l'État et l'Europe imposent aux fabricants et distributeurs de fournir aux consommateurs une information exacte, pertinente et comparable sous forme d'une étiquette énergétique accompagnant le produit vendu.

**5. Montrez comment l'étiquette énergétique peut orienter le choix du consommateur.**

**6. Indiquez la défaillance de marché corrigée par l'État dans cet exemple.**

## DOC. 4 L'éducation nationale : un bien public

[…] L'éducation est la première priorité nationale. Le service public de l'éducation est conçu et organisé en fonction des élèves et des étudiants. Il contribue à l'égalité des chances […].
Tout enfant a droit à une formation scolaire qui, complétant l'action de sa famille, concourt à son éducation […]. L'enseignement est gratuit pour les élèves des lycées et collèges publics […].

**Extraits du Code de l'éducation.**

## DOC. 5 La gratuité de l'éducation

La nouvelle tendance à la privatisation de l'éducation soulève des inquiétudes sérieuses sur son impact négatif sur l'exercice du droit à l'éducation, et plus particulièrement en ce qui concerne la disponibilité et l'accès à une éducation gratuite, à une égalité des chances et à une éducation de qualité. […] Les États sont tenus de réglementer et de surveiller la participation du secteur privé à l'éducation afin de veiller à ce que le droit à l'éducation ne soit pas compromis.

**www.right-to-education.org**

**7. Justifiez l'intervention de l'État dans le domaine de l'éducation. Quelle fonction l'État remplit-il ?**

**8. Exposez le problème auquel font face les pays en matière d'éducation.**

# B La fonction de redistribution

## DOC. 6 La France des inégalités

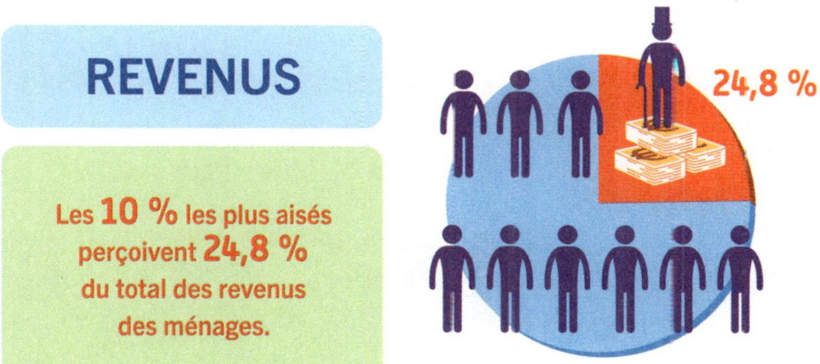


Source : Insee.

## DOC. 7 La composition des revenus des ménages

Les revenus primaires comprennent des revenus du travail, salarié ou non, et également des revenus de la propriété résultant de placements dans des actifs financiers ou immobiliers.

**9. Pourquoi parle-t-on d'inégalités de revenus ? Comment peuvent-elles s'expliquer ?**

## DOC. 8 L'État redistributeur

La fonction de redistribution de l'État repose sur l'idée que les inégalités créées par le marché ne sont pas forcément du niveau souhaité par la société. Pour corriger ce dysfonctionnement, l'État peut intervenir en prélevant des revenus aux uns (impôt sur le revenu et cotisations sociales essentiellement) et en les transférant aux autres, selon des critères de justice sociale acceptés, par des prestations sociales (chômage, maladie, retraite, etc.).

## DOC. 9 Le mécanisme de la redistribution

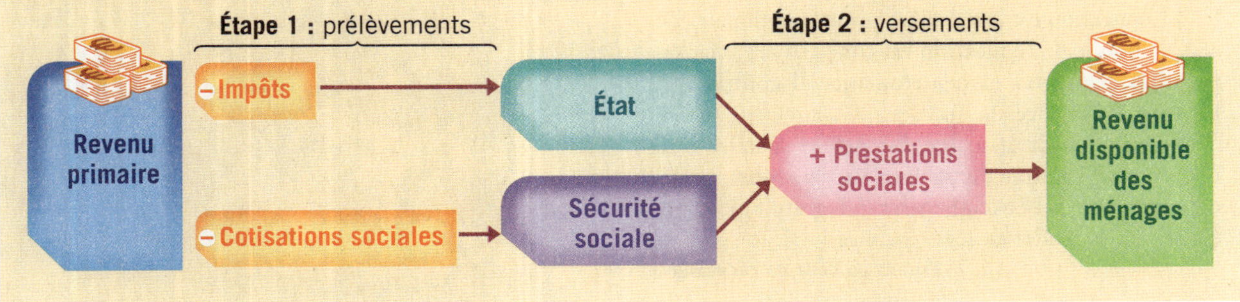


## DOC. 10 Les effets de la redistribution

| | Revenu annuel moyen des 10 % les plus modestes en euros | Revenu annuel moyen des 10 % les plus aisés en euros | Rapport |
|---|---|---|---|
| Avant impôts et prestations sociales | 3 520 | 80 360 | 22,8 |
| Après impôts et prestations sociales | 10 820 | 60 350 | 5,6 |

Insee, 2021.

La réduction des écarts est encore plus grande aux extrémités de la distribution des revenus : avant redistribution, les 10 % de personnes les plus pauvres disposent d'un niveau de vie annuel moyen de 3 520 €, contre 80 360 € pour les 10 % les plus aisées, soit 22,8 fois plus. Après redistribution, ce rapport est réduit à 5,6.

**10. Présentez les moyens utilisés par l'État pour agir sur les revenus des ménages.**

**11. La répartition des revenus disponibles est-elle plus égalitaire ou moins égalitaire que celle des revenus primaires ? Justifiez.**

# C La fonction de régulation

## DOC. 11 AstraZeneca veut céder son usine de Reims

Septembre 2022 : AstraZeneca annonce un plan de cession de son site de conditionnement et de distribution pharmaceutique de Reims (Marne) d'ici 2024. Cette annonce menace l'emploi d'environ 125 salariés.

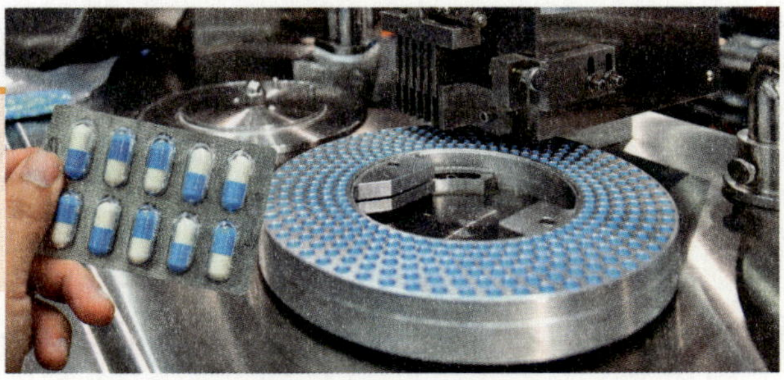

## DOC. 12 Le chômage traduit un déséquilibre

Un déséquilibre est un écart entre l'offre et la demande. C'est le contraire d'une situation d'équilibre où l'offre et la demande sur le marché s'égalisent à un prix d'équilibre qui satisfait les acheteurs et les vendeurs. Sur le marché du travail, une offre de travail (individus recherchant un emploi) qui excède la demande de travail conduit au chômage. Il représente l'ensemble des personnes privées d'emploi et en recherchant un.

**12. Exposez les conséquences de la fermeture de l'usine AstraZeneca en France.**

**13. Pourquoi peut-on dire que le chômage est le signe d'un déséquilibre ?**

## DOC. 13 Conséquences de l'inflation pour les ménages

L'inflation se traduit par une augmentation générale et durable des prix dans l'économie. En cas d'inflation, avec la même somme d'argent, on peut acheter moins de choses qu'auparavant. En clair, si les revenus des ménages augmentent moins vite que les prix, le pouvoir d'achat diminue.

**Cas des étudiants :** l'inflation, qui a atteint 6,2 % en octobre 2022 sur un an, frappe de plein fouet les étudiants, contraints de se tourner vers les distributions d'aide alimentaire pour garnir leur réfrigérateur. L'association Cop1 à Paris a constaté une nette hausse de fréquentation.

**Morgane Heuclin-Reffait, www.francetvinfo.fr, 30 octobre 2022.**

Source : Insee.

**14.** **Expliquez pourquoi les ménages peuvent être pénalisés par l'inflation.**

## DOC. 14 L'État régulateur

La fonction de régulation de l'État consiste à soutenir l'activité quand elle est trop faible ou au contraire, à la freiner quand elle est trop soutenue. En cas de forte activité, la demande peut excéder l'offre, le prix tend alors à monter automatiquement et la situation devient inflationniste. À l'inverse, un faible dynamisme de l'activité pénalise l'emploi et risque de faire progresser le chômage.
Le rôle régulateur de l'État consiste à tenter de maintenir l'activité à un niveau suffisant pour résorber les principaux déséquilibres que sont l'inflation et le chômage.

## DOC. 15 Trop d'inflation est nocif pour l'économie

Si l'inflation progresse trop fortement, cela peut avoir des répercussions dommageables pour l'économie tout entière. Si les prix des produits domestiques deviennent plus élevés que les mêmes produits fabriqués à l'étranger, la demande étrangère risque de diminuer (baisse des exportations) alors que la demande interne pour les produits étrangers risque d'augmenter (hausse des importations). Il en résulte une baisse de l'activité pouvant entraîner des réductions d'effectifs et donc une progression du chômage.

**www.lafinancepourtous.com**

**15.** **Quel déséquilibre peut provenir d'une faible activité ? d'une forte activité ?**

**16.** **Expliquez pourquoi l'État intervient pour réguler l'économie.**

**APPROFONDISSEMENT**

**17.** **Quelles sont les conséquences de la forte inflation sur l'économie ?**

# APPLICATION AU CAS

## FREE

## DOC. Accord dans la téléphonie mobile entre l'État et les 4 opérateurs

**Mai 2021 :** Free Mobile vient de révéler dans une interview que son réseau 5G couvre désormais 50 % de la population et a pris une avance considérable sur ses concurrents. Les opérateurs ont l'obligation de déployer un quart de leurs antennes 5G dans les zones rurales. Cette liste d'exigences fait partie des licences d'exploitation qui sont délivrées depuis plusieurs années par l'État [dans le cadre de l'accord « New Deal Mobile »]. Elles visent à forcer les opérateurs à se concentrer aussi sur les zones rurales moins denses et donc forcément moins rémunératrices.

**Romain Pomian-Bonnemaison, www.phoneandroid.com, 14 mai 2021.**

**1.** **Justifiez l'intervention de l'État sur le marché des télécoms.**

**2.** **Quelle fonction de l'État est mobilisée dans le cadre de cet accord ?**

**3.** **Repérez les conséquences de cet accord pour l'opérateur Free Mobile.**

# 2 Identifier les objectifs de la politique économique

## A Les objectifs de politique économique

**DOC. 16 La politique économique**

La politique économique désigne l'ensemble des interventions de l'État sur l'activité économique d'un pays en vue d'atteindre certains objectifs. Elle répond à certaines finalités comme la solidarité, la justice sociale, l'amélioration des niveaux de vie. Les mesures de politique économique mises en œuvre doivent notamment permettre d'atteindre les objectifs suivants : soutenir la croissance et le commerce extérieur et résorber les déséquilibres tels que le chômage et l'inflation.

**1. Indiquez les finalités de la politique économique.**

**DOC. 17 Les objectifs et prévisions du gouvernement**

26 septembre 2022 : le projet de loi de finances (PLF) pour 2023 a été présenté par le gouvernement. Il propose l'ensemble des recettes et dépenses de l'État pour l'année suivante.

| | | | |
|---|---|---|---|
| Le gouvernement table sur des prévisions de croissance de 2,7 % en 2022 et de 1 % en 2023. En 2021, le PIB avait rebondi de 6,8 %, après –7,8 % en 2020 en raison de la crise du Covid-19. | Le PLF prévoit une inflation de 5,3 % en 2022 et de 4,2 % en 2023. Le principal aléa de ce scénario est l'évolution de la guerre en Ukraine et ses conséquences sur l'activité et les prix de l'énergie. La Banque centrale européenne (BCE) souhaite ramener l'inflation à l'objectif de 2 %. | Le taux de chômage s'établit à 7,4 % de la population active en 2022. Le gouvernement se félicite du chômage au plus bas niveau depuis 2008 et souhaite le faire encore diminuer. | La balance commerciale* poursuit sa dégradation en 2022 dans un contexte de prix de l'énergie en hausse. Le gouvernement veut renforcer la compétitivité des entreprises et l'attractivité de l'économie française. |

* La balance commerciale (ou le solde extérieur) est obtenue par différence entre les exportations et les importations. Négative, elle est déficitaire ; positive, elle est excédentaire.

**2. Repérez les quatre objectifs pour le gouvernement.**
**3. Citez les indicateurs qui permettent de mesurer ces objectifs.**
**4. Pour atteindre les objectifs, quels indicateurs doivent être proches de zéro ? Lesquels doivent être positifs ?**

**APPROFONDISSEMENT**

**5. Recherchez les chiffres de la France pour 2023. Correspondent-ils aux prévisions du gouvernement (document 17) ?** PIX D1.1
**6. Quel lien peut-on faire entre croissance et emploi ?**

## DOC. 18 Le carré magique selon N. Kaldor

Les objectifs économiques sont mesurés par des indicateurs. Ils sont représentés par le carré magique de Kaldor, qui met en évidence une situation idéale de l'économie :
- un faible taux de chômage ;
- un taux de croissance le plus élevé possible ;
- un faible taux d'inflation ;
- un solde extérieur positif.

## DOC. 19 Les chiffres de la France en 2022

| Taux de croissance | Taux de chômage | Taux d'inflation | Solde extérieur (en % du PIB) |
|---|---|---|---|
| 2,6 % | 7,3 % | 5,9 % | 2 % |

## DOC. 20 Le schéma du carré magique pour la France

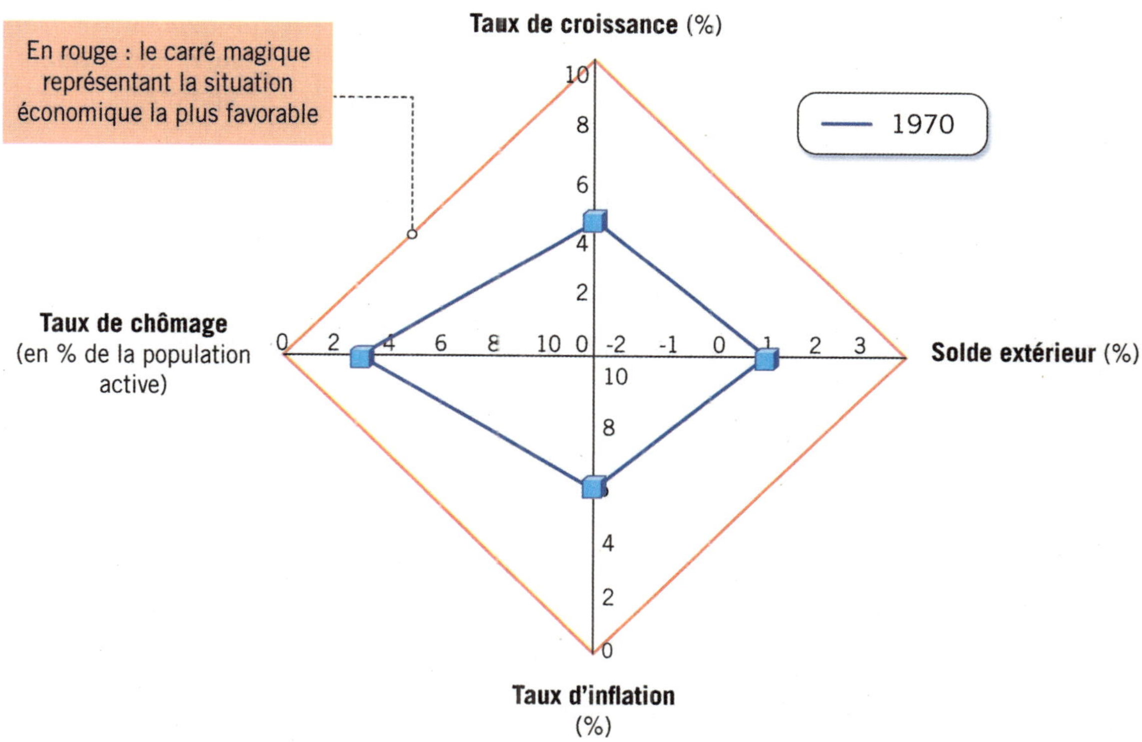


7. Représentez sur le graphique la situation économique de la France en 2022. Quel est le principal déséquilibre économique en 2022 ?
8. Comparez les situations économiques de 1970 et 2022.
9. Quelle année représente la situation économique la plus proche du carré magique ?

## B La mesure de la croissance

### DOC. 21 De la valeur ajoutée au PIB

**Qu'est-ce que le PIB ? Pour comprendre, un détour chez un boulanger…**

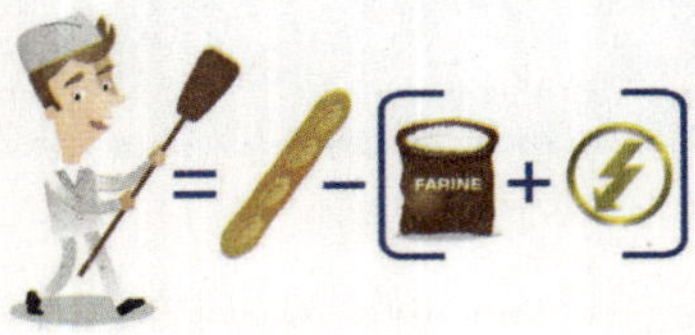


Pour faire du pain, un boulanger a notamment besoin de farine et d'électricité. Ce sont les **consommations intermédiaires** (CI), utilisées pour la **production** (P) du pain.

La production du boulanger, c'est le pain. Pour déterminer la richesse créée, appelée **valeur ajoutée** (VA), il faut soustraire du prix du pain le montant des consommations intermédiaires, la farine et l'électricité. La valeur ajoutée se calcule en euros.

Pour une baguette à 1€, la valeur ajoutée du boulanger est donc égale au prix de production (1€) moins les prix des consommations intermédiaires (0,30€ de farine et 0,15€ d'électricité dans notre exemple). Elle est ici de 0,55€.

**Qu'est-ce que le PIB ? Pour un pays, c'est le même principe**

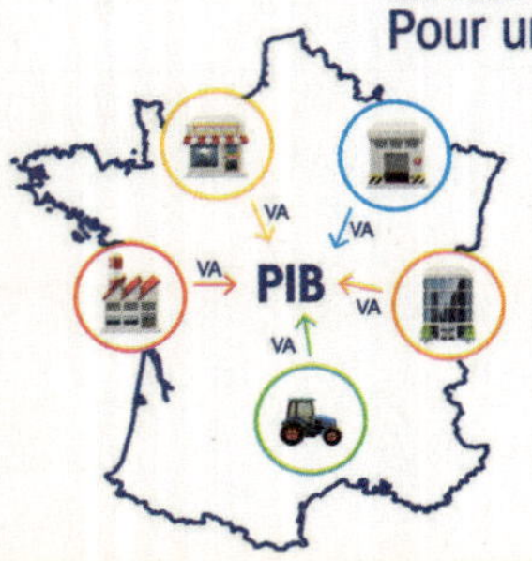


Pour tout producteur de biens ou de services (boulanger, chauffeur routier, coiffeur…), on calcule sa valeur ajoutée de la même façon.

Valeur ajoutée = Production – Consommation Intermédiaire

**Le produit intérieur brut d'un pays est égal à la somme des valeurs ajoutées** des producteurs résidant sur son territoire.

Le PIB, c'est la richesse créée par les activités de production.

Source : INSEE.

**10.** Supposons que le boulanger fabrique une baguette vendue 1 €. La farine coûte 0,30 € et l'électricité 0,10 €. Quelle est la valeur ajoutée créée par le boulanger ?

**11.** Le boulanger fabrique 5 000 baguettes dans le mois. Quelle sera la valeur ajoutée du mois ?

**12.** À quoi pourra servir cette valeur ajoutée ?

### DOC. 22 Du PIB à la croissance

La croissance économique de la France mesure l'évolution de la richesse produite sur le territoire français sur une période. Mesurer la croissance, c'est donc mesurer l'évolution du PIB.

### DOC. 23 À quoi sert le PIB ?

Le produit intérieur brut (PIB) sert principalement à suivre l'état de santé de l'économie et à mesurer l'évolution de l'activité économique. Cet indicateur est essentiel pour adapter l'intervention de l'État, c'est-à-dire la politique économique mise en œuvre, en fonction de la situation économique.

**13.** Comment et pourquoi la croissance est-elle mesurée ?

**14.** Si le PIB augmente entre deux dates, que peut-on dire de la croissance ? Et s'il diminue ?

### DOC. 24 Calculer la croissance de l'année N

C'est à partir du PIB que l'on mesure la **croissance économique** d'un pays. Elle se calcule de la façon suivante :

$$\frac{PIB_N - PIB_{N-1}}{PIB_{N-1}}$$

### DOC. 25 Les chiffres du PIB en France en milliards d'euros (euros constants)

| PIB année 2020 | PIB année 2021 | PIB année 2022 (estimation) |
|---|---|---|
| 2 302,9 Mds€ | 2 500,9 Mds€ | 2 560 Mds€ |

Source : Insee.

**15.** Calculez le taux de croissance de l'année 2021 et le taux de croissance estimé pour 2022.

**16.** Qu'en concluez-vous ?

# C La mesure du développement

## DOC. 26 Croissance et développement

Il ne faut pas confondre croissance et développement, même si ces deux notions sont liées. La croissance est mesurable par le PIB, c'est donc un phénomène quantitatif. En revanche, le développement correspond à l'ensemble des transformations économiques, techniques, sociales, démographiques et culturelles qui permettent l'apparition et la prolongation de la croissance. Le développement est donc un phénomène qualitatif car il ne peut s'observer que si plusieurs dimensions évoluent simultanément sur une longue période.
Mais comment mesurer le développement puisqu'il touche l'ensemble des structures d'un pays ? Pour observer un processus de développement, il existe plusieurs outils de mesure. Citons en particulier, la construction d'un indicateur composite : l'IDH, l'indicateur de développement humain. Il a pour objectif de représenter trois aspects du développement économique et social d'un pays : l'espérance de vie à la naissance, le degré d'éducation et le revenu par habitant.

**17. Repérez les différences entre la croissance et le développement d'un pays.**

**18. En quoi peut-on dire que la croissance est nécessaire au développement ?**

## DOC. 27 Le développement durable

Au cours des deux dernières décennies, la croissance économique a permis à plus de 660 millions d'individus de sortir de la pauvreté et amélioré le revenu de plusieurs autres millions, mais, trop souvent, elle s'accompagne d'effets négatifs sur l'environnement et sur les populations pauvres [...]. Le développement durable, c'est la reconnaissance que la croissance doit être à la fois respectueuse de l'environnement et faire reculer la pauvreté, pour promouvoir une prospérité partagée et répondre aux besoins des générations futures. C'est donc un mode de développement qui veille à ce que les populations et la planète bénéficient de ce développement dès à présent et à plus long terme [...].
Aujourd'hui, pour les pays, les villes, les entreprises et les organisations de développement, il ne s'agit pas de savoir si le développement doit être durable, mais *comment* faire pour qu'il soit durable.

http://www.banquemondiale.org

**19. Quels sont les enjeux du développement aujourd'hui ?**

# APPLICATION AU CAS

## FREE

## DOC. 1 Free Mobile entre sur le marché de la téléphonie

L'Autorité de régulation des communications électroniques et des postes (ARCEP) a autorisé Free Mobile à utiliser la quatrième licence en 2009, renforçant ainsi la concurrence sur ce marché.

## DOC. 2 Les objectifs de l'État en 2012

En janvier 2012, Free est devenu le quatrième opérateur mobile. Ses offres ont révolutionné le marché.
En novembre 2012, une étude d'économistes a conclu à l'impact positif de l'arrivée de Free, à raison de « plus de 1,7 milliard d'euros de pouvoir d'achat par an en France » redonné aux Français, qui, en consommant davantage, devrait se traduire par la création de 16 000 à 30 000 emplois dans l'Hexagone.
En 2013, Arnaud Montebourg et Fleur Pellerin, alors ministre déléguée à l'Économie numérique, avaient reçu les dirigeants des quatre opérateurs mobiles, espérant trouver « un **nouveau modèle économique** créateur d'emplois et d'investissements pour le secteur des télécoms ».

**1. En quoi peut-on dire que l'État a orienté l'activité de Free ?**

**2. Quels étaient les objectifs de l'intervention des pouvoirs publics sur le marché des télécoms en 2012 ?**

# 3 Identifier les principales politiques économiques

**DOC. 28** **Les différents horizons des politiques économiques**

La **politique conjoncturelle** désigne l'action de l'État à court terme. Elle cherche à atteindre les objectifs du carré magique : taux de chômage, taux d'inflation, taux de croissance et solde extérieur grâce à l'intervention de l'État pour réguler (freiner ou soutenir) l'activité. La politique conjoncturelle produit des effets sur une période d'une ou deux années.

La **politique structurelle** désigne l'action de l'État à long terme. Elle cherche à modifier en profondeur et améliorer durablement les structures de l'économie pour atteindre un développement économique pérenne, respectueux de l'environnement. Les effets de cette politique se font sentir sur un horizon de plusieurs années.

Exemples : politique de la concurrence, développement d'infrastructures publiques, mesures pour la transition écologique.

**DOC. 29** **Les objectifs du projet de loi de finances (PLF) 2023**

## Le projet de loi de finances 2023

Le projet de loi de finances (PLF) pour 2023 entend protéger les ménages et soutenir les entreprises en pleine crise énergétique et de flambée des prix, tout en maîtrisant les dépenses publiques.

Les principaux axes du budget 2023 :

- Le pouvoir d'achat des ménages
- Les mesures pour l'emploi et les entreprises
- Les mesures pour la transition écologique
- Les mesures pour les collectivités locales
- L'évolution des budgets des ministères et des effectifs publics

**www.vie-publique.fr, 2 novembre 2022.**

**LE PROJET DE LOI DE FINANCES : COMMENT ÇA MARCHE ?**

**Vidéo**
liennathan.fr/5fkn68

**1. Distinguez les politiques conjoncturelle et structurelle, en illustrant chacune d'elles par un des grands axes du PLF 2023.**

## DOC. 30 Quelques mesures du PLF 2023

**Le bouclier tarifaire énergétique** est prolongé en 2023, avec une hausse des prix contenue à 15 % à partir du 1er janvier 2023 pour le gaz et à partir du 1er février 2023 pour l'électricité (sans ce bouclier, la hausse aurait dépassé les 100 %). Le coût brut de la mesure est estimé à 45 milliards d'euros et son coût net à 16 milliards d'euros.

**Aide à l'embauche d'alternants**, avec l'objectif d'atteindre un million d'entrées d'ici 2027 et 3,5 milliards d'euros pour parvenir au plein emploi.

**La contribution sur la valeur ajoutée des entreprises (CVAE) sera supprimée** sur deux ans, en 2023 et en 2024. La suppression de cet impôt de production, créé en 2010, vise à accroître la compétitivité des entreprises françaises, notamment dans le secteur industriel.

**Le plan vélo**, annoncé par le gouvernement le 20 septembre 2022, bénéficiera d'un fonds de 250 millions d'euros.

**Le barème de l'impôt sur le revenu sera indexé sur l'inflation**, pour protéger le revenu disponible de tous les ménages, même lorsque leurs salaires augmentent.

**Un fonds d'accélération écologique** dans les territoires doté de 1,5 milliard d'euros en 2023, aussi appelé « **fonds vert** », doit venir soutenir les projets de transition écologique des collectivités locales.

**Suppression définitive de la taxe d'habitation** sur les résidences principales en 2023 pour tous les ménages.

**L'effort de rénovation énergétique** des logements privés est poursuivi avec le dispositif MaPrimeRénov' (+ 2,5 milliards d'euros).

**www.vie-publique.fr, 4 novembre 2022.**

**2.** **Indiquez, pour chaque mesure ci-dessus, le type de politique (conjoncturelle ou structurelle) et les objectifs recherchés.**

**3.** **En quoi peut-on dire que ces mesures de l'État encouragent le respect de l'environnement ?**

# APPLICATION AU CAS

## FREE

### DOC. 1 Enchères pour l'attribution des fréquences 5G

Octobre 2020 : l'Autorité de régulation des communications électroniques et des postes (Arcep), gendarme des télécommunications, a organisé des enchères pour l'attribution des fréquences 5G auprès des quatre grands opérateurs du secteur de la téléphonie mobile : Bouygues Telecom, Free, Orange et SFR. L'Arcep avait fixé les règles du jeu, et les opérateurs sont rapidement tombés d'accord sur le partage des nouvelles fréquences.

### DOC. 2 La 5G, un levier de croissance pour les entreprises

Selon une étude menée par Loudhouse Research pour Accenture, près de quatre entreprises sur cinq disent s'attendre à ce que la 5G ait un impact positif sur leur activité… […] Une écrasante majorité des sondés (79 %) jugent que la 5G aura « *un impact positif* » sur leur organisation (travail à distance, connexion avec le terrain) et plus de la moitié (57 %) vont jusqu'à qualifier celui-ci de « *révolutionnaire* ».

**Arthur Le Denn, www.usine-digitale.fr, 2 mars 2020.**

- **L'action de l'État dans le secteur de la téléphonie mobile relève-t-elle de la politique conjoncturelle ou structurelle ? Justifiez.**

# Tester ses connaissances

## 1 Quiz

**Scannez le QR Code ou saisissez le mini-lien pour tester vos connaissances avec le quiz numérique.**

liennathan.fr/vru247

## 2 Les mécanismes économiques

**Reliez les mots en justifiant par une phrase le mécanisme économique à l'œuvre.**

| | |
|---|---|
| Régulation • | • Défaillance de marché |
| Allocation des ressources • | • Redistribution |
| Inégalités de revenus • | • PIB |
| Déséquilibre • | • Inflation |
| Valeur ajoutée • | • Chômage |
| Prélèvements obligatoires • | • Externalités |
| Prestations sociales • | • Politique économique |

## ★ 3 L'État intervient sur le marché de l'immobilier

1. **Les mesures du projet de loi ELAN auront-elles un impact plutôt sur l'offre ou sur la demande de logements ?**
2. **Montrez en quoi l'intervention de l'État va fluidifier le marché de l'immobilier.**
3. **Quelles fonctions de l'État sont illustrées par cet exemple ? Justifiez.**

### DOC. 1 La loi Évolution du logement et aménagement numérique (ELAN)

La loi ELAN s'articule autour de trois axes :

**1 – Construire mieux et moins cher**

• La simplification des normes et procédures pour construire plus et plus vite

• La simplification des procédures pour la transformation de bureaux en logements

• La dématérialisation des demandes de permis de construire […]

• La réforme du secteur HLM pour construire et rénover davantage

**2 – Répondre aux besoins de chacun et favoriser la mixité sociale**

• La création d'un bail mobilité, plus souple, de 1 à 10 mois, pour faciliter la mobilité géographique et professionnelle, notamment des jeunes

• Une plus grande mobilité dans le parc social

**3 – Améliorer le cadre de vie**

• Des sanctions accrues pour les marchands de sommeil

• La création d'un bail numérique

• Rénover les centres-villes dégradés des villes moyennes

**http://www.cohesion-territoires.gouv.fr**

### DOC. 2 La taxe d'habitation sur les logements vacants (THLV)

La THLV est à payer en décembre sur un logement vide, non meublé et inoccupé au 1er janvier 2020 depuis plus de 2 ans. […] Objectif : la diminution des logements inoccupés alors qu'ils pourraient répondre à un besoin de logement.

**Olivier Burnet, www.toutsurmesfinances.com, 24 août 2020.**

## 4 La croissance depuis 70 ans

Fiche méthode 3

1. Comment a évolué la croissance depuis 1950 ?
2. Identifiez les années où le taux de croissance a été négatif. Qu'est-ce que cela signifie ?
3. Pendant quelle période le taux de croissance était-il le plus élevé ? Pourquoi ?
4. Recherchez sur Internet le taux de croissance de 2022. Comment l'expliquer ? PIX D1.1

**DOC.**

Évolution du PIB de la France en volume (1950-2021)

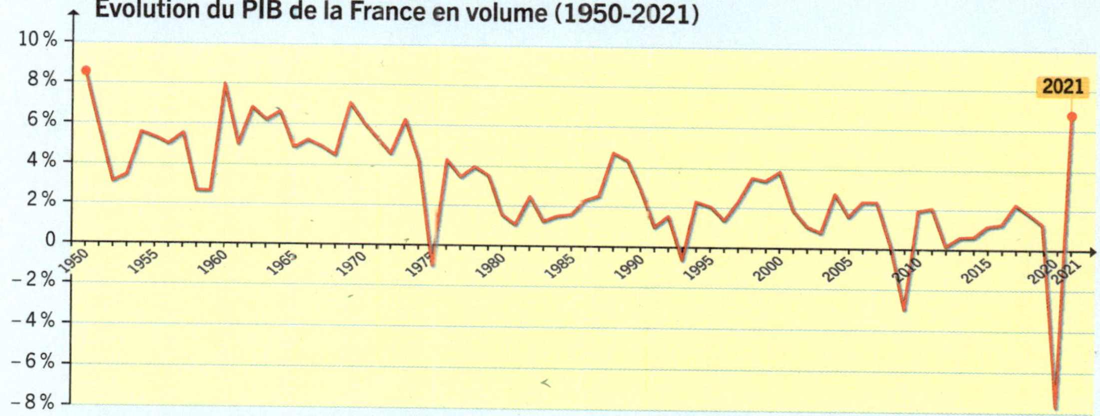


Source : Insee.

## 5 Les limites de la croissance

- Rédigez un paragraphe argumenté qui met en évidence les limites de la croissance et justifie l'intervention de l'État.

**DOC.**

Extrait de *Economix*, Dan E. Burr, Michael Goodwin (p. 154)
Traduit de l'anglais (États-Unis) par Hélène Dauniol-Remaud © Éditions des Arènes, Paris, 2017.

# SYNTHÈSE

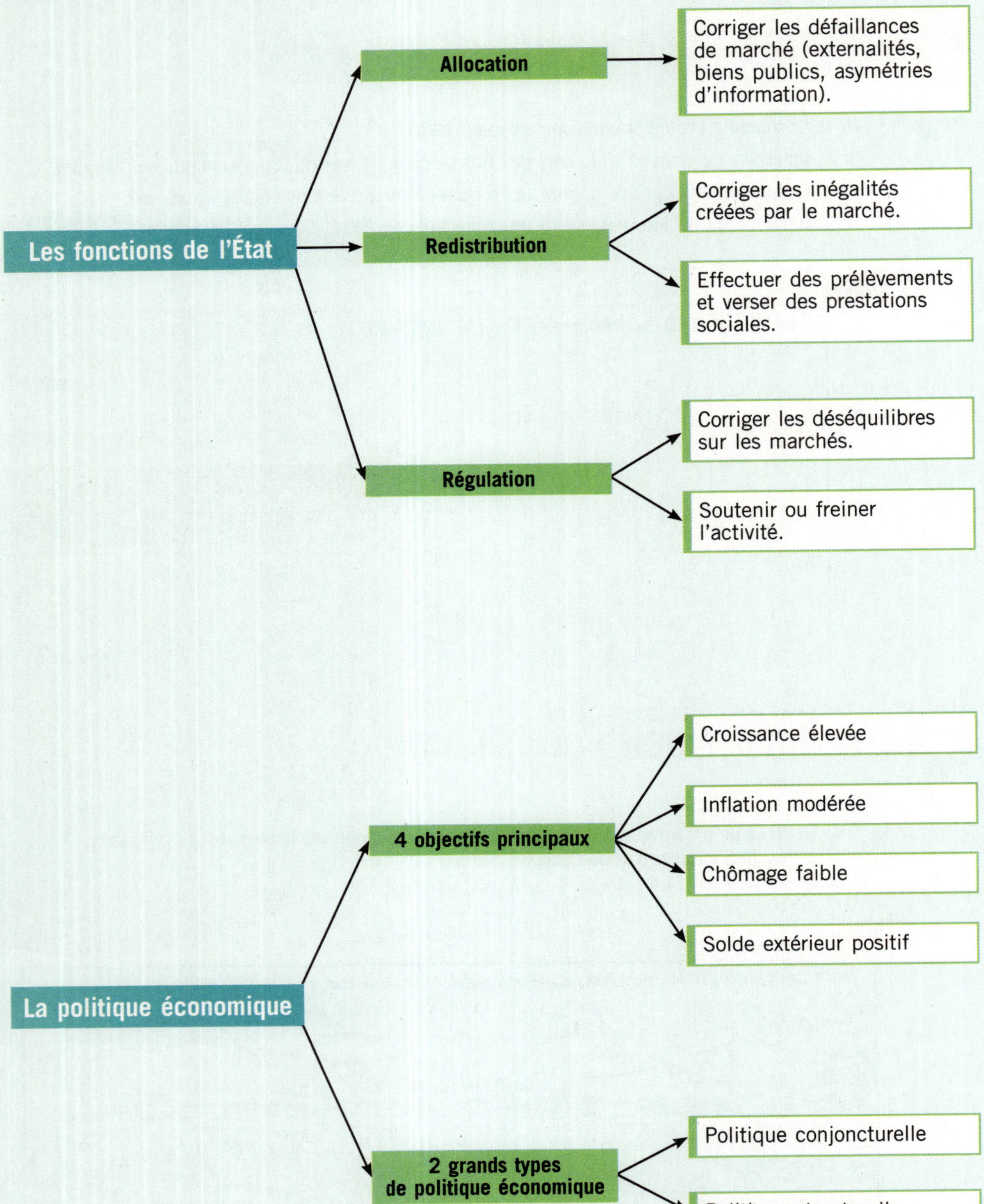


## CONSTRUIRE SA SYNTHÈSE

**Rédigez votre synthèse à l'aide des mots-clés suivants :**

Défaillance de marché – Allocation des ressources – Redistribution – Revenu primaire – Revenu disponible des ménages – Inégalités – Prélèvements obligatoires – Prestations sociales – Déséquilibre – Inflation – Chômage – Régulation – Carré magique – Valeur ajoutée – PIB – Croissance – IDH – Développement – Développement durable – Politique économique – Politique conjoncturelle – Politique structurelle

# 7 L'influence des politiques économiques sur l'entreprise

**LES COMPÉTENCES ATTENDUES**

→ Identifier les principales politiques économiques et leurs outils.
→ Repérer l'impact des politiques sur l'environnement de l'entreprise.

**PLAN DU CHAPITRE**

- **1** • Identifier les principaux outils des politiques économiques
- **2** • Repérer l'impact des politiques sur l'environnement des entreprises
- **3** • Repérer les limites de l'intervention de l'État

**LES SAVOIRS ASSOCIÉS**

→ Les politiques conjoncturelles et structurelles
→ Les limites de l'intervention de l'État dans un contexte d'internationalisation de l'économie
→ Les principes de la régulation supranationale dans le cadre européen

## Prolongation du bouclier tarifaire jusqu'en 2023

Le gouvernement s'est engagé à prolonger jusqu'à 2023 le bouclier tarifaire limitant la hausse des tarifs de l'énergie à 15 %. […] « *L'arrêt des livraisons de gaz russe et les maintenances sur le parc nucléaire français provoquent une situation énergétique exceptionnelle* », a reconnu la Première ministre, Élisabeth Borne. […]

Ce bouclier tarifaire garantit aux ménages qui se chauffent au gaz une augmentation moyenne des factures de l'ordre de 25 euros par mois, au lieu de 200 euros si le dispositif n'existait pas, selon l'administration.

Le dispositif s'applique à l'électricité mais aussi à tous les contrats de gaz, sauf rares exceptions locales.

**Qui est concerné ?**

Tous les ménages […] ainsi que les copropriétés, les logements sociaux, les petites entreprises et les plus petites localités.

***Libération* et AFP, 24 septembre 2022.**

**PRÉSENTATION DU PROJET DE LOI DE FINANCES POUR 2023**
(jusqu'à 5'25)

**Vidéo**
liennathan.fr/t65p9d

**1.** **Expliquez la mesure annoncée par le gouvernement à l'automne 2022.**

**2.** **Indiquez à qui elle s'adresse ainsi que son objectif.**

# 1 Identifier les principaux outils des politiques économiques

## A Les outils de la politique conjoncturelle : les politiques budgétaire et monétaire

### DOC. 1 Le rôle de la politique budgétaire

La **politique budgétaire** constitue, avec la politique monétaire, l'un des principaux leviers de la politique économique de l'État. L'action de l'État est en effet rendue possible grâce à l'élaboration d'un budget (appelée « loi de finances ») qui reflète les choix effectués par un gouvernement en matière économique, sociale, culturelle…

- Les **dépenses publiques** correspondent à l'argent que l'État utilise pour intervenir dans différents domaines : éducation, police, justice, recherche, culture, emploi…
- L'État intervient également par le choix et la modulation des **recettes publiques** qui proviennent essentiellement des impôts et des taxes prélevés sur les citoyens. TVA (28 % des recettes publiques en 2023), impôts sur le revenu (25 %), impôt sur les sociétés (16 %)…

**Le solde budgétaire**

Depuis de nombreuses années, les dépenses de l'État sont supérieures à ses recettes. Ainsi, le budget fait apparaître un **déficit**. L'accumulation de ces déficits au cours des années constitue la dette de l'État, qui correspond à l'ensemble des emprunts publics qui permettent de financer ces déficits.

Grâce à la mobilisation de son budget, l'État peut agir sur l'activité économique, qu'il s'agisse de l'offre (la production des entreprises) ou de la demande (la consommation des ménages et l'investissement des entreprises). S'il souhaite relancer l'activité économique, il peut réduire les impôts pour redonner du pouvoir d'achat aux ménages afin qu'ils consomment davantage et favoriser l'investissement des entreprises dont les marges augmentent avec la baisse de la pression fiscale. Il peut également augmenter ses dépenses dans certains domaines pour stimuler l'activité.

**Données : ministère de l'Action et des Comptes publics.**

### DOC. 2 Les grandes orientations du budget 2023

Le projet de loi de finances (PLF) pour 2023 entend protéger les ménages et soutenir les entreprises en pleine crise énergétique et de flambée des prix, tout en maîtrisant les dépenses publiques.

**www.vie-publique.fr, 4 novembre 2022.**

1. **Exposez les différents leviers de la politique budgétaire qui permettent à l'État d'agir sur l'activité économique.**
2. **Identifiez une mesure de politique budgétaire qui permet d'agir sur l'offre, puis une qui permet de stimuler la demande.**
3. **Pourquoi la baisse des impôts prélevés sur les ménages permet-elle de soutenir l'activité économique ?**
4. **Comment calcule-t-on le solde budgétaire ? Quel est son montant prévu pour 2023 ?**

**APPROFONDISSEMENT**

5. **Quels sont les grands objectifs du gouvernement pour 2023 ? Recherchez les principales mesures du PLF pour 2023.** PIX D1.1

## DOC. 3 La politique monétaire : une politique européenne

Depuis le 1er janvier 1999, c'est la Banque centrale européenne (BCE) qui est responsable de la mise en œuvre de la politique monétaire unique dans la zone euro.
Cette politique regroupe l'ensemble des mesures par lesquelles les banques centrales agissent sur la quantité de monnaie en circulation dans l'économie, et donc sur les conditions du financement de l'économie.

**Les objectifs de la politique monétaire**

– Objectif principal : la stabilité des prix (article 127 du traité sur le fonctionnement de l'Union européenne), avec une cible d'inflation à des taux inférieurs, mais proches de 2 % à moyen terme. En effet, la BCE considère que la création excessive de monnaie dans l'économie est à l'origine de la hausse de l'inflation qui serait défavorable au pouvoir d'achat des ménages.

– Objectifs « secondaires » : apporter son soutien aux politiques économiques générales de l'Union, et notamment à la croissance, au développement durable, à la compétitivité…

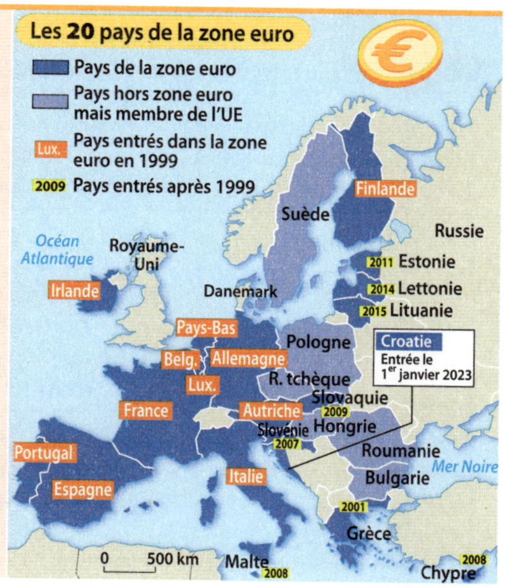


> **6.** Qui mène la politique monétaire au sein de la zone euro ? En quoi consiste-t-elle ?
> **7.** Quel est l'objectif principal de la politique monétaire de la BCE ? Pourquoi ?

## DOC. 4 Le taux directeur, principal outil de la politique monétaire

La BCE détermine un taux pour les prêts qu'elle accorde aux établissements bancaires qui ont besoin de liquidités : c'est le taux directeur. C'est ainsi à ce taux que les banques empruntent auprès de la BCE.
Elles répercutent ensuite ce taux minimum sur les crédits qu'elles accordent à leurs clients, sur lequel elles vont ajouter leur marge.
Si la BCE diminue son taux directeur, elle veut favoriser les crédits, et ainsi relancer la consommation et l'investissement.
Si la BCE augmente son taux directeur, c'est qu'elle souhaite limiter l'inflation en freinant le crédit.

Source : Insee.

**27 octobre 2022 : la BCE remonte une nouvelle fois son taux directeur**

Le monde est fermement ancré dans une phase de remontée des taux d'intérêt. La raison principale est la hausse toujours forte de l'inflation. Celle-ci concerne quasiment tous les pays, rares sont ceux qui peuvent encore attester d'un taux d'inflation inférieur à 5 %. Dans beaucoup de pays, le taux d'inflation est supérieur à 10 %.

**www.vie-publique.fr, 27 octobre 2022.**

> **8.** Quel est l'objectif de la politique monétaire dans le contexte actuel ? À quelle catégorie d'objectifs définie dans le traité sur le fonctionnement de l'UE correspond-il ?
> **9.** Qu'est-ce que le taux d'intérêt directeur ? Expliquez la décision prise par la BCE le 27 octobre 2022.
> **10.** Réalisez un schéma montrant comment la hausse du taux directeur peut limiter l'inflation en utilisant les concepts suivants : taux directeur, coût du crédit, montant des crédits accordés, consommation, investissement, croissance.

## B Les outils de la politique structurelle

### DOC. 5 Une variété de politiques structurelles : l'exemple de la France

Les politiques structurelles cherchent à modifier en profondeur et améliorer durablement les structures de l'économie. Elles interviennent dans de nombreux domaines.
Exemples de politiques structurelles en France :

| Domaines | Mesures |
|---|---|
| Politique de l'emploi | La réforme de l'assurance chômage mise en œuvre en décembre 2021 a pour objectif d'améliorer le fonctionnement du marché du travail en incitant à la reprise du travail et en renforçant l'accompagnement des demandeurs d'emploi. |
| Politique d'innovation | Une politique ambitieuse de soutien à l'innovation, depuis une quinzaine d'années, s'appuie sur des financements publics très importants (plus de 9,7 Mds€ par an) qui soutiennent la R&D et la croissance des PME innovantes. |
| Politique d'aménagement du territoire | Promulguée le 23 novembre 2018, la loi ELAN (évolution du logement, de l'aménagement et du numérique) a pour objectifs de construire plus de logements et d'encourager les transitions énergétique et numérique auprès des particuliers. |
| Politique environnementale | La loi Climat et résilience, promulguée le 24 août 2021, a pour objet d'accélérer la lutte contre le dérèglement climatique et la transition de notre modèle de développement vers une société neutre en carbone. |

**11. Indiquez l'objectif des différentes mesures présentées, puis montrez en quoi elles sont de nature structurelle.**

### DOC. 6 Politique industrielle : que fait l'Union européenne ?

**Le secteur industriel, qui représente aujourd'hui un quart du PIB européen, fait face à une concurrence mondiale de plus en plus importante. L'Union européenne cherche à favoriser son développement. […]**

La politique industrielle relève essentiellement de la compétence des États membres. […] Les compétences de l'Union en la matière étant limitées, sa politique industrielle est essentiellement horizontale : elle vise à favoriser l'environnement économique global du secteur. […]

Mais l'Union européenne participe également au financement de projets industriels. Sur la période 2021-2027, la Commission européenne propose d'investir 100 milliards dans la recherche et l'innovation, dont 52 milliards alloués aux « *problématiques mondiales et à la compétitivité industrielle* ». Dans le cadre du Pacte vert, elle ambitionne également de financer, à hauteur de 7,5 milliards d'euros, la transition énergétique de pays comme la Pologne ou de régions qui consomment beaucoup d'énergies fossiles comme en Allemagne.

Toutefois, qu'il vienne de l'Union européenne ou de chacun des États membres, ce soutien aux industries est extrêmement encadré. Ainsi, l'une des politiques européennes ayant le plus fort impact sur l'industrie est celle de la concurrence. Elle vise à favoriser le développement d'une multitude d'acteurs, en contrôlant et en empêchant les ententes, les abus de positions dominantes, les monopoles, les concentrations et les aides d'État.

**www.touteleurope.eu, 11 mars 2020.**

**12. Expliquez en quoi la politique industrielle est une politique structurelle, puis indiquez comment elle s'articule entre l'Union européenne et les États membres.**

**13. Relevez les différents axes des politiques de l'Union européenne qui relèvent de la politique industrielle, puis expliquez en quoi chacune d'elles peut permettre de renforcer l'industrie européenne.**

## DOC. 7 Le semestre européen, outil de coordination des politiques économiques

Mis en place en 2010, le semestre européen permet aux pays de l'UE de coordonner leurs politiques économiques tout au long de l'année et de faire face aux enjeux économiques auxquels l'UE est confrontée.

**Objectifs du semestre européen :**

– garantir des finances publiques saines (éviter les dettes publiques excessives) ;
– prévenir les déséquilibres macroéconomiques excessifs dans l'UE ;
– soutenir les réformes structurelles pour créer davantage d'emplois et de croissance ;
– stimuler l'investissement.

Chaque année, la Commission procède à une analyse détaillée des plans adoptés par chaque État membre en matière de réformes budgétaires, macroéconomiques et structurelles.

**ec.europa.eu**

## DOC. 8 La France confirme son engagement vers une société neutre en carbone

La Stratégie française pour l'énergie et le climat […] a deux composantes :

- la Stratégie nationale bas-carbone (SNBC), qui est la feuille de route de la France pour atteindre l'objectif de neutralité carbone à 2050. La France avait été l'un des premiers pays à fixer par la loi cet objectif de neutralité carbone, aujourd'hui partagé au niveau européen au travers du Pacte vert porté par la Commission européenne ;
- la Programmation pluriannuelle de l'énergie (PPE), qui est la trajectoire énergétique de la France pour ces 10 prochaines années. Ce texte prévoit notamment la diversification du mix électrique afin de ramener la part du nucléaire à 50 % en 2035, de porter la part des énergies renouvelables à 33 % en 2030 et de réduire de 40 % la consommation d'énergies fossiles en 2030.

Ces textes auront des conséquences concrètes dans la vie des Français – fermeture des centrales à charbon en France, circulation de plus d'un million de voitures électriques, remplacement d'un million de chaudières fioul… – et permettront de réduire de manière globale les émissions de gaz à effet de serre.

**ecologie.gouv.fr**

**14.** Nommez l'outil de coordination des politiques économiques au sein de l'UE, puis relevez, parmi ses objectifs, ceux qui relèvent de la politique structurelle.

**15.** Exposez les deux axes de la politique environnementale mise en place en France.

**APPROFONDISSEMENT**

**16.** Identifiez les mesures prises par la France qui répondent aux objectifs du Pacte vert mis en place par l'Union européenne, que vous rechercherez sur le site officiel de l'Union européenne.

PIX D1.1

# APPLICATION AU CAS

**FREE**

## DOC. Politique d'aménagement du territoire : le déploiement de la 5G

Les enchères pour distribuer des fréquences 5G aux opérateurs ont eu lieu du 28 septembre au 1er octobre 2020.

**Quels enjeux pour ces enchères 5G ?**

La répartition de onze blocs de fréquences de 10 MHz chacun entre Orange, SFR, Free Mobile et Bouygues Telecom. [En effet, comme] il s'agit de téléphonie mobile, donc de liaison sans fil, il faut passer par des ondes radio pour acheminer les communications.

**Quelle est la durée des licences 5G que décrocheront les opérateurs ?**

Elle sera de 15 ans. […] Des points d'étape auront lieu d'ici là, en 2023 et 2028. Il s'agira alors de vérifier si les obligations sont bien respectées ou s'il faut rappeler à l'ordre un ou plusieurs opérateurs, que ce soit sur l'étendue de la couverture de la population, du territoire ou bien sur la qualité du service.

**Julien Lausson, numerama.com, 1er octobre 2020.**

**1.** Indiquez l'objectif du gouvernement à travers l'organisation de ces enchères. Quelle politique est mise en œuvre ?

**2.** Quels sont les engagements pris par les opérateurs qui bénéficient des blocs de fréquences 5G ?

# 2 Repérer l'impact des politiques sur l'environnement des entreprises

## A L'impact des politiques de l'offre

**DOC. 9 La politique de l'offre, qu'est-ce que c'est?**

S'inscrivant dans la lignée de la pensée libérale, les tenants de la « politique de l'offre » estiment que la manière la plus efficace d'obtenir une croissance économique élevée sur le moyen et le long terme est d'inciter les entreprises à améliorer leur offre de biens et services et de conquérir de nouveaux marchés.
Pour ce faire, ils préconisent de lever le plus possible les freins fiscaux et réglementaires qui entravent le développement des entreprises, notamment en réduisant les prélèvements qui pèsent sur leur activité (impôts, taxes et charges sociales) pour faire en sorte que les entreprises soient compétitives dans un monde ouvert et très concurrentiel.

**www.lafinancepourtous.com**

**LA POLITIQUE DE L'OFFRE**

**Vidéo**
liennathan.fr/8e3d3u

**DOC. 10 La réduction du coût du travail pour favoriser l'emploi et la compétitivité**

Les premières mesures visant à alléger le coût du travail sur les bas salaires à travers une exonération de cotisations sociales à la charge des employeurs ont été mises en œuvre au début des années 1990. Depuis, ces allégements ont été modifiés et progressivement étendus. [...] En 2019, [ils sont remplacés] par une baisse de 6 points du taux de cotisation d'assurance maladie pour les rémunérations inférieures à 2,5 Smic.

**evaluation.securite-sociale.fr**

1. **Rappelez ce que signifie la compétitivité des entreprises. En quoi est-ce un enjeu majeur pour une nation dans le contexte de la mondialisation?**
2. **Expliquez pourquoi la mesure prise en 2019 instituant des allègements de charges caractérise une politique de l'offre.**
3. **Montrez que la réduction du coût du travail poursuit un objectif à la fois conjoncturel et structurel.**

**DOC. 11 Mesures de soutien aux entreprises pendant la crise sanitaire**

Afin de tenir compte de l'impact de l'épidémie de Covid-19 sur l'activité économique, le gouvernement a, dès le début de la crise, mis en œuvre des mesures exceptionnelles pour accompagner les entreprises qui rencontrent des difficultés de trésorerie.
Dans le cadre du plan d'urgence économique, dont le gouvernement a fait sa priorité, il a été décidé de renforcer le soutien aux entreprises. [...]

**Une exonération d'une partie des cotisations patronales**

- **Pour les entreprises de moins de 250 salariés** relevant des secteurs:
  - des hôtels, cafés, restaurants, du tourisme, de l'événementiel, du sport, de la culture, du transport aérien;
  - ou dont l'activité est étroitement liée à celle des secteurs précités (transport de voyageurs, viticulture, pêche, blanchisserie...).

[...]

- **Pour les entreprises de moins de 10 salariés ne relevant pas des secteurs précités**, qui ont fait l'objet d'une décision de fermeture administrative.

**Urssaf.fr, 18 juin 2020.**

4. **Exposez l'objectif général des mesures de soutien aux entreprises déployées lors de la crise sanitaire, puis montrez que cette politique d'offre est de nature conjoncturelle.**

## DOC. 12 Des normes d'émission de $CO_2$ plus strictes pour les voitures

Après avoir interdit la vente des voitures à moteur thermique après 2035 dans le cadre de la lutte contre le réchauffement climatique et les émissions de $CO_2$ […], l'exécutif communautaire a présenté un projet de loi sur les nouvelles limites d'émissions polluantes – les normes dites « Euro 7 ». […] La Commission européenne a arrêté le curseur à 60 milligrammes [d'émissions d'oxydes d'azote ou de monoxyde de carbone] par kilomètre pour tous les véhicules légers qui sortiront des usines à compter du 1er juillet 2025.

**Virginie Malingre, *Le Monde*, 10 novembre 2022.**

**La stratégie d'électrification s'intensifie chez Stellantis**

Avec un investissement de 30 millions d'euros d'ici 2025 pour soutenir nos stratégies d'électrification et de *software*, nous nous assurons que nos développements technologiques permettront, d'ici la fin de la décennie, à chacune de nos 14 marques d'offrir des versions électrifiées et des véhicules électriques qui répondront aux attentes de nos clients.

**stellantis.com**

**5.** **En quoi ces mesures créent-elles de fortes contraintes pour les constructeurs automobiles ? Quel est leur objectif ?**

**6.** **Comment les constructeurs automobiles adaptent-ils leur offre de produits pour respecter les objectifs de réduction de $CO_2$ ?**

## DOC. 13 La politique de renforcement de la formation professionnelle

**Quelles sont les formations obligatoires ?**

La formation des salariés par l'employeur est obligatoire dans le cadre des principes suivants :

– permettre aux salariés de s'adapter à leur poste de travail et veiller au maintien de leur capacité à occuper un emploi, au regard notamment de l'évolution des emplois et des technologies ;

– permettre aux salariés d'occuper un nouvel emploi dans le cadre d'un reclassement ;

– assurer la formation d'un jeune en contrat d'insertion ou d'alternance […].

**economie.gouv.fr**

**La réforme de la formation professionnelle : construire une société de compétences**

La loi du 5 septembre 2018 pour la liberté de choisir son avenir professionnel est entrée en vigueur au 1er janvier 2019. Elle régit différentes actions qui permettent le développement des compétences des travailleurs : actions de formation, bilan de compétences, validation des acquis de l'expérience, apprentissage.

Dans la vision LREM du marché du travail, les compétences restent la meilleure arme pour se protéger des aléas de la vie professionnelle.

**7.** **En quoi cette politique est-elle à la fois conjoncturelle et structurelle ?**

**8.** **Indiquez les bénéfices respectifs pour les salariés et pour les entreprises.**

## B L'impact des politiques de demande

### DOC. 14 Pouvoir d'achat : les mesures de soutien aux ménages

L'inflation serait de 6,1 % sur un an selon les estimations publiées par l'Insee fin juillet 2022. Pour soutenir le pouvoir d'achat des ménages, de nombreuses mesures ont été discutées et votées par le Parlement convoqué en session extraordinaire dans le cadre de deux projets de loi, en août 2022 :
– revalorisation de 4 % des prestations sociales, des pensions de retraite et d'invalidité… ;
– versement d'une prime de rentrée exceptionnelle de 100 euros par foyer, majorée de 50 euros par enfant. Cette aide financière est destinée aux bénéficiaires des minima sociaux (RSA…) et de la prime d'activité ;
– mesures de soutien des étudiants boursiers : la bourse d'enseignement supérieur à la rentrée universitaire 2022 est revalorisée de 4 %. Et le repas à 1 euro pour les étudiants précaires sera maintenu pendant toute l'année universitaire 2022-2023 ;
– prolongation de la remise sur les carburants.

**www.lafinancepourtous, 11 août 2022.**

**LA POLITIQUE DE DEMANDE**

**Vidéo**
liennathan.fr/m88h4c

**9.** Quelles sont les mesures prises par le gouvernement en 2022 en matière de revenus et de prestations sociales ?

**10.** Quel est leur impact sur le pouvoir d'achat des ménages et sur leur consommation ?

**11.** Quels sont les effets attendus sur le niveau d'activité des entreprises ? Justifiez.

### DOC. 15 Qu'est-ce qu'une politique de relance ?

Une politique de relance, aussi appelée « plan de relance », est une politique économique conjoncturelle qui a pour but de favoriser la croissance. C'est le contraire d'une politique d'austérité ou de rigueur.
Cette politique consiste, pour l'État, à injecter du pouvoir d'achat dans l'économie. La demande publique se substitue alors à une demande privée jugée insuffisante. Ces mesures correspondent à une vision keynésienne du rôle de l'État. **Keynes** soutenait en effet l'idée que l'État doit intervenir pour régulariser l'activité économique.

**Moyens de relance**

Plusieurs leviers peuvent être actionnés afin de provoquer une relance économique, c'est-à-dire une relance de la consommation et de l'investissement. […]
Dans le cas d'une **relance budgétaire**, l'État peut augmenter les dépenses publiques (constructions, investissements…) ou bien augmenter les revenus disponibles (par une baisse des impôts ou une hausse des prestations sociales).
Dans le cas d'une **relance monétaire**, la banque centrale augmente l'offre de monnaie le plus souvent par une baisse de son taux directeur. Cette baisse favorise la demande de crédits par les ménages et les entreprises, et donc l'activité économique dans son ensemble.

**www.infinance.fr**

**12.** Expliquez pourquoi on parle de politique de relance par la demande.

**13.** Quels sont les deux outils d'une politique de relance ?

**14.** Pourquoi la baisse des impôts prélevés sur les ménages permet-elle de soutenir l'activité économique ?

## DOC. 16 Le projet du Grand Paris : un investissement public de 35 milliards d'euros

**Le Grand Paris en chiffres…**
– La création d'un nouveau réseau de transports publics : le Grand Paris Express.
– Un objectif de 70 000 logements neufs par an.
– Plus de 200 kilomètres de réseau, 72 gares desservies, dont 57 nouvelles.

**Développement économique : un apport de 140 milliards d'euros au PIB français**

Le projet du Grand Paris intègre un objectif de croissance économique afin de faire face à la concurrence des autres métropoles mondiales. Les travaux de construction et de rénovation en matière de transport devraient générer environ 15 000 à 20 000 emplois par an dans le secteur des travaux publics. […]

Le Grand Paris devrait générer plus de 60 milliards d'euros de recettes publiques par an à l'horizon 2030. Il devrait également avoir un impact sur le taux de croissance de la région qui devrait s'accroître de 2 à 2,5 % entre 2020 et 2030, et de 3 % au-delà.

www.grand-paris.jll.fr

## DOC. 17 Le cercle vertueux d'une politique de soutien par la demande

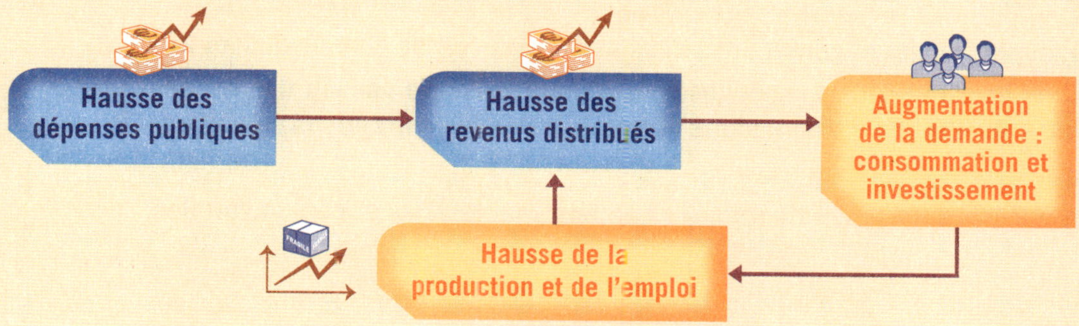


15. Exposez les retombées économiques attendues de l'investissement dans le Grand Paris. Expliquez les mécanismes à l'œuvre.
16. Expliquez pourquoi cette politique a des effets à la fois conjoncturels et structurels.
17. Justifiez le titre du document 17.

## DOC. 18 La hausse des taux pour les crédits immobiliers s'accélère

La plupart des banques affichent des taux supérieurs à 2 % sur toutes les durées. […]
<u>Concrètement, ces hausses de taux correspondent sur 1 an à une perte en moyenne de 30 000 euros en capacité d'emprunt.</u> On emprunte moins car le coût du crédit augmente. Il a même quasiment doublé sur la période pour un crédit de 250 000 euros : il est passé de près de 40 000 euros à plus de 75 000 euros.

Marie Coeurderoy, bfmtv.com, 9 novembre 2022.

18. Expliquez la phrase soulignée.
19. Quel lien peut-on faire entre la hausse des taux d'intérêt et l'investissement des ménages ?

**DOC. 19** **Des mesures pour accompagner la transition écologique**

**Extrait de la loi de finances 2023**

**Aides à la rénovation énergétique : la lutte contre les passoires thermiques**
Le dispositif MaPrimeRénov', dispositif de rénovation globale permettant des travaux de rénovation thermique plus efficaces, sera renforcé […] à hauteur de 2,45 Md€ d'autorisations d'engagement. Il s'agit d'une aide pour financer les travaux d'isolation, de chauffage, de ventilation ou d'audit énergétique accessible à tous les propriétaires et à toutes les copropriétés.

**Verdissement du parc automobile : le bonus écologique**
Le secteur des transports représente 30 % des émissions de gaz à effet de serre en France et les transports routiers sont responsables de 95 % de ces émissions, dont plus de la moitié provient des véhicules particuliers.
Le bonus écologique vise à aider tous les Français, particuliers et professionnels, à acheter ou louer un véhicule électrique ou hydrogène neuf ou d'occasion, ou un véhicule hybride rechargeable neuf. Le montant du bonus s'élève à 6 000 € maximum pour une voiture et 7 000 € pour une camionnette. Ce montant est établi en fonction du prix du véhicule et du type de demandeur (particulier ou personne morale).

**Ministère de l'Économie et des Finances, novembre 2022.**

**20. Indiquez l'objectif général des deux mesures inscrites dans le budget 2023.**

**21. Quelles sont les conséquences de ces mesures sur le pouvoir d'achat des ménages ? sur l'activité des constructeurs automobiles et des entreprises du bâtiment ?**

**APPROFONDISSEMENT**

**22. Montrez qu'il s'agit de politiques à la fois structurelles et conjoncturelles.**

# APPLICATION AU CAS

## FREE

**DOC.** **Plan de relance : 7 milliards d'euros pour le numérique**

Le numérique occupe une place de choix au sein du plan de relance de 100 milliards annoncé par le gouvernement. Ce dernier considère en effet le secteur comme stratégique, essentiel pour l'avenir du pays.
[Parmi les différentes mesures], 240 M€ iront à l'effort de financement nécessaire pour achever la couverture de 100 % du territoire en fibre optique à l'horizon 2025. […]
De fait, seul un foyer sur deux (soit environ 20 millions de ménages et entreprises) est actuellement éligible à la fibre (source Arcep à fin mars 2020). Et les déploiements ont pris du retard cette année à cause du confinement.
Bonne nouvelle toutefois : l'engouement pour la fibre constaté depuis le confinement semble se confirmer semaine après semaine. À l'instar de ses concurrents Orange, SFR et Bouygues, Free a annoncé […] avoir gagné un nombre record […] de nouveaux abonnés fibre. […]

**Johann Armand, www.channelnews.fr, 3 septembre 2020.**

**1. Qualifiez le type de politique mise en œuvre par le gouvernement dans le secteur du numérique.**

**2. Indiquez l'effet attendu pour Free.**

# 3 Repérer les limites de l'intervention de l'État

## A Les contraintes budgétaires

**DOC. 20 Les limites liées au risque d'endettement excessif**

**La soutenabilité de la dette**
Tous les États doivent veiller à la solvabilité de leurs finances publiques, c'est-à-dire leur capacité à honorer leurs engagements financiers. La progression de la dette publique pose le problème de sa soutenabilité à long terme. En effet, plus l'État cumule de déficits, plus le poids de sa dette sera élevé car il devra recourir à de nouveaux emprunts, et plus l'effort budgétaire pour le résorber sera important, du fait des intérêts croissants qui augmentent à leur tour les déficits publics.

**Finances publiques : déficit et dette (en % du PIB)**

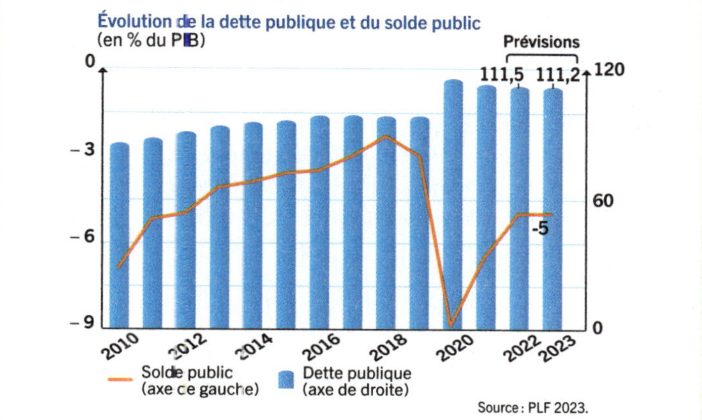

Source : PLF 2023.

**DOC. 21 L'effet « boule de neige » de la dette**

Plusieurs années de déficits budgétaires peuvent conduire à une accumulation de la dette publique (en cas de financement par l'emprunt). Un risque important apparaît alors, celui d'un effet « boule de neige » de la dette. Il s'agit du cercle vicieux suivant : une dette importante implique le versement d'intérêts considérables aux épargnants créanciers de l'État ; le poids de ces intérêts, qui sont une charge, c'est-à-dire une dépense du budget, aggrave le déficit et conduit à un nouvel endettement public qui, à son tour, conduira à un niveau d'intérêts encore plus important, etc.

**J.-Y. Capul et O. Garnier, *Dictionnaire d'économie et de sciences sociales*, Hatier.**

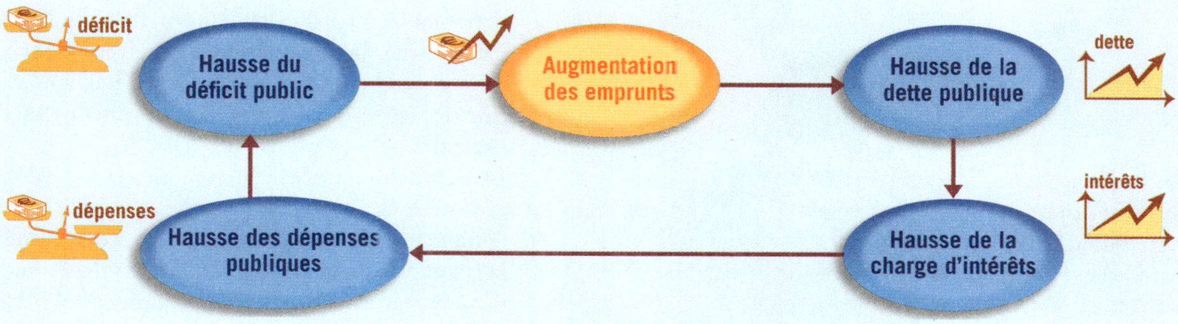


1. **Distinguez les notions de déficit public et de dette publique. Comment ont-ils respectivement évolué ?**
2. **Que peut faire un pays pour combler l'augmentation de son déficit ?**
3. **Pourquoi peut-on dire que l'endettement de l'État agit comme un cercle vicieux ?**

**APPROFONDISSEMENT**

4. **Que signifie « la soutenabilité des finances publiques » ?**

## DOC. 22 Les contraintes budgétaires de l'Union européenne

Les États de l'Union européenne sont soumis à quatre règles budgétaires. Le déficit public doit être inférieur à 3 % du produit intérieur brut (PIB). La dette publique doit être inférieure à 60 % du PIB. Si elle dépasse ce seuil, ce qui était le cas d'un grand nombre de pays en 2016, elle doit diminuer en moyenne chaque année d'un vingtième de l'écart par rapport au seuil de 60 % du PIB. Enfin, le déficit corrigé des variations cycliques – donc de l'impact des variations de conjoncture sur les montants des indemnités chômage ou sur les montants de recettes fiscales – ne doit pas dépasser 0,5 % du PIB.

Les deux premières règles découlent du traité de l'Union européenne [traité de Maastricht, 1992], la troisième d'un règlement [Pacte de stabilité et de croissance, 1997] et la quatrième d'un traité intergouvernemental [traité sur la stabilité, la coordination et la gouvernance au sein de l'Union économique et monétaire – TSCG, 2013].

**J. Creel, *Alternatives Économiques*, hors-série n° 114.**

**5. Quelles contraintes le traité de Maastricht impose-t-il aux finances publiques des pays de la zone euro ?**

**6. Montrez que le respect de ces règles budgétaires limite fortement le champ d'action de la politique budgétaire.**

## DOC. 23 La dette publique dans les pays de l'Union européenne

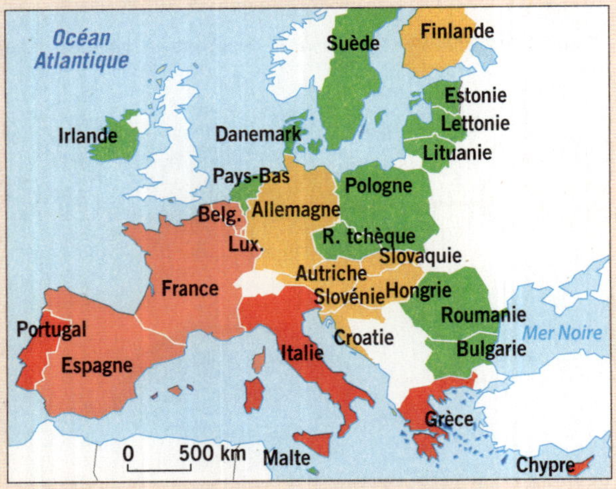


**Source : Eurostat.**

## DOC. 24 Nouvelle suspension des règles budgétaires de l'UE

[Selon] le pacte de stabilité et de croissance (*Stability and Growth Pact*, SGP), les États membres dont le niveau d'endettement est supérieur à 60 % sont censés ramener leur niveau d'endettement à 60 % du PIB dans un délai de 20 ans. Le SGP comprend également une clause dérogatoire générale qui permet de suspendre l'application des règles budgétaires dans des circonstances exceptionnelles.

Depuis le début de la pandémie de Covid-19 en 2020, la clause dérogatoire générale a été appliquée […]. Jusqu'au début de cette année, la Commission avait soutenu que les règles budgétaires seraient à nouveau appliquées à partir de 2023.

La guerre en Ukraine et la flambée des prix de l'énergie qui en découle ont obligé l'exécutif européen à reconsidérer la situation et à permettre aux gouvernements de continuer à soutenir l'économie plus longtemps.

**Janos Amman, euractiv.fr, 22 mai 2022.**

**7. Exposez les raisons de l'envolée des dettes publiques des États membres de l'Union européenne.**

**8. Expliquez la décision prise par la Commission européenne.**

## B Les contraintes de la mondialisation

**DOC. 25 La mobilité des capitaux au niveau mondial**

L'internationalisation des flux financiers au niveau mondial se manifeste par une plus forte mobilité des capitaux entre les différentes économies. Ces capitaux, cherchant à augmenter leur rentabilité, vont se diriger vers les économies qui offrent les meilleurs rendements, soit les taux d'intérêt les plus élevés, et perturber ainsi le maniement de la politique monétaire.
Par exemple, une politique monétaire expansionniste qui vise à relancer l'économie par la baisse des taux d'intérêt pourrait aboutir à une fuite de capitaux vers l'étranger pour profiter de taux de rémunération plus élevés. La politique monétaire perd alors de l'autonomie, puisqu'elle doit se préoccuper davantage des conséquences de son action sur les conditions de financement de l'économie et de la concurrence étrangère.

**9. Pourquoi les banques centrales doivent-elles davantage tenir compte du niveau des taux d'intérêt pour déterminer leur politique monétaire ?**

**DOC. 26 Optimisation fiscale des multinationales : l'OCDE sonne l'alarme**

L'OCDE a de nouveau alerté sur les risques d'évasion fiscale des multinationales qui ont tendance à loger leurs bénéfices là où ils sont le moins taxés. […]
Depuis, les gouvernements se sont attelés à récupérer une partie de la manne fiscale leur échappant. La réforme fiscale, adoptée fin 2017 sous l'administration Trump, avait permis de rapatrier aux pays une partie des bénéfices des multinationales américaines.

**Richard Hiault, *Les Échos*, 22 novembre 2022.**

**Le poids de l'évasion fiscale**

« Aujourd'hui, les paradis fiscaux n'ont jamais été aussi florissants. Les circuits de blanchiment drainent de plus en plus d'argent. Ils assèchent littéralement les comptes publics de tous les pays. »

**Propos de Renaud Van Ruymbeke [magistrat] recueillis par Matthieu Aron, www.nouvelobs.com, 9 novembre 2022.**

**10. Pour quelle raison certaines multinationales cherchent-elles à localiser leurs profits dans des paradis fiscaux ?**
**11. Pourquoi les États souhaitent-ils limiter ces pratiques ?**

## APPLICATION AU CAS

**FREE**

**DOC. Les coulisses d'un paradis fiscal maltais**

Treize médias européens ont [publié] les « *Malta Files* », une enquête sulfureuse sur « les coulisses du paradis fiscal » maltais. […]
Le site français d'investigation Mediapart promet à travers cette enquête une « plongée dans les coulisses de ce paradis fiscal méconnu […] », affirmant que la petite île de 430 000 habitants « prive les autres pays de 2 milliards d'euros de recettes fiscales par an ». […]
Selon le site, de grands patrons français auraient acquis des yachts et les auraient immatriculés à Malte afin de bénéficier d'une « fiscalité attractive » et de « charges sociales très basses qui réduisent le coût de l'équipage ». Mediapart cite Jean-François Decaux (JCDecaux), Maurice Ricci (Akka Technologies), Xavier Niel (Iliad-Free), Hubert Martigny (cofondateur d'Altran), Olivier Bertrand (groupe Bertrand) ou Stéphane Courbit (Lov Group) – dont « aucun n'a souhaité répondre » aux questions.

**Dépêche AFP, 20 mai 2017.**

**1. Quel est l'objet de cette enquête de Mediapart ?**
**2. Quel serait l'avantage pour le dirigeant de Free de cette évasion fiscale supposée ?**
**3. En quoi peut-on dire que la mondialisation entraîne un manque à gagner pour les États ?**

# Tester ses connaissances

## 1 Quiz

**Scannez le QR Code ou saisissez le mini-lien pour tester vos connaissances avec le quiz numérique.**

liennathan.fr/w99a4h

## 2 Politiques d'offre et de demande

**Pour chacune des mesures suivantes, indiquez si elle relève d'une politique d'offre ou d'une politique de demande.**

| | Politique d'offre | Politique de demande |
|---|---|---|
| **a.** La revalorisation de 3,5 % de l'aide personnalisée au logement (APL) en juillet 2022 | | |
| **b.** Les mesures de soutien à l'innovation pour 2,23 milliards d'euros (PLF 2023) | | |
| **c.** La revalorisation de 3,5 % du salaire des fonctionnaires (juillet 2022) | | |
| **d.** La suppression de la contribution sur la valeur ajoutée des entreprises (CVAE) sur deux ans, en 2023 et en 2024 | | |
| **e.** La prolongation du bouclier tarifaire sur le gaz et l'électricité pour les ménages | | |

## ★ 3 Le Pacte vert pour l'Europe

1. **Indiquez la nature et l'objectif de la politique économique mise en œuvre avec le Pacte vert.**
2. **Recherchez les mesures prises par l'Union européenne dans le cadre du plan « *Fit for 55* » puis présentez une mesure qui est déjà mise en œuvre en France.** PIX D1.1

**DOC. Pacte vert et paquet climat : l'UE vise la neutralité carbone dès 2050**

En 2019, la Commission européenne présentait le Pacte vert pour l'Europe (*Green Deal*), une feuille de route pour rendre l'Europe neutre sur le plan climatique d'ici 2050.

En 2021, la Commission a dévoilé un paquet climat avec l'objectif de transformer l'ambition de neutralité climatique en action politique concrète. Il s'agit d'un ensemble de textes nommé « Paré pour 55 » (« *Fit for 55* ») en référence à l'objectif de l'Union européenne (UE) de réduire ses émissions carbone de 55 % d'ici 2030.

**www.vie-publique.fr, 26 août 2021.**

Source : d'après la Commission européenne.

# 4 Le plan « France Relance »

Fiche méthode 1

1. Exposez les objectifs et les modalités du plan « France Relance ».
De quel type de politique est-il question à travers ce plan ?
2. Montrez que les mesures proposées poursuivent des objectifs à la fois conjoncturels et structurels.
3. Exposez une mesure qui relève d'une politique de demande, puis une mesure qui relève d'une politique d'offre.

## DOC. 1 « France Relance » : 100 milliards d'euros pour relancer et transformer l'économie

Annoncé par le gouvernement le 3 septembre 2020, le plan « France Relance » vise de fait, d'une part, à créer 160 000 emplois en 2021 et à redresser l'économie française d'ici 2022 et, d'autre part, à investir dans les domaines les plus porteurs pour préparer la France de 2030 et générer les emplois de demain.

www.cci.fr

## DOC. 2 France Relance, un an après

### Écologie

475 000 ménages ont déjà déposé une demande sur MaPrimeRénov' depuis le début de l'année 2021 (contre 192 000 sur toute l'année 2020). En un an, 420 000 ménages ont aussi bénéficié du bonus écologique ou de la prime à la conversion. Ces mesures ont ainsi des effets immédiats avec une accélération du verdissement du parc automobile. Sur les sept premiers mois de l'année 2021, 15,7 % des ventes aux particuliers de véhicules neufs sont électriques ou hybrides rechargeables contre 2,5 % sur les sept premiers mois de 2019. […]

### Compétitivité

Cette deuxième partie du plan vise à accroître la résilience économique et l'indépendance technologique de la France, à développer l'activité et à créer de l'emploi de façon durable. Le volet compétitivité permet ainsi d'accélérer la reconquête industrielle.

Exemple : le soutien aux secteurs automobile et aéronautique. France Relance soutient la modernisation des lignes de production des entreprises de ces secteurs.

Fin août [2021], France Relance aura permis d'accompagner 8 885 entreprises industrielles, dont 86 % sont des TPE et PME, pour réaliser 11,7 milliards d'euros d'investissements productifs et de conforter ou de créer 231 000 emplois industriels.

France Relance permet aussi aux entreprises françaises de combler leur retard en matière de numérisation. Un tiers des entreprises industrielles (9 000 entreprises environ) seront accompagnées dans leurs investissements de digitalisation et de robotisation par France Relance.

### Cohésion sociale et territoriale

Ce troisième pilier doté de 36 milliards d'euros du plan France Relance doit permettre d'éviter la hausse des inégalités, de sauvegarder l'emploi, d'accompagner les personnes précaires et d'encourager la solidarité.

Avec le plan « 1 jeune 1 solution », le Gouvernement mobilise par exemple près de 9 milliards d'euros pour soutenir l'emploi, l'insertion et la formation professionnelle des jeunes. Depuis août 2020, 2,6 millions de jeunes ont directement bénéficié d'aides de France Relance pour l'emploi, l'insertion ou la formation.

www.economie.gouv.fr, 6 septembre 2021.

**Les outils des politiques économiques**

- **Politique conjoncturelle**
  - **Politique budgétaire**
    Agir à travers le budget de l'État.
  - **Politique monétaire**
    Agir sur les conditions de financement de l'économie.
- **Politique structurelle**
  - **Une diversité d'objectifs**
    - Améliorer la **compétitivité** (politique de formation, d'innovation…).
    - Améliorer le **fonctionnement des marchés** (politique de formation, politique de l'emploi…).
    - Permettre la **transition énergétique** (politique de l'environnement).

**Les effets des politiques économiques sur l'environnement des entreprises**

- **Politique de l'offre**
  - Mesures visant à favoriser la croissance en stimulant, facilitant la production des entreprises.
    Exemples : allègement de cotisations sociales, baisse de l'IS.
- **Politique de la demande**
  - Mesures visant à favoriser la croissance en stimulant la consommation et l'investissement.
    Exemples : hausse des prestations sociales, baisse des impôts, grands travaux.

**Les limites des politiques économiques**

- **Les contraintes budgétaires**
  - La soutenabilité financière, l'effet « boule de neige » de la dette.
  - Les contraintes européennes au niveau des finances publiques.
- **Les limites de la mondialisation**
  - La mobilité des capitaux, l'existence de paradis fiscaux.

## CONSTRUIRE SA SYNTHÈSE

**Rédigez votre synthèse à l'aide des mots-clés suivants :**

Politique conjoncturelle – Politique budgétaire – Budget de l'État – Déficit public – Politique de relance – Politique de rigueur – Politique monétaire – Banque centrale européenne – Taux directeur – Politique structurelle – Politique de l'emploi – Politique d'innovation – Politique environnementale – Politique industrielle – Politique de l'offre – Politique de la demande – Dette publique – Pacte de stabilité et de croissance – Mobilité des capitaux

# 8 La régulation des activités économiques par le droit

**PLAN DU CHAPITRE**

- 1 • Repérer les enjeux de la régulation du marché
- 2 • Identifier les niveaux de régulation du marché
- 3 • Apprécier la protection de la concurrence par le droit
- 4 • Apprécier la protection des acteurs sur le marché
- 5 • Repérer les enjeux de la propriété industrielle

**LA COMPÉTENCE ATTENDUE**

→ Repérer les enjeux du droit de la concurrence et du droit de la propriété industrielle pour l'entreprise.

**LES SAVOIRS ASSOCIÉS**

→ Le rôle du droit dans la régulation
→ Le rôle des autorités administratives indépendantes
→ Le droit de la concurrence
→ Le droit de la propriété industrielle : brevet et marque

## Le rugby, un sport pour tous

Les règles du jeu permettent aux joueurs de toute taille, tout gabarit, toute aptitude technique, quel que soit leur sexe ou leur âge, de jouer selon leur niveau dans un environnement contrôlé, compétitif et agréable. [...]

**www.ffr.fr**

## Chaussures, raquettes ou vélos « magiques » : les progrès des matériels assurent ceux des performances et alimentent les controverses.

Deux records du monde battus en une soirée [à Valence, en Espagne, le 7 octobre 2020], ceux du 10 000 m hommes pour l'Ougandais Joshua Cheptegei et du 5 000 m femmes pour l'Éthiopienne Letesenbet Gidey. Une soirée, et non un meeting classique, spécialement organisée au stade Turia de Valence pour battre ces records, avec lièvres de haut niveau, guidage lumineux au sol et chaussures spéciales. L'équipementier Nike a déjà bousculé la course sur route avec ses semelles Vaporfly lancées en 2016. Elles ont permis au Kényan Eliud Kipchoge de courir le marathon en moins de deux heures. Assurant une meilleure restitution d'énergie, elles offrent un gain de performance évalué à 4 %.

**Jérôme Lattan, www.lemonde.fr, 12 octobre 2020.**

1. **Quel est l'intérêt des règles du jeu pour la compétition sportive ?**
2. **L'innovation technologique est-elle un bénéfice ou un risque pour la compétition sportive ?**
3. **Selon vous, la compétition économique doit-elle être encadrée par des règles ?**

**POLITIQUE DE LA CONCURRENCE ET CONTRÔLE DES CONCENTRATIONS**

Vidéo
liennathan.fr/s2r3v5

# 1 Repérer les enjeux de la régulation du marché

## A Mettre en place une économie de marché

### DOC. 1 La libéralisation du marché du transport de voyageurs par autocar

Avant la loi Macron du 6 août 2015, un transporteur par autocar ne pouvait pas relier librement deux villes françaises (il devait, par exemple, signer une convention avec les pouvoirs publics).
La loi de 2015 a ouvert à la concurrence le marché des lignes de bus de plus de 100 km, ce qui a permis l'arrivée de nouveaux acteurs, la création de plusieurs centaines de nouvelles liaisons sur l'intégralité du territoire et la baisse des prix du transport en bus.

– La reprise constatée au 2nd semestre 2021 se poursuit au 1er trimestre 2022 sans permettre à l'activité de retrouver son niveau de 2019. L'année 2021 se caractérise par une restriction des déplacements sur une grande partie du 1er semestre. [...] Début 2022, malgré l'optimisme affiché par le secteur, les informations d'offre recueillies par l'Autorité [de régulation des transports] s'inscrivent en retrait des valeurs observées en 2019, environ deux tiers seulement des circulations du 1er trimestre 2019 ayant été assurées au 1er trimestre 2022. [...]
– La part des liaisons en concurrence entre les deux opérateurs nationaux, tant pour l'offre que pour la demande, retrouve le niveau constaté lors de l'apparition du duopole en 2019. Près de 90 % des passagers [...] disposent d'une offre inter ou intra-modale alternative pour leurs trajets. La moyenne des prix constatés est inférieure lorsque au moins une alternative existe.

**www.autorite-transports.fr, juillet 2022.**

**1. Analysez les avantages, du point de vue économique, de l'ouverture à la concurrence du marché du transport de voyageurs par autocar.**

### DOC. 2 L'encadrement du marché du transport par autocar

L'ordonnance n° 2016-79 du 29 janvier 2016 a établi des règles communes d'accès aux gares et emplacements d'arrêt, transparentes et non discriminatoires pour tous les opérateurs, qu'ils soient publics ou privés.
Afin de garantir la transparence des informations et l'égalité d'accès de l'ensemble des autocaristes aux gares routières, l'Autorité de régulation des transports (anciennement Arafer) a été mandatée pour contrôler le respect de ces règles.
Elle peut également régler les éventuels différends entre opérateurs et gestionnaires de gare routière relatifs aux conditions d'accès, et est compétente pour prononcer des sanctions en cas d'irrégularités.

**www.economie.gouv.fr**

### DOC. 3 La régulation du transport par autocar par l'Autorité de régulation des transports (ART)

**Pouvoirs de l'ART**

- L'ouverture d'une liaison comprenant moins de 100 km entre deux arrêts doit être déclarée à l'ART.
- Le 1er juillet 2021, l'ART a émis un avis défavorable au projet de la région Réunion d'interdire un service librement organisé (SLO) de transport par autocar envisagé par la société Escapad'Kreol sur la liaison entre Sainte-Marie (aéroport Roland-Garros) et Saint-Paul.
- L'ART tient à la disposition des autocaristes un registre actualisé des gares routières et des aménagements d'arrêt. Il précise leurs caractéristiques techniques et les services proposés.
- L'ART peut sanctionner l'exploitant d'une gare routière qui ne respecterait pas ses engagements (amende de 3 % du chiffre d'affaires de l'entreprise, 5 % en cas de récidive).

**2. Indiquez comment la concurrence a pu être mise en place sur ce marché.**
**3. Précisez les moyens par lesquels l'ART garantit la concurrence sur ce marché.**

# B Assurer le fonctionnement concurrentiel du marché

**DOC. 4 L'état actuel du marché du transport par autocar**

**1. Cars Macron : plus que deux compagnies après le rachat d'Eurolines par FlixBus**
Le groupe FlixBus détenait déjà, avant ce rachat, plus de 50 % de parts de marché. [...] La compagnie allemande FlixBus a annoncé [le 2 mai 2019] avoir bouclé le rachat d'Eurolines et d'Isilines à l'opérateur de transports français Transdev.

**AFP.**

**2.** La libéralisation a généré des gains économiques importants pour les usagers tout en ayant un impact positif sur l'environnement. [Elle] a permis aux usagers un gain monétaire de 162 millions d'euros par an. Ainsi, les usagers réalisent une économie de 3,75 centimes d'euros par km (soit 10,50 € sur un trajet de 280 km) en prenant un SLO[1] plutôt que d'autres modes.

1. Service librement organisé.

**www.autorite-transports.fr, juillet 2022.**

**3. Les gares routières, la nouvelle priorité**
La stratégie de régulation, adoptée en 2020, qui vise à concentrer les contrôles de l'Autorité sur les aménagements de plus grand intérêt apparaît, en pratique, adaptée. [...] La présence d'un bâtiment voyageurs (gare routière) et le positionnement à proximité d'une gare ferroviaire génèrent un fort potentiel d'accès à la demande pour les opérateurs SLO, ces aménagements accueillant respectivement 68 % et 85 % de la fréquentation.

**www.autorite-transports.fr, juillet 2022.**

**4. Analysez l'évolution qu'a connue le marché du transport par autocar.**

**5. Quels risques cette évolution peut-elle engendrer si le marché n'est pas régulé ?**

**APPROFONDISSEMENT**

**6. Expliquez pourquoi la régulation par le droit est nécessaire pour garantir le fonctionnement concurrentiel du marché.**

# APPLICATION AU CAS

## FREE

La société Free est devenue un acteur majeur du marché des télécoms. Retour sur son histoire…

**DOC.**

**1997 : naissance d'une autorité indépendante**
Elle naît officiellement en janvier 1997, après la loi du 26 juillet 1996. À l'époque, France Télécom est encore un monopole public. L'objectif de l'Autorité de régulation des communications électroniques et des postes (Arcep) est justement de préparer l'ouverture à la concurrence du secteur un an plus tard.

**2009 : la quatrième licence mobile**
Attribuée à Free fin 2009 et lancée en 2012, elle crée un séisme dans le secteur des télécoms. Les tarifs des opérateurs s'effondrent. Aujourd'hui, la France est l'un des marchés les plus compétitifs au monde.

**2015 : des enchères en or pour les fréquences**
L'attribution des fréquences de téléphonie mobile, assorties d'obligations de couverture du territoire pour les opérateurs, est l'un des rôles les plus cruciaux de l'Arcep.

**D'après Fabienne Schmitt, Romain Gueugneau, *Les Échos*, 22 février 2017.**

**2020 : Free et la 5G**
Free a déboursé trois millions d'euros pour s'assurer d'obtenir la meilleure place. [Le] 5 novembre 2020, l'Arcep a confirmé le lancement des réseaux 5G de Free, Orange, SFR et Bouygues [le] 18 novembre 2020.

**Kevin Dachez, www.phonandroid.com, 5 novembre 2020.**

**2022 : Free et « la révolution du service abonné »**
Baptisé « Free Proxi », ce nouveau service d'assistance de proximité tient à se démarquer par une implantation locale avec des équipes connaissant en détail les infrastructures réseau Fixe et Mobile de la région.

**nouveautesfree.actuly.fr**

**1. Quel rôle le droit a-t-il eu pour l'activité de Free dans la téléphonie mobile ?**

**2. Quels ont été les avantages de la libéralisation du secteur de la téléphonie mobile ?**

# 2 Identifier les niveaux de régulation du marché

## A La régulation du marché en droit français

### DOC. 5 La liberté du commerce et de l'industrie et ses limites

« *Il sera libre pour toute personne d'exercer telle profession, art ou métier qu'il trouvera bon* » : par cette règle, le décret d'Allarde de 1791 a instauré le principe de la **liberté du commerce et de l'industrie** en France. Ce principe se décompose en trois éléments.

- **Liberté d'entreprendre** → Chacun a le droit de faire l'activité professionnelle de son choix.
- **Liberté d'exploitation** → L'entrepreneur est libre de choisir les moyens de gestion de son entreprise (par exemple, embaucher des salariés, choisir ses fournisseurs).
- **Liberté de concurrence** → Chaque entreprise peut faire concurrence aux autres entreprises du secteur en développant des moyens licites pour attirer la clientèle.

Il existe des limites à ce principe qui sont justifiées par l'ordre public :
- les règles d'**ordre public de direction** protègent l'intérêt général et assurent le bon fonctionnement de l'économie. Par exemple, des conditions de diplôme sont exigées pour pouvoir exercer le métier de médecin. Il est également interdit en France de faire de la publicité en faveur du tabac ;
- les règles d'**ordre public de protection** visent, quant à elles, à préserver les intérêts de catégories de personnes considérées comme plus fragiles. Par exemple, des règles d'hygiène et de sécurité doivent être respectées par les restaurants, sous peine de fermeture, pour protéger les consommateurs.

**1. Comment la liberté du commerce et de l'industrie favorise-t-elle la concurrence sur le marché ?**

**APPROFONDISSEMENT**

**2. Expliquez la différence entre les deux types de limites à la liberté du commerce et de l'industrie.**

### DOC. 6 Les autorités françaises en matière de concurrence

L'**Autorité de la concurrence** est une autorité administrative indépendante (AAI), spécialisée dans l'analyse et la régulation du fonctionnement de la concurrence sur les marchés, pour la sauvegarde de l'ordre public économique. [Elle] agit au nom de l'État, sans pour autant relever de l'autorité du gouvernement dans l'exercice de ses pouvoirs. […]
Elle détient le pouvoir de prononcer des injonctions, d'infliger des sanctions pécuniaires, d'accepter des engagements et d'accorder le bénéfice de la clémence à certaines entreprises qui coopèrent […]. Par ailleurs, elle peut être amenée à rendre, même de sa propre initiative, des avis sur diverses questions de concurrence.

**www.autoritedelaconcurrence.fr**

Aux côtés de l'Autorité de la concurrence, il existe des **autorités spécialisées pour chaque secteur d'activité**. Exemple : l'Autorité de régulation de la communication audiovisuelle et numérique (Arcom) a notamment pour mission de veiller aux responsabilités démocratiques et sociétales des médias audiovisuels et des plateformes en ligne, de garantir le pluralisme des médias et l'indépendance de l'audiovisuel public.
Ces autorités spécialisées sont des AAI : elles sont indépendantes de l'État et des entreprises du secteur. Par ailleurs, elles édictent des règles et peuvent prononcer des sanctions, au nom de l'État. Exemple : le 16 février 2022, l'Arcom a mis en demeure la société C8 de respecter, à l'avenir, le décret du 27 mars 1992 en ne diffusant plus de publicité clandestine. Dans six séquences des émissions *Touche pas à mon poste !*, des marques de vêtements et le nom du propre ouvrage de l'animateur apparaissaient à l'écran ou étaient cités.

**LES MISSIONS DE L'AUTORITÉ DE LA CONCURRENCE**

Vidéo
liennathan.fr/9e56ay

**3. Distinguez les rôles respectifs de l'Autorité de la concurrence et des autorités spécialisées.**

**4. Expliquez ce qu'est une AAI.**

## B La régulation du marché en droit européen

**DOC. 7 Le fonctionnement de la politique européenne de la concurrence**

**La concurrence dans l'idée européenne**

Pour les rédacteurs du traité de Rome, la concurrence n'est pas une fin en soi, mais une condition indispensable à la réalisation du marché intérieur. Sans ces règles, des entreprises nationales pourraient, par exemple, s'entendre pour évincer du marché national un concurrent européen, ce qui est contraire à l'esprit de l'intégration européenne. La concurrence est également perçue comme un facteur d'amélioration économique [...].

La **Commission européenne** est un organe de l'Union européenne. Composée de commissaires issus de tous les pays de l'UE, elle est indépendante des États membres.
Elle a deux missions principales : faire des propositions de règles européennes et veiller à leur bonne application par les États. Elle met en œuvre les politiques de l'UE.
La Commission européenne dispose de pouvoirs importants pour assurer ses missions.

**Le fonctionnement du droit de la concurrence**

Depuis 2003, un système de responsabilités partagées a été instauré en matière de politique européenne de la concurrence. La Commission européenne a la responsabilité principale de veiller à son bon fonctionnement : elle exerce les pouvoirs d'enquête, statue sur le comportement des entreprises et les sanctionne en cas d'infraction. [...] Quant aux États membres, ils ont la responsabilité principale de l'application des règles européennes de la concurrence. En pratique, cette responsabilité incombe aux autorités nationales chargées de la concurrence (en France, c'est le rôle de l'Autorité de la concurrence) et aux juridictions nationales lorsqu'elles sont amenées à régler un litige relatif à la concurrence.

www.touteleurope.eu

**5. Quels sont les enjeux du droit européen de la concurrence ?**
**6. Quel est le rôle de la Commission européenne en matière de concurrence ?**

APPROFONDISSEMENT

**7. Par qui est assurée l'application des règles européennes dans les États membres ?**

## APPLICATION AU CAS

### FREE

L'activité de la société Free intervient sur les marchés qui sont surveillés par l'Arcep (Autorité de régulation des communications électroniques et des postes). Cette AAI, chargée à l'origine de la libéralisation de ce secteur, veille aujourd'hui au fonctionnement concurrentiel du marché.

**DOC.**

C'est à la suite de la loi pour la croissance, l'activité et l'égalité des chances économiques d'août 2015 et la loi pour une République numérique d'octobre 2016 que l'Arcep, saisie de nouveaux pouvoirs, a décidé de définir de nouvelles cartes de couverture enrichies et de les publier en *open data*. [...]

Ainsi, ces nouvelles cartes différencient désormais les zones de très bonne couverture, de bonne couverture, de couverture limitée et celles où il n'y a pas de couverture [...].

L'Arcep entend « *stimuler les opérateurs pour doper encore la couverture mobile. Il s'agit de provoquer un choc de transparence, pour réorienter la concurrence que se livrent les opérateurs, afin que celle-ci porte non seulement sur les prix mais aussi sur les performances des réseaux* ».

www.universfreebox.com

arcep

**1. Comment l'Arcep impulse-t-elle la concurrence sur le secteur des télécoms ?**
**2. Quels avantages représente le fait que l'Arcep soit une AAI ?**

# 3 Apprécier la protection de la concurrence par le droit

## A Le contrôle des concentrations

**DOC. 8 Le groupe Stellantis, né de la fusion de PSA (Peugeot) et Fiat- Chrysler (FCA)**

Le 18 décembre 2019, les constructeurs PSA et Fiat Chrysler (FCA) ont annoncé avoir signé un « *accord de rapprochement engageant* » en vue d'une fusion. […] La nouvelle entité, si elle devient effective, devrait générer un chiffre d'affaires de 170 milliards d'euros et des ventes annuelles de 8,7 millions de véhicules. […] Néanmoins, un certain nombre d'obstacles retardent ce rapprochement, à la tête desquels, la Commission européenne. En juin [2020], suite à l'étude du projet, Bruxelles a en effet annoncé lancer une enquête approfondie concernant la fusion des deux groupes, s'inquiétant de la place confortable dont disposerait alors PSA à l'issue de l'opération.
En Europe, les deux constructeurs réunis représenteraient 34 % des parts du marché automobile. C'est principalement le poids pris sur le segment des petits véhicules utilitaires qui inquiète la Commission.

**Benjamin Bruel, www.clubic.com/citroen, 9 juillet 2020.**

« *Dans de nombreux pays, PSA ou FCA détient une position de leader du marché des véhicules utilitaires légers, et la fusion éliminerait l'un des concurrents* », avait expliqué la Commission lors de l'examen des conditions de la fusion. Pour valider le mariage des deux groupes, [elle avait] demandé que Fiat Chrysler et PSA, devenus Stellantis […], étende[nt] le partenariat avec Toyota pour préserver la concurrence […]. C'est chose faite ce lundi [30 mai 2022] : Stellantis a ainsi annoncé que le groupe allait produire un grand fourgon pour Toyota en Europe. […] Stellantis doit également faciliter l'accès de ses concurrents à ses réseaux de réparation et d'entretien d'utilitaires.

**Pauline Ducamp et AFP, 30 mai 2022.**

1. **Identifiez les effets de la fusion entre PSA et FCA sur le marché automobile.**
2. **Quel est l'intérêt du contrôle préalable de l'opération par la Commission européenne ?**

**LE CONTRÔLE DES CONCENTRATIONS**
**Vidéo** liennathan.fr/9e93db

## B La sanction des pratiques anticoncurrentielles

**DOC. 9 La prohibition des ententes illicites**

**En droit européen**

BMW et Volkswagen sanctionnés par la Commission européenne pour entente illégale.
Selon le gendarme européen de la concurrence, les constructeurs allemands s'étaient entendus pour limiter le développement d'une technologie permettant de rendre les voitures moins polluantes entre 2009 et 2014. Ils devront s'acquitter d'une amende de 875 millions d'euros.

**AFP, 8 juillet 2021.**

**En droit français**

93 millions d'euros. C'est la somme totale des amendes infligées par l'Autorité de la concurrence à douze industriels de la charcuterie pour s'être entendus sur le prix du jambon et de la charcuterie entre 2010 et 2013. « [Ils] se coordonnaient pour acheter moins cher les pièces de jambon auprès des abatteurs et/ou s'entendaient par ailleurs sur les hausses de prix des produits charcutiers […] », indique l'Autorité de la concurrence. […] Ces pratiques ont « notamment été révélées grâce à la procédure de clémence, qui permet aux entreprises ayant participé à une entente d'en dévoiler l'existence à l'Autorité et d'obtenir, sous certaines conditions, le bénéfice d'une exonération totale ou partielle de sanction pécuniaire ». Cela serait notamment le cas pour deux groupes, Campofrio et Coop.

**www.porcmag.com, 20 juillet 2020.**

**LES ENTENTES**
**Vidéo** liennathan.fr/w3kb34

3. **Qu'est-ce qu'une entente illicite ?**
4. **Comment et par qui les ententes illicites sont-elles sanctionnées : d'une part en droit français, d'autre part en droit européen ?**

**APPROFONDISSEMENT**

5. **Quel est l'intérêt de la « clémence » dans la lutte contre les ententes illicites ?**

## DOC. 10 La sanction des abus de position dominante

**En droit européen**

Microsoft [est] accusé d'exploiter sa position dominante sur le marché des systèmes d'exploitation pour promouvoir OneDrive, Teams et d'autres services intégrés sur Windows 10 et Windows 11. C'est ce que reproche le groupe de 30 sociétés européennes de logiciels et de services cloud […]. Concrètement, la coalition demande à la direction générale de la concurrence de la Commission européenne d'empêcher ce type de comportement qu'elle considère comme étant abusif et de maintenir le marché compétitif et équitable pour tous les concurrents.

**David Manfredini, www.20minutes.fr, 11 décembre 2021.**

[…] Microsoft a […] été plusieurs fois condamné depuis le début des années 2000 par les instances européennes pour abus de position dominante, pour un montant cumulé des amendes approchant les 2 milliards d'euros.

**Samir Rahmoune, www.clubic.com, 25 novembre 2022.**

**En droit français**

L'Autorité de la concurrence a sanctionné la société Essilor International SAS, pour avoir, durant 11 ans et 7 mois, mis en œuvre des pratiques commerciales discriminatoires visant à entraver le développement en France, de la vente en ligne de verres correcteurs.

La société EssilorLuxottica SA, société mère d'Essilor International SAS, est également solidairement sanctionnée. […] Afin d'empêcher les sites de vente en ligne de proposer des verres de marques Essilor ou Varilux aux consommateurs, Essilor refusait notamment de leur livrer des verres de marque, et leur interdisait également d'utiliser les marques et logos d'Essilor et de communiquer sur l'origine des verres. […]

Essilor, leader sur le marché français de la distribution en gros de verres correcteurs, a ainsi abusé de sa position dominante.

**Olivier Gauclère, associé, www.dsavocats.com, 5 décembre 2022.**

6. **La position dominante d'une entreprise sur un marché est-elle automatiquement sanctionnée? Justifiez votre réponse.**
7. **Comment et par qui les pratiques visées dans ces exemples sont-elles sanctionnées: d'une part en droit français, d'autre part en droit européen?**

## APPLICATION AU CAS

**FREE**

### DOC. Orange : l'opérateur est dans le viseur de l'Autorité de la concurrence pour abus de position dominante

Orange a été visé par une perquisition de la part de l'Autorité de la concurrence. L'opérateur est en effet soupçonné d'abus de position dominante dans l'accès au réseau très haut débit […]. L'opérateur historique est ensuite accusé d'abus de position dominante en France concernant la fibre optique […]. L'Association des Opérateurs Télécoms Alternatifs (AOTA) avait même saisi l'Autorité de la concurrence en 2020 pour cela et, même si la plainte avait été rejetée, une enquête avait été ouverte […]. La perquisition en mars [2022] est d'ailleurs en lien avec l'arrivée d'un nouveau président à l'Autorité de la concurrence en janvier qui cherche à redynamiser les télécoms d'entreprises, un secteur largement dominé par Orange qui détient 60 % des parts.

**alloforfait.fr, 12 avril 2022.**

1. **Sur quel fondement Free pourrait-il attaquer Orange concernant le développement de la fibre? Justifiez votre réponse.**
2. **Quelle autorité pourrait intervenir pour réguler le développement de la fibre optique ?**

# 4 Apprécier la protection des acteurs sur le marché

## A La sanction de la concurrence déloyale

### DOC. 11 Les types de concurrence déloyale

**ACTES DE CONCURRENCE DÉLOYALE**

**IMITATION**
Exemple : la société Engie a été condamnée pour concurrence déloyale car elle a usurpé le nom de son concurrent (EDF) pour démarcher les clients de ce dernier.
Ce démarchage agressif, en utilisant le nom d'un concurrent, a en effet créé une confusion dans l'esprit de la clientèle.

**PARASITISME**
Exemple : sur son site, une société de vente de parfums laisse supposer que l'un de ses produits a les mêmes caractéristiques qu'un parfum de marque renommée. Cette pratique a été qualifiée de parasitisme car la société s'est immiscée dans le sillage de son concurrent pour tirer profit, sans rien dépenser, de la notoriété de son concurrent.

**DÉNIGREMENT**
Exemple : une société a publié sur les réseaux sociaux des messages insinuant que son concurrent commercialisait des produits contrefaits. Ce dénigrement, qui a conduit à une baisse du chiffre d'affaires de la société victime, est un acte de concurrence déloyale et a été condamné par le juge.

**DÉSORGANISATION**
Exemple : une société d'intérim a employé 2/3 du personnel de son concurrent.
Ce débauchage a causé des préjudices à la société victime.
Le juge a condamné la société d'intérim car le débauchage a conduit à désorganiser son concurrent, ce qui est un acte de concurrence déloyale.

**LA CONCURRENCE DÉLOYALE PAR PARASITISME**

**Vidéo**
liennathan.fr/7hi2g3

1. **Une entreprise peut-elle utiliser tout moyen pour attirer la clientèle de ses concurrents ?**
2. **Pourquoi les pratiques visées dans chacun des exemples ont-elles été condamnées ?**

### DOC. 12 Les sanctions prononcées contre les concurrents déloyaux

**Faits de l'affaire :** la société Diamantin a procédé à d'importants investissements pour créer un site Internet innovant et proposant à ses clients d'investir dans les diamants. Quelque temps plus tard, une société concurrente, la société Viclars, crée son propre site en copiant de nombreux éléments du site de la société Diamantin.
Le tribunal de commerce a condamné la société Viclars pour avoir plagié le site de la société Diamantin : pour le juge, il s'agit d'un acte de parasitisme.
[Même] si la société Diamantin ne fait pas état d'une diminution de ses ventes résultant de ces actes de concurrence déloyale et parasitaire, le tribunal a jugé que les agissements de la société Viclars ont entraîné un déficit d'image ainsi qu'une perte partielle de rentabilité de son investissement pour la demanderesse.
Ainsi, la société Viclars a été condamnée à payer à la société Diamantin la somme de 30 000 € au titre de la concurrence déloyale et parasitaire. […] Enfin, la société Viclars a été contrainte de supprimer l'ensemble des contenus copiés de son site Internet et de publier le dispositif du présent jugement sur la page d'accueil de son site Internet pendant un mois à compter de sa signification. […]

**www.jurilexblog.com**

3. **Pourquoi la société Viclars a-t-elle été condamnée pour concurrence déloyale ?**
4. **Quelles sanctions ont été prononcées ici contre le concurrent déloyal ?**

## B La sanction des pratiques restrictives de concurrence

### DOC. 13 L'interdiction des pratiques restrictives de concurrence

Les entreprises sont libres de prévoir entre elles le contenu des contrats organisant leur partenariat. Mais des limites sont posées : pour garantir la loyauté et la transparence dans les relations commerciales, le Code de commerce liste et sanctionne des « pratiques restrictives de concurrence ». Par exemple, une société ne peut pas rompre brutalement une relation commerciale : elle doit prévenir son partenaire de la rupture du contrat qui les liait au moyen d'un préavis écrit.

### DOC. 14 Les conditions commerciales imposées par Amazon

Certaines clauses contenues dans les contrats liant Amazon et ses partenaires commerciaux sont contestées. En effet, le géant de l'e-commerce se réserve le droit de modifier seul les conditions commerciales : il peut, par exemple, imposer des délais de livraison plus courts aux fournisseurs, qui doivent être respectés immédiatement par ces derniers. Les contrats l'autorisent également à résilier unilatéralement ses relations commerciales avec ses vendeurs.
Le ministre de l'Économie l'a assigné en justice, considérant que ces clauses créent un déséquilibre significatif dans les droits et obligations des parties. Par un jugement du 2 septembre 2019, le tribunal de commerce de Paris a condamné Amazon à une amende de 4 millions d'euros. En outre, Amazon devra modifier les sept clauses litigieuses.

Le Code de commerce qualifie de pratique restrictive de concurrence le fait de « soumettre ou de tenter de soumettre un partenaire commercial à des obligations créant un déséquilibre significatif dans les droits et obligations des parties ».

**5.** **Pourquoi les pratiques restrictives de concurrence sont-elles sanctionnées ?**
**6.** **Une société peut-elle librement mettre fin à un contrat qui la liait à une autre société ?**
**7.** **Analysez les pratiques commerciales reprochées à Amazon.**
**8.** **Relevez les sanctions prononcées à l'encontre d'Amazon et leur finalité.**

## APPLICATION AU CAS

### FREE

Free est soucieux de proposer à ses clients les smartphones commercialisés par Apple. Mais il s'interroge sur la validité de ses conditions commerciales.

### DOC. Apple et les opérateurs mobiles

Certaines des clauses inscrites aux contrats passés par Apple avec les opérateurs mobiles sont-elles illégales ? […]
Une dizaine de clauses sont pointées du doigt. Elles ont trait à la réparation de terminaux, à l'exploitation de marques et de brevets ou encore aux campagnes de communication sur les différents produits d'Apple. […]

**www.itespresso.fr**

La direction générale de la concurrence, de la consommation et de la répression des fraudes a porté plainte contre Apple devant le tribunal de commerce. […] Les services de Bercy jugent illégales des clauses contenues dans les contrats passés entre Apple et les quatre opérateurs mobiles français, qui sont d'ailleurs intervenants dans la procédure. Pour Bercy, ces clauses « *manifestent la soumission* » de l'opérateur à Apple, ce qui rend les contrats « *significativement déséquilibrés* » au profit d'Apple.

**www.bfmtv.com**

**1.** **Comment peuvent être qualifiées les conditions commerciales imposées par Apple ?**
**2.** **Que peut obtenir Free ? Quelle autre sanction pourrait être prononcée contre Apple ?**

# 5 Repérer les enjeux de la propriété industrielle

## A L'intérêt de la propriété industrielle

**DOC. 15 Propriété industrielle : des enjeux importants pour les PME**

Dans un environnement concurrentiel et mondialisé, où l'investissement immatériel dépasse en valeur l'investissement matériel, [la propriété industrielle] joue un rôle croissant dans les processus d'innovation et pour la compétitivité des entreprises.
[…] La propriété industrielle (PI) représente un ensemble de droits qui garantissent aux entreprises un monopole d'exploitation de leurs actifs immatériels : les inventions techniques à travers les brevets, les créations esthétiques (dessins et modèles) et les signes distinctifs (marques ou indications géographiques, valorisant la qualité d'un bien ou d'un service).
Elle peut aussi leur permettre de valoriser leurs investissements en R&D ou en marketing à travers des licences d'exploitation concédées à des tiers.

**c2ime.eu**

**LA PROPRIÉTÉ INDUSTRIELLE**

**Vidéo**
liennathan.fr/k4wc72

1. **Qu'est-ce que la propriété industrielle ?**

**APPROFONDISSEMENT**

2. **En quoi la propriété industrielle constitue-t-elle un levier pour la compétitivité des entreprises ?**

**DOC. 16 L'intérêt de breveter une invention**

Le brevet est un titre permettant de protéger l'inventeur d'un produit ou d'un processus de production en lui reconnaissant un monopole d'exploitation pendant 20 ans : l'inventeur pourra ainsi s'opposer à ce qu'un concurrent fabrique et commercialise ce qui a été breveté sans son autorisation. Il peut accorder des licences d'exploitation à des entreprises qui souhaiteraient développer l'invention.

L'inventeur dépossédé de son idée par un tiers n'est pas rare. C'est d'ailleurs la mésaventure de Studio Banana, une start-up espagnole qui, après une levée de fonds […] pour développer son oreiller autruche, a vu son produit copié et distribué à grande échelle par une entreprise chinoise. Sans brevet, Studio Banana n'a pu faire valoir son invention ni stopper la commercialisation de ces copies.

**D'après *Les Échos*.**

3. **Donnez une définition du brevet.**
4. **Quel est l'intérêt, pour l'inventeur, du monopole conféré par le brevet ?**

**DOC. 17 L'intérêt de la marque**

La marque est un signe qui permet à une entreprise de distinguer, auprès de la clientèle, ses produits ou ses services de ceux de ses concurrents.
Le titulaire d'une marque bénéficie d'un monopole sur celle-ci pendant une durée de 10 ans, renouvelable indéfiniment. Ce monopole lui permet de s'opposer à ce qu'un concurrent utilise sa marque sans son autorisation. Le propriétaire de la marque peut accorder une licence de marque : il autorise alors un tiers à apposer sa marque sur les biens et services qu'il produit.

**L'intérêt de la marque**
Une marque peut être **nominale** (un ou plusieurs mots, un slogan…), **figurative** (un dessin, un logo…), **sonore** (un son ou une phrase musicale). L'exigence d'une représentation graphique a été supprimée : peuvent être enregistrés des marques animées, des hologrammes, des marques multimédias…

5. **Qu'est-ce qu'une marque ? Donnez un exemple pour chaque type de marque (nominale, figurative et sonore).**
6. **Quel est l'intérêt, pour le titulaire de la marque, du monopole qui lui est accordé ?**

## B La protection de la propriété industrielle

**DOC. 18 Les organes de protection de la propriété industrielle**

INPI – Institut national de la propriété industrielle → L'Institut national de la propriété industrielle est l'établissement public qui délivre en France les titres de propriété industrielle : le dépôt à l'INPI des brevets et des marques leur assure une protection sur le territoire français.

Europäisches Patentamt / European Patent Office / Office européen des brevets → L'Office européen des brevets délivre des brevets européens protégés dans 39 États européens (à condition d'être validés dans chaque État) et des brevets unitaires européens (protégés automatiquement dans 25 États membres de l'UE).

EUIPO – Office de l'Union européenne pour la propriété intellectuelle → L'office de l'Union européenne pour la propriété industrielle est un organe qui procède à l'enregistrement des marques de l'Union européenne. Il assure ainsi une protection européenne à la marque.

L'OFFICE EUROPÉEN DES BREVETS
Vidéo
liennathan.fr/m349sv

7. **Comment protéger une marque ou un brevet en France ?**
8. **Comment protéger les titres de propriété industrielle en Europe ?**

**DOC. 19 Les conséquences de la contrefaçon**

La contrefaçon coûte chaque année 7 milliards d'euros à la France. […]
La contrefaçon [de marque ou de brevet] comporte un risque majeur pour les entreprises françaises. D'un point de vue économique, d'abord. Une PME dont le produit est contrefait risque une perte de chiffre d'affaires, voire un recul de ses parts de marché. La contrefaçon sape également les efforts des entreprises en matière d'innovation et porte atteinte à leur notoriété. L'impact social de la contrefaçon est lourd : elle provoque des destructions d'emplois en exportant illégalement des savoir-faire à l'étranger. La menace pèse aussi sur la sécurité et la santé des consommateurs.

**D'après www.entreprendre.fr**

Dix personnes, dont sept anciens salariés d'Hermès, ont été condamnées [le 24 septembre 2020] à Paris à des peines allant de six mois de prison avec sursis à trois ans dont deux ferme, pour avoir participé à la fabrication ou la vente de sacs Birkin contrefaits. Considéré comme l'un des initiateurs de cette manufacture parallèle, le principal prévenu a été condamné à la plus lourde peine, ainsi qu'à 200 000 euros d'amende.

**AFP, 24 septembre 2020.**

9. **Qu'est-ce qu'une contrefaçon ?**
10. **Quelles sanctions encourt une personne coupable de contrefaçon ?**

**APPROFONDISSEMENT**

11. **Expliquez les risques qu'entraîne le développement de la contrefaçon.**

LA CONTREFAÇON
Vidéo
liennathan.fr/p96di2

## APPLICATION AU CAS

### FREE

La Freebox a révolutionné le secteur des télécoms. Mais l'évolution rapide du secteur incite Free à rechercher de nouvelles innovations.

**DOC. La nouvelle Freebox POP**

Au début de l'été [2020], le 7 juillet précisément, Free a lancé sa nouvelle Freebox Pop. […] Free a surpris son monde en présentant trois boîtiers pour sa nouvelle box : un Server, un Player… mais aussi un répéteur Wi-Fi, inclus dans son offre. […] La nouvelle norme de Wi-Fi WPA3, qui fait suite au WPA2, est de la partie, ce qui promet une sécurité renforcée lorsque vous êtes connectés en Wi-Fi.

**www.universfreebox.com, 2 septembre 2020.**

C'est l'idée de Free, et personne d'autre ! En développant son nouveau répéteur Wi-Fi, lancé avec la Freebox Pop, l'opérateur a décidé de protéger sa trouvaille. Il a donc déposé une demande de brevet en mars 2018 concernant le procédé de connexion à son répéteur auprès de l'Organisation mondiale de la propriété intellectuelle (OMPI). Cette dernière a récemment été acceptée.

**www.universfreebox.com, 1er octobre 2020.**

1. **Comment la concurrence entre les opérateurs de téléphonie mobile favorise-t-elle l'innovation technologique ?**
2. **Quel est l'intérêt pour Free d'avoir déposé un brevet pour sa boîte Pop ?**

# Tester ses connaissances

## 1 Quiz

**Scannez le QR Code ou saisissez le mini-lien pour tester vos connaissances avec le quiz numérique.**

liennathan.fr/3yp5i6

## 2 Notions et vocabulaire juridiques

**Reliez les expressions ci-dessous à la notion juridique adaptée.**

1. Évolution d'un marché concurrentiel aboutissant à la confrontation de l'offre de deux entreprises seulement
2. Liberté de choisir les moyens d'exploitation de son entreprise
3. Autorité administrative indépendante, chargée, en France, de veiller à la protection de la concurrence
4. Situation de domination sur le marché dont une entreprise tire les moyens d'imposer des conditions défavorables à ses partenaires
5. Présentation malveillante et mensongère des produits ou activités d'un concurrent

- **a.** Liberté d'exploitation
- **b.** Autorité de la concurrence
- **c.** Dénigrement
- **d.** Duopole
- **e.** Abus de position dominante

## ★ 3 Le contrôle des concentrations

**Analysez les deux réponses apportées aux projets de concentration d'Alstom :**
**– en relevant les motifs pour lesquels le projet de fusion entre Alstom et Siemens a été refusé ;**
**– en expliquant pourquoi, à l'inverse, l'acquisition de Bombardier a été autorisée.**

### DOC. 1 Bruxelles refuse la fusion entre Alstom et Siemens

La Commission européenne a rejeté [le 30 janvier 2019] le projet de fusion entre Alstom et Siemens, censé créer un champion européen du ferroviaire avec le soutien de Paris et Berlin face à la concurrence internationale, notamment chinoise. […]

Selon la Commission, la fusion aurait notamment porté atteinte à la concurrence sur les marchés des systèmes de signalisation et des trains à très grande vitesse (TGV).

**www.latribune.fr, 6 février 2019.**

### DOC. 2 La Commission autorise, sous conditions, l'acquisition de Bombardier par Alstom

Alstom et Bombardier sont des leaders mondiaux du secteur du transport ferroviaire. […] Il est ressorti de l'enquête de la Commission [européenne] que l'opération, telle qu'initialement notifiée, aurait posé de graves problèmes de concurrence. […]

Alstom a proposé une série d'engagements pour répondre aux préoccupations de la Commission :

– […] la cession a) de la plateforme de trains grandes lignes Coradia Polyvalent d'Alstom, b) de l'usine d'Alstom à Reichshoffen, en France, c) de la plateforme de trains grandes lignes Talent 3 de Bombardier, et d) d'une partie de l'usine de Bombardier à Hennigsdorf, en Allemagne […].

La Commission a donc conclu que l'opération, telle que modifiée par les engagements, ne poserait aucun problème de concurrence.

**https://ec.europa.eu, 31 juillet 2020.**

## 4 La concurrence déloyale

Fiche méthode 4

1. **Expliquez pourquoi les influenceurs sont soumis au droit de la concurrence.**
2. **Relevez le fondement juridique et le motif de la condamnation prononcée par le tribunal judiciaire de Paris contre la mère influenceuse.**

**DOC. Concurrence déloyale, youtubeurs, influenceurs : que dit le droit?**

L'ARPP [Autorité de régulation professionnelle de la publicité] définit [...] l'influenceur comme: « *un individu exprimant un point de vue ou donnant des conseils, dans un domaine spécifique et selon un style ou un traitement qui lui sont propres et que son audience identifie* ». [...]
[Le] marketing d'influence est un marché concurrentiel au sein duquel de nombreux influenceurs agissent comme des professionnels. Ces influenceurs professionnels sont donc logiquement soumis aux règles du droit des affaires dont l'un des principes fondateurs est la libre concurrence. Toutefois, cette liberté n'est pas totale et les influenceurs professionnels doivent nécessairement se conformer aux usages loyaux du commerce. [...]
[Ainsi, le 24 janvier 2020], le tribunal judiciaire de Paris a rendu une décision particulièrement intéressante concernant des faits de parasitisme sur YouTube. En l'espèce, il s'agissait d'une mère de famille ayant lancé une chaîne YouTube centrée sur sa fille de 6 ans. Afin de se faire connaître rapidement et d'accéder au plus vite à la monétisation de ses vidéos, la mère avait multiplié les références à une autre chaîne YouTube familiale bien connue. Elle avait notamment utilisé le nom de cette chaîne dans les titres et les descriptions de ses vidéos. La société gestionnaire de la chaîne concurrente l'a donc assignée en concurrence déloyale, estimant que les références systématiques à sa chaîne relevaient d'un comportement parasitaire. Au terme d'une décision particulièrement motivée, le tribunal a suivi son argumentation, estimant que la chaîne parasitaire avait « *indiscutablement* » commis une faute en voulant tirer profit de « *l'engouement* » suscité par la chaîne notoirement connue.

**Romain Darriere, avocat, et Henri de Charon, juriste, www.village-justice.com, 18 février 2020.**

## 5 Le caractère distinctif d'une marque

Fiche méthode 4

**Analysez, au travers de cette affaire, l'importance du caractère distinctif d'une marque en vue de sa protection.**

**DOC. La distinctivité d'une marque par association d'un signe ornemental à une expression usuelle**

Par un arrêt du 17 septembre 2021, la cour d'appel de Paris a tranché en faveur de la validité de la marque semi-figurative Vente-privée en considérant notamment que si l'expression « vente privée » n'est qu'une désignation générique et usuelle des services proposés, l'adjonction d'un papillon rose confère au signe complexe son caractère distinctif et permet au public d'identifier ces services comme provenant d'une entreprise déterminée. [...]
Cette décision [...] semble pragmatique dans le sens qu'elle permet de protéger des marques pas forcément intrinsèquement distinctives mais qui sont devenues très « connues » et « reconnues » par les consommateurs du fait de leur usage intensif, notamment souvent par le biais d'une communication originale.

**Clément Monnet, Avocat au Barreau de Paris, www.lemondedudroit.fr, 1er octobre 2021.**

## 1. Repérer les enjeux de la régulation du marché

**Mettre en place une économie de marché** en assurant :
- la libre entrée des acteurs sur le marché ;
- la transparence des règles.

**Assurer le fonctionnement concurrentiel** du marché par :
- la lutte contre l'apparition de monopoles ;
- la mise en place des infrastructures nécessaires.

## 2. Identifier les niveaux de régulation du marché

### Régulation en droit français

**Objectifs :** assurer la liberté du commerce et de l'industrie et protéger l'ordre public.
**Organes :** Autorité de la concurrence et autorités spécialisées.

### Régulation en droit européen

**Objectif :** favoriser l'intégration économique au sein de l'Union européenne.
**Organe :** Commission européenne.

## 3. Apprécier la protection de la concurrence sur le marché

### Contrôle préalable des concentrations

Les rapprochements d'entreprises qui risquent de porter atteinte à la concurrence sur un marché doivent être autorisés.

### Sanction des pratiques anticoncurrentielles

**Ententes illicites :** accords entre entreprises faussant la concurrence.
**Abus de position dominante :** abus du pouvoir de marché pour fausser la concurrence.

## 4. Apprécier la protection des acteurs sur le marché

### Sanction de la concurrence déloyale

**Objectif :** réparer les préjudices causés par des actes déloyaux (imitation, parasitisme, dénigrement, désorganisation).

### Sanction des pratiques restrictives de concurrence

**Objectif :** garantir la transparence et la loyauté dans les relations commerciales (exemple : interdiction du déséquilibre significatif entre les parties).

## 5. Repérer les enjeux de la propriété industrielle

### Intérêt de la propriété industrielle

Reconnaissance d'un monopole d'exploitation :
- aux brevets (inventions) ;
- aux marques (signes distinguant les biens et services d'une entreprise).

### Protection de la propriété industrielle

- Délivrance des titres de propriété industrielle par l'INPI, l'OEB et l'EUIPO
- Sanction de la violation des brevets et des marques par l'action en contrefaçon

## CONSTRUIRE SA SYNTHÈSE

**Rédigez votre synthèse à l'aide des mots-clés suivants :**

Liberté du commerce et de l'industrie – Autorité administrative indépendante – Libéralisation du marché – Régulation de la concurrence – Autorité de la concurrence – Commission européenne – Contrôle des concentrations – Monopole – Pratiques anticoncurrentielles – Ententes illicites – Abus de position dominante – Concurrence déloyale – Imitation – Dénigrement – Parasitisme – Désorganisation – Pratiques restrictives de concurrence – Propriété industrielle – Brevet – Marque – INPI – Contrefaçon

# 9 L'environnement de l'entreprise

## PLAN DU CHAPITRE

- 1 • Repérer les principaux éléments du macro-environnement de l'entreprise
- 2 • Analyser les évolutions de l'environnement et en identifier les conséquences sur la situation de l'entreprise

## LES COMPÉTENCES ATTENDUES

→ Repérer les principaux éléments du macro-environnement de l'entreprise.
→ Analyser les évolutions de l'environnement et en identifier les conséquences sur la situation de l'entreprise.

## LES SAVOIRS ASSOCIÉS

→ Les caractéristiques de l'environnement : facteurs politiques, légaux, économiques, socioculturels, technologiques et environnementaux
→ Le rôle de l'innovation

*Les acteurs du transport, notamment les constructeurs automobiles, cherchent à s'adapter pour limiter l'empreinte carbone de leurs véhicules et imaginent les mobilités du futur.*

Le constructeur Citroën du groupe Stellantis a conçu un ***concept car* électrique, la « Citroën Oli »**. Composé en majorité de carton recyclé et éliminé du superflu, ce véhicule est un modèle de voiture plus économique et durable.

Citroën avait déjà innové avec la création de son **véhicule AMI**, un modèle ultra-compact électrique plus respectueux de l'environnement qui répond aux problématiques urbaines en n'occupant qu'une demi-place de parking, accessible dès l'âge de 14 ans et sans permis.

**CITROËN OLI IS ENOUGH**
**Vidéo**
liennathan.fr/355gjz

**CITROËN AMI 100% ÉLECTRIQUE – CLIP OFFICIEL**
**Vidéo**
liennathan.fr/6dtv48

1. **Pourquoi le constructeur Citroën cherche-t-il à proposer de nouveaux véhicules ?**
2. **À quelles influences de l'environnement cette entreprise semble-t-elle répondre ?**

# 1 Repérer les principaux éléments du macro-environnement de l'entreprise

**DOC. 1** **L'entreprise, un système en interaction avec l'environnement**

L'environnement représente l'ensemble des éléments externes susceptibles d'influencer son activité et son comportement. En interagissant avec lui, l'entreprise se trouve influencée par des événements qui induisent des décisions et provoquent une rétroaction sur son environnement.

### Starbucks Coffee

La transformation digitale de l'économie constitue une véritable opportunité de croissance pour Starbucks. L'entreprise utilise les réseaux sociaux pour construire sa notoriété, avec des millions de fans sur Facebook, Instagram, Twitter et LinkedIn. Grâce à cette communauté, Starbucks conduit l'innovation de ses produits en prenant appui sur les idées soumises par ses clients (277 propositions ont été retenues et mises en œuvre).
De même, l'évolution des modes de consommation vers des achats responsables (transparence, durabilité des sources d'approvisionnement) a amené Starbucks à faire évoluer son modèle économique vers une approche d'achat éthique. L'entreprise s'engage auprès des cultivateurs de café, de thé et de cacao en leur apportant une aide matérielle et financière. Elle est certifiée « commerce équitable ».

1. **Repérez les différents éléments constitutifs de l'environnement de Starbucks.**
2. **Montrez l'influence de l'environnement sur l'entreprise au moyen de l'exemple de Starbucks.**

**DOC. 2** **Macro-environnement et micro-environnement**

Le macro-environnement désigne l'environnement général au sein duquel l'entreprise évolue. Il s'agit des caractéristiques générales de l'économie et de la société qui peuvent influencer l'entreprise. On considère que les éléments qui constituent le macro-environnement s'imposent à l'entreprise et déterminent le cadre de son activité. L'entreprise détermine sa stratégie pour s'y adapter. À l'inverse, le micro-environnement est constitué des acteurs avec lesquels l'entreprise entretient des relations plus directes : les clients, les réseaux de distribution, les concurrents, les fournisseurs et les autres partenaires du marché. Il constitue un niveau d'action sur lequel l'entreprise peut agir par sa stratégie.

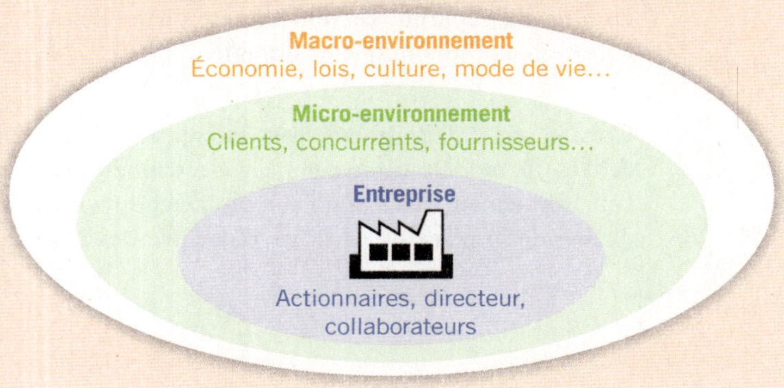


3. **Classez les éléments du document 3 selon qu'ils relèvent soit des éléments internes de l'entreprise, soit du micro-environnement ou du macro-environnement de Starbucks.**

**DOC. 3** **Éléments de l'environnement**

– La production de café est soumise aux variations climatiques : pluie, sécheresse.
– Le café est le bien d'exportation le plus important après le pétrole et possède donc, pour les pays producteurs, une grande portée économique.
– On observe une évolution des modes de travail où les jeunes sont de plus en plus enclins à travailler à l'extérieur autour d'un café dans des espaces ouverts, conviviaux et branchés.
– Plus de la moitié de nos collaborateurs Starbucks ont moins de 26 ans en France.
– La grande distribution est le principal circuit de vente du café au consommateur final.
– Le café est certifié « commerce équitable » par l'organisme Conservation International.
– Le téléphone mobile offre de nouvelles possibilités de paiement dont s'est saisi Starbucks.

## DOC. 4 Les principaux éléments du macro-environnement

La méthode PESTEL (acronyme qui se présente comme un outil mnémotechnique) permet d'analyser les six domaines du macro-environnement qui ont ou auront une influence significative sur l'entreprise.

**L'ENTREPRISE**

**Politique**
- Stabilité gouvernementale
- Politique fiscale
- Commerce extérieur
- Protection sociale

**Économique**
- Cycles économiques
- Évolution du PNB
- Taux d'intérêt
- Politique monétaire
- Inflation
- Chômage
- Revenu disponible

**Socioculturel**
- Démographie
- Distribution des revenus
- Mobilité sociale
- Changements de modes de vie
- Attitude par rapport au loisir et au travail
- Consumérisme
- Niveau d'éducation

**Technologique**
- Dépenses publiques de R&D
- Investissements privés et publics sur la technologie
- Nouvelles découvertes, nouveaux développements
- Vitesse des transferts technologiques
- Taux d'obsolescence

**Écologique**
- Lois sur la protection de l'environnement
- Retraitement des déchets
- Consommation d'énergie

**Légal**
- Lois sur les monopoles
- Droit du travail
- Législation sur la santé
- Normes de sécurité

G. Johnson, K. Scholes, R. Whittington, F. Féry, *Stratégique*, Pearson, 9e édition, 2012.

**4. Quelle est l'utilité pour une entreprise d'appliquer la méthode PESTEL ?**
**5. Classez, selon la méthode PESTEL, les éléments du macro-environnement repérés aux questions 1 et 3.**

# APPLICATION AU CAS

## FREE

## DOC. Free et le marché de la téléphonie mobile

En France, le marché téléphonique est régulé par une autorité administrative indépendante, l'ARCEP (Autorité de régulation des communications électroniques et des postes). Celle-ci a pour mission de veiller à la bonne concurrence du secteur des télécommunications. Ainsi, en 2005, a-t-elle infligé une amende record de 534 millions d'euros aux opérateurs SFR, Bouygues et Orange, à qui elle reprochait un « pacte à trois » anticoncurrentiel. Depuis, les abus des opérateurs téléphoniques ont amené la loi Chatel de 2008 à renforcer la protection du consommateur engagé sur un forfait mobile ou Box Internet.

Le secteur de la téléphonie mobile est profondément marqué par des évolutions technologiques importantes, comme l'arrivée des smartphones, ou les nouveaux standards de téléphonie mobile (3G, 4G et maintenant la 5G). Ces avancées ont aussi eu un impact sur les usages sociaux des téléphones. En effet, tandis que les Français utilisent de moins en moins leur téléphone fixe, les téléphones mobiles ne sont plus seulement un moyen de télécommunication mais un accessoire quasi indispensable à la vie quotidienne (agenda, mails, musiques, jeux…). L'engouement s'est propagé à toutes les classes d'âge, y compris aux enfants, de plus en plus addicts à leur portable. À noter, par ailleurs, qu'entre l'extraction des minerais qui composent un téléphone portable et les recharges de sa batterie, son utilisation n'est pas sans conséquences sur l'environnement.

- **Classez les facteurs d'influence de l'environnement de Free selon la méthode PESTEL.**

# 2 Analyser les évolutions de l'environnement et en identifier les conséquences sur la situation de l'entreprise

## A Les opportunités et les menaces de l'environnement

**DOC. 5 Dégager des opportunités et des menaces**

L'environnement, en perpétuel mouvement, peut exercer des perturbations négatives sur l'entreprise en freinant son développement ; il s'agit alors de menaces. À l'inverse, il peut présenter des signes d'évolution vers des domaines dans lesquels l'entreprise pourrait bénéficier d'un avantage la différenciant de ses concurrents ; cela constitue des opportunités. Pour pouvoir bénéficier d'une opportunité, il convient de choisir la stratégie appropriée et de mobiliser les compétences spécifiques pour l'exploiter.

La pandémie de Covid-19 a eu un double impact sur les entreprises mondiales :
– le titre de la start-up Zoom a connu une croissance boursière record à Wall Street. Ces résultats sont révélateurs de l'engouement pour ce logiciel de visioconférence désormais massivement utilisé par les adeptes du télétravail ;
– le secteur de la restauration a été fortement impacté par la crise sanitaire. La chaîne de restauration Flunch a subi une baisse de 60 % de son chiffre d'affaires en 2020 et a dû se séparer d'une cinquantaine de restaurants en 2022 afin de retrouver un équilibre financier.

**1. Montrez que la pandémie de Covid-19 a été porteuse d'opportunités et de menaces pour les entreprises.** zoom ↗ restau ↘

## B Les conséquences sur la situation de l'entreprise

**DOC. 6 Innover pour exister**

« *En 1984, date de la construction de ce qui était alors le Palais Omnisports de Paris-Bercy, il n'y avait rien ici, pas même le ministère de l'Économie, juste quelques vignes dans le parc de Bercy* […]. *Notre ambition, c'est précisément d'apporter ce liant pour en faire non plus seulement un lieu de passage mais de destination.* » Pour ce faire, les équipes de Nicolas Dupeux [directeur général d'Accor Arena] ont lancé un vaste travail de réflexion autour de la diversification de l'Arena, mettant ainsi à profit une pandémie qui les avait mises de fait au chômage technique. L'objectif : la rendre ouverte sur le quartier, 7 jours/7 et 24 h/24. Un plan qui se concrétise par la création d'un espace de coworking […], l'ouverture d'un bar et d'un restaurant, mais aussi d'une nouvelle salle, *Phantom*, […] pour poursuivre la soirée à l'issue des concerts ou événements de l'Arena. « *Et puis bientôt un cinéma en plein air, un playground de basket…* », énumère Nicolas Dupeux qui tient également à élargir l'expérience de ses événements.

**Antoine Morlighem, decideurs-magazine.com, 5 octobre 2022.**

**2. Montrez comment l'innovation permet au secteur de l'événementiel de s'adapter aux évolutions de son environnement.** ouverture 7/7

## DOC. 7 Les gains obtenus grâce à l'innovation

Selon l'OCDE, une innovation est « la mise en œuvre d'un produit (bien ou service) ou d'un procédé nouveau ou sensiblement amélioré, d'une nouvelle méthode de commercialisation ou d'une nouvelle méthode organisationnelle dans les pratiques de l'entreprise, l'organisation du lieu de travail ou les relations extérieures ».

**Manuel d'Oslo, OCDE.**

**Innovation de produit**

Nouveaux produits (ex. : du téléphone au smartphone, de l'ordinateur à la tablette, etc.).

**Innovation de procédé et innovation organisationnelle**

Nouvelles méthodes de fabrication (ex. : PAO, CAO) ou nouvelles formes d'organisation (production en flux tendus).

**Innovation de commercialisation**

Nouvelles méthodes de commercialisation ou nouveaux comportements de marché.

**3.** **Quel type d'innovation permet à l'entreprise innovante :**
- **de baisser ses coûts en réalisant des gains de productivité ?**
- **de se différencier ou d'obtenir une rente de monopole en étant la seule à fournir le produit (et donc en fixant le prix qu'elle souhaite) ?**
- **de créer de nouveaux débouchés pour vendre ses produits ?**

## DOC. 8 Les différentes formes de l'innovation, sources de compétitivité

**Auchan**, qui a inventé le concept du drive en 2000, est l'enseigne à l'origine de la dernière révolution de la grande distribution. Aujourd'hui, le drive est un moyen de faire ses courses comme un autre, comme le prouve le nombre de drives comparé à celui des hypermarchés en France (plus de 4000 drives fin 2020 contre environ 2300 hypermarchés).

**topdrive.fr**

**La poignée de porte qui se désinfecte toute seule**

Une équipe suisse spécialisée dans la technologie sans contact a mis au point une tout autre idée pour nous faciliter la vie : la poignée qui se désinfecte toute seule. Concrètement, il s'agit d'une bague qui balaye toute la longueur de la poignée après avoir été saisie. Sur son passage, cet anneau en aluminium projette du produit antibactérien, qui serait capable d'éliminer jusqu'à 99,9 % des germes. Celui-ci s'active en moins de trois minutes dès que quelqu'un a touché la poignée de la porte. La technologie s'adapte à toutes les portes, explique l'équipe de Tweaq, la marque à l'origine de cette innovation lancée en 2021.

**laprovence.com, d'après Relaxnews.**

DOC. 8

**Doctolib, l'incontournable licorne française**

En à peine dix ans, la plateforme de prise de rendez-vous en ligne s'est immiscée dans le quotidien des Français. Lancée en 2013 par Stanislas Niox-Château, Jessy Bernal, Ivan Schneider et Steve Abou Rjeily, la start-up dépasse le milliard de valorisations dès 2019. En pleine crise du Covid, elle devient un outil essentiel pour les médecins comme pour les patients. Désormais, plusieurs dizaines de millions d'utilisateurs sont connectés chaque mois à quelque 300 000 professionnels de santé, assure l'entreprise. Mais ce n'est pas le trafic généré par le site qui fait entrer l'argent dans les caisses de Doctolib. Les revenus de l'entreprise proviennent des abonnements souscrits par les personnels de santé. Tarif d'entrée pour un praticien : 129 euros.

**Hugo Lallier, capital.fr, 17 août 2022.**

4. **D'après la définition de l'OCDE (document 7), à quelle forme d'innovation associez-vous les exemples proposés dans le document 8 ?**
5. **Dans chacun des cas présentés, à quelles évolutions de l'environnement les innovations ont-elles pu ou permettront-elles de faire face ?**
6. **Montrez en quoi ces innovations ont été une source de compétitivité.**

## DOC. 9 L'analyse de Schumpeter : l'innovation en tant que processus de création-destruction d'activités

C'est grâce à un « entrepreneur innovateur » que la dynamique économique se fait sentir à travers des progrès aussi bien quantitatifs (avec l'augmentation du niveau de production) que qualitatifs. L'entrepreneur est donc l'acteur fondamental de la croissance économique. Il aime le risque et est à la recherche du profit maximal. L'innovation lui permettra d'obtenir un monopole temporaire sur le marché. Il sera donc le seul pendant un certain temps à pouvoir produire cet objet qui lui rapportera donc gros.

Aussi, **Schumpeter** explique que l'économie est gouvernée par un phénomène particulier : la « destruction créatrice ». C'est « la donnée fondamentale du capitalisme et toute entreprise doit, bon gré mal gré, s'y adapter ». La croissance est un processus permanent de création, de destruction et de restructuration des activités économiques. En effet, « le nouveau ne sort pas de l'ancien, mais à côté de l'ancien, lui fait concurrence jusqu'à le ruiner ». Ce processus de destruction créatrice est à l'origine des fluctuations économiques sous forme de cycles.

**economie.gouv.fr**

7. **Selon Schumpeter, quelles raisons poussent l'entrepreneur à innover ?**
8. **Expliquez le phénomène de création-destruction d'activités.**

**APPROFONDISSEMENT**

9. **Montrez que la montée en puissance de l'économie collaborative de type Uber est source d'une nouvelle période de croissance.**

## DOC. 10 La politique de veille pour anticiper les évolutions

Dans un environnement changeant et hyperconcurrentiel, savoir détecter les évolutions rapides, être attentif aux signaux d'affaires précurseurs d'opportunités, être au plus proche de la demande sont des enjeux prioritaires pour les entreprises. La maîtrise de l'information est un impératif pour agir avec justesse. C'est le rôle de la veille : collecter et analyser les informations sur son environnement afin d'en déduire les menaces et opportunités de développement. Avec le développement des technologies de l'information, une masse phénoménale de données est aujourd'hui exploitable au niveau des entreprises : rapports gouvernementaux, réseaux sociaux, flux RSS, images satellites…

**Palmarès des informations les plus recherchées et les plus difficiles à trouver (en % de l'échantillon global de répondants)**

| Les informations les plus recherchées | Les informations les plus difficiles à trouver |
|---|---|
| 1. Concurrents (65,9 %)<br>Clients (65,7 %)<br>2. Réglementation (58,7 %)<br>Marché (55,7 %)<br>Nouveaux produits (55,4 %)<br>3. Salons/manifestations (52,4 %)<br>Fournisseurs (51,2 %)<br>4. E-réputation (34,1 %)<br>5. Technologie/Brevets (31,9 %) | 1. Marché (33,8 %)<br>Concurrents (33,2 %)<br>2. Clients (23,8 %)<br>3. Réglementation (17,5 %)<br>4. Nouveaux produits (15 %)<br>Technologies/brevets (15 %)<br>E-réputation (14,7 %)<br>[…] |

Enquête sur les pratiques de veille et d'intelligence économique, Chambre de commerce et d'industrie de Bretagne.

**10. Pourquoi une politique de veille est-elle stratégique pour une entreprise ?**

APPROFONDISSEMENT

**11. Parmi les informations les plus recherchées par les entreprises, distinguez celles qui relèvent de l'anticipation du micro-environnement de celles qui permettent d'anticiper les évolutions du macro-environnement.**

# APPLICATION AU CAS

## FREE

### DOC. 1 Après la 4G, la technologie 5G

Les technologies 5G sont aujourd'hui au cœur des réflexions visant à doter l'Europe et la France d'infrastructures de communication de classe mondiale. Déployer ce type de technologie et les infrastructures associées [peut] notamment favoriser le développement de nouveaux services innovants, à l'attention à la fois des particuliers et des entreprises utilisatrices, dans des domaines variés : véhicule connecté, industrie du futur, ville intelligente, etc.

Grâce à sa base industrielle solide, la France dispose d'atouts de premier plan pour développer la 5G et ses nouvelles applications. Les mesures prises par le gouvernement en matière de très haut débit [permettent] en outre d'accélérer le déploiement de la 5G sur le territoire national.

www.economie.gouv.fr

### DOC. 2 Free participe à l'attribution des fréquences de la 5G

Les fréquences de la 5G ont été attribuées aux quatre principaux opérateurs : Bouygues Telecom, Free, Orange et SFR. Il s'agit d'une étape cruciale pour les opérateurs. Car, théoriquement, plus un opérateur achète de fréquences, plus il a de bande passante, et donc meilleurs sont les débits qu'il peut proposer à ses abonnés. Free aura déboursé 602 millions d'euros pour acquérir 70 Mhz de fréquences (autant que Bouygues et un peu moins que ses rivaux : Orange 854 millions pour 90 Mhz et SFR 728 millions pour 80 Mhz).

**1. Quels facteurs du macro-environnement sont porteurs d'opportunités et/ou de menaces ?**

**2. Montrez l'impact de ces facteurs sur l'entreprise de téléphonie mobile.**

# Tester ses connaissances

## 1 Quiz

**Scannez le QR Code ou saisissez le mini-lien pour tester vos connaissances avec le quiz numérique.**

liennathan.fr/q8v5i2

## 2 L'analyse des facteurs du macro-environnement

**Associez chacun des facteurs suivants à sa composante : politique, économique, socioculturelle, technologique, écologique ou légale.**

**a.** Variation du taux d'intérêt des crédits bancaires

**b.** Maintien par le gouvernement des aides pour les carburants

**c.** Développement de la voiture autonome grâce à l'intelligence artificielle

**d.** Obligation pour les grandes surfaces de plus de 400 m² de consacrer 20% de leur surface de vente au vrac d'ici 2030 avec la loi du 22 août 2021

**e.** Utilisation par un Français sur deux d'une gourde plutôt qu'une bouteille en plastique

**f.** Âge moyen de la maternité en augmentation : 30,9 ans en 2021

## ★ 3 L'habillement, un secteur en crise

1. **Identifiez les facteurs du macro-environnement qui pèsent sur l'industrie textile.**
2. **Précisez comment l'industrie textile peut inverser cette tendance.**

**DOC. Une baisse des ventes multifactorielle**

**Évolutions annuelles de ventes d'habillement de 2010 à 2021**

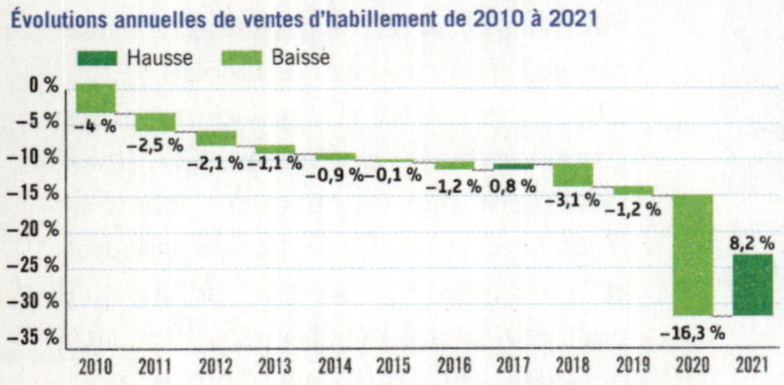


Source : Institut français de la mode

La campagne des soldes d'hiver 2022 a été décevante en raison du maintien des restrictions sanitaires, notamment l'obligation de télétravail. […] Et selon Kantar, près de 40% des Français estiment en outre ne pas avoir envie de faire du shopping car ils possèdent trop d'affaires. La gestion de la crise sanitaire à peine maîtrisée, le secteur doit cependant faire face à de nouvelles difficultés : problèmes d'approvisionnements, renchérissement des loyers, hausse marquée du prix des matières premières notamment. […]

Les injonctions de réduction d'empreinte environnementale devraient également influencer les modèles des entreprises du secteur. […] Les marques verdissent leur image, que ce soit sur les matières premières, sur le «durable» ou sur des relocalisations.

Si la prise de conscience écologique ne s'est pas (encore) traduite par de la sobriété sur la consommation de prêt-à-porter en volume, des changements de comportement se confirment, notamment l'engouement pour la seconde main. […]

L'Union européenne souhaite fixer des objectifs sur le recyclage, les dégâts de la *fast fashion* sur l'environnement, les invendus et les microplastiques en durcissant les normes. Un des effets de ces mesures pourrait être un «passeport numérique» sous forme de QR code, qui apporterait des informations sur la traçabilité et les matériaux aux consommateurs.

**syndex.fr, 20 avril 2022.**

# 4 L'alimentation durable avec TomoGrow

1. Présentez et qualifiez le type d'innovation mise en œuvre par l'entreprise TomoGrow.
2. À l'aide de la méthode PESTEL, identifiez les éléments du macro-environnement qui influencent l'activité de l'entreprise TomoGrow.

## DOC. 1 TomoGrow : ils veulent faire pousser les aromates au supermarché

TomoGrow, jeu de mots en anglais né de la fusion du mot *tomorrow* (« demain ») et du verbe « pousser » (*to grow*), c'est le nom d'une start-up qui projette de faire pousser directement des aromates – persil, menthe, basilic, coriandre… – puis des légumes dans les supermarchés, dans des micro-fermes. C'est une idée folle, qui a germé lors du confinement, raconte Jérémie Delbart, cofondateur de TomoGrow.

[…] Rapidement, Jérémie sent qu'il a besoin d'être épaulé. Il publie une offre sur LinkedIn, le réseau social professionnel, pour trouver un associé. « *Un de mes cousins m'en a parlé, je suis allée voir l'annonce*, reprend Camille Ernould. *Je travaillais dans une fromagerie à la ferme, dans l'Avesnois. Je m'éclatais mais j'ai toujours été attirée par l'entrepreneuriat et je savais qu'un jour, je monterais ma propre société. Nous avons échangé pendant le confinement avant de nous associer en 2021.* » Camille, diplômée de l'ISA, apporte des compétences, notamment en marketing et en communication, qui font évoluer le projet.

« *Aujourd'hui*, raconte Jérémie, *30 % en moyenne des produits frais qui entrent en supermarché sont jetés car ils ne sont pas achetés.* » Ce pourcentage monte à 70 % pour les aromates, « des produits très frais et très fragiles », expliquent les deux associés. Dès qu'un aromate est cueilli, s'enclenche la course contre la montre. « *Au bout de 13 h, la plante a perdu la moitié de ses qualités organoleptiques (son goût).* »

Ils ont donc inversé la logique : « *Au lieu de faire pousser les aromates loin du consommateur puis de les livrer au supermarché, nous allons les faire pousser directement dans des micro-fermes, installées dans les magasins.* » Des aromates que les clients cueilleront eux-mêmes, comme s'ils étaient dans leur propre potager et qui continuent de pousser tant qu'ils ne sont pas cueillis. […] « *Les magasins ne voulaient pas réaliser de gros travaux pour accueillir nos fermes. Il a fallu trouver une autre solution.* » Une solution miracle… mais secrète. […] Ce qui donne un produit frais et hyperlocal, mais pas bio. Car même si les aromates poussent sans pesticides, ils sont hors-sol. Ces fermes, des vitrines du format d'une tête de gondole de supermarché, sont connectées et permettent donc de suivre en direct et à distance ce qui se passe à l'intérieur. Derrière, se déploie une toile d'araignée qui repose sur un principe simple : une ferme-mère, centrale et pas trop éloignée des points de vente, dans laquelle est réalisée la germination des plants avant la livraison dans les micro-fermes.

**Hervé Vaughan, terres-et-territoires.com, 21 avril 2022.**

## DOC. 2 Planet-score, le nouvel étiquetage environnemental

L'objectif de cette nouvelle étiquette apposée sur les emballages des produits de consommation est de « *rendre visible l'impact environnemental des produits alimentaires* », affirment les responsables de cette initiative […].

« *Le Planet-score a émergé dans le cadre de l'appel à propositions lancé par l'ADEME* [Agence de la transition écologique, NDLR] *et le ministère de la Transition écologique sur l'étiquetage environnemental des produits alimentaires, qui devrait devenir progressivement obligatoire d'ici 2024 ou 2025* », expliquent-ils.

« *L'étiquetage environnemental relève actuellement d'une démarche volontaire. Mais en vertu de la loi Agec (février 2020) et de la loi Climat et résilience (août 2021), il devrait figurer sur l'emballage des produits alimentaires à compter de 2023 […]* », précise le média agricole *Plein Champ*.

**Nastasia Michaels, geo.fr, 11 juillet 2022.**

## 1 Repérer les principaux éléments du macro-environnement de l'entreprise

### Macro-environnement

**Caractéristiques générales de l'économie et de la société susceptibles d'exercer une influence sur l'entreprise**

**Outil d'analyse : la méthode PESTEL**

- **Politique** Orientations politiques, rôle de l'État…
- **Économique** Conjoncture, prix, marchés, concurrence…
- **Socioculturel** Valeurs, modes, comportements…
- **Écologique** Normes de pollution, déchets, recyclage…
- **Technologique** Modes de production, innovations…
- **Légal** Lois, réglementations…

## 2 Analyser les évolutions de l'environnement et en identifier les conséquences sur la situation de l'entreprise

### Évolutions de l'environnement général

**Mondialisation, digitalisation et numérisation de l'économie, société de l'information, hyperconcurrence, innovation constante, incertitude et instabilité des marchés…**

**Influence forte sur l'entreprise : OPPORTUNITÉS ET MENACES**

- **Suivre les évolutions**
  - **LA VEILLE**
- **Anticiper les évolutions**
  - **L'INNOVATION :** de produit, de procédé, organisationnelle, de commercialisation
  - **SCHUMPETER :** l'entrepreneur innovateur, acteur du renouvellement de l'économie

### CONSTRUIRE SA SYNTHÈSE

**Rédigez votre synthèse à l'aide des mots-clés suivants :**

Macro-environnement – Micro-environnement – Méthode PESTEL – Opportunités – Menaces – Innovation (Schumpeter) – Veille

# Ilona B et le marché de l'influence

THÈME 2

ENTRAÎNEMENT GUIDÉ

## Contexte

Ilona B est une influenceuse bien connue des milieux de la mode et de la décoration.
Sa *success story* démarre dès le lycée, période au cours de laquelle elle tient un blog pour partager ses découvertes mode et beauté avec ses amis, puis sa renommée s'étend très vite grâce aux réseaux sociaux.
Elle crée son compte « Ilona B » sur Instagram en 2020 et le nombre de personnes qui la suivent explose.
Après avoir reçu des propositions de collaboration de marques comme Zara et Etam, elle crée son entreprise en 2021, sous la forme d'une entreprise individuelle.
Dans ce marché relativement récent et en plein essor, les difficultés sont nombreuses pour une jeune entrepreneuse. En effet, alors qu'en 2021 le marketing d'influence représente un marché mondial de 13,8 milliards de dollars (contre 1,7 milliard en 2016), on observe en France que 38 % des influenceurs n'ont reçu aucune rétribution financière.
Dans ce contexte de forte concurrence, Ilona B souhaite davantage professionnaliser son activité avec deux objectifs pour 2024 :

– investir dans des outils numériques plus performants, ce qui nécessitera un prêt bancaire ;
– réduire les risques liés à la promotion de produits sur les réseaux sociaux, notamment en matière de publicité.

### 1 Exposez les modalités de la régulation des campagnes d'influence sur les réseaux sociaux auxquelles est soumise Ilona B.

a. **Sens de la question :** il s'agit de montrer comment est encadrée la promotion des marques sur les réseaux sociaux, soit le rôle de la loi et de l'ARPP (autorité administrative indépendante).

b. **Compétence à travailler** Droit **:** repérer les niveaux de régulation du marché.

c. **Notions à maîtriser :** le rôle du droit dans la régulation, le rôle des autorités administratives indépendantes.

d. **Méthodologie à exploiter :** savoir exploiter des ressources juridiques (ici, un texte de loi notamment) (fiche méthode 5, p. 231).

### 2 Caractérisez la politique économique mise en œuvre dans le cadre du plan France Num, puis indiquez dans quelle mesure ce plan peut favoriser l'activité d'Ilona B.

a. **Sens de la question :** il s'agit de justifier la nature de la politique économique mise en œuvre (conjoncturelle ou structurelle) en indiquant ses principaux objectifs, puis de repérer les dispositifs dont Ilona B pourrait bénéficier.

b. **Compétence à travailler** Économie **:** identifier les principales politiques économiques et leurs outils.

c. **Notions à maîtriser :** les politiques économiques et leurs finalités, les politiques structurelles.

d. **Méthodologie à exploiter :** analyser un texte à caractère économique (fiche méthode 1, p. 224).

### 3 Présentez les éléments du macro-environnement qui influencent l'entreprise d'Ilona B, à l'aide de la méthode PESTEL.

a. **Sens de la question :** il faut repérer, dans les annexes et dans l'exposé du contexte, les différents éléments constitutifs de l'environnement d'Ilona B, puis expliciter leur influence (positive ou négative) sur son entreprise.

b. **Compétence à travailler** Management **:** repérer les principaux éléments du macro-environnement de l'entreprise.

c. **Notions à maîtriser :** les facteurs politiques, économiques, socioculturels, techniques, environnementaux et légaux.

d. **Méthodologie à exploiter :** conduire une analyse organisationnelle (fiche méthode 6, p. 234).

# Dossier documentaire

## ANNEXE 1 Quelles sont les règles applicables au contenu publicitaire des influenceurs ?

Il n'existe pas à l'heure actuelle de réglementation spécifique pour la promotion réalisée par les influenceurs. Ils restent cependant soumis aux dispositions générales sur le contenu publicitaire. Elles sont prévues par la Loi pour la confiance dans l'économie numérique (LCEN). L'article 20 prévoit notamment que « *toute publicité, sous quelque forme que ce soit, accessible par un service de communication au public en ligne, doit pouvoir être clairement identifiée comme telle. Elle doit rendre clairement identifiable la personne physique ou morale pour le compte de laquelle elle est réalisée* ».

Par ailleurs, l'article 111-7 du Code de la consommation apporte des précisions. « *Tout opérateur de plateforme en ligne doit délivrer au consommateur une information loyale, claire et transparente sur l'existence d'une relation contractuelle dès lors que cela influence sur le classement ou le référencement des contenus en ligne* ».

Enfin, l'ARPP[1] recommande la transparence pour tous les contenus à caractère commercial diffusés sur les réseaux sociaux. [...]

*Bon à savoir : les hashtags #ad [publicité] et #sp [sponsor] ne sont pas considérés comme une information suffisante du caractère promotionnel d'un contenu.*

1. Autorité de régulation professionnelle de la publicité

**Henri de la Motte Rouge, tlmr-avocats.com, 19 avril 2022.**

## ANNEXE 2 Le marketing d'influence en 2022

Actuellement, la taille du marché du marketing d'influence est de 13,8 milliards de dollars, et devrait atteindre 15 milliards de dollars d'ici fin 2022 (source : HubSpot). [...]

Par conséquent, en 2022, plus de 75 % des marketeurs prévoient d'allouer un budget pour le marketing d'influence (source : Influencer Marketing Hub).

**Les avis clients, un vecteur d'achat**

Les avis consommateurs, ou avis clients, alimentent les fiches produits et services sur divers sites, rassurent et influencent la prise de décision d'achat. En effet, 90 % des consommateurs lisent des avis sur le site de la marque ou sur une plateforme dédiée avant de passer à l'achat. [...]

**Le e-commerce continue son ascension**

L'une des conséquences de la crise sanitaire a été l'explosion du e-commerce. Acheter en ligne fait partie du quotidien de beaucoup de consommateurs car une grande variété de produits sont à portée de main grâce au e-commerce. Effectivement, 81 % des internautes français achètent en ligne, ce qui fait de la France le deuxième marché e-commerce le plus important d'Europe (source : Fevad *via* BDM).

**Marine Aubagna, skeeper.io, 22 février 2022.**

## ANNEXE 3 Aides France Num pour la transformation numérique

**L'initiative France Num a pour objectif de vous accompagner dans votre transformation numérique pour développer votre activité au moyen du numérique.**

**De quoi s'agit-il ?**

L'initiative France Num contribue au développement économique de votre TPE/PME grâce à l'augmentation de votre utilisation du numérique en réponse à vos besoins. [...]

**Pour développer ou gérer votre activité avec le numérique, l'initiative France Num se renforce et plusieurs dispositifs vous sont proposés dans le cadre du Plan de relance :**

**1.** Formations France Num : des sessions de formation ou de sensibilisation animées par des experts. Elles sont gratuites pour les TPE/PME car financées par le Plan de relance.

**2.** Tutos « Connecte Ta Boîte » : des tutos de 2 minutes vous permettent de découvrir des points essentiels pour réussir votre numérisation. [...]

**3.** Garantie de prêt France Num : des prêts bancaires (garantis par l'État et la Commission européenne) pour soutenir vos projets de numérisation.

**www.economie.gouv.fr, 12 mai 2022.**

## ANNEXE 4 Les offres France Num

Que vous souhaitiez devenir créateur de contenu professionnel, lancer votre activité ou développer votre business, vous trouverez la formation adaptée à votre objectif pour transformer votre compte Instagram en véritable aimant à abonnés, partenariats ou clients.

Nous vous fournissons toutes les clés pour développer un compte Instagram captivant, qui se démarque de la concurrence et qui attire des milliers d'abonnés engagés autour de vos contenus, de vos passions, de vos produits ou de vos services.

Nous vous proposons 3 formules :

- Cursus Business, spécifiquement dédiée aux professionnels qui souhaitent développer leur business ou leur activité *via* les réseaux sociaux ;
- Cursus influenceur, spécialement conçu pour les apprentis influenceurs qui souhaitent vivre de leur contenu et de leur image sur Instagram et les réseaux sociaux ;
- Double cursus, qui cumule les 2 spécialités et s'adapte à tous vos projets. Les passerelles entre influenceurs et entrepreneurs sont multiples et stratégiques.

**www.francenum.gouv.fr, 22 juin 2022.**

# Air France-KLM

**CONTEXTE DU SUJET**

Fondée en 1933, Air France s'impose en quelques années seulement comme une compagnie majeure sur la scène internationale. La première compagnie aérienne française structure d'abord son réseau autour de trois plates-formes : Marignane (Marseille) pour la Méditerranée et l'Orient, Toulouse pour l'Amérique du Sud, et surtout Le Bourget pour les liaisons avec les principales villes européennes.

En 2004, à la suite du rachat de la compagnie néerlandaise KLM, Air France devient le groupe Air France-KLM, l'un des transporteurs aériens les plus importants au niveau mondial en termes de chiffre d'affaires et de nombre de voyageurs transportés.

L'activité du groupe Air France-KLM se répartit entre le transport aérien de passagers, son cœur de métier, le fret, la maintenance et l'entretien aéronautiques, les domaines connexes du catering (commissariat aérien) à travers sa filiale Servair et des services à travers Air France Consulting.

Cependant, depuis quelques années, le transport aérien a totalement changé sous l'influence des évolutions technologiques, de l'ouverture du ciel à la concurrence et de nouveaux modèles comme le *low cost*. Face à ces changements, Air France a du mal à s'adapter et à faire face à la pression concurrentielle.

De plus, au cours de la pandémie de Covid-19, le groupe Air France-KLM a subi des pertes de 7,1 milliards d'euros en 2020 et 3,3 milliards en 2021. En 2022, il est repassé au vert sur les neuf premiers mois de l'année. Sauvé de la faillite par les interventions des États français et néerlandais, le groupe est finalement sorti rentable de la crise. 2023 s'annonce comme l'année de la compensation des pertes enregistrées. Le retour à l'équilibre se présente donc comme un défi de taille face à l'inflation, la crise de l'énergie et un ralentissement de la croissance.

**L'étude est composée de 3 missions :**

**MISSION 1 : L'évolution du marché du transport aérien en Europe**

**MISSION 2 : L'innovation du groupe Air France-KLM**

**MISSION 3 : L'adaptation du groupe à son environnement**

**Composition du dossier documentaire :**



**En prenant appui sur vos connaissances, le contexte et le dossier documentaire, il vous est demandé de répondre aux questions relatives aux trois missions du sujet. Vous êtes invité(e) à mobiliser les concepts et les apports théoriques dès lors qu'ils sont pertinents et que le lien avec la mission est argumenté.**

## MISSION 1 L'évolution du marché du transport aérien en Europe

**(Annexes 1, 2 et 3)**

L'entrée de nouveaux acteurs sur le marché aérien a remis en cause les monopoles nationaux. Parmi ces nouveaux acteurs, l'émergence des compagnies dites « à bas coûts » (comme Ryanair ou EasyJet) a radicalement modifié la nature du secteur. Ces compagnies à bas coûts ont contraint les autres compagnies à se restructurer afin de pouvoir faire face à cette nouvelle offre.

**1.1.** **Repérez les acteurs et l'évolution du marché du transport aérien en Europe.**
**1.2.** **Justifiez l'intervention de la Commission européenne dans la fusion Air France-KLM.**
**1.3.** **Analysez les conditions du contrôle et de l'autorisation de la fusion Air France-KLM.**

## MISSION 2 L'innovation du groupe Air France-KLM

**(Annexes 4, 5, 6 et 7)**

En raison de sa très forte empreinte carbone, le transport aérien est à contre-courant de la sauvegarde de l'environnement. Pour redorer son image et contribuer à limiter le réchauffement climatique, il doit accélérer sa transition environnementale. Ainsi, afin de réduire sa consommation de carburant et ses émissions de $CO_2$, Air France a choisi la solution d'éco-pilotage SkyBreathe®, développée en partenariat entre Transavia France, compagnie du groupe Air France-KLM, et OpenAirlines, société internationale de logiciels basée à Toulouse. Engagé dans une démarche de recherche et d'innovation, le groupe souhaiterait protéger juridiquement ses futures innovations.

**2.1. Repérez les objectifs de l'Europe en matière d'innovation et justifiez son intervention dans ce domaine.**

**2.2. Présentez le rôle de l'innovation pour le groupe Air France-KLM.**

**2.3. Présentez, en argumentant, la solution juridique qui pourrait être retenue par le groupe Air France-KLM s'il souhaitait protéger ses innovations.**

## MISSION 3 L'adaptation du groupe à son environnement

**(Annexes 5, 6, 8 et 9)**

Frappé par la crise sanitaire, Air France-KLM essaie de se projeter dans un avenir incertain. Pour faire face à la situation, la compagnie française Air France doit réduire fortement ses coûts en contrepartie d'une aide financière de l'État français de 7 milliards d'euros. Au nom de la transition écologique, le gouvernement exige, en contrepartie de son aide, l'abandon des liaisons desservies en moins de 2 heures 30 par le TGV. Air France-KLM va réduire de 40 % ses vols nationaux, dont les comptes plombent les résultats financiers du groupe.

**3.1. Analysez les évolutions de l'environnement du groupe Air France-KLM.**

**3.2. Identifiez les conséquences sur la situation du groupe.**

**3.3. Repérez les objectifs de l'intervention de l'État dans ce contexte économique.**

# DOSSIER DOCUMENTAIRE

## ANNEXE 1 Le marché du transport aérien

Depuis le milieu des années 1990, le principe de libre concurrence a structuré l'organisation du transport aérien en Europe. […]
La concurrence a été possible par la création d'une demande nouvelle, dopée par la croissance économique, par l'apparition d'une large classe moyenne asiatique, par le déplacement des hommes et femmes d'affaires et par le développement effréné d'un hyper-tourisme de masse. […] Sur le marché des vols réguliers, l'incroyable essor des compagnies *low cost* n'a pas été affecté par les crises. D'une part de marché de 3 % en 2001, ces nouveaux entrants avaient grignoté jusqu'à 27 % du marché des vols réguliers en 2015.

**Romain Papy, www.lesechos.fr, 16 avril 2020.**

Selon les chiffres publiés […] par Eurocontrol, le trafic aérien a retrouvé l'année dernière 83 % de son niveau de 2019, avant la crise sanitaire. « *En 2022, l'aviation européenne a résisté à la tempête* », a résumé l'organisme. Après le variant Omicron en début d'année puis l'invasion de l'Ukraine, « *le trafic a quand même retrouvé 86 %* [du niveau de 2019] *en mai* ». […] Et ce sont les transporteurs *low cost* qui sont sortis renforcés de la crise, retrouvant 85 % de leur trafic de 2019, contre 75 % pour les transporteurs classiques. Ryanair a conforté sa première place européenne, en réalisant l'an dernier 109 % de ses vols de trois ans plus tôt, comme Volotea. Les vols Air France ont représenté 80 % du niveau de 2019, ceux de Lufthansa 72 %, un peu mieux que British Airways (71 %). […] Eurocontrol prédit que le nombre de vols annuels dans sa zone de compétence atteindra cette année 92 % du nombre de 2019, mais prévoit une année « difficile », l'enjeu étant de limiter les retards, fléau qui a affecté de nombreux voyageurs notamment au début de l'été 2022. Il s'agit notamment de la conséquence d'une pénurie de main-d'œuvre dans les aéroports.

**AFP, 2 janvier 2023.**

## ANNEXE 2 Bruxelles autorise la fusion Air France-KLM

La Commission européenne a donné mercredi 11 février [2004] son feu vert sous conditions à la fusion des compagnies aériennes Air France et KLM (Pays-Bas), qui donnera naissance au premier groupe aérien mondial en chiffre d'affaires, devant American Airlines (AMR). […] En nombre de passagers transportés, le nouvel ensemble se classerait en quatrième position des compagnies membres de l'Association internationale pour le transport aérien (IATA), avec 62,812 millions de passagers en 2002, juste derrière les trois majors américaines AMR, Delta Airlines et United Airlines.

La mise en commun des deux plates-formes (« hubs ») de Charles-de-Gaulle (CDG) et de Schiphol consolidera l'avance européenne d'Air France avec une somme de 21 954 connexions par semaine entre les vols moyen et long-courriers. Le double hub CDG-Schiphol se positionnerait loin devant ceux de Lufthansa à Francfort (9 974 connexions), et de British Airways à Londres-Heathrow (5 621 connexions). […]

CONCESSIONS

[La fusion] nécessite des concessions de la part des deux sociétés pour respecter les conditions de concurrence. La Commission a d'ailleurs expliqué dans un communiqué qu'elle a « *autorisé l'opération de concentration entre Air France et KLM après que les deux sociétés ont résolu les problèmes de concurrence, essentiellement entre Paris et Amsterdam et entre l'Europe et les États-Unis* ».

« *Après avoir examiné la première grande concentration dans le transport aérien en Europe, la Commission a demandé la cession de 94 créneaux de décollage et d'atterrissage par jour* » à Air France et à KLM, a-t-elle ajouté.

Ces concessions doivent permettre à des concurrents d'exploiter jusqu'à 31 vols aller-retour par jour concernant 14 destinations en Europe ou vers les États-Unis ou l'Afrique, pour lesquelles des problèmes de concurrence avaient été détectés, a ajouté la Commission.

**www.sud-aerien.org**

## ANNEXE 3 Un sauvetage réussi pour KLM

[…] En 2004, Air France lançait une OPA amicale sur KLM et prenait 100 % du capital de la quatrième compagnie européenne en échange de 19 % du sien. À l'époque, le chiffre d'affaires du Néerlandais était deux fois inférieur à celui du Français : 12 milliards d'euros contre 6. Sans ce rapprochement, KLM aurait disparu. [En 2015], le groupe Air France-KLM affichait enfin des bénéfices de 118 millions d'euros, après une longue période de vaches maigres et un redressement laborieux depuis la crise de 2008. La chute des cours du carburant expliquait pour beaucoup ce résultat positif. […]

**Une intégration réussie**

British Airways avec Iberia et Aer Lingus, Lufthansa avec Sabena, Swissair ou Austrian… Aucun groupe aérien européen n'est allé aussi loin dans l'intégration qu'Air France avec KLM. Les deux compagnies gèrent en commun leurs forces commerciales, les escales et proposent un seul programme de fidélité. Les fonctions stratégiques utilisent les mêmes outils. Les réseaux long-courriers se sont « emboîtés » comme en Afrique, où KLM est très présent à l'est du continent et Air France à l'ouest. Le groupe a aussi misé sur une première en Europe : un double hub avec Roissy CDG et Amsterdam Schiphol. […]

**Sylvie Andreau, *Le Journal du Dimanche*.**

## ANNEXE 4 Un groupe engagé et innovant

La première compagnie de l'Hexagone, Air France, a déployé un département de recherche et d'innovation afin de compenser ses émissions carbone et d'atteindre les ambitieux objectifs de l'Accord de Paris. À travers différents projets de compensation carbone, elle s'inscrit dans une démarche de développement durable. Dès 1996, la publication de rapports annuels sur son impact environnemental place le groupe Air France-KLM parmi les plus investis. En signant la convention d'engagement lors du Grenelle de l'Environnement de 2008, Air France établit et atteint ses objectifs, notamment la modernisation et l'amélioration de l'efficacité énergétique de la flotte, et la réduction des nuisances sonores. Elle ne cesse d'innover depuis sur l'éco-pilotage en collaborant avec des start-up françaises (OpenAirlines, Safety Line).

**www.carbon-compensation.com, 7 septembre 2022.**

La compagnie aérienne utilisera la technologie SkyBreathe (développée en partenariat avec la filiale d'Air France-KLM Transavia France), qui se sert « *d'algorithmes de big data, l'intelligence artificielle et l'apprentissage automatique* » pour analyser « *des milliards d'enregistrements de données* » de vols. Les résultats serviront à identifier les opportunités de baisse de $CO_2$ les plus pertinentes afin de mettre en place « *une série d'actions qui pourraient réduire la consommation totale de carburant jusqu'à – 5 %.* » […] Commentant les informations, Jean Fernandez, vice-président exécutif des opérations aériennes d'Air France, a déclaré : « *Le développement durable est une priorité absolue chez Air France, et l'une de nos plus grandes opportunités pour réduire l'empreinte carbone de l'aviation. Au-delà de la modernisation de notre flotte, l'objectif est de mettre en œuvre des procédures plus efficaces, à bord et sur le terrain, pour rendre nos opérations plus vertes. Nous avons choisi SkyBreathe parce qu'OpenAirlines est une entreprise agile avec une longue et solide expérience dans les économies de carburant. Grâce à SkyBreathe, nous comprendrons mieux nos opérations et améliorerons l'efficacité de nos vols en tirant parti de données précises. Notre ambition est d'être plus compétitif tout en renforçant notre leadership en matière d'excellence environnementale.* » La pandémie de Covid-19 a placé le développement durable au premier plan de l'industrie aéronautique, les gouvernements exigeant que des mesures environnementales soient prises en échange des aides d'État.

**www.businesstravel.fr, 15 juillet 2020.**

## ANNEXE 5 Un accord sur le programme Europe numérique pour 2021-2027

Le Parlement européen et le Conseil de l'Union européenne sont parvenus à un accord politique provisoire sur le tout premier programme pour l'Europe numérique, qui fait partie du budget à long terme de l'UE présenté par la Commission. Le programme, proposé en juin 2018, investira dans cinq secteurs numériques clés : le calcul haute performance, l'intelligence artificielle, la cybersécurité et la confiance, les compétences numériques avancées, et garantir une large utilisation et un large déploiement des technologies numériques à travers l'économie et la société, afin de renforcer le leadership technologique industriel européen.

**https://ec.europa.eu, 14 février 2019.**

## ANNEXE 6 L'Europe à l'horizon 2030 : les défis à relever

L'Europe a souvent des difficultés à traduire la recherche scientifique en nouveaux produits, brevets, activités d'entreprise et emplois. Une concurrence insuffisante sur les marchés des services entrave l'innovation, augmente les coûts et limite la croissance. Les services financiers, les services numériques de nouvelle génération, les solutions énergétiques et les services visant à promouvoir la santé et l'apprentissage recèlent tous un potentiel considérable. L'UE est bien placée pour jouer un rôle de premier plan dans les nouveaux secteurs tertiaires, mais uniquement si les prestataires de services sont soutenus par un marché d'envergure européenne et un nouvel environnement réglementaire propices à l'innovation et à la créativité. Des marchés mondiaux libres et respectueux des droits de propriété intellectuelle constituent un terrain favorable indispensable à l'innovation. […] Dans le même temps, l'UE doit réformer les règles de la propriété intellectuelle, par exemple en créant un système européen des brevets qui soit simple, abordable, rapide et raisonnable et qui offre une protection efficace à l'échelle européenne. […] L'économie créative continuera d'évoluer plus rapidement que les processus politiques destinés à la soutenir ou à la réglementer. Chaque jour, elle révèle de nouveaux horizons et des perspectives révolutionnaires. La souplesse et la réactivité doivent par conséquent constituer la base de tout cadre réglementaire dans ce domaine. Faciliter une culture de la prise de risque et de l'esprit d'entreprise est encore plus important. Ce n'est que de cette manière que l'UE récoltera pleinement les fruits de la recherche et de l'expérimentation, et créera ainsi des emplois.

**https://espas.secure.europarl.europa.eu**

## ANNEXE 7 Record de demandes de brevets en Europe en 2021

L'Office européen des brevets (OEB) a enregistré 188 600 demandes de brevets en 2021, soit 4,5 % de plus que l'année précédente, établissant ainsi un nouveau record. Le baromètre Patent Index 2021 de l'OEB, dévoilé [le 5 avril 2022], montre que les demandes de brevets ont connu un rebond important [en 2021], après un léger recul en 2020. Le volume de demandes de brevets, qui constitue un indicateur précoce des investissements des entreprises en R&D, a augmenté dans neuf des dix secteurs

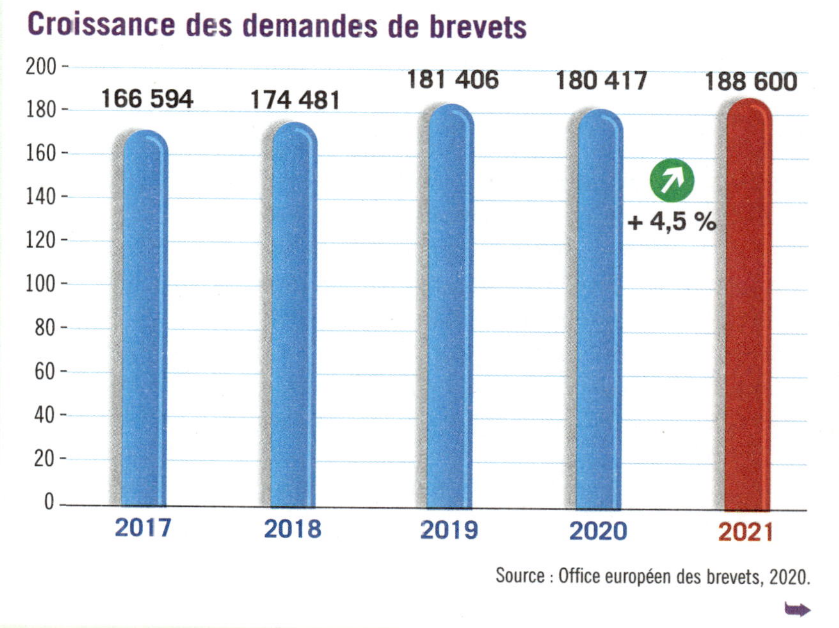


Source : Office européen des brevets, 2020.

technologiques les plus actifs en matière de brevets. La communication numérique et l'informatique affichent la plus forte hausse. «*Le niveau élevé des demandes de brevets l'année dernière montre que l'innovation est restée soutenue*», a déclaré António Campinos, le président de l'OEB. «*Cela met en évidence la créativité et la résilience des innovateurs en Europe et dans le monde. Ils ont déposé davantage de demandes de brevets et la forte croissance des technologies numériques fournit une preuve éloquente de la transformation numérique en cours dans tous les secteurs et toutes les industries*», a-t-il ajouté.

**www.epo.org, 5 avril 2022.**

## ANNEXE 8 De nouveaux défis à relever pour le transport aérien

Un pétrole qui a pris 50% en un an, des salaires revus à la hausse face à l'inflation [...]: le transport aérien subit, comme l'ensemble des acteurs économiques, une forte pression sur ses coûts de production. [...] Le transport aérien est enfin sorti de la crise Covid. «*L'envie comme le besoin de voyager sont là.*» [...] Ce bilan positif est néanmoins tempéré par Alain Battisti, patron de la compagnie Chalair et ex-président de la FNAM [Fédération nationale de l'aviation marchande]: «*Malgré l'embellie perçue, le trafic en août dernier est à 87,5% de son niveau en 2019, soit 13 points de moins. Ce qui n'est pas neutre.*» [...] «*Les entreprises sont moins au rendez-vous de la reprise du trafic que les autres segments*», constate Alain Battisti. [...] Un phénomène qui devrait se poursuivre alors [...] que «*certains grands groupes du CAC40 auront en 2023 des budgets voyage aérien en baisse de 50%, voire des deux tiers*». Les acteurs du transport aérien expliquent ce recul de la clientèle d'affaires de plusieurs façons, que ce soit par l'anticipation de la récession économique, mais aussi et surtout l'évolution des habitudes de travail et le recours à la visioconférence et, bien évidemment, par l'application de politiques RSE de plus en plus strictes. [...] Alors que les avionneurs et les compagnies travaillent sur les innovations et ruptures technologiques qui rendront possible la transition énergétique du secteur, le principal levier pour optimiser les émissions dès aujourd'hui reste le carburant d'aviation durable. [...]
En parallèle, la FNAM demande aussi aux pouvoirs publics de ne pas pénaliser, en cédant à la taxation à outrance, l'investissement massif requis par les compagnies pour la transformation massive de leur flotte. D'autant qu'après deux ans de pandémie, des dettes importantes et maintenant une crise économique, la santé économique du secteur est encore fragile.

**Arnaud Deltenre, www.voyages-d-affaires.com, 21 novembre 2022.**

## ANNEXE 9 435 millions d'euros pour verdir le transport aérien

L'État français va consacrer 435 millions d'euros à partir de 2023 à la décarbonation du secteur du transport aérien, a annoncé le ministre délégué aux Transports Clément Beaune vendredi à l'occasion d'une réunion des acteurs de la filière sur le site d'Airbus à Toulouse. «*La décarbonation de l'aviation n'est pas une option, c'est une obligation*», a déclaré le ministre dans un communiqué, s'engageant ainsi à «*accompagner le secteur dans cette transition indispensable à son avenir*». [...] En début d'année, le gouvernement avait annoncé l'octroi de 800 millions d'euros au Conseil pour la recherche aéronautique civile (Corac), qui regroupe les industriels du secteur et l'État, afin de développer d'ici à 2030 le premier avion bas carbone. Sur ces 800 millions d'euros, 300 millions devaient être déployés en 2022 puis 300 millions en 2023 et 200 millions en 2024. C'est l'enveloppe pour 2023 qui est maintenant gonflée à hauteur de 435 millions, soit une augmentation de 135 millions d'euros.
Interrogé par l'AFP sur les projets à l'étude et la répartition de ce budget de près d'un demi-milliard d'euros, le ministère a répondu que «*la programmation est en cours de définition avec la filière*». Les acteurs de l'aéronautique planchent déjà sur des innovations technologiques pour réduire les émissions de $CO_2$ des avions. Airbus, qui s'est engagé à ce que ses avions volent à 100% avec des carburants verts d'ici 2030, développe un avion à hydrogène. De son côté, Safran travaille sur des équipements électriques. [...] Bien qu'anémié par la pandémie, le trafic aérien mondial devrait, lui, atteindre 10 milliards de passagers en 2050, plus du double de son niveau de 2019. Soit autant d'émissions en plus si rien n'est fait. L'Association internationale du transport aérien (Iata), qui fédère la grande majorité des compagnies aériennes, ainsi que l'industrie aéronautique se sont engagées à réduire à zéro les émissions nettes de $CO_2$ d'ici 2050, en incluant des mécanismes controversés de compensations carbone.

**AFP, 9 décembre 2022.**

# THÈME 3

# L'organisation de l'activité de l'entreprise

THÈME 3

# L'organisation de l'activité de l'entreprise Tee-shirt de France

**Tee-shirt de France**

**100 % français !**

**100 % qualité !**

**CONTEXTE DE L'ENTREPRISE**

## Tee-shirt de France

L'entreprise Tee-shirt de France, aujourd'hui florissante, a été créée en 2018 dans le but de reconquérir le marché du tee-shirt largement dominé par les produits étrangers. Après les entreprises chinoises, où le coût de la main-d'œuvre s'élève progressivement depuis quelques années, ce sont celles du Pakistan et du Bangladesh qu'il s'agit de concurrencer depuis peu.

Dans tous les cas, le faible prix de revient de ces vêtements d'origine asiatique va de pair avec une qualité moyenne, voire médiocre. L'ambition de Thibault Guillot, le fondateur de Tee-shirt de France, a été de proposer un produit de qualité, certes plus cher que ce à quoi les clients s'étaient habitués.

***Les choix de fonctionnement de l'entreprise Tee-shirt de France***

Accepter de développer sa compétitivité sur un autre registre que celui du prix ne permettait pas pour autant d'éluder la question des coûts ni celle des modes de production ou du financement de l'activité.

Par ailleurs, si la structure d'origine de l'entreprise a permis d'installer une équipe efficace, la conquête de parts de marché significatives a obligé à revoir l'organisation juridique de l'entreprise et à repenser son management.

**Quelles décisions se sont imposées à l'entreprise Tee-shirt de France pour déterminer au mieux ses choix de production, l'organisation de ses ressources et de son financement et pour choisir sa forme juridique tout en assumant les risques inhérents à son activité ?**

# 10 Les choix de production de l'entreprise

## LES COMPÉTENCES ATTENDUES

- Caractériser la structure de coût de l'entreprise.
- Analyser l'influence de paramètres économiques (taux d'intérêt, coûts des facteurs…) sur les décisions de l'entreprise.
- Argumenter le choix de l'entreprise entre « faire » ou « faire faire ».

## LES SAVOIRS ASSOCIÉS

- Les facteurs de production (capital, travail, matières premières, connaissances)
- Les gains de productivité et coûts de production
- La chaîne de valeur
- Les principes et finalités de l'impartition

## PLAN DU CHAPITRE

## Produire encore ou s'arrêter ?

Les prix du gaz se sont envolés à des niveaux record depuis le 22 août [2022], avec l'annonce d'une nouvelle suspension pour maintenance du gazoduc Nord Stream du géant russe Gazprom. L'électricité suit la tendance.

Les prochains mois s'annoncent difficiles. Les industriels européens les plus gourmands en énergie sont sous la pression des prix stratosphériques de l'électricité et du gaz. Certains commencent à tanguer. Le groupe Norsk Hydro a annoncé l'arrêt définitif fin septembre de la production d'aluminium primaire sur son usine de Slovalco, en Slovaquie, invoquant les coûts de l'énergie trop élevés. Le site, qui produisait en temps normal 175 000 tonnes d'aluminium, tournait déjà depuis plusieurs semaines à capacité réduite. Aux Pays-Bas, Nyrstar va placer en maintenance sa fonderie de zinc de Budel, pour une durée encore indéterminée.

**Solène Davesne, www.usinenouvelle.com, 22 août 2022.**

**PRIX DES MATIÈRES PREMIÈRES : LES INDUSTRIELS CHANGENT DE RECETTES**

**Vidéo**
liennathan.fr/f76sk3

1. **Identifiez le problème rencontré par les entreprises industrielles ainsi que ses conséquences.**
2. **Expliquez les décisions prises par les industriels.**

# 1 Caractériser la structure de coût de l'entreprise

## A Quels sont les facteurs de production utilisés par l'entreprise ?

**DOC. 1 Michelin, leader mondial sur le marché du pneumatique**

Avec 123 sites de production dans le monde et une présence commerciale dans 177 pays, le groupe Michelin est le premier fabricant de pneumatiques avec 15 % du marché mondial en 2021.
Avec son siège social à Clermont-Ferrand, la France est le berceau historique de Michelin qui y possède 16 sites industriels et 1 centre de recherche.

**Michelin, *Document d'enregistrement universel*, 8 avril 2022.**

***PEOPLE, PLANET, PROFIT***
**TOUT SERA DURABLE CHEZ MICHELIN**

***PEOPLE***
**125 000** personnes dans 177 pays

***PLANET***
**29 %** de matériaux durables
– **29 %** d'émissions de $CO_2$ par rapport à 2010

***PROFIT***
**23 795 M€** de ventes
**10,3 %** de rentabilité des capitaux employés (ROCE)

**DOC. 2 Les facteurs de production travail et capital**

Produire, certes. Mais avec quoi ? Avec du travail d'abord : il s'agit là de l'élément de base, indispensable. Même pour cueillir les champignons […], il faut une dépense de travail. Mais reconnaissons que le travail seul est d'une efficacité limitée : labourer la terre avec ses ongles n'est pas la méthode la plus rapide pour parvenir à ses fins. L'homme a besoin d'outils pour accroître l'efficacité de son travail. Il lui faut des moyens de production, ou encore du capital.

**Denis Clerc, *Déchiffrer l'économie*, Éd. La Découverte, 2020.**

**1. En quoi consistent les facteurs de production travail et capital dans le groupe Michelin ? Précisez le lien existant entre ces deux facteurs de production dans la fabrication des pneus.**

**DOC. 3 Plus de 200 matières premières dans la fabrication du pneu Michelin**

C'est en pratiquant une incision sur l'écorce de l'hévéa que le latex est recueilli sous la forme d'un liquide blanc et laiteux. […] Dans l'industrie du pneu, 60 % des caoutchoucs utilisés sont des caoutchoucs synthétiques fabriqués à partir d'hydrocarbures d'origine pétrolière […]. [Le caoutchouc synthétique] est particulièrement utilisé dans les bandes de roulement des pneus […] pour les bonnes propriétés d'adhérence qu'il permet d'obtenir […].
Issue du sable, la silice a des propriétés connues depuis longtemps, notamment l'amélioration de la résistance à la déchirure […]. Véritable squelette du pneu, [les renforts métalliques (acier) et textiles (le polyester, le nylon notamment)] garantissent sa géométrie et ses rigidités. Ils assurent également la souplesse indispensable lors du contact du pneu avec la route.

**http://toutsurlepneu.michelin.com/le-pneu-cet-inconnu-les-materiaux**

**FABRICATION DES PNEUS MICHELIN**

**Vidéo**
liennathan.fr/fy245y

## DOC.4 Le facteur de production naturel

[…] On dénomme ressources naturelles les diverses ressources minérales ou biologiques nécessaires à la vie de l'homme et à ses activités économiques. Celles-ci peuvent être subdivisées en deux groupes distincts :
– Les ressources non renouvelables, constituées par les matières premières minérales et les combustibles fossiles […] correspondant à un stock […] épuisable.
– Les ressources renouvelables qui peuvent, en principe, être exploitées sans épuisement, étant capables de se régénérer en permanence. Elles regroupent l'eau, les sols (terres cultivables) ainsi que les ressources biologiques, qui sont constituées par les communautés vivantes exploitées par l'homme (forêts, pâturages, pêcheries maritimes, biodiversité – espèces animales et végétales) et par les ressources génétiques (variétés de plantes cultivées et races d'animaux domestiques). […]

**François Ramade, « Ressources naturelles », *Encyclopædia Universalis* [en ligne].**

**2. Quelles sont les ressources naturelles utilisées par Michelin ? À quelle catégorie de ressources appartiennent-elles ?**

**3. Expliquez en quoi ces ressources naturelles sont des facteurs de production.**

## DOC.5 Innovation : Michelin conçoit les pneus du futur

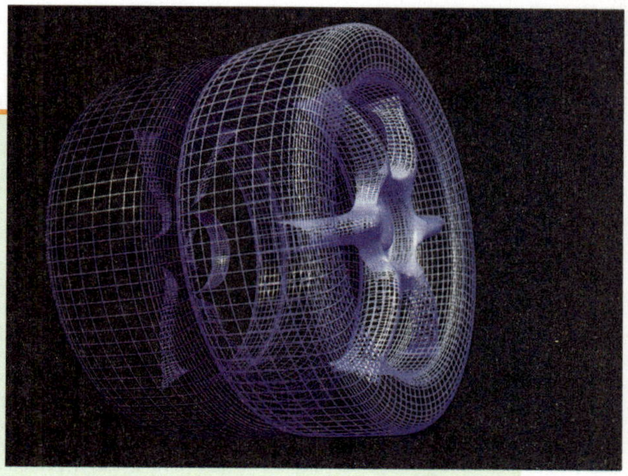

**Dans l'immense campus auvergnat, dédié entièrement à la R&D, les équipes de Michelin, organisées en mode projet, élaborent et testent les pneus du futur.**

Il est 7 heures du matin lorsque Philippe Jacquin passe le portique de sécurité du centre de recherche de Michelin, à Ladoux, dans la périphérie nord de Clermont-Ferrand. […] Arpentant la rue de l'innovation, longue de 313 mètres et surmontée d'une immense nef en verre, le vice-président B2C du développement pneumatique rejoint son équipe. […] « *Nous devons aujourd'hui nous adapter à un parc où les véhicules électriques, hybrides et connectés sont de plus en plus nombreux*, explique-t-il. *Pour chacun d'entre eux, le travail engagé sur l'architecture du pneu diffère, mais toujours avec l'exigence de durabilité qui est notre marque de fabrique.* » […]
Quelque 200 prototypes et autant de tests numériques sont nécessaires pour sortir une nouvelle gamme. […] Avec près de 700 millions d'euros investis cette année dans la recherche [soit près de 3 % de son chiffre d'affaires] et plus de 10 700 brevets actifs à travers le monde, le groupe veut augmenter la part de matériaux durables dans la conception de ses pneumatiques.

**Julie Krassovsky, capital.fr, 5 avril 2022.**

LE CENTRE DE RECHERCHE MICHELIN

**Vidéo**
liennathan.fr/769cpm

**4. En quoi consiste l'innovation chez Michelin ?**

**5. Expliquez pourquoi il est si important d'investir dans les connaissances pour Michelin.**

## B Les coûts de production de l'entreprise

**DOC. 6 Les difficultés de la filière automobile**

**Le coût des matières premières automobiles explose**

Dans son étude consacrée au secteur automobile, le cabinet AlixPartners a quantifié les effets des pénuries et des hausses du coût des matières premières sur le secteur automobile. Pour le mois de mai 2022, ce dernier a estimé le contenu en matières premières d'un véhicule thermique en Europe à en moyenne 2827 $ (2684 €), alors que ce montant se situait à 1475 $ (1400 €) avant le premier confinement en 2020. Ce bond de 91 % découle principalement de la hausse des prix de l'acier, des huiles moteur, du caoutchouc et du plastique. […]

Il ne faut donc pas s'attendre à une baisse du prix des voitures neuves avant un certain temps.

**Benoît Landré, pro.largus.fr, 27 juin 2022.**

**Des emplois menacés**

Le classement des vingt voitures les plus prisées en France comprend à peine… trois véhicules *made in France*, en comptant la Toyota Yaris Cross japonaise assemblée dans le Nord. Moins de 2 % de la production auto mondiale.

En cause : le coût horaire de travail dans l'industrie, à 38,7 euros (selon Rexecode) en France, contre 23,6 en Espagne, 18,4 en Slovénie, 14 en Slovaquie, 6,6 en Roumanie. En tenant compte de tous les acteurs de la filière qui concourent à la réalisation d'un véhicule, le coût de la main-d'œuvre représente en effet entre 22 % et 27 % du prix de revient en fabrication d'une voiture. […] Luc Chatel, président de la PFA (Plateforme automobile) assure que la filière pourrait « *perdre 32 000 emplois d'ici à 2025, 100 000 d'ici à 2035* ».

**Alain-Gabriel Verdevoye, *Challenges*, 11 mai 2022.**

**DOC. 7 Le coût salarial**

Le coût du travail, ou coût salarial, est la somme des dépenses qui incombent à l'employeur en contrepartie de l'emploi d'un salarié. Il inclut la rémunération et les cotisations sociales patronales.

Les cotisations sociales salariales, incluses dans le salaire brut, sont supportées par les salariés, alors que les cotisations sociales patronales sont supportées par l'employeur.

Le coût du travail est un élément important de la compétitivité des entreprises ; plus il sera élevé, plus les employeurs seront réticents à embaucher, incités à substituer le capital au travail ou à délocaliser la production vers des pays à main-d'œuvre bon marché.

**6. Quels sont les éléments du coût de production d'une voiture ?**

**7. Exposez les principales difficultés rencontrées par les entreprises du secteur automobile.**

**8. Expliquez les liens entre coût du travail et compétitivité, puis entre coût du travail et réduction du personnel.**

## APPLICATION AU CAS

### TEE-SHIRT DE FRANCE

La société Tee-shirt de France possède une unité de production en Dordogne (Région Nouvelle-Aquitaine), de conception moderne, équipée de machines sophistiquées capables de découper, de façonner et d'effectuer des finitions. Thibault Guillot s'est entouré d'une équipe de salariés qualifiés. La fabrication des tee-shirts utilise des matières nobles comme le coton et des teintures à base de produits non toxiques élaborées au sein du département R&D de la société. Composé d'une équipe de quatre techniciens chimistes, il est dirigé par un ingénieur textile.

**1. Quels sont les quatre facteurs de production utilisés par la société Tee-shirt de France ?**

**2. Quelles peuvent en être les conséquences au niveau des coûts pour l'entreprise ?**

# 2 Analyser l'influence des coûts sur les décisions des entreprises

## A Quelle est l'influence du coût de production sur les choix de l'entreprise ?

### DOC. 8 Facture d'électricité : les entreprises redoutent « un coup de massue »

Des patrons atterrés, Olivier Ducatillion, président de l'Union des industries textiles, en croise tous les jours : « *Une petite entreprise de tissage de l'est de la France avec un chiffre d'affaires de 10 millions d'euros a signé en juillet un contrat qui fait passer sa facture d'électricité de 250 000 à 850 000 euros par an. Une autre dans le Nord, plus importante, voit son budget annuel bondir de 1,5 million d'euros à 10 millions d'euros* », égrène-t-il. […]

Ici et là, les plus énergivores en tirent déjà des conclusions : « *Depuis 2021, le prix de l'électricité a été multiplié par vingt-deux ; celui du gaz par dix-huit* », a justifié le verrier Duralex en annonçant, jeudi 1er septembre [2022], la mise en veille de son four de La Chapelle-Saint-Mesmin (Loiret) pour quatre mois cet hiver.

**M. Cessac et I. Chaperon, *Le Monde*, 7 septembre 2022.**

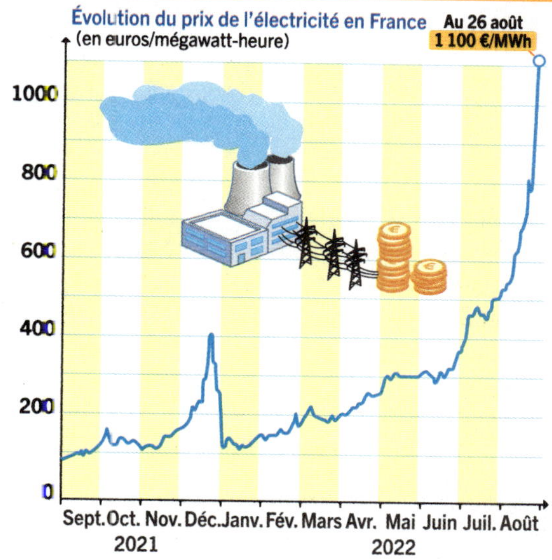


### DOC. 9 La grande distribution lance un plan de « sobriété énergétique »

Extinction des enseignes dès la fermeture, réduction de l'éclairage, gestion de la température : le secteur de la grande distribution […] s'est accordé sur un plan de « sobriété énergétique » qui sera déployé à l'automne, selon un communiqué. […] D'autres mesures sont également prévues, comme « *la coupure du renouvellement d'air la nuit, le décalage de la production de glace* » […].

[…] « *Il est essentiel de réduire la facture énergétique et de se mobiliser ensemble pour éviter une répercussion trop importante sur les prix pour les consommateurs* », reconnaissent les distributeurs, alors que la loi Elan prévoit une réduction de la consommation énergétique des magasins de 40 % à horizon 2030.

**AFP, 18 juillet 2022.**

1. **Analysez l'évolution des prix de l'énergie et leur impact sur les coûts de production des entreprises.**
2. **Indiquez les différents modes d'adaptation possibles pour les entreprises.**

### DOC. 10 La productivité du travail dans le secteur automobile

En 2022, un groupe automobile compte près de 96 000 salariés dans la division automobile ; ceux-ci ont participé à la production mondiale de 3 500 000 véhicules.

Il projette pour 2023 un niveau de production équivalent compte tenu des estimations de la demande mondiale. Mais ses anticipations sur les stratégies développées par ses concurrents l'incitent à envisager des économies et à réduire ses coûts de production afin de maintenir ses prix ; il prévoit ainsi une augmentation de la production réalisée par chaque salarié. Aussi, cette entreprise souhaite investir dans de nouvelles chaînes de production, plus automatisées, et réduire son effectif en facilitant les départs ; l'effectif passerait alors de 96 000 salariés à 68 600.

## DOC. 11 La productivité, mesure de l'efficacité d'une entreprise

On évalue l'efficacité d'une entreprise en calculant le rapport entre la production qu'elle obtient et les moyens utilisés.
On peut calculer la productivité pour chacun des facteurs utilisés :

**Productivité du travail**

$$\text{Productivité horaire du travail} = \frac{\text{Production réalisée}}{\text{Nombre d'heures de travail}}$$

$$\text{Productivité par tête} = \frac{\text{Production réalisée}}{\text{Nombre de salariés}}$$

**Productivité du capital**

$$\text{Productivité du capital} = \frac{\text{Production réalisée}}{\text{Stock de capital fixe}}$$

La production peut être mesurée par la quantité produite mais, le plus souvent, on utilise la valeur ajoutée.

Toute entreprise cherche à améliorer sa productivité, et à être ainsi plus compétitive. Ses choix peuvent en effet être générateurs de gains de productivité, source de richesse.

3. **Calculez la productivité par tête au sein de ce groupe automobile en 2022, puis en 2023 après l'investissement. Que traduit cette évolution ?**
4. **Le groupe automobile a-t-il raison de se lancer dans ce projet ? Pourquoi ?**

## DOC. 12 Un choix de combinaison productive en fonction des coûts

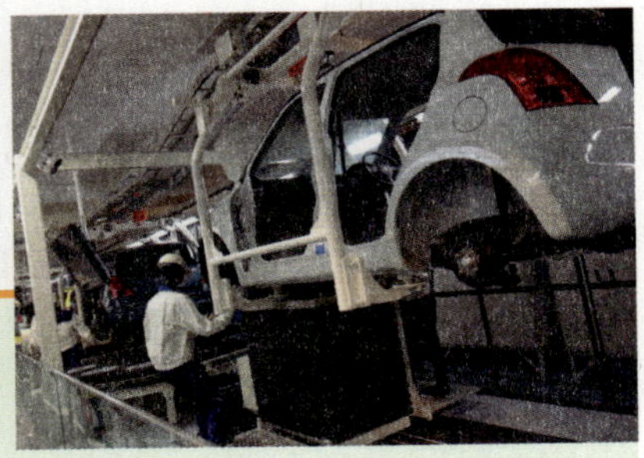

Une entreprise de fabrication de véhicules produit 100 unités par mois. Elle utilise du facteur travail au coût mensuel moyen de 3 000 € (ouvriers, technicien, cadres moyen et supérieur), du facteur capital sous la forme de robots au coût mensuel moyen de 10 000 €, ainsi que des matières premières regroupant de l'acier, des caoutchoucs… et des innovations investies dans tous les véhicules.

Pour produire ces véhicules, l'entreprise a le choix entre trois combinaisons de facteurs travail et capital, ceux-ci pouvant se substituer l'un à l'autre :
- combinaison 1 : 100 salariés et 8 robots ;
- combinaison 2 : 60 salariés et 16 robots ;
- combinaison 3 : 35 salariés et 24 robots.

## DOC. 13 L'importance du choix de la combinaison productive pour l'entreprise

Les producteurs utilisent nécessairement [les facteurs capital et travail] qu'ils associent de différentes façons. La combinaison productive, qui désigne la proportion de capital technique et de travail utilisé pour produire, peut être plus ou moins capitalistique, c'est-à-dire incorporer proportionnellement plus ou moins de capital. Le choix de la combinaison productive est fonction du coût relatif du travail et du capital puisque chaque entreprise opte pour l'intensité capitalistique qui minimise ses coûts de production.

**M. Montoussé, « La production, fruit du travail et du capital »,** ***Cahiers français*****, n° 315.**

**Coût mensuel des différentes combinaisons productives**

| Combinaison | Coût du travail | Coût du capital | Coût total |
|---|---|---|---|
| 1 | 100 s × 3 000 € = 300 000 € | 8 × 10 000 € = 80 000 € | **380 000 €** |
| 2 | 60 s × 3 000 € = 180 000 € | 16 × 10 000 € = 160 000 € | **340 000 €** |
| 3 | 35 s × 3 000 € = 105 000 € | 24 × 10 000 € = 240 000 € | **345 000 €** |

**ROBOTISATION : LA FRANCE, NUMÉRO 1 MONDIAL DANS L'AUTOMOBILE**

**Vidéo**
liennathan.fr/epf386

5. **Quelle est la combinaison productive qui a la plus forte intensité capitalistique ? Est-ce celle à retenir ? Justifiez.**
6. **Que pouvez-vous en conclure sur les facteurs ayant une influence sur le choix de la combinaison productive de l'entreprise ?**

## B Quelle est l'influence du taux d'intérêt sur les décisions des entreprises ?

**DOC. 14 Qu'est-ce qu'un taux d'intérêt ?**

L'intérêt est la somme qu'un particulier, une entreprise ou un État paie à son créancier pour lui emprunter de l'argent. Il est exprimé en proportion du montant prêté : c'est ce pourcentage que l'on appelle « taux d'intérêt » ou « loyer de l'argent ». *Exemple : un client souscrivant au 1er janvier un prêt d'un an de 100 euros assorti d'un taux d'intérêt de 5 % devra rembourser 105 euros à son banquier le 31 décembre.* Les Banques centrales ont une influence décisive sur le niveau des taux d'intérêt puisqu'elles fixent les taux directeurs dans le cadre de leur politique monétaire. C'est le taux auquel elles prêtent elles-mêmes de l'argent aux banques commerciales, et qui sert de référence aux taux des crédits que ces dernières accordent à leurs clients.

**DOC. 15 Le niveau des taux d'intérêt joue-t-il sur les décisions des agents économiques ?**

Lorsque les taux sont faibles, les ménages, les entreprises et l'État peuvent s'endetter à peu de frais. Ils ont donc tendance à augmenter leur consommation et leurs investissements, ce qui pousse l'activité et dope la croissance et l'emploi. Dans certains secteurs, comme l'automobile [...], les ventes dépendent directement des capacités d'emprunt de la clientèle. Les décisions d'investissement des entreprises sont elles aussi extrêmement sensibles au niveau des taux. C'est le cas, en particulier, des programmes de recherche-développement, que bon nombre de sociétés financent uniquement grâce à des prêts. S'ils deviennent trop chers, elles cessent d'innover et perdent en compétitivité.

« Comment fonctionnent les taux d'intérêt ? », *Capital*.

**7.** **Comment les banques commerciales déterminent-elles les taux des crédits qu'elles accordent à leurs clients ?**

**8.** **Pourquoi les décisions d'investissement des entreprises dépendent-elles du niveau des taux d'intérêt ? Quel lien pouvez-vous alors faire avec leur degré d'innovation ?**

**APPROFONDISSEMENT**

**9.** **Recherchez le montant de la dernière hausse du taux directeur décidée par la Banque centrale européenne (BCE), puis indiquez les risques qu'elle fait peser sur les entreprises.** PIX D1.1

## APPLICATION AU CAS

### TEE-SHIRT DE FRANCE

Le succès que connaît la société Tee-shirt de France conduit son fondateur à réfléchir sur la mise en place d'une stratégie de développement industriel. Pour ce faire, il met en correspondance les atouts dont dispose l'entreprise et leurs limites : un personnel impliqué et qualifié, mais dont les niveaux de rémunération sont élevés : 1,5 SMIC au minimum selon leur niveau de qualification (alors que les salaires au Bangladesh et au Pakistan sont de l'ordre de 100 € par mois), un niveau de productivité élevé mais qui tend à stagner, un taux d'utilisation des machines de l'ordre de 90 % et une capacité d'autofinancement importante. En outre, les taux d'intérêt des crédits aux entreprises remontent depuis le début de l'année 2022.

- **Quelles sont les différentes modalités que vous pouvez recommander à M. Guillot pour mettre en œuvre sa stratégie de développement ?**

# 3 Argumenter le choix de l'entreprise entre « faire » ou « faire faire »

## A En quoi la chaîne de valeur est-elle un outil d'aide à la décision ?

**DOC. 16 Zara : les secrets d'une mode à grande vitesse**

Zara est une enseigne à deux vitesses. Un tiers des produits proposés [...] sont des basiques. Les designers fixent la tendance, dessinent et lancent la confection dans les ateliers d'Asie. Mais pour les deux autres tiers s'applique le modèle de la *fast fashion* qui s'appuie sur :
– le prototypage. [...] Dès qu'un engouement se manifeste pour un produit, le commercial demande aux designers d'en concevoir un autre. Le prototype est confectionné et essayé. Après validation, la production est lancée en toute petite quantité ;
– la fabrication. Dans les sous-sols, des bras laser découpent les pièces suivant les cotes fournies par la prototypiste. Ces éléments filent vers l'usine attenante. Le site compte 10 centres de confection pour les pièces complexes. Le reste est confié à des sous-traitants en Turquie [...]. Une fois montés, les vêtements reviennent dans les centres logistiques de La Corogne (Espagne) ;
– la logistique. Les repasseuses insèrent dans chacun des vêtements des puces. « Ce système permet de lire 400 articles à la seconde [...] et d'éviter toute erreur humaine dans la gestion des stocks » [...]. Après un long périple, chaque lot se retrouve face à un mini-box correspondant à un magasin Zara. [...] Si le magasin est en Europe, direction l'un des 250 camions qui livre en 24 heures maximum. Au-delà, les vêtements partent en avion. En tout, 3 semaines [s'écoulent] entre l'enregistrement du pic de vente et le réassort, fabrication comprise.

**Anne-Laure Allain, *Capital*.**

**DOC. 17 La chaîne de valeur de Porter**

**Michael Porter** l'a créée dans son livre *L'Avantage concurrentiel*. La chaîne de valeur d'une entreprise se compose d'une série d'activités qui se divisent en deux familles et qui ajoutent de la valeur aux yeux du client (la marge). Elle décrit ainsi les différentes étapes qui déterminent la capacité d'une organisation à obtenir un avantage concurrentiel, en distinguant les activités qui génèrent le plus de valeur et qui leur permettent de se distinguer de la concurrence. La stratégie consiste alors à investir (en général) et à développer cet avantage concurrentiel. En découleront des actions ayant pour but soit de renforcer la valeur (produit mieux différencié pour le client, marge accrue, meilleure image sur le marché), soit de réduire les coûts à valeur identique (sous-traiter certaines productions, supprimer certaines activités peu utiles).

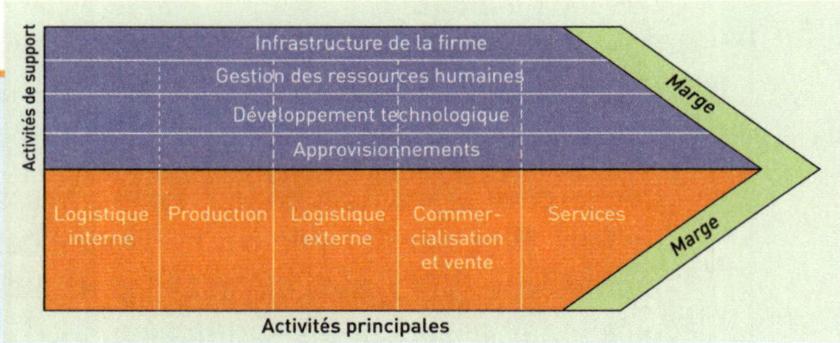


**La chaîne de valeur** (Michael Porter, 1980)

1. **Sur quel concept repose le succès de l'entreprise Zara ?**
2. **Parmi les trois activités mises en place par Zara pour commercialiser ses produits, identifiez, en justifiant votre réponse :**
   **– les activités principales qui concourent directement à la création matérielle et à la vente du produit ;**
   **– les activités de soutien qui viennent en appui du processus de production.**
3. **Pour les clients de Zara, indiquez les activités qui apportent le plus de valeur aux vêtements vendus.**
4. **Quelle activité est pour partie confiée à des sous-traitants ? Pourquoi ?**
5. **En quoi la chaîne de valeur de Porter apparaît-elle comme un outil pour arbitrer entre « faire » et « faire faire » ?**

## B L'intégration du développement durable est-elle une source de valeur ?

### DOC. 18 Patagonia : la protection de l'environnement comme source de valeur

PATAGONIA
**LE MODÈLE ÉTHIQUE**

Dans le cadre de préservation et de protection de l'environnement, les entreprises doivent également prendre leur part en contribuant à un développement durable réussi. Dans le monde contemporain, les entreprises, notamment les industriels, participent énormément à la pollution de la planète. [...]

**Patagonia**

Firme spécialisée dans le domaine de l'industrie vestimentaire et plus notamment les vêtements sportifs de l'extérieur. Cette firme a pris conscience de s'engager pour combattre le réchauffement climatique et donner plus de valeur à la protection de l'environnement.
L'entreprise Patagonia a officialisé depuis 1985 son engagement pour l'environnement, elle promet de consacrer 10 % de son résultat avant l'acquittement des impôts au soutien d'associations locales défenseurs de l'environnement.
Ainsi, elle mène sa première campagne qui va soutenir un projet de désurbanisation de la vallée du Yosemite en 1988. Plus tard, cette marque de renommée va annoncer le reversement de 1 % et de ses ventes annuelles au profit des actions de protection de l'environnement quoi qu'il arrive.
La gamme de Patagonia a une composition de 72 % de matériaux recyclés et évite également l'émission de 20 000 tonnes de $CO_2$ en un an. C'est une représentation que consomment en électricité 1 300 foyers pendant un an. Son objectif est précieux : l'atteinte de la neutralité carbone d'ici 2025.

**EcoBioMania.com, 13 décembre 2021.**

### DOC. 19 Quels impacts sur la chaîne de valeur ?

L'adoption de pratiques responsables pour l'approvisionnement est contraignante.
Rechercher de nouvelles matières premières, assurer leur traçabilité, favoriser l'approvisionnement local et exiger la transparence des pratiques des fournisseurs devient complexe pour les marques cherchant à tout concilier. Les grands du secteur intègrent progressivement l'amont de leur chaîne de valeur ou peuvent faire pression sur leurs parties prenantes. Les autres acteurs adoptent une démarche plus sélective et hiérarchisent leurs priorités : environnement, éthique, zone de production...
Les contraintes d'approvisionnement ont des répercussions positives sur la création. L'adoption de nouvelles matières, si elle peut nécessiter un temps d'adaptation, est une véritable stimulation pour la conception des produits. C'est l'occasion pour les marques d'innover et de se différencier. Un approvisionnement responsable prépare l'organisation d'une création éthique, vertueuse pour l'environnement et originale.

**« Éthique et création de valeur », Cabinet Mazars.**

**6. Exposez les engagements de Patagonia en faveur du développement durable, puis expliquez pourquoi cette préoccupation est de plus en plus importante pour les entreprises.**

**7. Quel est l'impact sur la chaîne de valeur des pratiques des entreprises au niveau de l'approvisionnement ?**

**APPROFONDISSEMENT**

**8. En quoi peut-on dire que « les questions éthiques deviennent de puissants leviers de création de valeur » ? Recherchez une entreprise très engagée dans le développement durable et présentez ses actions.** PIX D1.1

## C Pourquoi les entreprises sous-traitent-elles une partie de leur activité ?

### DOC. 20 Les baskets de Nike sont fabriquées en Asie

Avec près de 45 milliards de dollars de chiffre d'affaires, la firme est le premier équipementier sportif mondial. Pour fabriquer ses chaussures, il fait travailler 1,2 million de personnes dans 458 usines dans le monde. Mais sur ce total, seules 5 000 personnes travaillent dans des ateliers situés aux États-Unis. L'écrasante majorité des emplois industriels de Nike est située chez des sous-traitants en Chine, en Indonésie et au Vietnam. Dans ce seul pays, le plus important pour lui, près de 500 000 personnes fabriquent des produits Nike (dont 80 % de femmes), cent fois plus qu'aux États-Unis, son plus gros client.

**Philippe Escande, *Le Monde*, 27 septembre 2021.**

### DOC. 21 Définition de l'impartition

L'impartition est une stratégie économique d'entreprise qui consiste à externaliser, soit à faire réaliser, produire par des entités externes des biens et services au lieu de les produire, de les développer en interne.
Ex. : concession, franchise, sous-traitance.

### DOC. 22 L'explosion de la sous-traitance depuis les années 1980

Au cours des dernières décennies, les chaînes d'approvisionnement se sont mondialisées.
Dans les années 1980, les entreprises ont compris que l'externalisation était une pratique essentielle pour réduire les coûts et se concentrer sur leurs compétences de base. Depuis lors, la sous-traitance s'est considérablement développée, les entreprises confiant aujourd'hui entre 60 % et 80 % de leur production à une diversité de prestataires.
La tendance à l'externalisation résultant de la mondialisation a apporté des avantages aux entreprises et aux sociétés. Toute entreprise peut désormais mettre en œuvre des changements structurels lui permettant de minimiser les coûts, de réduire ses actifs et de se concentrer sur la stratégie de R&D de ses produits, services et composants de base. Lorsque la fabrication des composants est externalisée, les fournisseurs impliqués dans la chaîne d'approvisionnement ont la possibilité de se développer et d'acquérir une expertise technique qu'ils n'auraient pas été en mesure d'obtenir par eux-mêmes. L'externalisation permet aux fournisseurs d'interagir avec plusieurs acheteurs, ce qui renforce les économies d'échelle et réduit les coûts de production.

**Luca Urcuioli, Associate Prof. KTH Royal Institute of Technology (Sweden), www.mecalux.fr, 21 mars 2022.**

**9.** **Quelle stratégie d'impartition est utilisée par Nike ? Comment se concrétise-t-elle ?**

**10.** **Exposez les différentes raisons qui expliquent le développement de la sous-traitance depuis les années 1980.**

## DOC. 23 Mondialisation : la vulnérabilité des chaînes d'approvisionnement

**L'externalisation et la mondialisation peuvent amplifier la vulnérabilité des chaînes d'approvisionnement aux risques ou aux interruptions inattendues.**

La crise sanitaire a impacté la main-d'œuvre et l'approvisionnement en composants, en matières premières, en services, fonds monétaires et en matériaux nécessaires à toute la chaîne d'approvisionnement pour être performante. Les constructeurs automobiles, tels que Honda, Jaguar et Volkswagen, ont eu de graves difficultés financières pendant la crise de la Covid-19. [...]

Les fermetures d'usines dans les pays fournisseurs ont entraîné non seulement des retards de production, mais aussi la paralysie des réseaux de transport maritime internationaux, ce qui a retardé davantage les expéditions. [...] Quelques jours ou semaines d'interruption de la chaîne de production peuvent se traduire par des pertes importantes.

Lucas Urcuioli, Associate Prof. KTH Royal Institute of Technology (Sweden), www.mecalux.fr, 21 mars 2022.

## DOC. 24 Stellantis investit 20 millions à Rennes pour produire ses pare-chocs

Le 21 juillet 2022, le groupe Stellantis (ex-PSA) a annoncé investir dans son usine de Rennes pour développer en interne la production de pare-chocs et pare-boue, pour la deuxième génération de Citroën C5 Aircross à motorisation électrique. Stellantis produira, directement sur le site, une activité qui était sous-traitée depuis plusieurs décennies et qui fera son grand retour.

Objectif : réduire la dépendance des usines de Stellantis aux fournisseurs.

11. **Exposez les risques de l'externalisation de certaines activités de la chaîne de valeur.**
12. **Expliquez la décision de Stellantis.**

# APPLICATION AU CAS

## TEE-SHIRT DE FRANCE

L'entreprise Tee-shirt de France a profité de son succès pour se développer :

– la première unité de production située en Région Nouvelle-Aquitaine est complétée par une seconde en Région Hauts-de-France, dont le passé est marqué par une forte présence de l'industrie textile ;

– des contrats d'exclusivité sont signés avec de grands distributeurs (Galeries Lafayette, Printemps...) ;

– un département « Transport » a été mis en place afin d'assurer l'approvisionnement en matières premières (à partir des ports de Marseille et de Dunkerque) et la livraison dans les points de vente.

Ingénieur de formation, Thibault Guillot n'a pas de réelles compétences dans la gestion des ressources humaines. Il a donc fait appel à un cabinet de recrutement pour trouver les personnes compétentes à même de le seconder dans ce développement.

Mais les années 2020-2021 ont été marquées par de nombreux problèmes : des tempêtes ont endommagé l'outil de production, mais surtout la crise sanitaire liée à la Covid-19 a bouleversé, des semaines durant, l'activité économique. Le transport a été particulièrement touché ; le cours des matières premières, dont le coton, a fortement augmenté. Tous ces événements conduisent certaines enseignes à revoir leurs collaborations. Le chiffre d'affaires de Tee-shirt de France connaît pour la première fois une baisse importante de 20 %. Enfin, le fondateur comprend aussi que de nouveaux concurrents profitent de ce contexte pour se positionner sur une fabrication de qualité à des prix compétitifs.

1. **En vous référant à la chaîne de valeur de Porter, quelles seraient les actions à mettre en place ?**
2. **L'externalisation serait-elle une solution ? Pourquoi ?**

# Tester ses connaissances

## 1 Quiz

**Scannez le QR Code ou saisissez le mini-lien pour tester vos connaissances avec le quiz numérique.**

liennathan.fr/89zfa3

## 2 Analyser l'influence des paramètres économiques sur les décisions de l'entreprise

**Pour chacun des facteurs suivants, indiquez les conséquences sur les coûts et les décisions de l'entreprise.**

| | Impact sur les coûts | Décision possible |
|---|---|---|
| **a.** Baisse de cotisations sociales sur les bas salaires | ↘ | recruter |
| **b.** Hausse du taux directeur de la Banque centrale européenne (BCE) | ↗ | - investissement |
| **c.** Explosion du prix de l'électricité | ↗ | economie energie |
| **d.** Pénurie de main-d'œuvre dans certains secteurs d'activité (restauration, transport, etc.) | ↗ | + payé |

## ★ 3 Les délocalisations dans l'industrie pharmaceutique

1. **Quel est le problème posé par la délocalisation des productions de paracétamol et d'insuline?**
2. **Quelles sont les raisons de la délocalisation?**
3. **Pourquoi la relocalisation est-elle complexe?**

**DOC. Médicaments: où en est-on de la relocalisation?**

C'était une des criantes constatations de la pandémie mondiale: l'Europe, et notamment la France, avait largement délocalisé la production des principes actifs de ses médicaments à l'étranger, principalement en Asie.
Ainsi, 60% du paracétamol était fabriqué en Chine, tout comme 80% de l'insuline. […]

**Retour fragile**

Sur les 30 médicaments dont la France a le plus manqué au début de la pandémie, 24 sont en cours de relocalisation. Par exemple, une usine de paracétamol est en cours de construction en Isère. Elle ouvrira ses portes l'an prochain et produira le tiers des volumes de paracétamol en Europe.
D'autres projets vont suivre. D'après Bercy, le plan de relance finance une quarantaine de projets de relocalisations de principes actifs.
Ces investissements sont à rebours des choix faits depuis des années par les fabricants qui ont massivement délocalisé car ces molécules étaient devenues des commodités: elles ne rapportent que quelques centimes d'euros de marge par médicament.
« *Leur retour en France est donc fragile* », conclut un expert de l'industrie pharmaceutique. « *Il faudra trouver un modèle économique pérenne pour une activité à faible valeur ajoutée sur la marge mais à forte valeur ajoutée sur la souveraineté.* »

**Thomas Sasportas, bfmtv.com, 6 mai 2022.**

# 4 Filière automobile : les enjeux du tout électrique

Fiche méthode 1 Fiche méthode 3

1. Expliquez la décision prise par l'Union européenne.
2. Relevez les indicateurs montrant que les constructeurs ont commencé à s'adapter.
3. Exposez les différentes difficultés auxquelles les entreprises de la filière automobile sont confrontées.

## DOC. 1 Les eurodéputés votent l'interdiction de la vente des voitures thermiques dès 2035

Le lobbying des constructeurs automobiles n'aura pas suffi. Mercredi 8 juin [2022], les eurodéputés ont adopté le texte visant à durcir l'objectif de réduction des émissions de $CO_2$ des véhicules particuliers et utilitaires légers neufs. Redoutée des industriels, la réforme pourrait mettre un terme aux ventes de véhicules thermiques et hybrides en 2035. Elle fait partie du vaste paquet législatif « Ajustement à l'objectif 55 » (ou « *Fit for 55* »). […]

Les dirigeants d'entreprise, à l'instar du patron de Stellantis, ont multiplié les mises en garde contre une transition trop rapide vers le tout électrique. De leur côté, les associations comme Transport & Environment ont exhorté les parlementaires à ne pas retarder la décarbonation des transports routiers.

**Simon Chodorge, usinenouvelle.com, 8 juin 2022.**

## DOC. 2 La filière automobile est-elle prête ?

Le secteur automobile se décarbone. C'est ce que montrent les chiffres et les différentes actions entreprises par les constructeurs automobiles. […] Coté utilisateur, il existe aujourd'hui deux freins principaux : le prix et l'autonomie. Ces véhicules ont une autonomie de 300/400 km, ce qui est suffisant pour les usages du quotidien. Néanmoins, se pose la question de l'infrastructure de recharge lorsque vous avez besoin de parcourir de grandes distances, pour des départs en vacances par exemple. […]

**À quels défis doivent faire face les acteurs du secteur aujourd'hui ?**

Ce virage déstabilise toute la chaîne de valeur d'une industrie qui a plus de 100 ans. C'est un défi colossal pour l'industrie automobile. […] Si vous voulez continuer à avoir le même niveau d'emploi et vous différencier, il faut exploiter de nouveaux territoires de valeurs avec des véhicules connectés, des logiciels, etc. Cela nécessite un savoir-faire technique et des ingénieurs et techniciens qualifiés. […] L'autre grand challenge pour l'industrie automobile est de rendre l'équation économique plus raisonnable pour le consommateur, car aujourd'hui un véhicule électrique coûte environ 40 % plus cher qu'un véhicule thermique. Par ailleurs, il faut offrir un plus grand maillage de recharges sur le territoire, adopter une extraction responsable des matières premières comme le manganèse et trouver des solutions pérennes au recyclage des batteries.

**Julie Lepretre, Bpifrance, 22 mars 2022.**

**Les immatriculations de véhicules électriques en France depuis 2011**

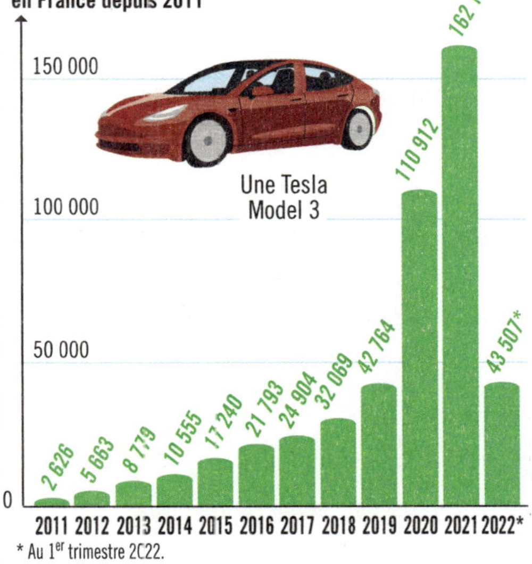


* Au 1er trimestre 2022.

**Les parts de marché des énergies sur le marché automobile français****

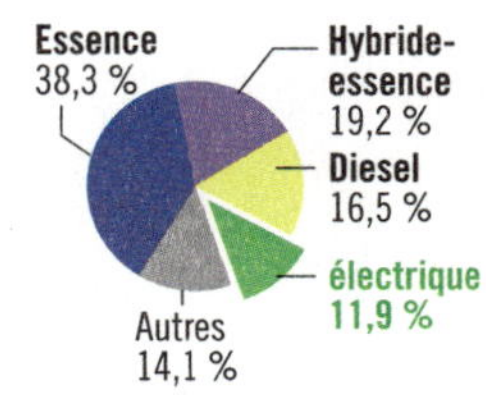


** Nouvelles immatriculations

**Top 5 des voitures électriques les plus vendues en France en 2021**

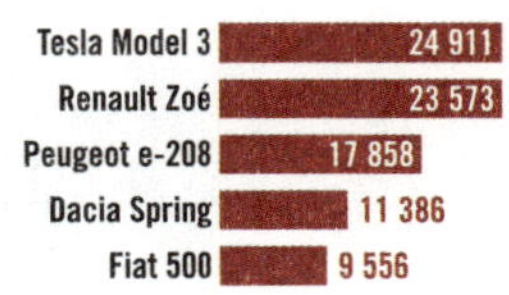


Sources : AAA Data, *L'Argus*, *Auto Plus*.

## Quels sont les facteurs de production?

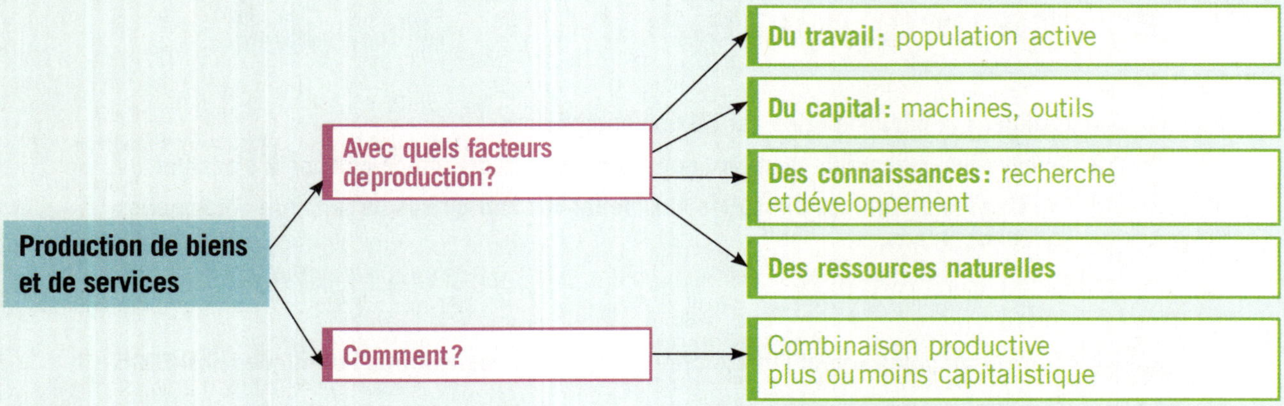


## Quelle est l'influence des coûts sur les décisions de l'entreprise?

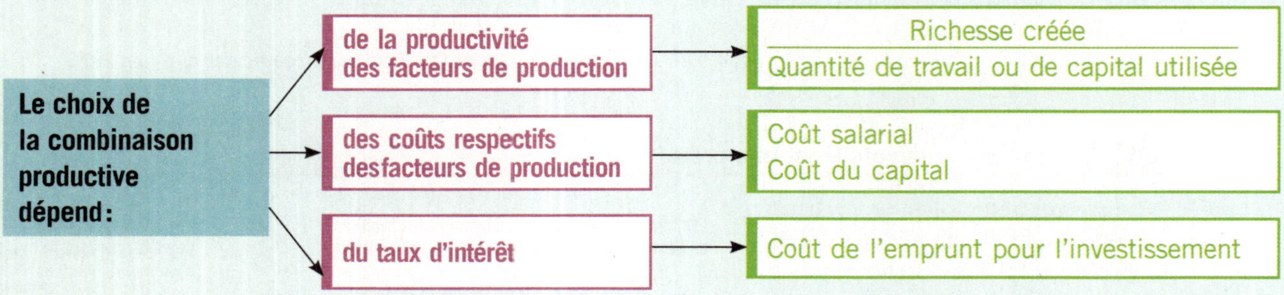


## «Faire» ou «faire faire»?

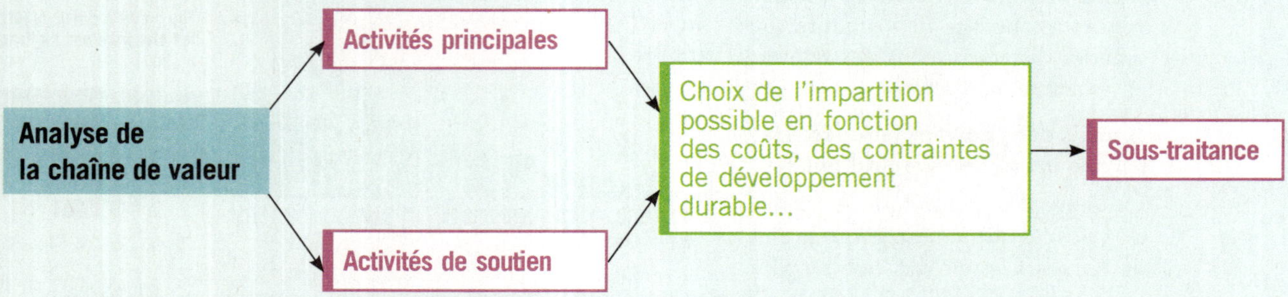


## CONSTRUIRE SA SYNTHÈSE

**Rédigez votre synthèse à l'aide des mots-clés suivants :**

Facteurs de production – Travail – Capital – Ressources naturelles – Connaissances – Innovation – Coût du travail – Coût du capital – Coût des matières premières – Combinaison productive – Productivité – Productivité du travail – Productivité du capital – Taux d'intérêt – Chaîne de valeur (Porter) – Avantage concurrentiel – Développement durable – Impartition – Sous-traitance

# 11 Le choix de la structure juridique de l'entreprise

**LA COMPÉTENCE ATTENDUE**

→ Justifier le choix d'une structure juridique d'entreprise adaptée à une situation donnée.

**LES SAVOIRS ASSOCIÉS**

→ Les facteurs de choix d'une structure juridique
→ L'entreprise individuelle et les structures sociétaires (SA, SAS, EURL/SARL)
→ Les formes juridiques de l'économie sociale et solidaire (coopératives, mutuelles)

**PLAN DU CHAPITRE**

## La SARL Pausader, histoire d'un succès

L'entreprise a été créée en 2010 par Éric Pausader, qui exerçait seul son activité de maçonnerie et de couverture. Sa réputation de qualité et de rigueur a valu à l'entreprise une croissance rapide confirmée au fil du temps.

En 2016, pour assumer sa croissance, l'entreprise change de statut et devient la SARL Pausader.

Pour assurer le développement de son activité dans la maçonnerie, la couverture et l'isolation, la société investit régulièrement dans de nouveaux locaux et du matériel moderne, et accroît ses effectifs d'année en année en recrutant du personnel qualifié.

Depuis 2019, le chiffre d'affaires de l'entreprise connaît une progression de 15 à 20 % par an, preuve que son succès, porté par le goût de la qualité, la rigueur et le souci du travail bien fait, est toujours vivant.

1. **Quelle était la forme juridique initiale de l'entreprise d'Éric Pausader? Qu'est-ce qui, selon vous, justifiait ce choix?**
2. **Pourquoi cette entreprise a-t-elle été amenée à devenir une société?**
3. **Quels avantages ce changement de structure juridique de l'entreprise peut-il offrir?**

**UNE SCOP POUR SAUVER LEUR ENTREPRISE**

Vidéo
liennathan.fr/356pwd

# 1 Justifier le choix d'une structure par les considérations patrimoniales

## A L'évolution du régime de la responsabilité de l'entrepreneur individuel

### DOC. 1 Le principe initial : la responsabilité illimitée de l'entrepreneur individuel

L'exercice en entreprise individuelle, également appelé exercice en nom propre, consiste à mettre en place une activité professionnelle sans créer une entité juridique distincte de l'exploitant. L'entreprise est confondue avec le patrimoine personnel de l'entrepreneur. [...]
La **responsabilité** de l'exploitant envers ses créanciers professionnels est en principe **totale et indéfinie**. L'entrepreneur individuel apporte librement des fonds pour son activité et peut à tout moment piocher dans la trésorerie de l'entreprise car **son patrimoine privé est confondu avec son patrimoine professionnel.**

**www.lecoindesentrepreneurs.fr**

### DOC. 2 La conséquence : le drame de l'échec de l'entrepreneur

« Je me suis battu pendant vingt ans pour acheter ma maison et, au final, je n'ai plus rien. » « Mal informé » quand il s'est mis à son compte, Lionel Cochard, artisan boucher en faillite, risque aujourd'hui de perdre tous ses biens, qui pourront être saisis pour éponger ses dettes. [...] « Même après la vente de mon matériel, mes dettes envers les banques et les fournisseurs s'élevaient à 38 000 euros », raconte Lionel Cochard. [...] « Le seul bien que je possède, c'est ma maison », ajoute-t-il. Alors pour éponger ses dettes, Lionel Cochard n'a plus le choix : il l'a mise en vente. [...]

**www.lepoint.fr**

**1.** **Analysez la notion de responsabilité illimitée de l'entrepreneur individuel.**

**2.** **Quelle est la contrepartie positive de cette responsabilité en cas de succès de l'entreprise ?**

### DOC. 3 La contrepartie des risques : la simplicité de création de l'entreprise

La **microentreprise** (ex-autoentreprise) est un régime permettant d'exercer une petite activité professionnelle indépendante très facilement, de façon régulière ou ponctuelle, et en minimisant les coûts administratifs. Le microentrepreneur est avant tout un entrepreneur individuel, mais bénéficiant de nombreuses mesures simplificatrices.
Ce régime concerne toute petite activité indépendante commerciale, artisanale ou libérale, dont le chiffre d'affaires n'excède pas, pour les années 2023, 2024 et 2025 :
– 188 700 € pour les activités de vente de marchandises, les prestations d'hébergement (hôtels, etc.) ;
– 77 700 € pour les autres prestataires de services, les professionnels libéraux.
Quelles sont les mesures de simplification et les avantages ?
– Application d'un régime simplifié de prélèvement proportionnel au chiffre d'affaires : 1,7 % pour les entreprises de prestations de services, 2,2 % pour les bénéfices non commerciaux… + cotisations sociales (de 12,9 % à 22,4 % selon l'activité).
– Exonération de TVA : jusqu'aux plafonds de 101 000 € (ventes) et de 39 100 € (services).

### DOC. 4 Les atténuations de la responsabilité de l'entrepreneur individuel

L'entrepreneur individuel peut protéger ses **biens immeubles** (non affectés à son usage professionnel) des poursuites de ses créanciers professionnels en effectuant une déclaration d'insaisissabilité devant notaire (loi du 4 août 2008).
Par ailleurs, grâce à la loi du 6 août 2015, l'immeuble abritant la **résidence principale** de l'entrepreneur individuel est « de droit » (sans formalités) insaisissable par ces mêmes créanciers professionnels (État, banquier, fournisseurs, etc.).

**3.** **Analysez et évaluez les avantages de la microentreprise.**

**4.** **Qu'apporte la loi du 6 août 2015 aux mesures prévues par la loi du 4 août 2008 ?**

### DOC.5 L'expérience législative de l'EIRL

**Les principes de l'EIRL**

Le statut d'EIRL ouvrait aux entrepreneurs individuels (artisans, commerçants, agents commerciaux, professions libérales, exploitants agricoles) la possibilité de limiter l'étendue de leur responsabilité en constituant un patrimoine d'affectation, dédié à leur activité professionnelle, sans constituer de société.

Le statut d'entreprise individuelle à responsabilité limitée (EIRL), créé par la loi du 15 juin 2010, est supprimé par la loi du 14 février 2022 en faveur de l'activité professionnelle indépendante. […] Cependant, les EIRL existantes peuvent continuer d'exercer leurs activités […].

**www.economie.gouv.fr, 3 octobre 2022.**

### DOC.6 L'échec de l'EIRL

L'EIRL n'a pas rencontré le succès attendu. En effet, moins de 5 % des travailleurs indépendants ont opté pour ce statut juridique. Les causes de cet échec reposent essentiellement sur la complexité du régime. La déclaration d'affectation imposait un formalisme lourd et peu lisible. Les obligations comptables et fiscales généraient de la confusion. […]

**Thibaut Clermont, www.lecoindesentrepreneurs.fr, 15 septembre 2022.**

**5. Dans quelle mesure peut-on dire qu'en EIRL, l'entrepreneur constituait deux patrimoines ?**

**6. Quel avantage tirait-il de cette situation ?**

### DOC.7 Le nouveau statut de l'entreprise individuelle

**La protection du patrimoine personnel**

La loi n° 2022-172 du 14 février 2022 en faveur de l'activité professionnelle indépendante a créé un statut unique pour l'entrepreneur individuel et supprime progressivement le statut d'entrepreneur individuel à responsabilité limitée (EIRL). […] L'avantage principal du nouveau statut de l'entreprise individuelle réside dans le fait que le patrimoine personnel de l'entrepreneur devient par défaut insaisissable par les créanciers professionnels, alors qu'avant seule la résidence principale était protégée.

Seuls les éléments nécessaires à l'activité professionnelle de l'entrepreneur peuvent donc aujourd'hui être saisis en cas de défaillance professionnelle. La séparation des patrimoines s'effectue automatiquement, sans démarche administrative ou information des créanciers.

Pour les entreprises individuelles créées avant l'entrée en vigueur de la loi, la dissociation des patrimoines personnel et professionnel ne s'appliquera qu'aux nouvelles créances nées après le 15 mai 2022.

**www.economie.gouv.fr, 19 octobre 2022.**

**LE NOUVEAU STATUT UNIQUE DE L'ENTREPRISE INDIVIDUELLE**

**Vidéo**
liennathan.fr/647nth

**7. En quoi la loi nouvelle est-elle une loi de protection de l'entrepreneur ?**

### DOC.8 Le passage de l'entreprise individuelle à la société

**Interview de Germain Laporte, créateur de la société anonyme Piton Conseil (extrait)**

– *M. Laporte, vous connaissiez le succès avec votre entreprise individuelle de décoration d'intérieur. Pourquoi avez-vous décidé de créer la SA Piton Conseil ?*

– Je voulais partager les responsabilités, j'avais besoin de confronter mes idées à celles d'autres personnes qui ne soient pas mes subordonnés. J'avais surtout besoin de fonds pour développer mon affaire et les apports en argent de mes trois associés vont me permettre d'approcher les banques avec une meilleure visibilité pour elles.

– *Mais l'obligation de partager les profits ne vous gêne pas ?*

– Pas du tout puisque j'espère une croissance sensible du chiffre d'affaires et des bénéfices ! D'autre part, accepter de partager les profits, c'est aussi pouvoir partager les pertes si les choses tournent mal !

**8. Analysez les considérations patrimoniales qui ont poussé Germain Laporte à passer de l'entreprise individuelle à la société.**

## DOC. 9 La définition de la société

| La loi | L'apport de la jurisprudence |
|---|---|
| **Article 1832 du Code civil** – La société est instituée par deux ou plusieurs personnes qui conviennent par un contrat d'affecter à une entreprise commune des biens ou leur industrie[1] en vue de partager le bénéfice ou de profiter de l'économie qui pourra en résulter. Elle peut être instituée, dans les cas prévus par la loi, par l'acte de volonté d'une seule personne[2]. Les associés s'engagent à contribuer aux pertes. | L'*affectio societatis* est un élément psychologique qui doit exister chez les associés, selon la Cour de cassation. C'est leur volonté d'agir ensemble dans le cadre d'une collaboration égalitaire. Cet élément de la société signifie qu'aucun associé n'est subordonné aux autres, chacun participant aux décisions communes, en général proportionnellement à ses apports. |

1. Industrie : savoir-faire, travail, compétences ou talents particuliers.
2. Il existe deux types de sociétés commerciales à associé unique :
   – l'**EURL** (entreprise unipersonnelle à associé unique) est un type de SARL (société à responsabilité limitée) ;
   – la **SASU** (société par actions simplifiée à associé unique) est un type de SAS (société par actions simplifiée).

**9.** **Identifiez les éléments constitutifs d'une société dans la SA Piton Conseil (document 8).**

**10.** **En quoi la société répond-elle habituellement à une volonté d'entreprendre à plusieurs ?**

## DOC. 10 La dissociation des patrimoines par la création d'une société

La société est une **personne morale**. L'entrepreneur qui souhaite séparer nettement son propre patrimoine de celui de son entreprise doit passer par la création d'une société. Dans ce cas, s'offre à lui un vaste choix entre différents types de sociétés. Dans la plupart des types de sociétés commerciales, les associés ne peuvent pas perdre plus que la valeur de leur apport au capital social.

**11.** **Pourquoi les sociétés commerciales apparaissent-elles *a priori* comme des structures permettant une protection efficace du patrimoine du dirigeant ?**

**APPROFONDISSEMENT**

**12.** **Quel est l'intérêt de créer une EURL ou une SASU plutôt qu'une SARL ou une SAS ?**

## DOC. 11 Les garanties exigées du dirigeant-associé

L'intérêt de créer une société est de séparer patrimoine professionnel et patrimoine privé.
Pourtant, la réticence du banquier à accorder un crédit trouve sa source dans l'aléa pouvant découler du sérieux et de la fiabilité de vos prévisions et de votre capacité à les réaliser. […]
Afin de limiter son risque, le banquier demande des garanties, voire les exige s'il estime que l'ensemble des crédits est très important comparé aux capitaux propres de votre société, à ses bénéfices, à sa capacité d'autofinancement, à l'endettement existant, qu'il mesure par une batterie de ratios. […]
L'effet pervers de ces garanties est d'anéantir l'un des bénéfices majeurs lié à la création d'une société.

**D'après www.netpme.fr**

**13.** **Dans quelle mesure la protection du patrimoine de l'entrepreneur ayant opté pour l'entreprise sociétaire n'est-elle que relative ?**

## B La prise en compte du régime matrimonial

**DOC. 12 Les incidences du régime matrimonial**

Choisir son régime matrimonial sert à protéger son patrimoine en cas de difficultés financières liées à l'activité de l'entreprise. Il existe deux régimes matrimoniaux principaux.

**La communauté réduite aux acquêts:** c'est le régime adopté automatiquement si les époux n'ont pas conclu de contrat.
Ce régime signifie que:
– les biens *mobiliers* ou *immobiliers* possédés avant le mariage restent la propriété personnelle des époux (« biens propres ») ;
– les biens acquis à titre onéreux (ni par donation ni par héritage) par les époux, ainsi que les revenus, sont des « biens communs ».
En cas de liquidation judiciaire d'un conjoint, les biens communs servent à payer les dettes.

**La séparation de biens:** dans le régime de la séparation de biens, chaque époux conserve la propriété exclusive des biens qu'il possède au jour du mariage et de ceux qu'il acquiert (à titre onéreux comme à titre gratuit) pendant la durée de la vie conjugale. En cas de liquidation judiciaire – et de façon générale –, chaque époux n'est responsable que de ses propres dettes.

**RÉGIME MATRIMONIAL ET CRÉATION D'ENTREPRISE**

**Vidéo**
liennathan.fr/3rg75e

**14. Quel est le régime matrimonial à privilégier absolument pour l'entrepreneur individuel?**

# APPLICATION AU CAS

## TEE-SHIRT DE FRANCE

Lorsqu'il a créé son entreprise Tee-shirt de France, Thibault Guillot a retenu la forme juridique de l'entreprise individuelle classique. Après un an d'exploitation, il a décidé d'adopter le régime de l'EIRL.
Il a donc affecté à son patrimoine professionnel différents biens, provenant en particulier de l'exploitation en nom propre de son fonds de commerce Tee-shirt de France.

**DOC. État descriptif du patrimoine d'affectation de l'EIRL**

**A. Éléments d'actif**

| Description | Valeur déclarée | Sûreté grevant le bien | Document à annexer |
|---|---|---|---|
| Fonds de commerce existant | 200 000 € | | |
| Machines et outillages | 120 000 € | | Crédit bancaire |
| Véhicule automobile | 23 000 € | Gage | Contrat de gage |
| Crédit compte LCL | 19 000 € | | |
| TOTAL | | | |

**B. Éléments de passif**

| Description | Montant |
|---|---|
| Dettes envers la banque (crédit sur machines et outillages) | 45 000 € |
| Gage sur véhicule | 8 000 € |
| TOTAL | |

Fait le ......................................, à ..............................................................................

*Signature de la personne*

1. **Déterminez la valeur du patrimoine affecté par Thibault Guillot à son EIRL.**
2. **Cette affectation de biens empêche-t-elle toute saisie portant sur un bien personnel de Thibault Guillot non compris dans le patrimoine d'affectation?**
3. **Quelle conclusion en tirez-vous quant à la pertinence de la création d'une EIRL?**

# 2 Justifier le choix d'une structure par les statuts social et fiscal de l'entrepreneur

**DOC. 13 Le choix du statut social, un critère moins essentiel aujourd'hui**

Depuis le 1er janvier 2020, la protection sociale des indépendants, auparavant gérée par le Régime social des indépendants (RSI), est intégrée au régime général de la Sécurité sociale.

**www.economie.gouv.fr, 15 septembre 2020.**

**1.** Sont rattachés au régime général de la Sécurité sociale: les gérants minoritaires ou égalitaires de SARL, les présidents et directeurs généraux de SA, de SAS ou de SASU.

**Avantages et inconvénients du régime salarié**

– **Avantages:** une meilleure couverture sociale, grâce à l'affiliation au régime général. Aucune couverture n'est toutefois accordée en matière d'assurance chômage, il faut pour cela contracter une assurance complémentaire; l'accès à la retraite prévue pour les cadres […]; un système de cotisation simple: les cotisations sociales sont déclarées et payées mensuellement ou trimestriellement […].

– **Inconvénients:** une protection sociale coûteuse; une gestion de la paie plus complexe (des bulletins de paie et des déclarations mensuelles ou trimestrielles de cotisations).

**www.lecoindesentrepreneurs.fr, 5 février 2021.**

**2.** Sont rattachés au régime social des indépendants ou des travailleurs non salariés (TNS): les entrepreneurs individuels, les gérants majoritaires de SARL et les associés uniques d'EURL.

**Avantages et inconvénients du statut TNS**

– **Avantages:** le fonctionnement du régime TNS est simple. […] Les déclarations de revenus sont à réaliser tous les ans […]. Les contributions aux charges sociales diffèrent de plus de 50 % pour un même revenu net […]. Le statut TNS permet par ailleurs de jouir de protections sociales intéressantes. Le travailleur profite du même taux de remboursement maladie que les salariés. En outre, il peut contracter diverses assurances. […]

– **Inconvénients:** la couverture sociale d'un TNS est allégée par rapport à celle d'un salarié. […] Bien qu'il soit possible de contracter des protections complémentaires auprès des assureurs, cette solution peut devenir contraignante financièrement.

**www.kandbaz.com, 25 janvier 2022.**

**1. Comment les régimes de protection sociale des dirigeants se rapprochent-ils?**

**DOC. 14 Impôt proportionnel et impôt progressif**

Lorsqu'un taux appliqué à un impôt (ex.: 25 %) est unique quel que soit le revenu imposable, il s'agit de l'impôt proportionnel. C'est le cas de l'impôt sur les sociétés (IS).
Quand le taux augmente progressivement au fur et à mesure que le revenu augmente, il s'agit de l'impôt progressif (ex.: de 0 à 45 %). C'est le cas de l'impôt sur le revenu (IR).

**2. Dans quel cas l'impôt progressif pénalise-t-il le contribuable ?**

**3. En quoi l'option offerte à l'entrepreneur individuel est-elle un avantage ?**

**DOC. 15 L'imposition des bénéfices des entrepreneurs individuels**

C'est en principe l'impôt sur le revenu des personnes physiques (IRPP) qui s'applique aux profits réalisés par les personnes physiques qui exercent une profession commerciale, industrielle, artisanale, agricole ou libérale dans le cadre de l'entreprise individuelle. Dans le cadre de ce régime fiscal, on peut déduire les dépenses d'exploitation du chiffre d'affaires (les différents frais).
Toutefois, depuis la loi du 14 février 2022, l'entrepreneur individuel – hormis s'il a choisi le statut de la microentreprise – peut opter pour le régime de l'impôt sur les sociétés.

**DOC. 16 L'imposition des bénéfices des sociétés**

| | |
|---|---|
| **EURL** | Il n'y a pas d'imposition au niveau de la société. L'associé unique est imposé directement au titre de l'impôt sur le revenu. L'EURL peut cependant opter pour l'impôt sur les sociétés. |
| **SARL** | Les bénéfices sont soumis à l'impôt sur les sociétés. Il est toutefois possible d'opter pour l'impôt sur le revenu dans le cas de la SARL de famille. |
| **SA** | Les bénéfices sont soumis à l'impôt sur les sociétés. |
| **SAS/SASU** | Les bénéfices sont soumis à l'impôt sur les sociétés. |

**4. Dans quels cas peut-on « choisir » son mode d'imposition? Dans quel sens?**

**DOC. 17** Les taux de l'impôt

| | |
|---|---|
| **Taux de l'impôt sur les sociétés** | Depuis le 1er janvier 2022, le taux de l'IS est de **25 %** pour toutes les sociétés.<br>Les PME (dont le chiffre d'affaires est inférieur à 10 M€) bénéficient d'un taux réduit à **15 %** sur la tranche des bénéfices inférieure à 42 500 €. |

| | Tranche de revenus annuels | Taux | Application du barème |
|---|---|---|---|
| **Barème de l'IR en 2023 (revenus de 2022)** | Jusqu'à 10 777 €<br>De 10 778 à 27 478 €<br>De 27 479 à 78 571 €<br>De 78 572 à 168 994 €<br>Au-delà de 168 994 € | **0 %**<br>**11 %**<br>**30 %**<br>**41 %**<br>**45 %** | Impôt calculé en prenant en compte le quotient familial qui allège l'impôt en fonction de la composition du foyer fiscal imposé (enfants à charge).<br>Les revenus des conjoints s'additionnent. |

| | |
|---|---|
| **Exemples de revenus perçus par des entreprises** | **Exemple 1 :** un entrepreneur individuel (célibataire, 1 part imposée) et une SA ont perçu en 2022 un revenu ou bénéfice de 12 500 €.<br>**Exemple 2 :** un entrepreneur individuel (célibataire, 1 part imposée) et une SA ont perçu en 2022 un revenu ou bénéfice de 63 000 €.<br>**Exemple 3 :** un entrepreneur individuel (célibataire, 1 part imposée) et une SA ont perçu en 2022 un revenu net ou bénéfice de 192 000 €. |

**5.** **Calculez les impôts dus dans les trois exemples ci-dessus.**

**6.** **Les revenus faibles sont-ils plus imposés lorsque l'impôt est proportionnel ou progressif ?**

**7.** **Les revenus élevés sont-ils plus imposés lorsque l'impôt est proportionnel ou progressif ?**

**APPROFONDISSEMENT**

**8.** **Quelle conclusion peut-on en tirer pour ce qui concerne le choix de la structure juridique de l'entreprise au regard de l'impôt ?**

# APPLICATION AU CAS

## TEE-SHIRT DE FRANCE

Pour Thibault Guillot, en 2018, le choix de l'entreprise individuelle, alors qu'il était célibataire, allait de pair avec une prévision de bénéfices assez modestes dans un premier temps. Aujourd'hui, le succès de son activité le fait réfléchir…

**1.** **Quels paramètres Thibault Guillot a-t-il considérés en 2018 dans son choix de la forme juridique la plus adéquate au regard de la fiscalité ?**

**2.** **Analysez la situation juridique de l'entreprise de Thibault Guillot qui peut le pousser aujourd'hui à modifier le statut de son entreprise pour des raisons fiscales.**

# 3 Justifier le choix d'une structure au regard du fonctionnement et de l'évolution de l'entreprise

## A Le fonctionnement de l'entreprise

**DOC. 18 L'indépendance de l'entrepreneur individuel**

**Témoignage : Juriste, j'ai tout quitté pour me lancer dans le e-commerce**

Après 5 ans d'études de droit, mon avenir d'avocate était tout tracé. Pourtant, j'ai décidé de tout quitter du jour au lendemain pour devenir [microentrepreneur]. Je possède maintenant ma boutique d'accessoires pour trottinette électrique, et je suis plus heureuse que jamais [...]. J'ai donc tout quitté pour me lancer dans le e-commerce et débarquer dans un nouveau milieu, seule derrière son ordinateur, n'a rien de simple. J'avais un peu le sentiment de me retrouver seule face à moi-même. De ne jamais savoir si mes décisions étaient les bonnes. [...] Avec le temps, j'ai appris à accepter la part d'incertitude qui accompagne la vie d'entrepreneur. [...] Chaque jour, je me sens épanouie et heureuse dans mon travail. [...] Ce que j'adore c'est la sensation de liberté que m'offre ce travail. Je peux gérer mon emploi du temps comme je le veux. [...] Mais au-delà de ça, ce que j'aime le plus, c'est que ce travail d'indépendant est vraiment stimulant. [...] Il n'y a aucune limite à mon avancée. Tout repose sur moi, et j'adore ça.

**Cyrielle Thépaut, www.postadem.com, 18 mars 2021.**

**1. En quoi le fonctionnement de l'entreprise individuelle est-il naturellement simple?**
**2. Quels sont les risques liés à l'exercice du pouvoir sans partage dans l'entreprise?**

**DOC. 19 L'exercice du pouvoir au sein de l'entreprise**

**Le pouvoir non partagé**

*Dans quelles structures?*
– En entreprise individuelle.
– Dans toutes les sociétés à associé unique (EURL, SASU).

**Le pouvoir partagé**

*Dans quelles structures?*
Dans toutes les sociétés pluripersonnelles: SARL, SA, SAS.
*Comment?*
Il s'exerce à proportion des apports effectués par les associés, car chacun dispose de voix au sein d'assemblées générales.

| La prise de décision au sein des assemblées d'associés | Type de société | | |
|---|---|---|---|
| | SARL | SA | SAS |
| **En assemblée générale ordinaire (AGO)**<br>Nomination ou révocation des dirigeants, approbation des comptes, répartition des bénéfices, etc. | Selon la loi: à la majorité | | Selon les modalités prévues par les statuts |
| **En assemblée générale extraordinaire (AGE)**<br>Modification des statuts (fusion, changement d'objet social, etc.), changement de nationalité de la société | Selon la loi: à la majorité des 2/3 | | |

**3. Quels sont les avantages de ne pas partager le pouvoir?**
**4. La solitude n'est-elle pas difficile face à certaines décisions? Justifiez.**

## DOC.20 Le pouvoir du dirigeant de la société à l'égard des tiers

Qu'il s'agisse du gérant de la SARL, du directeur général de la SA ou du président de la SAS, tous représentent la personne morale qu'ils dirigent. Leurs pouvoirs sont définis par la loi comme étant « les plus étendus pour agir en toutes circonstances au nom de la société ». Cette formule s'applique dans les rapports de la société avec les tiers (clients, fournisseurs, banques, etc.), mais il en va autrement dans les rapports internes à la société, où les AGO et AGE réalisent une forme de partage du pouvoir avec contrôle des décisions des dirigeants.

**5. Pourquoi les règles du partage du pouvoir dans la société s'effacent-elles lorsqu'il s'agit de prendre des décisions intéressant les rapports de la société avec des tiers ?**

## DOC.21 Pourquoi s'associer pour décider ?

**Frédéric Mugnier et Nicolas Rohr, cofondateurs associés de la marque de vêtements et de chaussures Faguo**

L'avantage de créer à deux, c'est que si l'un se met à ressentir des doutes, l'autre est là pour l'éclairer ! L'association permet aussi de se tirer l'un l'autre vers le haut. Lorsque l'un des deux obtient un bon résultat, cela motive l'autre à donner aussi le meilleur de lui-même. Enfin, cela permet d'avoir toujours en face de soi une personne qui puisse jouer le rôle de l'avocat du diable ! Pour nous, l'association est clairement un plus, qui nous permet de garder la tête froide, tout en garantissant une vision à 360° de l'entreprise. Notre jeune âge et notre manque d'expérience auraient réellement constitué une faiblesse si chacun de nous deux avait entrepris seul ! Pour qu'une association fonctionne bien, il faut bien définir les domaines de compétences de chacun. Pour chaque décision, il faut déterminer son importance et le temps qu'on passera à la communiquer à l'autre afin de déterminer si cela est vraiment nécessaire d'en parler.

www.dynamique-mag.com

**6. Justifiez l'adoption d'une structure sociétaire par Frédéric Mugnier et Nicolas Rohr.**

## DOC.22 Comparaison des principales sociétés commerciales

| | SA | SARL/EURL | SAS/SASU |
|---|---|---|---|
| **Nombre d'associés** | 2 à illimité | 1 (EURL) à 100 | 1 (SASU) à illimité |
| **Dirigeant(s)** | Directeur général ou P-DG | Gérant(s) associé(s) ou non | Président associé ou non |
| **Responsabilité des associés** | Limitée aux apports | | |
| **Capital social** | 37 000 € minimum | Aucun minimum requis | |
| **Types d'apports possibles** | – En numéraire<br>– En nature | – En numéraire (espèces)<br>– En nature (bien meuble ou immeuble)<br>– En industrie (savoir-faire, travail) | |
| **Patrimoine de l'entreprise** | Propre à la société | | |

**7. Quelles sont les sociétés dont l'adoption semble plus facile que celle des autres ?**

**8. Quels sont les principaux points rapprochant la SARL et la SAS en termes d'exercice du pouvoir et de contrôle de la société ?**

## DOC. 23 Le succès des SAS et des SASU

| Créations de sociétés selon la forme juridique | | | |
|---|---|---|---|
| | SARL et EURL | SAS et SASU | Autres sociétés |
| 2018 | 36 % | 61 % | 3 % |
| 2019 | 34 % | 63 % | 3 % |
| 2020 | 31 % | 67 % | 2 % |
| 2021 | 29 % | 68 % | 3 % |

www.insee.fr

**Un fonctionnement très souple**

Les associés de la SAS – et non la loi – définissent l'organisation interne de manière très libre dans les statuts. Un seul organe imposé : la société doit être dirigée par un président qui peut être – ou non – l'associé unique dans le cas d'une SASU.

Autre point important : la dissociation entre capital et pouvoir. Il est donc possible de n'avoir aucune part sociale et de diriger.

Le capital social est fixé par les associés, sans minimum. La société comprend au moins 1 associé pour les SASU, 2 pour les SAS. Il n'y a pas de nombre maximum.

**Les statuts au cœur de la SAS**

Les statuts sont très importants puisqu'ils déterminent précisément l'organisation et la répartition du pouvoir. Il y a donc tout intérêt à les faire rédiger par un professionnel, avocat, expert-comptable, etc.

www.entreprenons.fr

## DOC. 24 Pourquoi j'ai choisi le statut de SAS : témoignage d'entrepreneur

**Le témoignage de Pierre-Louis, fondateur d'une société de conseil en stratégie d'entreprise**

« *Nous sommes trois fondateurs. Chacun développe l'activité de notre société sur un territoire donné (Paris, Lille, Lyon). Nous avons opté pour la SAS pour la flexibilité de ses statuts. Nous pouvons définir librement les modalités de prise de décisions collectives. Nos assemblées générales peuvent avoir lieu par Skype, les convocations sont envoyées par mail… Un bel atout en cas de séparation géographique.* »

En effet, les actionnaires sont libres de définir, dans les statuts de leur SAS, la forme qui sera utilisée pour effectuer leurs assemblées générales. Ils déterminent aussi librement les fonctions de chacun et les organes de contrôle. De multiples clauses sont possibles, comme un droit de veto sur certaines décisions ou encore un droit de vote préférentiel, par exemple.

www.leblogdudirigeant.com, 17 février 2022.

**9.** Analysez l'évolution des parts de chaque type de sociétés commerciales.

**10.** Pourquoi peut-on dire que les règles de fonctionnement de la SAS sont consensuelles ?

## B L'évolution de l'entreprise

### DOC. 25 Les limites de l'entreprise individuelle

**Jérôme Mauduit, fondateur en solo d'Open2Europe**
Avec un projet bien précis en tête, fondé sur mes compétences et ma propre expérience, j'ai choisi de créer seul mon entreprise. Entouré de personnes compétentes et qualifiées, je n'ai pas ressenti le besoin de m'associer. [...] L'entreprise est aujourd'hui un groupe international et je commence à ressentir le besoin de m'entourer, de partager les responsabilités. D'ailleurs, j'envisage de faire rentrer mes proches collaborateurs au capital. Même si j'ai pris l'habitude de travailler seul, je ne serais pas contre le fait de monter une entreprise avec des associés. [...]

**www.dynamique-mag.com**

**11. Dans quelle mesure l'expérience de Jérôme Mauduit montre-t-elle que l'entrepreneur individuel a du mal à accompagner une importante croissance de son affaire ?**

### DOC. 26 Le financement de l'expansion de l'entreprise

Les fonds de capital-investissement[1] apportent des capitaux propres, et donc des ressources financières, à l'entreprise. Cet apport augmente le capital social de l'entreprise, dont le fonds devient associé.
L'objectif des fonds est de réaliser une « plus-value » au moment de revendre leur participation après quelques années, en cas d'augmentation de la valeur de l'entreprise. [...]
**Typologie des fonds de capital-investissement :**
- « capital-risque » ou « capital-innovation » intervient auprès d'entreprises en phase de création ou de développement très risqué, notamment des entreprises innovantes [...] ;
- « capital-développement » vise à accompagner les projets de développement d'entreprises qui ont atteint leur seuil de rentabilité : augmentation des capacités de production, conquête de nouveaux marchés, développement de nouveaux produits, [...] etc. ;
- « capital-transmission » permet l'acquisition d'une entreprise existante [...].

1. Fonds apportés par un investisseur à une société non cotée.

**www.service-public.fr**

**12. Pourquoi la société est-elle une forme juridique favorisant le financement de l'expansion de l'entreprise ?**

## APPLICATION AU CAS

### TEE-SHIRT DE FRANCE

L'activité de Tee-shirt de France a connu une croissance continue depuis 2018. Aujourd'hui, Thibault Guillot veut investir dans de nouveaux équipements et ses moyens propres lui apparaissent insuffisants. Aussi a-t-il décidé de transformer son entreprise en SAS et de faire appel à des capitaux extérieurs.

### DOC. Le recours aux banques pour le financement des PME

**Nouveaux crédits de trésorerie :** au 2e trimestre 2022, 5 % des TPE, 7 % des PME et 10 % des ETI ont demandé des crédits de trésorerie au cours des trois derniers mois. Les taux d'obtention pour ces crédits demeurent élevés [...], 79 % des entreprises ayant obtenu leur prêt en totalité à plus de 75 % [...].
**Nouveaux crédits d'investissement :** les demandes de nouveaux crédits d'investissement progressent à nouveau pour les plus grandes entreprises, 21 % des PME et 27 % des ETI ayant demandé un prêt, tandis que 6 % des TPE ont sollicité un crédit [...]. Les taux d'obtention restent élevés : la quasi-totalité des PME (96 %) et des ETI (98 %) ont vu leur demande satisfaite (en totalité ou à plus de 75 %). Toutefois, le taux d'obtention pour les TPE diminue de 4 points pour atteindre 85 %.

**www.banque-france.fr, 2 août 2022.**

1. **En quoi la situation personnelle du dirigeant de PME est-elle essentielle pour financer l'entreprise individuelle ?**
2. **Justifiez le choix d'une nouvelle structure d'entreprise par Thibault Guillot, désireux d'améliorer ses capacités de financement.**
3. **À quelle condition Thibault Guillot gardera-t-il le contrôle de son entreprise dans ce cas ?**

# 4 Justifier le choix d'une structure pour servir l'économie sociale et solidaire

**DOC. 27** **Qu'est-ce que l'économie sociale et solidaire ?**

Le concept d'économie sociale et solidaire (ESS) désigne un ensemble d'entreprises [...] dont le fonctionnement interne et les activités sont fondés sur un principe de solidarité et d'utilité sociale. Ces entreprises adoptent des modes de gestion démocratiques et participatifs. Elles encadrent strictement l'utilisation des bénéfices qu'elles réalisent : le profit individuel est proscrit et les résultats sont réinvestis.

**www.economie.gouv.fr**

**1. En quoi les sociétés constituées pour servir l'économie sociale et solidaire fonctionnent-elles différemment des entreprises capitalistes « classiques » ?**

**L'ÉCONOMIE SOCIALE ET SOLIDAIRE**

**Vidéo**
liennathan.fr/8kg86e

**DOC. 28** **Les sociétés coopératives : l'exemple des SCOP**

les SCOP
SOCIÉTÉS COOPÉRATIVES ET PARTICIPATIVES

Juridiquement, une SCOP (société coopérative et participative) est une société de forme SA, SARL ou SAS dont les salariés possèdent au minimum 51 % du capital.
Le partage du profit est équitable :
– une partie (environ 45 %) constitue les « réserves impartageables » qui vont contribuer au développement de l'entreprise [...] ;
– une partie (environ 15 %) est versée en dividende aux associés ;
– une partie (environ 40 %) est versée à l'ensemble des salariés de la SCOP, associés ou pas.
Les salariés associés élisent leur dirigeant en assemblée générale et sur un principe bien particulier : « une personne = une voix », quel que soit le nombre de parts de chacune.

**www.economie.gouv.fr**

**En 2021, il existait 2 590 SCOP en France.**

**UNE SCOP, C'EST QUOI ?**

**Vidéo**
liennathan.fr/5pe47y

**2. Relevez les caractéristiques de la SCOP qui la rattachent aux principes de l'économie sociale et solidaire.**

**DOC. 29** **Un exemple de succès en SCOP**

**Les Volcans à Clermont-Ferrand : 15e meilleure librairie indépendante de France par son chiffre d'affaires**

La Scop Librairie Les Volcans, à Clermont-Ferrand, gagne trois places au classement *Livres Hebdo* des 400 premières librairies françaises et se hisse à la 15e position en 2020.
En 2015, lors de la reprise en Scop (société coopérative et participative), la librairie était à la 94e place. En 2016, elle passe à la 26e place puis à la 19e en 2017 et était à la 18e depuis 2018.
Ce classement ne tient compte que du chiffre d'affaires sur le livre (réalisé sur la base des données 2019, avant la crise du Covid).

Les Volcans entre ainsi dans la cour des grandes, concurrençant des librairies de villes comme Paris, Lyon, Bordeaux ou Marseille.

**Cécile Bergougnoux, www.lamontagne.fr, 7 juillet 2020.**

**3. Lorsque la librairie Les Volcans réalise des profits, comment peut-elle les utiliser ?**
**4. Quelle est la particularité des salariés d'une SCOP ? Quelle conséquence cela a-t-il sur le style de management et la prise de décision dans ce type d'entreprise ?**

## DOC. 30 Les mutuelles

**1. Leur action selon le Code de la mutualité, article L. 111-1 :** […] Elles mènent, notamment au moyen des cotisations versées par leurs membres […], une action de prévoyance, de solidarité et d'entraide, dans les conditions prévues par leurs statuts, afin de contribuer au développement culturel, moral, intellectuel et physique de leurs membres et à l'amélioration de leurs conditions de vie.

**2. Leur différence avec les coopératives :** les mutuelles, à l'inverse des coopératives, n'ont pas de capital social, les fonds proviennent des cotisations de leurs membres, qui sont généralement fixes et constituent essentiellement les fonds propres de la mutuelle.

## DOC. 31 Les mutuelles font de la complémentaire santé

Lorsque l'on paye une consultation chez le médecin ou une boîte de médicaments, […] le plus souvent, une partie du prix global sort du portefeuille de l'assuré sans espoir de remboursement. C'est là qu'intervient la mutuelle. […] Elle assume tout ou partie des montants qu'il reste à payer après la prise en charge de l'assurance maladie. […]
Une mutuelle mérite ce nom aussi par son mode d'organisation. Elle est administrée par ses employés et adhérents. À but non lucratif, une société mutualiste a pour seules ressources les cotisations payées par ses « usagers-membres ». […]
Les mutuelles revendiquent un fonctionnement « démocratique » : les assurés qui payent leurs cotisations élisent des administrateurs qui donnent ensuite pouvoir à un président.

**www.hellolife.fr**

5. **Quel est le rôle des mutuelles de santé ?**
6. **En quoi le mode d'organisation des mutuelles de santé illustre-t-il l'application des principes de l'économie sociale et solidaire ?**

# APPLICATION AU CAS

## TEE-SHIRT DE FRANCE

La vision de son activité d'entrepreneur par Thibault Guillot est marquée par la volonté de privilégier la production en France pour lutter, à son échelle, contre la tendance à la délocalisation industrielle. Dans le droit fil de cette idée, l'entrepreneur est assez sensible aux thèses de l'économie sociale et solidaire. Aussi commence-t-il à s'interroger sur la possibilité de faire évoluer son entreprise vers une conception plus participative.

## DOC. 1 Les coopératives issues de transmission d'entreprises

Le taux de pérennité à 5 ans [des SCOP] est de 73 % contre 61 % pour l'ensemble des entreprises françaises.
Érigée en priorité par la Confédération générale des SCOP, la transmission d'entreprises saines est à l'origine de 1 290 emplois générés par les créations de Sociétés coopératives en 2018 et 2019.

**www.les-scop.coop, dossier de presse 2021.**

## DOC. 2 La SCOP d'amorçage

Un décret publié le jeudi 1er janvier 2015 acte le lancement du statut de la « SCOP d'amorçage ». Elle entend faciliter la tâche des salariés repreneurs en leur donnant du temps pour financer la prise de participation majoritaire. Désormais, ces derniers pourront bénéficier d'un délai de sept ans après la reprise de l'entreprise pour renforcer leur part dans le capital et atteindre le seuil des 50 %. […]
Auparavant, les associés coopérateurs, qui travaillent effectivement dans l'entreprise, devaient détenir d'emblée la majorité du capital social de l'entité ainsi que 65 % des voix. C'est cette rigidité que vient bousculer la SCOP d'amorçage, en créant une période transitoire de sept ans pour les repreneurs. Concrètement, ils pourront pendant ce laps de temps gérer l'entreprise sans pour autant détenir la majorité des parts sociales.

1. **Justifiez l'adoption du statut de SCOP dans le cas d'un engagement éthique.**
2. **Relevez les informations montrant que le statut de SCOP n'est pas réservé au seul cas de la reprise d'une entreprise en difficulté par ses salariés.**
3. **Si Thibault Guillot choisissait de faire évoluer sa SAS vers une SCOP, quel intérêt – et pour qui – présenteraient les dispositions de la SCOP d'amorçage ?**

# Tester ses connaissances

## 1 Quiz

**Scannez le QR Code ou saisissez le mini-lien pour tester vos connaissances avec le quiz numérique.**

liennathan.fr/52v7kz

## 2 Choisir la structure juridique de son entreprise

**Complétez le texte en vous aidant des termes proposés ci-après.**

SAS – patrimoine professionnel – responsabilité personnelle – impôt sur les sociétés – société – EURL – patrimoine personnel – SARL – impôt sur le revenu – SASU

La personne qui veut créer une entreprise sans assumer une trop grande .................................... peut aujourd'hui se tourner aussi bien vers l'entreprise individuelle que vers la .................................... .
Dans le premier cas, ses créanciers professionnels ne pourront poursuivre leurs créances que sur le ...................................., le .................................... étant préservé.
Bien sûr, le choix de la société offre diverses possibilités. On peut même être un associé unique, comme en .................................... ou en ...................................., mais si on préfère une société pluripersonnelle, on peut se tourner vers la .................................... ou la ...................................., cette dernière offrant beaucoup de souplesse de fonctionnement.
Le régime fiscal peut être un élément déterminant dans le choix de la forme juridique, l'.................................... étant plutôt réservé à l'entreprise individuelle, alors que les sociétés sont soumises à l'.................................... .

## ★ 3 L'entreprise individuelle

1. **Quels points communs existe-t-il entre l'ancien statut de l'EIRL et l'entreprise individuelle ?**
2. **Pourquoi la loi prévoit-elle que l'entrepreneur puisse renoncer à distinguer son patrimoine personnel de son patrimoine professionnel ?**

**DOC. Loi du 14 février 2022 en faveur de l'activité professionnelle indépendante**

**Un nouveau statut pour les entrepreneurs individuels**

Un statut unique pour les entrepreneurs individuels, protecteur de leur patrimoine personnel, est créé. Ce nouveau statut permettra que le patrimoine personnel de l'entrepreneur individuel devienne par défaut insaisissable par les créanciers professionnels, alors qu'aujourd'hui seule la résidence principale est protégée. Seuls les éléments nécessaires à l'activité professionnelle de l'entrepreneur pourront à l'avenir être saisis en cas de défaillance professionnelle. La séparation des patrimoines s'effectue automatiquement, sans démarche administrative ou information des créanciers.

Plusieurs exceptions sont toutefois posées. L'entrepreneur pourra notamment renoncer au bénéfice de cette séparation en faveur d'un créancier professionnel pour un engagement spécifique, en particulier pour obtenir un crédit bancaire. Les parlementaires ont borné l'usage de cette renonciation.

Des amendements ont précisé […] les conditions dans lesquelles les procédures d'insolvabilité prévues pour les entreprises en difficulté et pour les particuliers surendettés pourront s'appliquer à l'entrepreneur individuel. Ce dernier pourra bénéficier d'une procédure simplifiée. […]

Le texte traite également du transfert du patrimoine professionnel des entrepreneurs individuels. Il facilite la transmission d'une entreprise individuelle (par vente ou donation) ou son passage en société.

**www.vie-publique.fr, 15 février 2022.**

## 4 Les garanties demandées à l'entrepreneur

Fiche méthode 4

1. Qu'est-ce qui justifie les demandes de garantie émanant des banques ?
2. Dans quelle mesure les règles limitant la responsabilité personnelle de l'entrepreneur individuel sont-elles illusoires face aux besoins de financement de l'exploitation ?
3. Pourquoi la responsabilité du dirigeant de société n'est-elle souvent que théoriquement limitée ?

**DOC.** Le choix des garanties

Pour obtenir des financements, une entreprise doit généralement fournir des garanties aux prêteurs. Ainsi, ceux-ci limitent-ils leurs risques en se préconstituant un recours au cas où l'entreprise connaîtrait une défaillance dans le remboursement de sa dette. Ce recours peut être orienté vers une personne, on parle alors de garantie ou sûreté personnelle, ou attaché à un bien, il s'agit alors de garantie ou sûreté réelle. [...] Les créanciers munis de garanties sont appelés des créanciers privilégiés. Leurs droits leur donnent en effet une priorité de paiement par rapport aux autres créanciers, dits « chirographaires ».

**1 – Les garanties personnelles**
**Le cautionnement du dirigeant** – Le cautionnement est un acte juridique par lequel une personne s'engage à rembourser à un créancier une dette souscrite par une tierce personne si celle-ci s'avère défaillante. [...]

**2 – Les garanties réelles**
Il s'agit d'actes juridiques qui permettent à un prêteur de garantir sa créance en se constituant un droit sur un bien préalablement identifié. Si le débiteur ne respecte pas ses engagements, le créancier pourra alors faire saisir le bien et procéder à sa vente pour être payé. Dans le cadre d'une création d'entreprise, on trouve principalement trois catégories de sûretés réelles :

**Le nantissement de matériel** – Le nantissement de matériel, appelé également gage, est très fréquemment utilisé dans le cadre d'une création d'entreprise lorsque des investissements en outils de production sont nécessaires. [...] Il en est ainsi des véhicules, par exemple. [...]

**Le nantissement de fonds de commerce** – [...] Si ce fonds acquiert une certaine valeur, le créancier pourrait être amené à le faire vendre pour obtenir le règlement de sa créance. [...]

**L'hypothèque** – Il s'agit d'une catégorie de sûreté particulière, qui se rapporte à un immeuble. [...]

business.lesechos.fr

## 5 La transmission de l'entreprise selon sa forme juridique

1. Quelle structure juridique facilite la transmission de l'entreprise à une ou plusieurs personnes ?
2. Opposez les SARL aux sociétés « ouvertes » (type SA ou SAS).

**DOC.** Modalités de transmission de l'entreprise

| Entreprise individuelle | EURL / SARL | SA / SAS / SASU |
|---|---|---|
| – Cession du **fonds** (fonds de commerce, artisanal, etc.)<br>– Apport du **fonds au capital** d'une société | Cession des **parts sociales** (en SARL, avec l'**agrément des associés** ayant au moins 50 % du capital) | **Cession des actions libre**, sauf clause d'agrément prévue par les statuts |

## SYNTHÈSE

**Le choix de la structure pour des raisons patrimoniales**

- **Entreprise individuelle** – Patrimoine de l'entrepreneur séparé en deux parties
  - Disparition du principe de la responsabilité illimitée de l'entrepreneur individuel
  - **Patrimoine personnel** distinct du **patrimoine professionnel**, seul saisissable par les créanciers professionnels
  - **Atténuation :** possibilité pour l'entrepreneur d'accorder des **garanties** sur son patrimoine personnel
- **Entreprise sociétaire** – Dissociation des patrimoines
  - **Responsabilité limitée aux apports** en SA, SAS, SASU, SARL, EURL

**Le choix de la structure pour le statut social ou le statut fiscal**

- **Deux régimes sociaux**
  - **En voie d'unification** pour appliquer à tous le régime général de la Sécurité sociale
- **Deux régimes d'imposition**
  - – **Impôt sur le revenu**, progressif : pour l'entrepreneur en entreprise individuelle et en EURL (sauf s'il opte pour l'IS)
  - – **Impôt sur les sociétés**, proportionnel : en SARL, SA, SAS, SASU

**Le choix de la structure au regard du fonctionnement et de l'évolution de l'entreprise**

- **Fonctionnement**
  - **Pouvoir :**
    - – **non partagé** en EI, EURL et SASU
    - – **partagé** en SARL, SA et SAS
  - Diversité des sociétés :
    - – rôle essentiel des **statuts** en SAS
    - – prééminence des **sociétés unipersonnelles**
- **Évolution**
  - **Croissance** et modification de statut juridique : de la PME unipersonnelle à la SA, par exemple
  - **Financement facilité** pour les SA et SAS : confiance des investisseurs et prêteurs

**Le choix de la structure pour participer à l'économie sociale et solidaire**

- Des structures d'entreprises avec un mode de gestion **démocratique et participatif**
- – Deux principaux types de structures : les **coopératives** (exemple, la SCOP) et les **mutuelles** (assurance et santé)
  – Financement facilité pour les SA et SAS : confiance des investisseurs et prêteurs

## CONSTRUIRE SA SYNTHÈSE

**Rédigez votre synthèse à l'aide des mots-clés suivants :**

Entreprise individuelle – Microentreprise – Entreprise individuelle à responsabilité limitée (EIRL) – Patrimoine (d'affectation, personnel, professionnel) – Société à responsabilité limitée (SARL) – Entreprise unipersonnelle à responsabilité limitée (EURL) – Société anonyme (SA) – Société par actions simplifiée (SAS) – Société par actions simplifiée unipersonnelle (SASU) – Communauté légale – Séparation de biens – Salarié – Non-salarié – Impôt sur le revenu (IR) – Impôt sur les sociétés (IS) – Exercice du pouvoir – Assemblées générales – Financement – Économie sociale et solidaire – Société coopérative de production (SCOP)

# 12 La gestion des risques liés à l'activité de l'entreprise

**PLAN DU CHAPITRE**

- 1 • Caractériser les risques intéressant l'entreprise
- 2 • Identifier la nature juridique de la responsabilité intéressant l'entreprise
- 3 • Identifier les principes de la responsabilité civile
- 4 • Analyser une situation juridique d'entreprise mettant en œuvre la responsabilité civile contractuelle
- 5 • Analyser une situation juridique d'entreprise mettant en œuvre la responsabilité civile extracontractuelle

**LES COMPÉTENCES ATTENDUES**

- Caractériser le risque d'une situation donnée.
- Identifier la nature juridique de la responsabilité d'une entreprise dans une situation donnée.
- Analyser une situation juridique d'entreprise mettant en œuvre la responsabilité civile contractuelle ou extracontractuelle.

**LES SAVOIRS ASSOCIÉS**

- Les types de risques
- L'inexécution du contrat
- Responsabilités civile et pénale
- Les principes de la responsabilité civile contractuelle et extracontractuelle

## Une entreprise détruite par un incendie en Loire-Atlantique

La société AFC-STAB, située à Saint-Hilaire-de-Chaléons (Loire-Atlantique), a pris feu ce mercredi 2 mars [2022]. Aucun blessé n'est à déplorer. […] [Le] bâtiment de 1 200 m² n'a pas résisté aux flammes, ni l'outil de production. […] AFC-STAB travaille dans l'aéronautique, le spatial et la défense. Les huit salariés, ingénieurs et opérateurs qualifiés, sont aujourd'hui au chômage partiel. «*Le bâtiment est entièrement détruit ainsi que de grosses machines cinq axes à commandes numériques*», ajoute Henrick Merle [président de la société]. «*L'entreprise était estimée à 5 millions d'euros avec ses brevets, sa clientèle et sa notoriété, ses moyens d'exploitation et ses capacités de croissance exponentielle.*» […] Trente sapeurs-pompiers […] sont intervenus en premier lieu «*pour protéger les habitations voisines*», précise Denis Salaud, chef de groupe du Centre d'incendie et de secours de Sainte-Pazanne, commandant des opérations de secours.

**www.ouest-france.fr, 2 mars 2022.**

**LA PRÉVENTION DES RISQUES PROFESSIONNELS**

**Vidéo** liennathan.fr/35aq6e

1. **Dans quelle mesure cette entreprise est-elle à la fois à l'origine de risques et victime ?**
2. **Quelles sont les autres victimes possibles de cet accident ?**

# 1 Caractériser les risques intéressant l'entreprise

## DOC. 1 Accident de travail dans l'Oise : une salariée de Sanofi décède, percutée par un chariot automatique

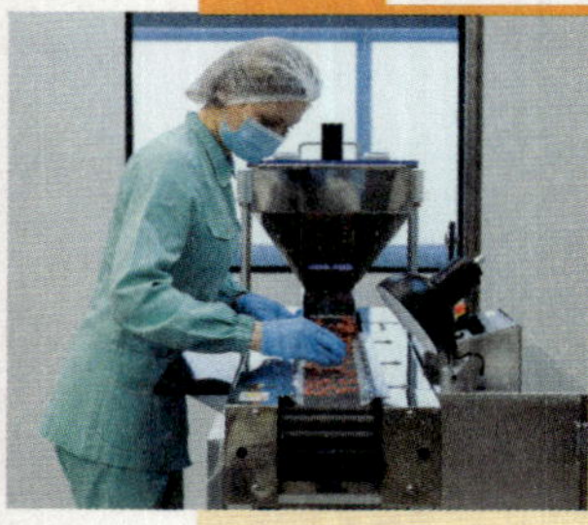

Un accident mortel est venu endeuiller le site de production de médicaments compiégnois. Ce jeudi matin, une femme est décédée sur son lieu de travail, dans l'usine Sanofi. Les secours n'ont rien pu faire, malgré plusieurs tentatives de réanimation. D'après les premiers éléments de l'enquête, elle a été percutée par un chariot automatique. Les circonstances précises du drame restent toutefois à définir avec précision.

« Une enquête a été ouverte […]. Elle vise à confirmer la cause du décès. […] Dans cette usine, tout est automatisé, il va falloir déterminer s'il y a eu une erreur de manipulation ou un problème informatique, par exemple », indique Mme Lawrysz, procureure de la République. Sur place, les lieux ont été gelés par les enquêteurs qui ont ainsi pu effectuer les premières constatations et saisir du matériel, le tout sans mettre en péril l'activité du site où travaillent plus de 550 personnes.

**Stéphanie Forestier, www.leparisien.fr, 11 novembre 2022.**

**ACCIDENT DU TRAVAIL – TÉMOIGNAGE**

**Vidéo**
liennathan.fr/wq6n92

> **1.** **En quoi le progrès technique et les accidents en entreprise sont-ils indissociables de la société industrielle ?**
>
> **2.** **Quelles sont les victimes (directes et indirectes) de ces accidents ?**

## DOC. 2 La tendance à l'aggravation de la cybercriminalité se confirme

– 54 % des entreprises françaises attaquées en 2021 […].
– L'Agence nationale de la sécurité des systèmes d'information (ANSSI) a constaté une hausse de 255 % des attaques par rançongiciel[1] (ou *ransomware*) contre les organisations françaises en 2020 par rapport à 2019. […]
– 50 000 €, c'est le coût médian d'une cyberattaque. Quand une entreprise se fait attaquer, il peut y avoir : interruption du *business*, détérioration du matériel informatique, fuite de données nécessaires aux opérations, impact sur la notoriété. […]
– L'interruption d'un *business* suivant une cyber-attaque a une répercussion non négligeable sur le chiffre d'affaires annuel de l'entreprise. Le temps de remettre le système informatique en état, de récupérer les sauvegardes de données (s'il y en avait), une entreprise perd en moyenne 27 % de son chiffre d'affaires annuel.

1. Un rançongiciel est un logiciel conçu pour « prendre en otage » les données d'une entreprise ou d'un individu, à qui les cybercriminels demandent ensuite de s'acquitter d'une rançon pour récupérer les données en question.

**www.stoik.io, 10 novembre 2022.**

> **3.** **Quels coûts engendre le risque des cyberattaques pour les entreprises ?**

## DOC. 3 Les risques pour la santé des salariés

**Les chiffres pour 2020**

540 000 accidents du travail avec arrêt de travail ou incapacité permanente (- 17,7 % par rapport à 2019, du fait des mesures de confinement et du chômage partiel liés au Covid).
550 décès (- 29,5 % par rapport à 2019, où il y avait eu 780 décès).
Tous secteurs d'activité confondus, les principales causes d'accidents du travail [AT] sont :
– les manutentions manuelles, à l'origine de 50 % des AT ;
– les chutes de hauteur ou de plain-pied, qui représentent 29 % des AT ;
– l'outillage à main dans 9 % des cas.

**D'après « Santé et sécurité au travail », www.ameli.fr, 26 octobre 2021.**

> **4.** **Identifiez les sources des risques physiques supportés par les salariés.**
>
> **5.** **Comment les risques courus par les salariés impactent-ils la vie de l'entreprise ?**

## DOC. 4 L'obligation de sécurité de l'employeur

Votre employeur doit veiller à votre santé et sécurité au travail en mettant en place des actions de prévention (par exemple, des formations). Il doit également évaluer les risques professionnels de votre poste de travail. L'aménagement et l'utilisation des locaux de travail doivent respecter certaines règles. En cas de non-respect, votre employeur peut engager sa **responsabilité civile et/ou pénale**.

**Exemples de mesures pouvant être mises en place**

Votre employeur doit :

– éviter les risques présents sur votre poste de travail (par exemple, les troubles musculo-squelettiques) ; [...]

– combattre les risques à la source (par exemple, votre employeur doit intégrer la prévention le plus tôt possible, notamment dès la conception des lieux ou équipements de travail) ;

– adapter votre poste de travail à votre qualité d'être humain afin, par exemple, de limiter le travail monotone et le travail cadencé dans le but de réduire leurs effets sur votre santé ;

– prendre en compte les nouvelles technologies (par exemple, votre employeur doit se tenir au courant des nouvelles avancées technologiques en matière de protection, sans attendre une évolution de la réglementation) [...].

www.service-public.fr

## DOC. 5 Des risques professionnels autres que physiques

Troubles de la concentration, du sommeil, irritabilité, nervosité, fatigue importante, palpitations... Un nombre grandissant de salariés déclarent souffrir de symptômes liés à des risques psychosociaux. Le phénomène n'épargne aucun secteur d'activité. Indépendamment de leurs effets sur la santé des individus, les risques psychosociaux ont un impact sur le fonctionnement des entreprises (absentéisme, *turnover*, ambiance de travail...). Il est possible de les prévenir. Les risques psychosociaux regroupent : le stress au travail, les violences internes (commises au sein de l'entreprise par des salariés : conflit, brimades), les violences externes (commises sur des salariés par des personnes externes à l'entreprise).

www.inrs.fr

**6. Recensez les contraintes imposées à l'employeur du fait de son obligation de sécurité.**

**7. Caractérisez les risques psychosociaux.**

**8. Quelles sont les manifestations des troubles psychosociaux liés au travail ?**

# APPLICATION AU CAS

## TEE-SHIRT DE FRANCE

Tee-shirt de France, l'entreprise de Thibault Guillot, n'a jamais connu d'accident industriel grave. En revanche, plusieurs salariés manifestent certains troubles indéniablement liés au travail et au stress qui en découle. Une des salariés a souffert de dépression nerveuse durant plusieurs mois.

**1. Peut-on rattacher la dépression de la salariée à une faute particulière de Thibault Guillot ?**

**2. En quoi Tee-shirt de France a-t-elle intérêt à prévenir les risques psychosociaux tout autant que les risques industriels ?**

# 2 Identifier la nature juridique de la responsabilité intéressant l'entreprise

**DOC. 6** **La distinction entre la responsabilité pénale et la responsabilité civile**

| La responsabilité pénale | |
|---|---|
| C'est l'obligation de supporter une peine (amende, prison…) en punition d'une infraction à l'ordre social (contravention, délit ou crime). | |
| **La responsabilité civile** | |
| C'est l'obligation de réparer le dommage causé à un tiers. | |
| **La responsabilité contractuelle** | **La responsabilité extracontractuelle** |
| C'est l'obligation de réparer le dommage causé à un cocontractant par une faute contractuelle : l'inexécution ou la mauvaise exécution du contrat. | C'est l'obligation de réparer le dommage causé à un tiers en dehors de tout contrat. |

**DOC. 7** **La conjugaison des responsabilités civile et pénale**

Si les responsabilités civile et pénale ont des fonctions différentes, il est des cas où la victime peut se plaindre d'un agissement qui lui a porté préjudice et qui constitue en même temps une atteinte à l'ordre social : la victime d'un vol, d'une agression ou de toute autre faute pénale qui est aussi une faute civile peut engager une action dans le but d'obtenir une indemnisation. Elle se porte « partie civile » dans un procès où l'auteur des faits sera, par ailleurs, condamné à une sanction pénale.

1. **Quelle différence y a-t-il entre les finalités de la responsabilité civile et celles de la sanction pénale ?**
2. **Distinguez les sanctions pénales et les suites de la responsabilité civile.**

**DOC. 8** **Une entreprise condamnée après la chute mortelle d'un ouvrier sur un chantier**

Une entreprise a été condamnée, ce mercredi [9 novembre 2022] par le tribunal judiciaire de Pontoise (Val-d'Oise) après la mort d'un ouvrier sur un chantier à Bezons. Le 16 septembre 2019, la victime, père de trois enfants, avait fait une chute de 9 mètres, relate *Le Parisien*.

Alors qu'il se trouvait au troisième étage de l'immeuble en construction, l'ouvrier était passé à travers une mince plaque de polystyrène, placée pour boucher une trémie. […]

Son employeur, la SAS Urbaine de travaux, a été condamné pour homicide involontaire à 60 000 euros d'amende. […] L'entreprise devra aussi payer une amende de 10 000 euros à cause de divers manquements.

**www.20minutes.fr, 10 novembre 2022.**

Une personne morale peut être condamnée pénalement, au même titre qu'une personne physique.

L'article 121-2 du Code pénal prévoit que les personnes morales sont pénalement responsables des infractions commises, pour leur compte, par leurs organes ou leurs représentants. Ce texte pose un principe général de responsabilité pénale des personnes morales : toutes les personnes morales (à l'exception de l'État) et toutes les infractions (contraventions, délits ou crimes) sont visées.

3. **Quelle est l'infraction reprochée à cette entreprise de BTP et qui en a été victime ?**

**DOC. 9** La faute involontaire et la sanction pénale

**Code pénal, article 222-19.** Le fait de causer à autrui […], par maladresse, imprudence, inattention, négligence ou manquement à une obligation de prudence ou de sécurité imposée par la loi ou le règlement, une incapacité totale de travail pendant plus de trois mois est puni de deux ans d'emprisonnement et de 30 000 euros d'amende. […]

4. **Quel est l'intérêt de cet article en cas d'accident du travail subi par un salarié ?**

**APPROFONDISSEMENT**

5. **Quel autre rôle la responsabilité pénale de l'employeur doit-elle jouer ?**

**DOC. 10** Une infraction relevant du droit pénal du travail

**Le travail dissimulé est un délit.**
Il se définit par la non-exécution intentionnelle, par un employeur, d'une formalité déclarative, qu'elle porte sur l'exercice d'une activité ou l'emploi de salariés de manière générale.
Le travail dissimulé constitue une infraction majeure du travail illégal et est sanctionné lourdement. […] [Sont interdits] (art. L8221-1 du Code du travail) :
– le travail totalement ou partiellement dissimulé ;
– la publicité, par quelque moyen que ce soit, tendant à favoriser, en toute connaissance de cause, le travail dissimulé ;
– le fait de recourir sciemment, directement ou par personne interposée, aux services de celui qui exerce un travail dissimulé. […]
Le Code du travail prévoit deux types de travail dissimulé (L8221-3 et L8221-5) :
– la dissimulation d'activité (toute activité professionnelle lucrative non déclarée est interdite, qu'elle s'accompagne ou non d'emplois salariés) ;
– la dissimulation d'emploi salarié (l'activité dissimulée peut être totale, mais aussi partielle, notamment lorsque l'employeur n'effectue qu'une partie des déclarations aux organismes de protection sociale).

www.artcena.fr, 15 mars 2022.

6. **Relevez les différentes manifestations du délit de travail dissimulé.**

**DOC. 11** Les limites à la responsabilité pénale de l'employeur

En principe, l'employeur n'est responsable pénalement que pour les infractions pénales non intentionnelles qu'il commet lui-même. Sa responsabilité peut cependant être engagée du fait des infractions pénales commises par ses salariés dans le cadre de leur travail et en rapport avec ce travail. L'employeur n'est cependant pas responsable pénalement s'il a **délégué ses pouvoirs** au salarié fautif.

**DOC. 12** La preuve de la délégation de pouvoir

Selon la jurisprudence de la Cour de cassation, l'employeur qui fait état de l'existence d'une délégation de pouvoirs doit apporter la preuve de l'existence de cette délégation. Les juges n'exigent pas qu'elle soit écrite, mais il ne suffit pas à l'employeur de prétendre qu'il avait délégué ses pouvoirs à un salarié de façon orale ou implicite.
Concrètement, il apparaît donc très utile de formaliser la délégation par un document signé par le salarié, qui manifeste ainsi son acceptation.

7. **Quel est l'intérêt pour l'employeur de déléguer ses pouvoirs ?**
8. **À quelle condition cette délégation produit-elle ses effets ?**

## APPLICATION AU CAS

### TEE-SHIRT DE FRANCE

Avec le développement de Tee-shirt de France, Thibault Guillot a confié la surveillance des conditions de travail et de sécurité à Sylvia Rousseau, chef d'atelier. Récemment, une ouvrière a été victime d'un accident dû, selon elle, au non-respect d'une norme de sécurité impérative. Elle entend porter plainte et obtenir une condamnation pénale de principe de son employeur.

1. **Quels sont les effets de la délégation de responsabilité faite à Sylvia Rousseau ?**
2. **À quelles conditions Thibault Guillot verra-t-il sa responsabilité pénale écartée ?**

# 3 Identifier les principes de la responsabilité civile

## DOC. 13 Les trois éléments de la responsabilité civile

**FAITS DOMMAGEABLES**
– Faute contractuelle
– Fait générateur non contractuel : faute personnelle, fait d'une chose, fait d'autrui

↓ Lien de causalité

**DOMMAGES**

| | |
|---|---|
| – Corporel | – Moral |
| – Matériel | – Écologique |

1. Distinguez les deux types de faits générateurs de la responsabilité civile.

**APPROFONDISSEMENT**

2. Le fait générateur est-il toujours une faute de la personne responsable ? Justifiez.

## DOC. 14 Les dommages patrimoniaux

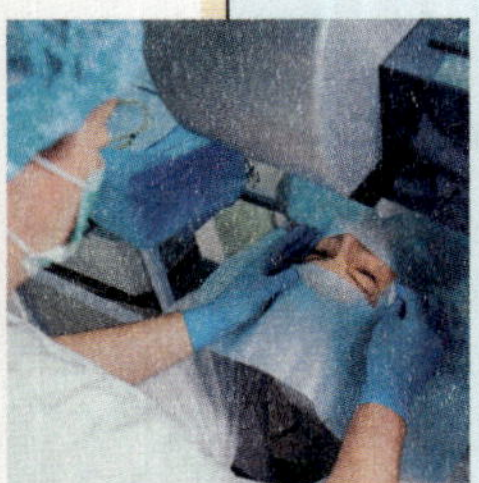

| Dommage corporel | Illustration |
|---|---|
| Le dommage corporel est d'abord et avant tout l'atteinte portée à l'intégrité physique de la personne : les blessures plus ou moins graves et à plus forte raison la mort. […] Relèvent aussi de la catégorie des dommages corporels, indemnisés au titre du *pretium doloris* [« prix de la douleur »], les souffrances physiques, passées ou futures subies par la victime. Il faut en dire autant du préjudice esthétique. | **Arrêt de la Cour de cassation du 5 juillet 2022 (extraits)** Selon l'arrêt attaqué (Saint-Denis, 13 novembre 2020), après avoir subi, le 7 décembre 2012, pour remédier à un kératocône, une opération d'un œil comprenant la pose d'un anneau intracornéen, pratiquée par Mme U… (le médecin), au sein de la clinique, M. F… a présenté une infection nosocomiale dont le traitement a notamment nécessité une greffe de la cornée. […] La clinique a été condamnée à indemniser M. F… au titre de la responsabilité de plein droit en matière d'infections nosocomiales, sur le fondement de l'article L1142-1, I, alinéa 2, du Code de la santé publique. |
| **Dommage matériel** | **Illustration** |
| Les dommages matériels consistent notamment dans la destruction d'un bien ou dans des détériorations. L'atteinte au patrimoine peut aussi se caractériser par un dommage économique – fréquent dans les rapports d'affaires, par exemple en cas de perte d'un marché. […] Il se peut aussi qu'une personne, atteinte dans son intégrité personnelle, cesse de pouvoir gagner sa vie. | **Arrêt de la Cour de cassation du 21 septembre 2022 (extraits)** Selon l'arrêt attaqué (Rennes, 3 juin 2021), Mme S… a confié la construction d'une maison en bois à la société Style Bois Structures, assurée auprès de la société MAAF Assurances. […] Courant 2016, se plaignant d'une attaque fongique dans le vide sanitaire, Mme S… a, après expertise, assigné M. W… et la société MAAF […] en indemnisation de ses préjudices. […] La cour d'appel a souverainement retenu que le désordre affectant l'immeuble […] trouvait son origine dans les travaux de construction […]. Elle a, ainsi, légalement justifié sa décision. |

F. Terré, Ph. Simler, Y. Lequette, *Droit civil. Les obligations*, coll. « Précis », Dalloz.

3. Identifiez le dommage évoqué dans l'arrêt de la Cour de cassation du 5 juillet 2022.
4. Identifiez le dommage évoqué dans l'arrêt de la Cour de cassation du 21 septembre 2022.

## DOC. 15 Le dommage extrapatrimonial : le dommage moral

On peut relever la reconnaissance par le droit de différents types de dommage moral :
– le **dommage d'agrément**, subi personnellement par la victime, qui consiste en l'impossibilité de continuer la pratique d'un sport ou d'une activité de loisir. Aujourd'hui, il s'entend de la privation des agréments d'une vie normale ;
– le **dommage** constitué par les diverses **atteintes à l'honneur, à l'image, à la vie privée** (révélation de la grossesse d'une personne célèbre, d'une relation sentimentale…) ;
– enfin, le **dommage moral par ricochet** provenant de l'atteinte au sentiment d'affection, du fait du décès d'un être cher (époux, enfant, parent…).

5. Illustrez par des exemples les formes variées que peut prendre le dommage moral.
6. Pourquoi parle-t-on parfois de dommage « par ricochet » ?

## DOC. 16 Le dommage écologique

**Code civil, articles créés par la loi n° 2016-1087 du 8 août 2016**

**Article 1246 –** Toute personne responsable d'un préjudice écologique est tenue de le réparer.

**Article 1247 –** Est réparable, dans les conditions prévues au présent titre, le préjudice écologique consistant en une atteinte non négligeable aux éléments ou aux fonctions des écosystèmes ou aux bénéfices collectifs tirés par l'homme de l'environnement.

**L'ÉTAT CONDAMNÉ À RÉPARER UN PRÉJUDICE ÉCOLOGIQUE**

**Vidéo**
liennathan.fr/ea97g5

**7.** **Caractérisez le préjudice écologique en le distinguant des autres types de préjudices.**

## DOC. 17 L'évaluation du dommage et les deux modes de réparation

**Le principe de la réparation intégrale du dommage**

La règle appliquée en matière de responsabilité est celle de la réparation du dommage établi. Il appartient aux juges d'appliquer ce principe, en choisissant le mode de réparation le mieux adapté à la situation.

**Les deux modes de réparation**

| La réparation en nature | La réparation par équivalent |
|---|---|
| Elle tend à remettre les choses en l'état où elles se trouvaient avant que survienne le dommage. Rétablir la situation antérieure semble être la meilleure façon de réparer le dommage, mais cette solution n'est pas souvent possible. | Elle prend la forme d'une obligation imposée à la personne responsable de verser des dommages et intérêts à la victime : cette somme d'argent, dont le montant est déterminé par le juge, a un caractère compensatoire du dommage subi. |

**8.** **Dans quel cas un dommage peut-il être réparé en nature ? Donnez un exemple.**

**9.** **Quel est le rôle du juge en matière d'indemnisation ? Quels éléments prend-il en compte ?**

# APPLICATION AU CAS

## TEE-SHIRT DE FRANCE

La gamme de Tee-shirt de France compte une ligne de sous-vêtements « grand froid » destinés aux skieurs. Une livraison pour un important client établi à Isola 2000, dans les Alpes-Maritimes, n'a pas pu être effectuée comme prévu pour le début de la saison hivernale car la route est restée fermée six jours à la suite d'intempéries et d'une importante coulée de neige. Thibault Guillot étudie les arguments à faire valoir tant il est persuadé que son client va exiger un dédommagement.

## DOC. Le lien de causalité et sa disparition

Il s'agit du **rapport de cause à effet** entre le fait générateur et le dommage qui en résulte. Ce lien est apprécié par les juges. Le lien de causalité peut disparaître dans une situation particulière : si une cause étrangère est à l'origine du dommage, c'est-à-dire la **force majeure** : un événement extérieur à la personne mise en cause, imprévisible et insurmontable (ou le fait de la victime ou d'un tiers ayant les caractères de la force majeure).

**Code civil, art. 1218**

Il y a force majeure en matière contractuelle lorsqu'un événement échappant au contrôle du débiteur, qui ne pouvait être raisonnablement prévu lors de la conclusion du contrat et dont les effets ne peuvent être évités par des mesures appropriées, empêche l'exécution de son obligation par le débiteur.

**1.** **De quels dommages le client d'Isola 2000 peut-il faire état ?**

**2.** **Indiquez quel raisonnement pourrait amener à écarter la responsabilité de Thibault Guillot, en détaillant les conditions d'admission de la force majeure.**

# 4 Analyser une situation juridique d'entreprise mettant en œuvre la responsabilité civile contractuelle

## DOC. 18 L'inexécution du contrat et ses suites

Lorsque l'une des parties n'exécute pas ses engagements, son cocontractant dispose de divers moyens de pression ou d'actions en justice. L'article 1217 du Code civil prévoit les 5 facultés dont dispose le créancier :
– refuser d'exécuter ou suspendre l'exécution de sa propre obligation ;
– poursuivre l'exécution forcée en nature de l'obligation, quand c'est possible ;
– solliciter une réduction du prix, si cette solution lui convient ;
– provoquer la résolution du contrat et renoncer à son application ;
– demander réparation des conséquences de l'inexécution.
Le texte ajoute que ces sanctions ne sont pas incompatibles entre elles et qu'elles peuvent se cumuler.

**1. Pourquoi l'attribution de dommages-intérêts au cocontractant nécessite-t-elle le plus souvent l'intervention du juge ?**

## DOC. 19 La faute contractuelle et la réparation du préjudice

Le préjudice subi par une partie du fait de l'inexécution de son obligation par le cocontractant doit être réparé par le versement de dommages-intérêts. Cette obligation est appelée la responsabilité contractuelle.

## DOC. 20 Les différentes formes de l'inexécution du contrat

| Type d'inexécution | Exemple de faute contractuelle |
|---|---|
| Inexécution totale | Le vendeur ne livre pas le bien. |
| Exécution défectueuse | Le maçon construit un mur qui n'est pas droit. |
| Exécution partielle | Le transporteur livre seulement une partie des colis. |
| Retard dans l'exécution | L'emprunteur ne respecte pas les dates d'échéance. |

## DOC. 21 L'obligation de résultat et l'obligation de moyens

| Type d'obligation contractuelle | Exemples | Éléments à prouver par le demandeur | Exonération du défendeur |
|---|---|---|---|
| **Obligation de résultat**<br>Le cocontractant s'engage sur un résultat déterminé. | – Obligation du transporteur<br>– Obligation de l'assureur<br>– Obligation du vendeur | – Dommage<br>– Inexécution de l'obligation contractuelle | Force majeure |
| **Obligation de moyens**<br>Le cocontractant s'engage à faire son possible pour fournir un résultat espéré. | – Obligation du médecin<br>– Obligation de l'avocat | – Dommage<br>– Inexécution de l'obligation contractuelle<br>– Faute du cocontractant | – Absence de faute du défendeur<br>– Force majeure |

**2. Selon que l'on est en présence d'une obligation de résultat ou de moyens, comment fait-on la preuve de la faute du cocontractant ?**

## DOC. 22 L'obligation de résultat

Les juges du fond, à défaut même de clause contractuelle, ont considéré que le contrat de transport SNCF comporte une obligation de sécurité. La Cour de cassation estime même que cette obligation de sécurité est une **obligation de résultat** : le voyageur transporté par la SNCF doit ainsi être conduit sain et sauf à destination, de l'instant où il monte dans le véhicule jusqu'au moment où il en achève la descente (Cass. civ., 21 nov. 1911). [...]
Le garagiste, selon l'arrêt de la chambre civile de la Cour de cassation (Cass. civ., 9 juin 1993), est aussi tenu à une obligation de sécurité en cas de réparation d'un véhicule. [...]

***Droit de l'entreprise*, Éd. Lamy.**

**3. Pourquoi la jurisprudence a-t-elle tendance à considérer fréquemment que l'obligation de sécurité du professionnel est une obligation de résultat ?**

## DOC. 23 L'obligation de sécurité de résultat en droit du travail

En énonçant, dans ses arrêts du 28 février 2002 [rendus à propos des affaires liées aux **maladies liées à l'amiante** dans les entreprises], qu'« en vertu du contrat de travail le liant à son salarié, l'employeur est tenu envers celui-ci d'une **obligation de sécurité de résultat**, notamment en ce qui concerne les maladies professionnelles [...] », puis en reprenant la même formule pour les accidents du travail dans l'arrêt du 11 avril 2002, la chambre sociale [de la Cour de cassation] a affirmé le fondement contractuel, et non seulement légal, de cette obligation.

**www.courdecassation.fr**

**4. Qualifiez la responsabilité de l'employeur pour les dommages subis par ses salariés.**

**APPROFONDISSEMENT**

**5. Dans quelle mesure cela est-il favorable aux intérêts des salariés ?**

# APPLICATION AU CAS

## TEE-SHIRT DE FRANCE

Pour sa gamme de produits de qualité supérieure, Thibault Guillot s'approvisionne chaque mois en coton 100 % bio auprès de son fournisseur Le Champ de coton. Jusque-là, les livraisons se sont effectuées sans problème. Mais le stock de rouleaux de tissu livré aujourd'hui est dégradé et inutilisable car non conforme aux spécificités prévues au contrat.

## DOC. 1 La clause pénale dans le Code civil

**Code civil – Article 1231-5**
Lorsque le contrat stipule que celui qui manquera de l'exécuter paiera une certaine somme à titre de dommages et intérêts, il ne peut être alloué à l'autre partie une somme plus forte ni moindre.
Néanmoins, le juge peut, même d'office, modérer ou augmenter la pénalité ainsi convenue si elle est manifestement excessive ou dérisoire. [...]

## DOC. 2 Extrait du contrat de fourniture de coton bio par Le Champ de coton

**Article 12.** Il est convenu entre les parties que le défaut de livraison aux dates fixées par l'article 1 du présent contrat ou la livraison d'un tissu non conforme aux normes précisées à l'article 2 donnerait lieu au versement d'une indemnité fixée à 100 € par rouleau de 50 mètres concerné par l'inexécution du contrat.

**1. De quels dommages Thibault Guillot peut-il faire état ? Quelle est leur origine ?**

**2. L'obligation du Champ de coton est-elle de moyens ou de résultat ? Justifiez.**

**3. Faites une appréciation critique des effets de la clause pénale prévue au contrat conclu entre Tee-shirt de France et Le Champ de coton.**

# 5 Analyser une situation juridique d'entreprise mettant en œuvre la responsabilité civile extracontractuelle

## DOC. 24 La première source de responsabilité extracontractuelle : la faute

La cour d'appel de Paris a condamné lundi 17 janvier 2022 Uber France à 400 000 € d'amende ainsi que deux de ses dirigeants pour pratique commerciale trompeuse et complicité d'exercice illégal de l'activité de taxi rendue possible par son service Uber Pop, aujourd'hui définitivement fermé. Cet arrêt vient confirmer une décision de juin 2016 qui était venue sanctionner les pratiques de la société américaine et de son application Uber Pop. Ce service permettait aux utilisateurs d'être mis en relation avec des véhicules dont les conducteurs étaient de simples particuliers, non titulaires d'une licence de taxi ou de VTC. Il a été actif du 5 février 2014 au 3 juillet 2015 [...].

Uber Pop a permis « *l'émergence d'une concurrence déloyale* » entre les chauffeurs de l'application d'une part et les chauffeurs « *soumis à des contraintes légales et tarifaires particulières* », écrit la cour dans son arrêt.

En outre, Uber a été condamné pour pratique commerciale trompeuse « *caractérisée par la diffusion à 112 reprises par Radio Nova de communications commerciales incitant les consommateurs, conducteurs ou utilisateurs, à participer au service Uber Pop [...] en donnant l'impression que ce service est licite, alors qu'il ne l'est pas* », peut-on lire dans la décision.

**AFP, 18 janvier 2022.**

**1. Quel est le litige à l'origine de cet arrêt ?**
**2. Quel type de faute est reproché à Uber ?**

## DOC. 25 L'origine de la responsabilité extracontractuelle

Il y a **responsabilité extracontractuelle** dans tous les cas où un dommage est causé à une personne par autre chose qu'un contrat non exécuté ou mal exécuté, le fait générateur de la responsabilité étant alors précisé par le Code civil.

## DOC. 26 Code civil : différents faits générateurs de responsabilité extracontractuelle

**La faute personnelle**
Acte de malveillance, imprudence...
→ **Article 1240** – Tout fait quelconque de l'homme, qui cause à autrui un dommage, oblige celui par la faute duquel il est arrivé à le réparer.
**Article 1241** – Chacun est responsable du dommage qu'il a causé [...] par sa négligence ou par son imprudence.

**Le fait d'une chose**
Un objet, un véhicule, un animal...
→ **Article 1242, al. 1** – On est responsable non seulement du dommage que l'on cause par son propre fait, mais encore de celui qui est causé par le fait [...] des choses que l'on a sous sa garde.

**Le fait d'autrui**
Fait d'un enfant mineur, d'un salarié...
→ **Article 1242, al. 1** – On est responsable [...] du dommage [...] causé par le fait des personnes dont on doit répondre [...].

**3. Quels faits générateurs de responsabilité extracontractuelle intéressent particulièrement l'activité de l'entreprise ? Illustrez d'exemples.**
**4. Relevez des situations où la personne responsable n'a pas commis de faute.**

## DOC. 27 Un exemple de responsabilité extracontractuelle sans faute

À côté de la responsabilité pour faute, présente dans la vie de l'entreprise, comme les cas de concurrence déloyale, de violation des règles de sécurité, de la discrimination au travail…, il existe des situations de responsabilité sans faute. La plus remarquable dans la vie des affaires est celle de la responsabilité du producteur pour les produits défectueux.

**Articles du Code civil**

**Art. 1245** – Le producteur est responsable du dommage causé par un défaut de son produit, qu'il soit ou non lié par un contrat avec la victime.

**Art. 1245-1** – Les dispositions du présent chapitre s'appliquent à la réparation du dommage qui résulte d'une atteinte à la personne.

Elles s'appliquent également à la réparation du dommage supérieur à un montant déterminé par décret [500 €], qui résulte d'une atteinte à un bien autre que le produit défectueux lui-même. […]

**Art. 1245-3** – Un produit est défectueux au sens du présent chapitre lorsqu'il n'offre pas la sécurité à laquelle on peut légitimement s'attendre.

Dans l'appréciation de la sécurité à laquelle on peut légitimement s'attendre, il doit être tenu compte de toutes les circonstances et notamment de la présentation du produit, de l'usage qui peut en être raisonnablement attendu et du moment de sa mise en circulation. […]

**Art. 1245-5** – Est producteur, lorsqu'il agit à titre professionnel, le fabricant d'un produit fini, le producteur d'une matière première, le fabricant d'une partie composante.

Est assimilée à un producteur pour l'application du présent chapitre toute personne agissant à titre professionnel :

1° Qui se présente comme producteur en apposant sur le produit son nom, sa marque ou un autre signe distinctif ;

2° Qui importe un produit dans la Communauté européenne en vue d'une vente, d'une location, avec ou sans promesse de vente, ou de toute autre forme de distribution. […]

**LES DANGERS DU SIPHON À CHANTILLY**

**Vidéo**

liennathan.fr/3hs5n3

**5.** **Explicitez la notion de défectuosité du produit. Donnez des exemples.**

**6.** **Pourquoi le professionnel visé par cette responsabilité spécifique n'est-il pas seulement le producteur au sens propre ?**

**APPROFONDISSEMENT**

**7.** **Analysez l'article 1245 du Code civil pour montrer qu'il dépasse la distinction traditionnelle entre responsabilité contractuelle et responsabilité extracontractuelle.**

# APPLICATION AU CAS

## TEE-SHIRT DE FRANCE

Ali Laoui, salarié de Tee-shirt de France, est chargé d'effectuer en voiture une livraison à un client situé à plusieurs dizaines de kilomètres de l'entreprise. Comme il se voit accorder la journée pour cette tâche, il en profite pour rendre visite à un ami. Pour cela, il fait un détour assez important, ce qui l'oblige à rouler vite. Son imprudence cause un accident de la route, à l'origine de dommages corporels et matériels.

### DOC. La responsabilité de l'employeur (le « commettant »)

Responsable des conséquences des faits dommageables commis par ses salariés (C.civ., art.1242, al.5), le commettant peut être défini d'une manière large comme celui qui fait faire un travail à un autre, auquel il peut donner des consignes et des ordres. Pour que le commettant soit responsable, il faut d'abord pouvoir rattacher un fait générateur au préposé. Le plus souvent, celui-ci a commis une faute personnelle.

**1.** **Qui, en général, est responsable des dommages causés par le salarié ? Cette responsabilité repose-t-elle sur une faute de la personne responsable ? Justifiez.**

**2.** **Justifiez le cas où l'employeur n'est pas responsable des suites des actes de ses salariés.**

**3.** **Analysez la situation de l'employeur d'Ali Laoui au regard de sa responsabilité civile.**

# Tester ses connaissances

## 1 Quiz

**Scannez le QR Code ou saisissez le mini-lien pour tester vos connaissances avec le quiz numérique.**

liennathan.fr/7m4tk5

## 2 Maîtrise des notions clés et du vocabulaire juridique

**Reliez les expressions ci-dessous à la notion juridique adaptée.**

1. Conséquence de l'inexécution d'un contrat
2. Engagement à tout faire pour obtenir un résultat espéré des contractants
3. Atteinte aux sentiments d'affection
4. Conséquence de l'explosion d'une chaudière après sa livraison
5. Suites d'une infraction causant un trouble à l'ordre social
6. Engagement à fournir au cocontractant un résultat défini

a. Obligation de résultat
b. Responsabilité civile des produits défectueux
c. Responsabilité pénale
d. Obligation de moyens
e. Responsabilité contractuelle
f. Dommage moral

## ★★ 3 L'obligation du document unique d'évaluation des risques (DUER)

1. **En quoi le document unique montre-t-il que, pour éviter un risque, il faut d'abord le connaître ?**
2. **Donnez des exemples de risques liés à des situations de travail et indiquez quelles mesures pourraient être préconisées pour les prévenir.**

**DOC. Une obligation générale**

En vertu de son obligation générale de sécurité, l'employeur doit évaluer les risques éventuels et prendre toutes les mesures nécessaires pour assurer la sécurité et protéger la santé des salariés. Les articles L4121-1 à 3 et R4121-1 et 2 du Code du travail lui imposent d'élaborer et de tenir à jour un document unique d'évaluation des risques (DUER) qui recense l'ensemble des risques pour la santé et la sécurité du personnel dans l'entreprise.

**La démarche pour élaborer un document unique**

1. **Identification du danger** → Définir les différentes unités de travail. → Identifier les dangers dans chaque unité de travail.
2. **Évaluation des risques** → Décrire la nature de chaque risque.
3. **Détermination des actions de prévention** → Appliquer les principes de prévention.
4. **Programmation des actions de prévention** → Hiérarchiser les risques et les mesures de prévention.

# 4 Divers cas de responsabilité

Fiche méthode 4

1. **Dans le cas n° 1, qui est responsable sur le plan pénal et sur le plan civil? Quels sont les types de sanctions encourues par les personnes responsables?**
2. **Dans le cas n° 2, identifiez le type de dommage subi par le salarié, la personne responsable, le type de responsabilité et le mode de réparation attaché au dommage subi. Si le salarié avait trouvé la mort, qui aurait été fondé à réclamer réparation? Sur le fondement de quels préjudices?**
3. **Dans le cas n° 3, précisez la responsabilité encourue. Quelle est la nature de l'obligation non exécutée? Comment la personne mise en cause pourrait-elle s'exonérer de sa responsabilité? Pensez-vous que ce soit possible ici?**
4. **Dans le cas n° 4, qualifiez la responsabilité à mettre en œuvre. Identifiez la personne responsable, la victime et le(s) dommage(s) à réparer.**

**DOC.**

**Cas n° 1**

Un employé de banque détourne chaque mois de toutes petites sommes qu'il prélève sur les comptes des clients dont il assure la gestion. Après plusieurs mois d'impunité pour le salarié, un client vigilant se rend compte de ses agissements et annonce à la banque qu'il entend donner toutes les suites que cette affaire mérite.

**Cas n° 2**

Un salarié victime de dépression tente de se suicider par pendaison sur les lieux de son travail. Il ne trouve pas la mort, mais il gardera des séquelles liées à son geste tragique.
L'enquête qui suit cet événement met à jour des facteurs pouvant expliquer ce geste: les conditions de travail et le stress qui en découlent. D'ailleurs, dans l'entreprise concernée, les arrêts de travail pour cause de dépression sont anormalement élevés.

**Cas n° 3**

Un sous-traitant qui travaille pour une entreprise produisant des tracteurs doit fournir chaque quinzaine des sièges à monter sur les engins. Une des livraisons prévues n'est pas opérée à la date convenue et l'industriel se trouve obligé de renoncer à une vente ferme de plusieurs tracteurs à une coopérative agricole. Comme il réclame une indemnisation à son sous-traitant, celui-ci prétend ne pas être responsable car son entreprise a été paralysée par une grève.

**Cas n° 4**

La marraine d'un enfant de 6 ans lui offre une fusée miniature dotée d'un dispositif de mise à feu. Elle l'a acheté dans un hypermarché sous la marque de distributeur de l'établissement. Malheureusement, le jouet s'enflamme à la première utilisation par l'enfant. Celui-ci est brûlé aux mains et le canapé en cuir de ses parents est totalement détruit.

## SYNTHÈSE

- **Les différents risques professionnels**
  - Des risques liés à l'activité de l'entreprise
    - L'entreprise victime ou à l'origine de certains risques
    - Des risques liés à l'industrialisation comme au développement de l'informatique
  - Des risques liés aux conditions de travail
    - Problèmes physiques (produits ou process dangereux...), troubles psychosociaux (stress, dépression...)
    - Obligation de sécurité de l'employeur et rôle de la prévention

- **La responsabilité intéressant l'entreprise**
  - Distinction entre responsabilité pénale et responsabilité civile
    - Des objectifs différents
    - Combinaison possible des deux responsabilités
  - Les principes de la responsabilité civile
    - Trois éléments : le fait générateur, le dommage, le lien de causalité
    - Divers dommages réparables : corporel, matériel, moral, écologique
    - Réparation du dommage soit en nature (rarement), soit par équivalent (des dommages-intérêts)

- **Les deux types de responsabilité civile**
  - La responsabilité contractuelle
    - Son origine : l'inexécution du contrat
    - Diverses formes : inexécution totale, exécution partielle, défectueuse, en retard
    - Distinction majeure entre inexécution d'une obligation de moyens ou de résultat
  - La responsabilité extracontractuelle
    - Différents faits générateurs : la faute, le fait d'une chose, le fait d'un tiers
    - Des cas particuliers, par exemple la responsabilité des commettants et la responsabilité des produits défectueux

## CONSTRUIRE SA SYNTHÈSE

**Rédigez votre synthèse à l'aide des mots-clés suivants :**

Responsabilité civile – Dommage – Dommages corporel, matériel, moral, écologique – Responsabilité pénale – Infraction – Responsabilité contractuelle – Obligation de moyens – Obligation de résultat – Obligation de sécurité – Responsabilité extracontractuelle – Fait dommageable – Lien de causalité – Faute personnelle – Fait d'autrui – Fait d'une chose – Force majeure – Responsabilité des commettants – Responsabilité des produits défectueux – Risque – Risques psychosociaux

# 13 Styles de management et contre-pouvoirs

**PLAN DU CHAPITRE**

- 1 • Caractériser les styles de management
- 2 • Repérer le rôle des différentes parties prenantes et des contre-pouvoirs

**LES COMPÉTENCES ATTENDUES**

→ Caractériser les styles de management.
→ Repérer le rôle des différentes parties prenantes et des contre-pouvoirs.

**LES SAVOIRS ASSOCIÉS**

→ Les styles de management
→ La responsabilité éthique, sociale, sociétale et environnementale

## Les attentes des salariés après la crise sanitaire de la Covid-19

Près des trois quarts des salariés (74 %) estiment qu'il y aura un « avant » et un « après » la crise sanitaire dans l'organisation du travail de leur entreprise, une conviction encore plus partagée au sein des plus jeunes (84 % des 18-24 ans). […] L'aspiration à plus de reconnaissance (qui ne se cantonne pas à l'aspect salarial) est récurrente. […] Après la reconnaissance, les principaux engagements que les salariés souhaitent voir leur manager prendre sont : « créer un climat de confiance au sein de l'équipe » (12 %), « soutenir son équipe dans les difficultés » (12 %) et « être à l'écoute des membres de son équipe » (11 %). […] Selon l'enquête « Pandémie et responsabilité d'entreprise » réalisée pendant le confinement (entre le 20 et le 24 avril 2020) pour le Cercle de Giverny, 85 % des Français estiment que les entreprises ont une responsabilité importante dans le développement d'une société plus écologiste et équitable, afin de prévenir une nouvelle crise sanitaire.

**Romain Bendavid, Marie Gariazzo, jean-jaures.org, 23 juillet 2020.**

**Les attentes des salariés vis-à-vis de l'entreprise après la crise sanitaire de la Covid-19**

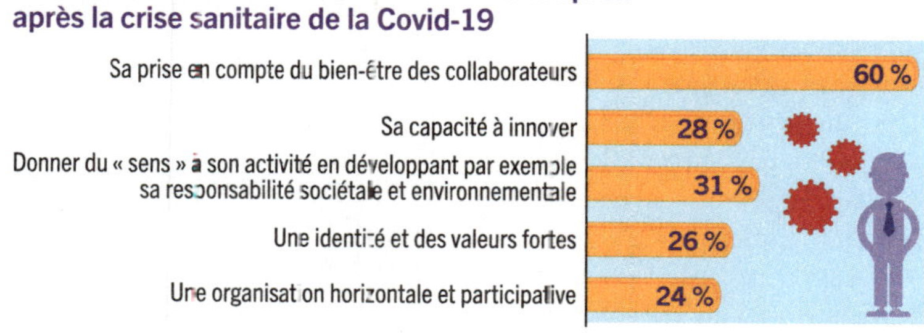


Source : Sondage Ifop pour Wittyfit-Siaci Saint-Honoré, réalisé auprès d'un échantillon de 1 003 personnes représentatif de la population française salariée, du 18 au 22 mai 2020.

**BIOGROUP OU LE PORTRAIT D'UNE ENTREPRISE LIBÉRÉE**

**Vidéo**
liennathan.fr/3pzt88

1. **Quelles sont les attentes des salariés vis-à-vis de leur entreprise et de leurs dirigeants après la crise de la Covid-19 ?**
2. **Pourquoi les salariés souhaitent-ils que leur entreprise développe une responsabilité sociétale et environnementale ?**

# 1 Caractériser les styles de management

## DOC. 1 Typologie des styles de management

Le psychologue américain et professeur de psychologie industrielle **Rensis Likert** définit, à la fin des années 1960, sur la base d'enquêtes de terrain, quatre types de management :
– le management autoritaire et exploiteur, qui s'appuie sur l'autorité et la menace afin de faire respecter l'ordre et la conformité ;
– le management paternaliste (parfois appelé style persuasif), qui repose sur une autorité bienveillante et un système de récompenses pour motiver les performances ;
– le management consultatif, où le leader applique une politique de consultation de ses collaborateurs pour accroître la performance, mais la décision reste centralisée ;
– le management participatif, qui s'appuie sur la confiance et l'égalité, l'implication des collaborateurs dans le partage des prises de décisions.

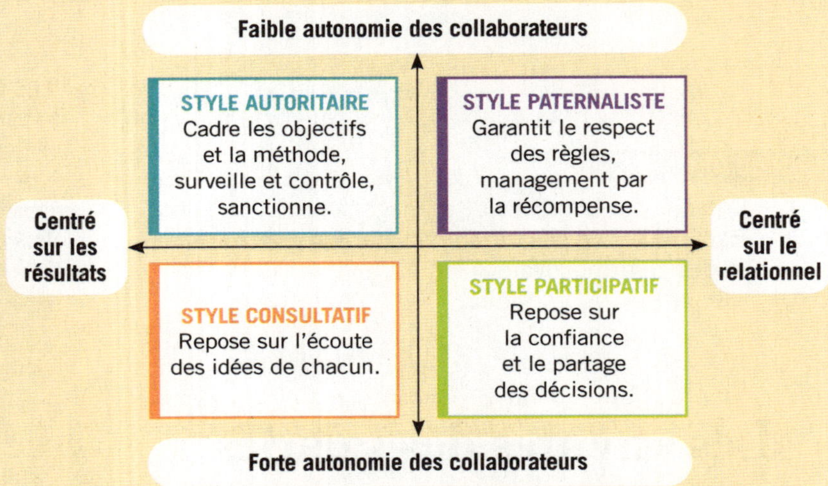


**1.** **Dans chacun des cas, évaluez le degré de centralisation des décisions.**

**2.** **Classez les styles selon le degré d'implication des collaborateurs.**

**APPROFONDISSEMENT**

**3.** **Attribuez les styles correspondant aux missions du manager suivantes : animer, contrôler.**

**LES STYLES DE MANAGEMENT**

Vidéo liennathan.fr/g78ac5

Vidéo liennathan.fr/fgg424

Vidéo liennathan.fr/ii2w96

Vidéo liennathan.fr/8sg4k7

## DOC. 2 Le témoignage de Léa

« Lorsque je travaillais chez Burger Star, je devais respecter des consignes strictes et je n'avais aucune autonomie, ni initiative. Mon manager était toujours derrière nous et nous surveillait, parfois même pour vérifier si nous étions assez souriants à la caisse ! Souvent, il changeait nos horaires à la dernière minute et nous n'avions rien à dire, sinon on était punis avec un planning pire la semaine suivante. Dès que j'ai pu, je suis partie travailler ailleurs. Personne ne reste là-bas. Ils ne gardent pas leurs salariés. Maintenant, je travaille à Best Coffee. Mon manager est sensible à nos efforts et nous récompense toujours d'une manière ou d'une autre. C'est un vrai travailleur, il est parti de rien et a monté son affaire tout seul. Je lui fais totalement confiance et je suis sûre qu'il nous respecte vraiment. Mais l'équipe lui a souvent reproché qu'il ne tenait pas assez compte de leur avis. Je ne sais pas comment c'est remonté à ses oreilles, mais depuis, il semble vouloir changer sa manière de diriger. Il est davantage à l'écoute ; par exemple, il a mis une boîte à idées pour que nous puissions lui suggérer des améliorations dans notre travail et dans les procédures. Il y a deux mois, j'ai proposé de nous équiper de bornes tactiles pour réduire les files d'attente, et il a retenu mon idée ! J'en suis fière. »

**4.** **Identifiez les différents styles de management évoqués par Léa.**

**5.** **Pour quelles raisons Léa se sent-elle mieux chez Best Coffee que chez Burger Star ?**

**DOC. 3** **Decathlon et le management participatif**

« *Chez Decathlon, une grande part d'initiative est laissée à chacun. Il y a deux ans, c'est à l'initiative d'un coéquipier fan de wakeboard que nous avons planché sur la création d'articles dédiés à ce sport. Il en est de même en ce moment avec le cani-cross* (course à pied avec un chien, NDLR) *initié par l'un d'eux* », explique Kamel Medjabra, responsable de la communication au sein de l'enseigne nordiste.

Ainsi, Decathlon, qui figure pour la onzième année dans le classement de Great Place to Work, a mis en place un process permettant à chacun de dégager « *un pourcentage de son temps* » naturellement dédié à sa fiche de poste pour accompagner un projet. […] Ainsi, 90 % des salariés de l'enseigne considèrent qu'on leur accorde beaucoup de responsabilité. […]

« *Great Place to Work, c'est un peu comme une enquête où Decathlon serait le produit et où ses collaborateurs seraient des clients* », ajoute-t-on au sein de l'entreprise. « *Cela nous permet chaque année de nous mesurer aux autres enseignes en termes de bien-être au travail mais aussi de donner une parole libre à nos coéquipiers. Ils sont, auprès du client comme du marché de l'emploi, les premiers ambassadeurs de Decathlon.* »

**Guillaume Mollaret, www.lefigaro.fr, 24 mars 2020.**

6. **Quel est l'intérêt pour Decathlon de pratiquer ce type de management ?**
7. **À votre avis, quelles sont les limites éventuelles d'un tel type de management ?**

**LA LIBÉRATION D'ENTREPRISE**

**Vidéo**
liennathan.fr/65y9vr

# APPLICATION AU CAS

## TEE-SHIRT DE FRANCE

Dans une interview, Thibault Guillot, le directeur général de Tee-shirt de France, explique pourquoi il croit en ses équipes.

**DOC.**

***Comment votre style de management a-t-il évolué au cours des années passées à votre poste de DG ?***

**T. B. :** J'ai toujours travaillé du côté opérationnel, dans l'exécution des activités, vendre, fabriquer. Avec mon statut de dirigeant, et surtout plus récemment avec le développement de l'entreprise, j'ai dû évoluer sur la nature de mon travail. Il fallait que je sois moins opérationnel et davantage dans la définition de la direction que doit suivre l'entreprise. J'ai dû m'attacher à davantage communiquer personnellement avec nos employés et, depuis la transformation de l'entreprise en SAS, avec les actionnaires.

***Comment décririez-vous votre style de management ?***

**T. B. :** J'ai toujours recherché en priorité le consensus dans mes décisions. Ce principe est ancré dans nos procédures managériales. J'écoute toutes les objections avant de prendre une décision. Récemment, nous avons encore fait un pas de plus vers une gestion démocratique. Nous avons décidé d'évoluer vers un statut de SCOP.

***Concrètement, comment cela se traduit-il ?***

**T. B. :** La première chose que nous avons décidée a été de resserrer les écarts de salaires entre les cadres dirigeants et les employés. C'est une question de cohésion interne. À l'avenir, les employés seront tous associés. Ils feront partie intégrante du processus de décision. Il était impératif d'envoyer un signal fort, car ils doivent savoir qu'ils ne sont pas là uniquement pour me remplir les poches. Nous prônons un partage des résultats entre tous. Concrètement, tout le monde se sent concerné, cadres et employés. L'ambiance de travail est détendue car tout le monde se sent valorisé, et nos salariés ne veulent plus nous quitter. Il était impératif de fidéliser nos ressources humaines, nos savoir-faire sont si rares !

1. **Identifiez et caractérisez les styles de management pratiqués par le directeur de Tee-shirt de France.**
2. **Pour quelles raisons le statut de SCOP est-il adéquat au style de management de Thibault Guillot ?**
3. **Relevez les avantages du style de management pratiqué.**

# 2 Repérer le rôle des différentes parties prenantes et des contre-pouvoirs

## A Les parties prenantes et les contre-pouvoirs

### DOC.4 Les parties prenantes

Les parties prenantes sont les acteurs ou groupes d'acteurs qui ont un intérêt dans les activités des entreprises. Ils y exercent une influence plus ou moins directe.

### DOC.5 Les contre-pouvoirs

Selon **Richard M. Cyert** et **James March**, l'entreprise réunit « des groupes de participants aux demandes disparates », qui constituent un système de coalitions d'acteurs (regroupements de membres par affinités et par intérêts). Ces sociologues réalisent des analyses comportementales axées sur la stratégie d'influence des uns et des autres. Ils constatent que chacun cherche à amadouer l'autre pour satisfaire ses propres intérêts, différents de ceux de l'entreprise. Ainsi, l'entreprise, loin d'être un ensemble cohérent et stable est, au contraire, un système dynamique, un lieu d'ententes, de compromis, de négociations. Le dirigeant doit en permanence arbitrer entre des attentes contradictoires et négocier la coopération des membres.

**Michel Crozier**, sociologue français, propose, avec **Erhard Friedberg**, une analyse stratégique des organisations. En fonction des marges de liberté dont elles disposent, les parties prenantes peuvent exercer un pouvoir plus ou moins fort sur les activités de l'entreprise. Pour s'opposer aux décisions des dirigeants qui ne sont pas conformes à leurs intérêts, elles mettent en place des actions qui constituent des contre-pouvoirs. Ainsi, l'entreprise est le théâtre de jeux de pouvoirs exercés par les uns et les autres.

**1. Montrez en quoi les intérêts des actionnaires peuvent être contradictoires avec ceux des salariés.**

### DOC.6 Chemins de fer de Provence : grève contre la suppression de lignes

Deux lignes du Train des Pignes vont fermer dès septembre [2022] entre Annot et Digne-les-Bains. Cette décision, motivée par la baisse de la fréquentation, suscite l'incompréhension et la colère des usagers. Les personnels entament, eux, une grève le 4 juin. [...] Le conseil régional, propriétaire de la ligne, a décidé de supprimer ces lignes, jugées pas assez rentables. À l'appel de la CGT, les personnels des Chemins de fer de Provence sont appelés à faire une grève perlée tous les dimanches et lundis, à partir du 4 juin et jusqu'à la fin de l'été. [...] Incompréhension de la part de cette jeune femme qui a un atelier de céramique à Annot et qui n'a pas de voiture : « *Quand on supprime ces lignes-là, ce sont des gens qui ne peuvent pas aller travailler dans la Vallée.* »

**A. Vergnenègre, V. Bouvier, A. Casanova, france3-regions.francetvinfo.fr, 3 juin 2022.**

MOBILISATION POUR LE TRAIN DES PIGNES

Vidéo
liennathan.fr/b9zu63

**Le conseil régional saisi**

Les élus montrent leur attachement au Train des Pignes. La présidente de Provence Alpes Agglomération, Patricia Granet Brunello, et le président de la communauté de communes Alpes Provence Verdon, Maurice Laugier, se sont réunis à Digne-les-Bains dans les Alpes-de-Haute-Provence [...] pour protéger cette ligne historique. [...]

Alors que le désenclavement et la desserte en transport sont forts dans le département, les élus veulent peser pour maintenir la ligne.

**Pauline Boutin, www.bfmtv.com, 12 mai 2022.**

**2. Identifiez les différentes parties prenantes concernées par la suppression des lignes des Chemins de fer de Provence. Mettez en évidence leurs oppositions sur ce projet.**

**3. Pourquoi est-il nécessaire d'évaluer leur pouvoir d'influence sur le projet?**

**4. Quelles actions en contre-pouvoir sont envisagées?**

**APPROFONDISSEMENT**

**5. Comment les parties prenantes tentent-elles de concilier leurs intérêts divergents?**

## B Les parties prenantes et la RSE

**DOC.7 La RSE : répondre aux attentes des parties prenantes de la SNCF**

**Dialoguer avec nos parties prenantes**
Nos parties prenantes sont multiples (nos salariés, nos clients, des associations, les organisations représentatives du personnel, nos fournisseurs, nos partenaires financiers, des acteurs du monde académique, les pouvoirs publics, la société civile). Avec chacun de ces interlocuteurs, nous développons un dialogue à plusieurs niveaux : enquêtes, panels, groupes de travail, rencontres, accords, etc.

**Notre engagement sociétal régulièrement évalué**
À la demande de clients et d'investisseurs, nous sommes régulièrement évalués sur notre démarche de développement durable par des agences de notation extra-financières, ce qui nous permet d'examiner dans le détail l'efficacité de notre politique sociétale et environnementale.

https://www.sncf.com, 5 août 2022.

**Trains à hydrogène : première commande lancée**
Une étape importante vers la décarbonation du ferroviaire avec zéro émission directe de carbone.
[…] À la manœuvre, quatre régions pionnières : Auvergne Rhône-Alpes, Bourgogne-Franche-Comté, Grand Est et Occitanie. Traduction concrète de nos investissements en faveur des technologies sans émission directe de carbone, l'arrivée des trains à hydrogène vise à remplacer les rames TER diesel. Le diesel représente, en effet, encore 26 % de l'énergie consommée par TER et est responsable de 77 % de leurs émissions de $CO_2$. […]
Depuis plusieurs années, nous travaillons avec les constructeurs au développement de matériel TER toujours moins polluant. Douze rames à hydrogène ont d'ores et déjà été commandées. La mise en circulation commerciale, prévue fin 2025, des premières rames figure au cœur de cet engagement.

https://www.sncf.com, 20 juillet 2022.

**6. Rappelez ce qu'est la RSE.**
**7. Montrez comment le groupe SNCF prend en compte ses parties prenantes pour réaliser ses objectifs.**

LE TRAIN À HYDROGÈNE
Vidéo
liennathan.fr/f679tf

## APPLICATION AU CAS

### TEE-SHIRT DE FRANCE

Tee-shirt de France développe une gamme 100 % coton équitable.

**DOC.**

Dès son lancement, la filière « Coton équitable » de Max Havelaar a attiré plusieurs marques françaises. Tee-shirt de France figure parmi les premières à s'être lancées sur ce marché, en partenariat avec Le Champ de coton, tête de pont en France d'une filière comprenant des producteurs d'Afrique de l'Ouest (Mali, Sénégal et Cameroun).
Par ces accords, l'entreprise veille à :
– offrir des opportunités de travail aux producteurs de coton dans certaines régions les plus défavorisées du monde ;
– garantir aux paysans un prix minimum qui couvre leurs coûts de production et leur permet d'avoir des conditions de vie correctes ;
– participer au développement des communautés locales.
La culture du coton conventionnelle est un secteur qui utilise à lui seul 24 % des pesticides vendus dans le monde et demeure l'une des plus polluantes pour les sols, l'air et les eaux, avec des impacts écologiques et sanitaires considérables.
Le coton équitable bannit au contraire certains pesticides et intrants chimiques, favorise la bonne gestion de l'eau et exclut l'utilisation de semences OGM. Tee-shirt de France espère en faire un avantage concurrentiel sur un marché de plus en plus tendu.

**1. Identifiez les différentes parties prenantes et leurs intérêts respectifs.**
**2. Montrez les enjeux économiques, sociaux et environnementaux de la filière « Coton équitable ».**

## Tester ses connaissances

### 1 Quiz

**Scannez le QR Code ou saisissez le mini-lien pour tester vos connaissances avec le quiz numérique.**

liennathan.fr/2azd45

### 2 Les styles de management

**Associez chaque exemple au style de management approprié.**

**Exemples**

a. Chez Netflix, l'organisation n'est pas verticale mais horizontale et les collaborateurs sont encouragés à ne pas être d'accord. Les salariés ne sont pas sous les directives d'un supérieur hiérarchique mais collaborent avec un chef de projet. Ils lui apportent leurs compétences et leurs avis même si c'est le responsable du projet qui prend et assume la décision finale. Les membres des équipes respectent alors sa décision.

b. Chez BlaBlaCar, les dirigeants construisent l'avenir de l'entreprise avec les salariés. La vision de la firme est coconstruite à l'issue d'un *brainstorming* ouvert à tous. Les fondateurs restent en retrait et retiennent les projets de plusieurs équipes. Ces équipes sont ensuite invitées à présenter leurs avancées lors d'un BlaBlaTalk devant toute l'entreprise.

c. Chez McDonald's, les équipes en sous-effectif sont la norme, ce qui génère du stress et de la fatigue. Une ancienne collaboratrice décrit un système de pression permanente sur les employés. Le management est basé sur la peur. Les opérations des employés sont chronométrées. En effet, ils doivent réaliser la préparation d'une commande en 90 secondes. En cuisine, des bips stridents cadencent les différentes tâches de la journée de travail.

**Styles**

- Autoritaire
- Paternaliste
- Consultatif
- Participatif

### ★ 3 Plan social chez Boiron

1. **Identifiez l'ensemble des parties prenantes concernées par le plan social de Boiron.**
2. **Montrez que ces parties prenantes sont très profondément impliquées dans ce plan social.**
3. **Identifiez les enjeux économiques, sociaux et politiques de ce plan social.**
4. **Pourquoi est-il nécessaire de réunir les représentants des différentes parties prenantes ?**
5. **Quelles actions en contre-pouvoirs sont réalisées ?**

LICENCIEMENTS CHEZ BOIRON

Vidéo
liennathan.fr/w6h6t6

# 4 Martin Technologies donne le pouvoir aux salariés

Fiche méthode 6

1. Caractérisez le style de management de la PME Martin Technologies.
2. Relevez les modalités mises en place pour favoriser ce style de management.
3. Repérez le rôle des parties prenantes dans la transformation de la PME.
4. Montrez que l'entreprise est engagée dans une démarche RSE.

## DOC. 1 Manager par la confiance chez Martin Technologies

Depuis quatre ans, dans cette PME de 102 personnes située à Lézigné (Maine-et-Loire), « *ceux qui décident sont ceux qui font* », assure avec fierté Laurent Bizien, le directeur général. […] Fini l'organisation verticale, avec les ordres qui descendent d'en haut. Entre les murs de cet atelier spécialisé dans le marquage industriel, « *les managers sont au service des équipes* », affirme le directeur général. Ce virage a été opéré [en 2013] […]. À l'époque, la PME familiale octogénaire peine à se développer. « *Nos livraisons étaient régulièrement en retard et les commandes diminuaient. L'entreprise n'arrivait pas à aller de l'avant* », se rappelle Laurent Bizien. […]. « *Attentistes, passifs* », les collaborateurs sont jugés fidèles, mais peu impliqués. […] Le management visuel de la performance (MVP) fait son entrée dans l'entreprise, approuvé par une majorité de salariés. Plutôt que de laisser un ERP gérer l'ensemble des process, ce sont les collaborateurs qui, chaque matin, s'organisent, échangent et définissent les priorités de la journée autour d'un tableau propre à chaque service. Les premiers bénéfices sont un gain de temps dans la gestion des dossiers et la responsabilisation des opérateurs. « *Le rendez-vous quotidien est l'occasion de parler du client et seulement du client* », explique Jérôme Chouteau, le responsable des écrans de sérigraphie, qui voit le taux de service[1] passer de 40 à 96 %. Le rituel libère la parole. Chaque collaborateur trouve l'occasion d'exprimer son avis, d'exposer ses idées. Une évolution majeure survient en 2017. […] En concertation avec les salariés, la direction abandonne le schéma organisationnel classique, par services et métiers, au profit d'une organisation en trois mini-usines autonomes. Chaque entité d'une trentaine de personnes, dont un responsable, gère ses clients, de l'avant-vente à la livraison. « *Les collaborateurs ont choisi leur entité, selon leurs affinités avec les produits et le poste*, précise Laurent Bizien. *Nous avons répondu au souhait du salarié et au besoin de l'entreprise.* » […] Son chiffre d'affaires est passé de 7,9 à 8,2 millions d'euros. Une liberté et une performance qui profitent à tous : 50 % du résultat ont été partagés à parts égales entre tous les employés sur décision d'une équipe projet représentant les salariés et la direction.

**Laurent Rousselle, www.usinenouvelle.com, 1er septembre 2020.**

1. Pourcentage de produits livrés à temps dans les références et quantités requises.

**MARTIN TECHNOLOGIES ET LA RSE**

**Vidéo**
liennathan.fr/79grk3

## DOC. 2 Les résultats sont au rendez-vous

**Clients :** amélioration du taux de service (2015 : 75 % ; 2018 : 85 %), réduction de 20 % du temps de traversée d'une commande, amélioration de 10 % de la satisfaction de nos clients sur les délais proposés et sur le respect de ces délais
**Collaborateurs :** taux d'absentéisme (2015 : 7 % ; 2018 : 2,8 %)
**Mais aussi tout ce qui ne se mesure pas :** l'implication de nos collaborateurs dans les appels à volontariat pour promouvoir l'entreprise (participations à des conférences, aux forums de l'emploi, aux portes ouvertes, aux visites clients, recrutements par cooptation, propositions d'innovation), la mise en avant par nos clients de l'implication de nos équipes, de leurs sourires.

**https://trophees-rse.fr**

## 1 Caractériser les styles de management

### Quatre styles de management

**Autoritaire**
- Rapports hiérarchiques et d'exploitation
- Décisions prises au sommet
- Management par la crainte et les sanctions

**Paternaliste**
- Rapports hiérarchiques et de bienveillance
- Décisions prises au sommet
- Management par les sanctions et les récompenses

**Consultatif**
- Rapports d'échange
- Décisions prises au sommet à partir des informations de la base
- Implication et récompenses

**Participatif**
- Rapports d'égalité
- Décisions prises par les groupes de travail et l'ensemble de l'organisation
- Participation et récompenses

## 2 Repérer le rôle des différentes parties prenantes et des contre-pouvoirs

### Rôle des parties prenantes

**Rôle économique**
Salariés, clients, fournisseurs, actionnaires
→ Participer aux activités de l'entreprise

**Rôle social**
Défenses des intérêts
→ Influencer les décisions de l'entreprise

**Rôle de négociation**
Dialogue et concertation
→ Assurer la prise en compte de leurs attentes

**Rôle politique**
Actions en contre-pouvoir
→ Faire valoir leurs intérêts par le recours à une action collective

### CONSTRUIRE SA SYNTHÈSE

**Rédigez votre synthèse à l'aide des mots-clés suivants :**

Style de management (Rensis Likert) – Style autoritaire – Style paternaliste – Style consultatif – Style participatif – Parties prenantes – Contre-pouvoirs (Richard M. Cyert et James March, Michel Crozier et Erhard Friedberg) – Responsabilité sociétale de l'entreprise (RSE) – Performance – Performance globale – Indicateurs – Tableau de bord

# 14 L'organisation des ressources dans l'entreprise

**PLAN DU CHAPITRE**

- 1 • Repérer les ressources et les compétences au sein de l'entreprise
- 2 • Identifier le type de structure d'une entreprise
- 3 • Identifier les mécanismes de coordination et de contrôle au sein de l'entreprise

**LES COMPÉTENCES ATTENDUES**

→ Repérer les ressources et les compétences au sein de l'entreprise.
→ Identifier le type de structure, les mécanismes de coordination et de contrôle au sein de l'entreprise.
→ Distinguer les différents processus de l'entreprise.

**LES SAVOIRS ASSOCIÉS**

→ Les ressources tangibles et intangibles
→ Les compétences
→ Les mécanismes de coordination et de contrôle
→ Les processus de l'entreprise
→ Les effets d'expérience

## Les compétences de l'avenir ?

Les compétences techniques ne suffisent plus dans le monde du travail. Il faut également posséder des qualités difficilement mesurables, mais vitales : les *soft skills*.
Les *soft skills* (ou compétences « douces ») désignent des compétences indispensables mais qui ne relèvent pas d'un savoir-faire lié à la maîtrise d'un outil ou d'une procédure, tel que la gestion comptable ou la maîtrise de Word. Elles sont pourtant précieuses dans le monde du travail car elles permettent d'améliorer la performance et la productivité. Voici les *soft skills* les plus recherchées par les entreprises aujourd'hui : la communication (capacité à s'exprimer, compréhension orale et écrite, expression écrite), l'aptitude à travailler en équipe, la capacité à prendre des décisions et à résoudre les problèmes en utilisant la logique et le raisonnement, le sens de l'organisation (planifier, gérer des priorités multiples), les compétences liées aux technologies de l'information et de la communication, la pensée critique, les habiletés sociales et culturelles (citoyenneté, écoute active, éthique, attitude positive) et la créativité.

**COMMENT METTRE EN AVANT SES *SOFT SKILLS***

**Vidéo**
liennathan.fr/j3y7v4

1. **Quelles sont les *soft skills* les plus recherchées par les entreprises ?**
2. **Pourquoi les *soft skills* sont-elles importantes pour les entreprises ?**

# 1 Repérer les ressources et les compétences au sein de l'entreprise

## DOC. 1 Les ressources tangibles et intangibles de l'entreprise

Les ressources sont un ensemble de moyens utilisés par l'entreprise pour assurer son fonctionnement et sa pérennité. Selon **Edith Penrose**, elles peuvent être classées en fonction de leur nature tangible (matérielle) ou intangible (immatérielle).

| | | |
|---|---|---|
| **Ressources tangibles** | **Financières** | Autofinancement, capital, trésorerie, résultat net |
| | **Humaines** | Effectifs, connaissances des salariés |
| | **Physiques** | Installations, équipements, véhicules, stocks |
| **Ressources intangibles** | **Mercatiques** | Marque, notoriété, gamme, publicité… |
| | **Organisationnelles** | Qualité, savoir-faire, logistique, flexibilité, partenariat |
| | **Technologiques** | Brevets, licences, R&D |

**1. Pourquoi la marque est-elle classée parmi les ressources intangibles ?**

## DOC. 2 Comment La Redoute s'est réinventée

***Interview de Nathalie Balla, PDG de La Redoute (de 2009 à 2022)***

« Quand je suis arrivée à La Redoute en 2009, c'était un catalogue, et essentiellement une entreprise spécialisée dans la mode, avec un peu de décoration, […] en forte perte de vitesse, que ce soit en termes de chiffre d'affaires mais également en termes de résultats. Les étapes ont ainsi été les suivantes :

– repositionner […] l'offre, on a développé les marques propres que sont La Redoute Collections, La Redoute Intérieurs et AMPM, avec nos équipes de stylistes et de designers, et qui représentent 70 % de notre chiffre d'affaires. Nous nous sommes alors repositionnés à la fois sur le prêt-à-porter et sur la décoration maison en faisant un travail de modernisation et d'amélioration de cette offre, en termes de qualité, de style et de prix ;

– transformer la manière de communiquer avec nos clients, alors organisée autour des catalogues et mailings papier. Nous avons alors choisi de développer un marketing quasiment 100 % digital […]. Cette transformation s'est faite de manière très progressive le temps de monter en puissance sur la maîtrise digitale avec les réseaux sociaux, etc. ;

– travailler en parallèle sur la mission de La Redoute, l'ADN, la culture et aligner toutes les équipes autour de cela […]. C'était essentiel puisque ça définit l'alignement des actions quotidiennes de chacun autour d'une mission, ce qui influence les contenus, les collaborations de La Redoute. Cela permet d'alimenter l'image de l'entreprise ;

– revoir la *supply chain*, c'est-à-dire notre capacité à livrer le client parfaitement et rapidement, ce qui contribue également à l'image de marque. Nous avons investi dans un entrepôt logistique automatisé en 2015, et en 2021 dans un entrepôt de 110 000 m² […] ;

– travailler sur l'humain. Lorsque nous avons ouvert le capital de l'entreprise à l'ensemble des collaborateurs, nous avons travaillé sur nos valeurs et nos attitudes. Nous avons également développé notre politique RSE, par exemple 100 % des matelas et sommiers sont fabriqués en France, plus d'un tiers de nos canapés sont produits à moins de 10 km de Roubaix… Nous avons ravivé notre engagement, donnant du sens à la consommation. »

**Audrey Guenro, www.ecommerce-nation.fr, 27 octobre 2021.**

**2. Relevez les ressources de La Redoute.**
**3. Quelles ressources ont permis le redressement de La Redoute ?**

## DOC. 3 Les compétences de l'entreprise

Détenir des ressources est essentiel pour une entreprise mais elle doit aussi être capable de les utiliser et de les combiner. Les compétences correspondent ainsi à la capacité de l'entreprise à exploiter ses ressources pour atteindre un objectif. Elles permettent de développer les ressources et d'en créer de nouvelles.
Selon **Gary Hamel** et **C. K. Prahalad**, une compétence est fondamentale pour une entreprise si elle lui permet d'exploiter ses ressources et de se distinguer de la concurrence avec un avantage difficilement imitable.

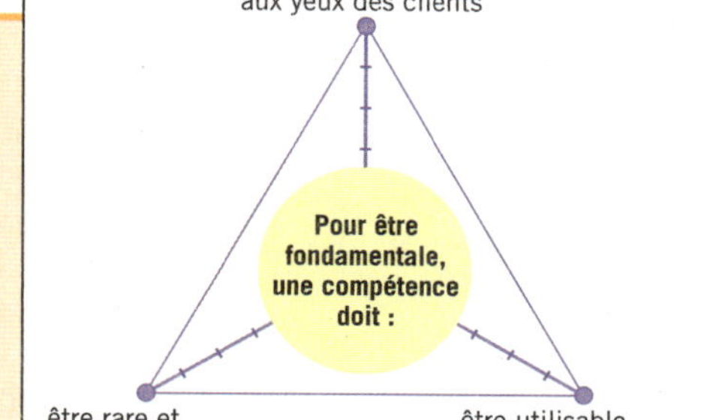


Il est possible de distinguer plusieurs catégories de compétences :
- les compétences professionnelles (savoir-faire, innovation) ;
- les compétences organisationnelles (gain en qualité, respect des délais, etc.) ;
- les compétences commerciales (brevets, partenariats, etc.).

## DOC. 4 Le savoir-faire camarguais

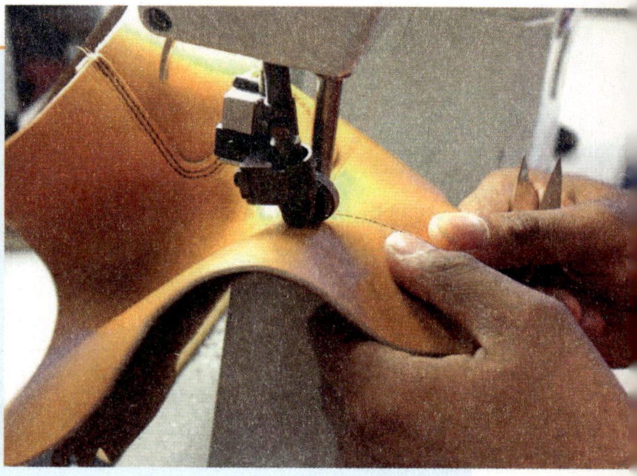

63 ans d'histoire. Créée en 1958 à Aigues-Vives, l'entreprise familiale est aujourd'hui la seule maison de Camargue à réaliser encore à la main des bottes en cuir pour les gardians. Mais pas uniquement. « *La Botte Gardiane, c'est désormais 220 modèles (contre 15 à 20 au départ) de bottes, bottines, sandales, cavalières...* », précise Julien Agulhon, co-dirigeant aux côtés de sa sœur et de son frère, Fanny et Antoine.
En 2021, La Botte Gardiane collabore avec la marque de vêtements pour bébés et enfants BonPoint, en proposant une série limitée d'un sac en cuir. L'entreprise camarguaise est une habituée de ces partenariats, ayant déjà collaboré avec Céline (marque de luxe du groupe LVMH, propriétaire des *Échos*), ou dernièrement avec Jérôme Dreyfuss, marque française de sacs et accessoires, avec qui La Botte Gardiane a créé et décliné un modèle exclusif de botte camarguaise.
L'entreprise camarguaise vend également ses produits en ligne. Son projet : transférer le site actuel sur la plateforme e-commerce Shopify. « *Nous avons le projet de mettre en place un configurateur 3D, pour que le client puisse, à partir d'un modèle blanc, configurer de A à Z sa chaussure (coloris, cuir, etc.)* », indique Julien Agulhon [...].
Les produits sont aussi commercialisés dans une boutique de 80 m² à côté de l'atelier d'Aigues-Vives, ainsi que dans deux boutiques, à Paris et à Lyon. [...]
L'année 2021 sourit néanmoins à La Botte Gardiane, avec l'embauche de 4 personnes dans l'atelier : deux à la chaîne de montage, une au bichonnage et une au piquage, pour compter aujourd'hui 25 salariés. « *Il faut deux ans pour maîtriser tous les métiers de notre atelier* », précise Julien Agulhon, à la tête d'une PME incarnant le Made in France. Les salariés effectuent des rotations sur les 7 postes différents, « *ainsi, nous ne dépendons pas d'un savoir-faire* ».
Côté organisation, La Botte Gardiane a mis en place un progiciel de gestion intégré (ERP), pour améliorer la gestion des équipes de production en temps réel. « *On se perfectionne avec des cordonniers industriels, mais sans perdre notre âme d'artisan. On ne veut pas grossir, mais simplement satisfaire nos clients* », assure Julien Agulhon. La Botte Gardiane est depuis 2007 labellisée Entreprise du Patrimoine Vivant. 40 % du chiffre d'affaires (1,8 million d'euros) est réalisé à l'exportation, vers le Japon et les États-Unis.

**Hubert Vialatte, *Les Échos*, 3 août 2021.**

**4.** **Sur quelles compétences repose la réussite de La Botte Gardiane ?**
**5.** **Montrez que ces compétences sont fondamentales pour La Botte Gardiane.**

**APPROFONDISSEMENT**

**6.** **Comment l'entreprise valorise-t-elle ses compétences ?**

## DOC. 5 Réaliser un diagnostic des ressources et des compétences

L'entreprise doit disposer de ressources et de compétences suffisantes pour conduire sa stratégie, réussir sur son marché et assurer sa pérennité. L'analyse des ressources et des compétences a pour but d'identifier les forces et les faiblesses de l'entreprise.
Les forces correspondent aux ressources stratégiques et aux compétences fondamentales que l'entreprise possède et qui vont lui permettre de bénéficier d'un avantage difficilement imitable et de se démarquer de façon stratégique de ses concurrents.
Les faiblesses sont les points de vulnérabilité de l'entreprise, c'est-à-dire les ressources ou compétences qui sont défaillantes ou qui lui font défaut et qui peuvent nuire à sa pérennité.

**7. Pourquoi une entreprise doit-elle connaître ses forces et ses faiblesses ?**

## DOC. 6 Une formation au cœur des ateliers

Pour l'industrie textile française, ces derniers mois n'ont pas été faciles avec la crise sanitaire, mais les ateliers FIM ont tenu le cap. Cette entreprise basée à Fougères, spécialisée dans la confection de vêtements pour les grandes marques de luxe, a pratiquement stoppé son activité habituelle durant le confinement, pour se mettre à la production de masques. […] Pour poursuivre la reprise d'activité, les ateliers envisagent de recruter, notamment pour compenser plusieurs départs à la retraite à venir. Mais avec le manque de formations dans le domaine du textile, pas facile de trouver des candidats qualifiés… C'est pourquoi FIM va organiser à nouveau une session de préparation opérationnelle à l'emploi collective (POEC), un dispositif de recrutement auquel l'entreprise a régulièrement recours. Avec l'aide de Pôle emploi, plusieurs demandeurs d'emploi motivés pourront bénéficier d'une formation directement au sein des ateliers FIM, durant deux mois et demi, pour acquérir les bases du métier. […] À la clé : devenir un véritable artisan textile et une embauche potentielle. FIM espère ainsi recruter cinq personnes.

**Paul Grisot, www.ouest-france.fr, 6 septembre 2020.**

**ATELIER DE CONFECTION**

**Vidéo**
liennathan.fr/8y9u2e

**8. Montrez que les forces de l'entreprise peuvent également représenter des faiblesses.**

# APPLICATION AU CAS

## TEE-SHIRT DE FRANCE

Tee-shirt de France confectionne des produits artisanaux 100 % *made in France*. Ce mode de fabrication a semblé évident à Thibault Guillot car acheter des produits français permet de valoriser le savoir-faire et la qualité française mais aussi de collaborer à la protection de l'environnement en favorisant les achats de proximité.
Les produits Tee-shirt de France sont fabriqués à Saint-Antoine-Cumond, dans le département de la Dordogne, en Région Nouvelle-Aquitaine. Le fabricant crée des textiles haut de gamme dans son atelier : du tissage du fil de coton à l'assemblage final, toutes les étapes y sont intégralement réalisées et s'inscrivent dans la tradition de qualité du textile français.
Aujourd'hui, l'entreprise Tee-shirt de France compte 3 boutiques à Paris et 80 collaborateurs et un site Internet marchand. Son succès repose sur son savoir-faire, la modernité de ses produits, la fabrication française et l'utilisation d'Internet où elle développe des communautés à travers les réseaux sociaux (75 000 abonnés Instagram, 180 000 fans Facebook et 15 000 followers Twitter).

**1. Montrez que Tee-shirt de France possède des compétences fondamentales.**

**2. Recensez les ressources et les compétences que l'entreprise possède pour réussir sur son marché.**

# 2 Identifier le type de structure d'une entreprise

## DOC. 7 Les principales configurations structurelles de l'entreprise

La structure d'une entreprise permet d'identifier ses différentes fonctions et ses niveaux de management : le **management stratégique**, constitué par la direction qui prend les décisions importantes, et le **management intermédiaire**, chargé de faire exécuter les décisions.

Les quatre configurations structurelles les plus répandues sont les suivantes :

<table>
<tr><td colspan="2">Structure simple : le dirigeant est en contact direct avec l'ensemble de ses salariés. Il y a unicité de commandement : c'est le dirigeant qui seul donne les ordres.</td></tr>
<tr><td>Structure fonctionnelle : les activités de l'entreprise sont regroupées par fonctions et placées sous l'autorité d'un responsable. Il y a une pluralité de commandements et les salariés peuvent recevoir des ordres de plusieurs responsables.</td><td>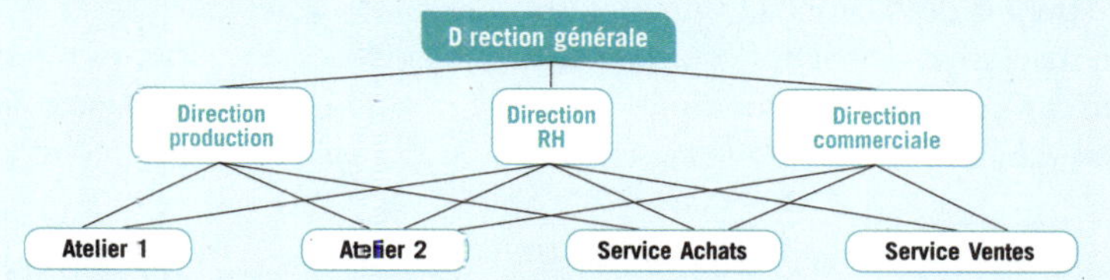
</td></tr>
<tr><td>Structure divisionnelle : l'entreprise est découpée en divisions autonomes dirigées chacune par un responsable unique.</td><td>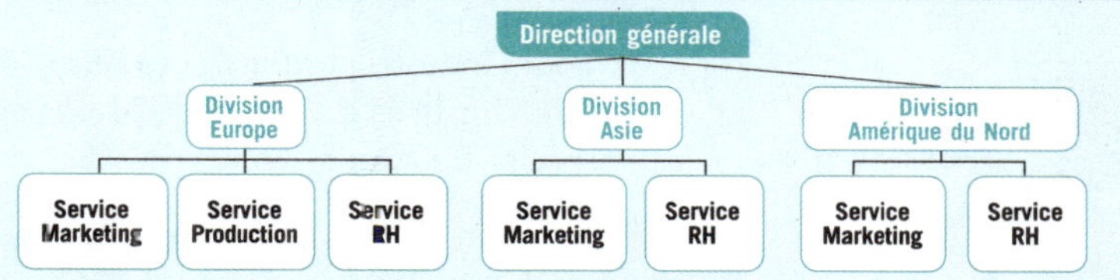
</td></tr>
<tr><td>Structure matricielle : chaque salarié se trouve sous la responsabilité d'un responsable de service ou d'une fonction et d'un chef de division ou de projet. Il y a une dualité de commandement</td><td>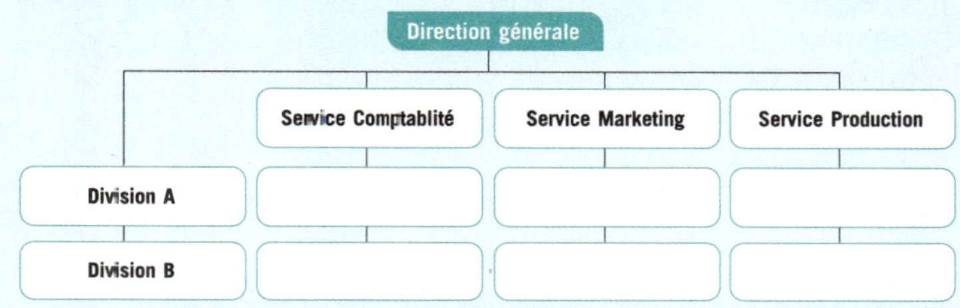
</td></tr>
</table>

1. **Expliquez les principes d'unicité, de dualité et de pluralité de commandement.**
2. **Identifiez les avantages et les inconvénients des principes d'unicité et de pluralité de commandement.**

## DOC. 8 Renault se réorganise

Le groupe au Losange […] se décomposera à l'avenir en « Power » (l'activité historique de véhicules thermiques et hybrides), « Ampère » (pour les véhicules électriques), « Alpine » (pour les véhicules de sport), « Mobilize » (nouvelles mobilités et financements) et enfin « The Future Is Neutral » (économie circulaire). À ce portefeuille s'ajoutera une entité partagée avec le groupe chinois Geely pour les moteurs et transmissions thermiques et hybrides.

Les cinq mini-Renault publieront chacun leurs résultats d'ici 2024, offrant une meilleure visibilité sur la performance de chaque entité. […] « [A]*vec des équipes resserrées, on obtient une meilleure efficacité et du coup moins de complexité* », a indiqué une source proche du dossier. « [Le] *groupe fonctionne maintenant avec une structure allégée.* » […]

Cinq entités autonomes, avec leur propre patron, seront aussi davantage en mesure de nouer des partenariats, conformément à la stratégie […] de Luca de Meo [directeur général de Renault], pour répondre dans les temps aux nouveaux défis technologiques de l'automobile. […]

[Nouveau] partenaire de Renault, le géant américain Google a annoncé le 8 novembre [2022] le renforcement de sa collaboration avec le constructeur français dans la conception des véhicules futurs.

**Reuters, 10 novembre 2022.**

3. **Identifiez le type de structure récemment mis en place au sein du groupe Renault.**
4. **Quels sont les avantages de cette configuration structurelle ?**

**DOC. 9** **L'organisation par les processus**

Les structures traditionnelles étaient devenues trop lourdes pour répondre rapidement aux besoins des clients et aux évolutions de l'environnement des entreprises, étant construites sur un modèle hiérarchisé où les décisions sont centralisées et circulent de haut en bas.

Afin d'améliorer les délais, la qualité et de réduire les coûts, Hammer et Champy, en 1993, proposent de revoir l'organisation des entreprises à travers le *reengineering*, qui consiste à redéfinir l'organisation des entreprises au profit d'une conception par processus orientée vers les attentes des clients. Un processus se définit comme une succession d'activités coordonnées et organisées qui mettent en œuvre de multiples ressources et compétences dans le but d'élaborer un produit ou de réaliser un service attendu. Un processus est donc transversal et concerne plusieurs fonctions.

Trois types de processus peuvent être distingués dans une entreprise :

– les processus productifs qui permettent la réalisation des biens ou des services proposés par l'entreprise ;

– les processus de support (ou organisationnels) qui permettent la gestion des ressources ;

– les processus de pilotage (ou décisionnels) qui visent à prendre les décisions.

Par exemple, le **processus de vente** mobilise plusieurs fonctions, de la prise de commande jusqu'à la livraison du produit ou du service chez le client.

**5. Pourquoi l'organisation par les processus permet-elle de répondre plus rapidement aux attentes des clients que les structures traditionnelles ?**

**DOC. 10** **Saint-Gobain se réorganise**

**Saint-Gobain, le spécialiste du verre et de la distribution de matériaux, a amorcé en 2019 une vaste réorganisation avec le plan « Transform & Grow ».**

Pour être davantage « agile » sur ses marchés, Saint-Gobain a pivoté son organisation en rompant avec des directions générales thématiques (distribution, produits pour la construction, vitrage bâtiment). L'industriel privilégie désormais une approche par pays, avec quatre entités (Europe du Nord, Europe du Sud, Amériques et Asie-Pacifique) et une entité globale « solutions de haute performance ».

Un directeur général a été nommé dans chaque pays ; à lui de piloter les ressources, les investissements, la stratégie pour optimiser la performance et accélérer la croissance sur son territoire. Cette décentralisation a pour ambition de mieux répondre aux besoins des clients, de définir les politiques commerciales en fonction des spécificités locales.

Plus légère, plus intégrée, dotée d'un fort esprit entrepreneurial et plaçant le digital au cœur de l'organisation, la nouvelle structure offre au groupe une meilleure proximité avec ses clients.

Le processus de décision a été simplifié avec un nombre de niveaux de management allégé.

Selon Benoît Bazin, le directeur général délégué de Saint-Gobain, la nouvelle organisation « met [les] équipes du groupe en position idéale pour tirer pleinement parti de [son] portefeuille de solutions dans chaque pays et de [ses] synergies de marché au profit de [ses] clients ».

**6. Identifiez le type de structure qui était en place chez Saint-Gobain jusqu'en 2019.**
**7. Recensez les avantages de la nouvelle organisation du groupe.**
**8. Montrez que la nouvelle organisation est orientée vers les attentes des clients.**

## DOC. 11 Les effets d'expérience

L'effet d'expérience est un phénomène lié au processus de production qui entraîne une diminution du coût de production unitaire lorsque la production augmente. Il s'explique par la réalisation de quatre phénomènes :
– les économies d'échelle : l'entreprise voit ses coûts unitaires se réduire en étalant ses charges fixes sur un volume de production beaucoup plus important ;
– les effets d'apprentissage : l'entreprise développe des compétences individuelles et collectives en capitalisant du savoir-faire dans la réalisation de ses processus. Avec l'expérience, l'ensemble des compétences individuelles développées par les salariés associées à l'esprit d'équipe vont permettre l'émergence de compétences collectives, sources de compétitivité et de performance ;
– l'effet de taille, qui permet d'accroître le pouvoir de négociation vis-à-vis des fournisseurs lorsque l'entreprise grandit ;
– l'innovation, qui va permettre d'améliorer les processus de production.

**9. Montrez que les effets d'expérience poussent les entreprises à se développer.**

## DOC. 12 De PSA et Fiat-Chrysler Automobiles à Stellantis

L'entité Stellantis [est] née du rapprochement des groupes Fiat Chrysler Automobiles (FCA) et PSA. […] Le groupe mise sur sa taille et les économies d'échelle pour réaliser des synergies annuelles de plus de 5 milliards d'euros « *en rythme de croisière* », des synergies en termes de produits, d'ingénierie, d'achats directs et indirects… […] « *Elles seront obtenues grâce à des stratégies avisées en matière d'achat et d'investissement, à l'utilisation optimisée des motorisations et des plateformes, à la mise en œuvre d'une R&D de pointe* […] ». […] Carlos Tavares a également souligné que ces synergies ne permettent pas seulement « *de réduire les coûts mais sont aussi source de chiffres d'affaires, grâce à un processus très efficace de développement qui permet de proposer des voitures sœurs très rentables* ».

**Benoît Landré, www.largus.fr, 19 janvier 2021.**

**10. Montrez que cette opération de fusion va permettre au groupe Stellantis de bénéficier d'effets d'expérience.**

# APPLICATION AU CAS

## TEE-SHIRT DE FRANCE

Lorsque Thibault Guillot a créé sa start-up, la jeune entreprise ne comptait que 4 salariés. L'essor rapide de la société a nécessité de revoir son organisation.

### DOC.

« On sort de la phase start-up, on devient une véritable entreprise industrielle », déclare le jeune créateur. Comptant désormais 80 salariés, l'entreprise s'est structurée autour de différents pôles : Marketing, Innovation, Production, Gestion financière, Gestion des ressources humaines. Pour préserver la réactivité des débuts et parce que les pôles métier ne cessaient de prendre de l'importance, l'entreprise n'a pas hésité à constituer des *teams* (équipes). « Les *teams* sont des mini start-up en notre sein qui se consacrent à des projets précis. Par exemple, créer de nouveaux vêtements ou d'autres façons de commercialiser nos produits », indique Thibault Guillot. Une *team* comprend de 5 à 10 personnes et réunit toutes les compétences : un styliste, un responsable de production, un *community manager*, un web développeur et, enfin, un manager pour coordonner l'ensemble. Au total, une cinquantaine de salariés s'organisent désormais en mode *teams*.

Avec 200 000 pièces commercialisées en 2020, l'entreprise entend poursuivre son développement à l'international et ambitionne de commercialiser entre 350 000 et 400 000 pièces en 2023. Cet accroissement des ventes va permettre à Tee-shirt de France de diminuer ses coûts de production et de dégager plus de marges sur ses produits.

1. **Pourquoi Tee-shirt de France a dû faire évoluer sa structure ?**
2. **Quels sont les avantages de la structure actuelle ?**
3. **Pourquoi le développement des ventes permettra-t-il d'améliorer la compétitivité de l'entreprise ?**

# 3 Identifier les mécanismes de coordination et de contrôle au sein de l'entreprise

## DOC. 13 Les mécanismes de coordination

Le développement de l'entreprise entraîne une multiplication des tâches à réaliser, qui nécessite la mise en place d'un système de coordination. Les mécanismes de coordination ont pour but d'assurer la cohérence du travail réalisé dans l'entreprise en vue d'atteindre les objectifs fixés.
**Henry Mintzberg** a décrit six mécanismes de coordination du travail.

| Mécanismes de coordination | Caractéristiques |
| --- | --- |
| **L'ajustement mutuel** | Lorsque les salariés sont peu nombreux, la coordination du travail s'effectue par de simples échanges informels. |
| **La supervision directe** | La coordination du travail consiste à nommer un responsable qui est chargé de donner des ordres et de contrôler le travail de ses subordonnés. |
| **La standardisation des procédés** | La coordination s'effectue par les procédés de travail qui décrivent de manière très précise les méthodes que les salariés doivent respecter pour effectuer leur travail. |
| **La standardisation des résultats** | Ce mécanisme de coordination permet d'assurer une cohérence de l'ensemble de l'organisation à travers la fixation d'objectifs qui dictent les résultats à atteindre. |
| **La standardisation des qualifications** | La coordination des différents types de travail est opérée à travers la formation et la transmission de savoirs spécifiques qui vont permettre aux salariés d'adopter les mêmes méthodes de travail. |
| **La standardisation des normes** | La coordination s'effectue par des normes qui dictent le travail à réaliser. Ces normes peuvent être une culture, des valeurs communes partagées par l'ensemble des membres et qui constituent le «ciment» de l'organisation selon Mintzberg. |

1. **Pourquoi l'ajustement mutuel n'est-il possible que lorsque les salariés sont peu nombreux?**
2. **En quoi la standardisation des résultats permet-elle de coordonner le travail au sein d'une entreprise?**

## DOC. 14 Décathlon: la coordination par le sport

La raison d'être de Décathlon, «rendre accessible au plus grand nombre le plaisir et les bienfaits du sport», est [...] le point de départ intemporel dont découle chaque action effectuée au sein de l'enseigne. Décathlon recrute avant tout des personnalités alignées sur la culture d'entreprise et instaure un management exigeant et bienveillant qui rend les collaborateurs acteurs de leur développement et de leur parcours professionnel. [...]
Ce modèle de management agile et responsabilisant où tous les collaborateurs sont décideurs, seuls ou collectivement, leur permet de faire des choix qui ont des conséquences directes sur leur quotidien. En résumé, Décathlon est un excellent exemple qui montre que lorsque l'ensemble des projets sont parfaitement cohérents avec la culture d'une entreprise, le succès est inévitablement au rendez-vous.

**www.goodmoringmanagement.com**

**JOURNÉE RECRUTEMENT - DÉCATHLON**

**Vidéo**
liennathan.fr/y62ye3

3. **Identifiez le mécanisme de coordination du travail mis en œuvre chez Décathlon.**
4. **Pourquoi le recrutement est-il important pour garantir ce mode de coordination?**

## DOC. 14 La coordination sur un chantier

Créée en 1993, Créa Concept propose une large gamme de maisons traditionnelles à une clientèle désireuse d'accéder à la propriété et de s'offrir une maison avec un jardin.
Au sein de cette entreprise, le rôle du conducteur de travaux est de coordonner l'intervention de chacun des artisans pendant la construction de la maison. Il s'assure que les réalisations de chaque corps de métier soient conformes aux plans et aux souhaits des clients. Le conducteur de travaux doit être capable de gérer le personnel sur le chantier. Pour que les travaux soient réalisés en fonction du plan d'architecture et en temps réel, le conducteur de travaux doit savoir imposer des règles aux manœuvres et aux ouvriers. De plus, il doit être un bon animateur tout en sachant motiver son équipe. Et comme tous les professionnels, le conducteur de travaux doit maîtriser son domaine d'activité. Cela concerne bien entendu le secteur de la construction. Dynamique, polyvalent, organisé et rigoureux, ce sont des qualités qu'il doit détenir pour que le budget prévisionnel et le délai de travaux fixé dans le devis soient respectés.

**CONDUCTEUR DE TRAVAUX**

**Vidéo**
liennathan.fr/z38jc8

5. **Identifiez le mécanisme de coordination du travail mis en œuvre sur les chantiers de l'entreprise Créa Concept.**
6. **Quel est le rôle du conducteur de travaux?**
7. **Quelles compétences doit posséder un conducteur de travaux?**

# APPLICATION AU CAS

## TEE-SHIRT DE FRANCE

Thibault Guillot, le créateur de Tee-shirt de France, nous explique comment il assure la cohérence du travail au sein de sa jeune entreprise.

### DOC.

«Tee-shirt de France a une mission: changer le monde en réinventant la mode et la fabrication française. Nous en sommes très fiers et j'essaie de partager en permanence cette conviction avec toute l'équipe. Travailler chez Tee-shirt de France, c'est contribuer au renouveau de la fabrication textile, durable et locale. Fédérer une équipe autour d'une mission dont chacun est fier est, je pense, le ciment de l'épanouissement de chacun. Une fois que le cap est fixé et que l'équipe avance, il est essentiel de fixer des règles, des garde-fous qui permettent d'organiser le quotidien, de faire remonter ce qui ne fonctionne pas, de dire les choses. Cela passe par la transparence sur l'activité de la société. Nous organisons des entretiens trimestriels avec toutes les équipes. C'est un exercice utile pour échanger sur l'organisation, comprendre les attentes et les ressentis pour mieux fixer les objectifs de chacun. C'est aussi la base d'une évaluation régulière, objective et l'occasion d'un *feedback* à 360° avec l'équipe. En parallèle, nous organisons un séminaire avec tout le monde une fois par an où, notamment, nous partageons sur nos valeurs. Et une journée au vert par équipe chaque semestre pour prendre du recul, échanger sur ce que l'on fait bien ou pas…»

1. **Identifiez les moyens de coordination développés chez Tee-shirt de France.**
2. **Expliquez comment les modes de coordination choisis permettent de maintenir la cohésion au sein de l'entreprise.**

# Tester ses connaissances

## 1 Quiz

**Scannez le QR Code ou saisissez le mini-lien pour tester vos connaissances avec le quiz numérique.**

liennathan.fr/x7a66c

## 2 L'analyse des ressources de l'entreprise

**Indiquez si chacun des éléments suivants est une ressource tangible ou intangible.**

**a.** Les dépôts de brevets
**b.** La trésorerie de l'entreprise
**c.** Les installations possédées par l'entreprise
**d.** Le savoir-faire des employés
**e.** Le nombre de collaborateurs
**f.** La notoriété de l'entreprise

## ★ 3 Un chef engagé pour une gastronomie durable

Fiche méthode 6

1. **Repérez les différentes ressources et compétences possédées par la Chassagnette.**
2. **Pourquoi les compétences de la Chassagnette sont-elles fondamentales ?**

**DOC. Armand Arnal, un chef étoilé au Mas de la Chassagnette à Arles**

Armand Arnal débute sa carrière en 1994 chez Fauchon, à Paris. Il travaille ensuite à New York, de 1999 à 2002, […] puis il revient à Paris comme chef formateur et consultant au centre de formation d'Alain Ducasse. […] Début 2006, Armand Arnal devient le chef de la Chassagnette, une ancienne bergerie située à Arles, transformée en restaurant écologique et diététique. […] En 2009, à seulement 31 ans, il donne ainsi à la Chassagnette sa première étoile au *Guide Michelin*. Le restaurant a fait l'objet de nombreux reportages, et François Simon, chroniqueur gastronomique du *Figaro*, respecté et redouté, lui a décerné un excellent 16 sur 20. […] Armand Arnal revendique une cuisine du vivant, totalement soumise à son jardin.

**portail-de-provence.fr/**

L'ultralocal est […] devenu le nouveau luxe. À tel point qu'Armand Arnal, le chef étoilé du restaurant arlésien La Chassagnette, propose des paniers de pique-nique dans son célèbre potager.

**Sylvie Laidet, *Management*, n° 304.**

Depuis son arrivée en 2006 à La Chassagnette, Armand Arnal ne jure que par son jardin-potager en permaculture de 2 hectares, […] « *nous n'avons de cesse de l'améliorer* ». Pour preuve, l'arrivée d'un nouveau jardinier, David Catte, il y a quelques mois qui, très vite, a cherché à introduire le monde animal. En attendant l'arrivée prochaine d'agneaux et de chèvres, ce sont les poules qui ont fait leur apparition. Par leur présence, elles participent à la fertilisation des parcelles, au désherbage en grattant le sol pour chercher leur nourriture et au contrôle des nuisibles. Aux volatiles sont venues s'ajouter 50 ruches : « *Nous menons cette expérience avec l'Observatoire Français d'Apidologie pour étudier l'impact des pollinisateurs actifs sur le potager dans une région où les ressources alimentaires sont faibles pour les abeilles.* » Le résultat ne s'est pas fait attendre. Il y a eu hyper-pollinisation et la production de fruits et légumes a été boostée.

**https://guide.michelin.com, 15 septembre 2020.**

**ARMAND ARNAL RÉCOMPENSÉ PAR LE *GAULT & MILLAU***

**Vidéo**
liennathan.fr/57qmc4

# 4 Onepoint, l'entreprise décloisonnée

Fiche méthode 6

1. Identifiez les motivations qui ont poussé l'entreprise Onepoint à adopter une organisation « décloisonnée ».
2. Montrez comment cette organisation permet de répondre aux besoins des clients.
3. Identifiez les moyens mis en œuvre pour permettre la coordination du travail au sein de l'entreprise.

## DOC. 1 Un modèle inspiré des réseaux sociaux

**Créé en 2002 par David Layani, Onepoint est un cabinet conseil qui accompagne ses clients (entreprises privées et acteurs publics) dans leur transformation numérique.**
**Le cabinet, qui emploie 2 500 collaborateurs dans 15 pays, réalise aujourd'hui 300 millions d'euros de chiffre d'affaires.**

*« Lorsque j'ai créé mon entreprise, il y a plus de 15 ans, j'ai été guidé par quelques intuitions fortes. J'ai notamment compris très tôt que, pour devenir un acteur capable d'accompagner la transformation digitale des entreprises et des administrations dans sa globalité et de bout en bout, il fallait faire de Onepoint une entreprise qui soit elle-même un laboratoire de l'entreprise numérisée et agile, capable d'attirer et fidéliser ceux qui peuvent apporter les expertises les plus pointues à nos clients.*
*Si Onepoint a pu bénéficier d'une dynamique de croissance qui lui permet d'ambitionner de devenir un leader européen, c'est parce que nous avons réussi à attirer les meilleurs experts et qu'ils ont adhéré à notre modèle d'entreprise ouverte, "apprenante", bienveillante et engagée. »*

**David Layani – Président fondateur**

Reposant sur une structure et un écosystème ouverts, Onepoint [...] est animée de communautés, qui sont des espaces ouverts auxquels on peut s'affilier librement, sur un modèle inspiré des réseaux sociaux. Cette organisation innovante vise à promouvoir la transversalité et l'intelligence collective, afin de proposer à nos clients un accompagnement de bout en bout par des équipes pluridisciplinaires, en hybridant toutes leurs compétences et en s'affranchissant des frontières classiques entre métiers et *business units*. [...]
Les communautés interagissent constamment entre elles, afin de faire émerger une vision « sans-couture » et réellement globale sur les sujets traités. Cette transversalité favorise l'épanouissement personnel et le développement des compétences de chaque collaborateur, qui peut être affilié à plusieurs communautés et cultiver plusieurs expertises.

**www.groupeonepoint.com**

## DOC. 2 Une organisation libérée

En ligne de mire, l'idée était de gagner en souplesse. « Nous sommes allés jusqu'à rompre la relation entre rémunération et statut. Nous avons aussi mis fin aux bilans annuels en faveur d'une démarche de progression continue *via* des feedbacks réguliers », confie David Layani, président de Onepoint. Quant aux pools de collaborateurs missionnés sur les projets client, ils se forment « dynamiquement » autour de « leaders », en fonction de l'envie, de l'appétence, de la disponibilité de chacun, dans une philosophie « d'entreprise libérée ».
Onepoint entend ainsi se donner les moyens de former rapidement des équipes pluridisciplinaires (associant consultants, développeurs, architectes...) taillées pour répondre finement aux besoins de ses clients. « Sur cette base, nous allons jusqu'à déployer chez certains d'entre eux des usines digitales avec des effectifs mis en commun. L'idée étant de les accompagner dans une relation partenariale, avec à la clé une rémunération du contrat pouvant dépendre d'indicateurs opérationnels, voire des parts de marché gagnées », confie David Layani.

**Antoine Crochet-Damais, www.journaldunet.com**

## Les ressources de l'entreprise

**Moyens utilisés par l'entreprise pour assurer son fonctionnement et sa pérennité**

**Les ressources tangibles**
- Financières : résultat, autofinancement…
- Humaines : nombre de salariés
- Physiques : équipements

**Les ressources intangibles**
- Mercatiques : image de marque
- Organisationnelles : qualité
- Technologiques : brevets, R&D

## Les compétences de l'entreprise

**Capacités de l'entreprise à mobiliser ses ressources pour atteindre un objectif**

**La compétence fondamentale** →
- Représente de la valeur aux yeux des clients.
- Est rare et difficilement imitable.
- Est utilisable dans d'autres activités que celle exercée ou permet d'accéder à de nombreux marchés.

## La structure de l'entreprise

**Permet d'identifier les différentes fonctions et les niveaux de management au sein de l'entreprise.**

**Les structures traditionnelles** →
- Structure simple
- Structure fonctionnelle
- Structure divisionnelle
- Structure matricielle

## L'organisation par les processus (*reengineering*)

**Processus** → Ensemble d'activités qui mettent en œuvre de multiples ressources et compétences pour produire un résultat ayant de la valeur pour le client.

L'effet d'expérience est un phénomène lié au processus de production qui entraîne une diminution du coût de production lorsque la production augmente.

## Les mécanismes de coordination et de contrôle

**Permettent d'assurer la cohérence du travail réalisé dans l'entreprise en vue d'atteindre les objectifs fixés.**

### CONSTRUIRE SA SYNTHÈSE

**Rédigez votre synthèse à l'aide des mots-clés suivants :**

Ressource tangible – Ressource intangible – Compétences – Compétences fondamentales – Forces – Faiblesses – Types de structure – Processus – *Reengineering* – Effets d'expérience – Mécanismes de coordination

# 15 Le financement de l'entreprise

**LES COMPÉTENCES ATTENDUES**
- Identifier le besoin de financement de l'entreprise en fonction du cycle (exploitation/investissement).
- Recenser les solutions de financement adaptées à l'entreprise dans une situation donnée.

**LES SAVOIRS ASSOCIÉS**
- La distinction cycle d'exploitation / cycle d'investissement
- Le compte de résultat de l'entreprise
- Le bilan de l'entreprise
- Les différents modes de financement
- L'équilibre financier de l'entreprise

**PLAN DU CHAPITRE**
- 1 • Identifier les besoins de financement de l'entreprise
- 2 • Recenser les solutions de financement adaptées à une entreprise

## Carrefour accélère dans le digital et s'associe à Facebook

Le groupe Carrefour a annoncé un plan d'investissement dans le numérique de 3 milliards d'euros pour la période 2022-2026, après un plan de 2 milliards sur les cinq années précédentes, et va collaborer avec Meta, le nouveau nom du groupe Facebook. « *Nos avancées digitales nous permettront de développer de nouvelles sources de revenus et de profits, mais aussi d'améliorer la performance opérationnelle de toutes nos activités* », a déclaré Alexandre Bompard, PDG du groupe dans un communiqué.
À travers son plan d'investissements, le distributeur français compte notamment tripler son volume de transactions en ligne d'ici à 2026, pour atteindre 10 milliards d'euros par an.

**Offre non alimentaire**

[...] Il mise pour cela sur différents modes de livraison (drive, livraison à domicile en moins de trois heures ou en moins de 15 minutes), ainsi que sur la vente de gros aux professionnels, avec sa filiale brésilienne Atacadão. Carrefour compte développer son offre de produits non alimentaires en ligne, en s'appuyant sur ses places de marché et sur les réseaux sociaux.
L'enseigne a également annoncé le lancement d'un partenariat avec le géant américain Meta : ensemble, ils travailleront au développement d'une application qui doit regrouper à terme tous les services de Carrefour (drive, livraison rapide à domicile, programme de fidélité...), et réaliseront des campagnes publicitaires ciblées.

**Innovations**

[...] Afin de marquer son engagement dans le numérique, Carrefour a indiqué qu'il formerait l'ensemble de son personnel au numérique, « *soit environ 100 000 personnes par an* », en partenariat avec Google.

*Challenges*, 9 novembre 2021.

**FINANCER SES PROJETS DE DÉVELOPPEMENT**

Vidéo
liennathan.fr/7mm7m8

1. **Recensez les investissements que le groupe Carrefour va réaliser d'ici 2026.**
2. **Quelles sont les retombées attendues de ces investissements ?**
3. **À votre avis, pourquoi le groupe Carrefour investit-il dans le digital ?**

# 1 Identifier les besoins de financement de l'entreprise

## A Le besoin de financement du cycle d'investissement

### DOC. 1 Des investissements nécessaires à la pérennité de l'entreprise

Un investissement est une dépense immédiate destinée à augmenter, à long terme, la richesse de celui qui l'engage. Dans une entreprise, un investissement consiste à engager une somme importante en vue d'en retirer un bénéfice futur et d'assurer sa pérennité. Un investissement peut ainsi servir à augmenter la productivité (ex.: investir dans des machines supplémentaires ou plus efficaces), à gagner du temps (ex.: investir dans un logiciel d'automatisation des tâches), à augmenter les parts de marché (ex.: publicité).
Il existe trois sortes d'investissements : corporels (ex.: bâtiments, machines), incorporels – qui ne sont pas palpables, contrairement aux investissements corporels (ex.: brevets, licences) – et financiers (ex.: achats d'actions, d'obligations). En comptabilité, ces investissements sont appelés des immobilisations.

**1. Pourquoi une entreprise a-t-elle besoin d'investir pour assurer sa pérennité ?**

### DOC. 2 La diversité des investissements

L'entreprise **Les Nouveaux Brasseurs** a réalisé un investissement de 3 millions d'euros afin d'augmenter sa capacité de production. Les travaux vont permettre d'aménager la cour, d'agrandir un bâtiment de stockage, d'acheter de nouveaux fûts, mais aussi d'automatiser et d'augmenter la cadence de la ligne de conditionnement.

Le cimentier suisse **Holcim** a finalisé le rachat de PRB, le premier fabricant français indépendant d'enduits de façade. Avec cette acquisition, Holcim renforce sa position sur le marché de la rénovation et de l'isolation thermique.

**JCDecaux SA**, n° 1 mondial de la communication extérieure, annonce une prise de participation majoritaire dans le capital de la société Displayce, spécialisée dans l'achat et l'optimisation des campagnes digitales en communication extérieure.

**Orange** va investir plus de 50 millions d'euros dans le projet SEA-ME-WE 6 reliant Marseille à Singapour grâce à des câbles sous-marins transportant de la fibre optique.

**2. Repérez ci-dessus les investissements corporels, incorporels et financiers.**

**3. Recherchez sur Internet l'exemple d'une entreprise ayant réalisé récemment un investissement matériel, immatériel ou financier.** PIX D1.1

### DOC. 3 Safran en tête du palmarès 2021 des déposants de brevets à l'INPI

*Safran est un groupe international de haute technologie opérant dans les domaines de l'aéronautique, de l'espace et de la défense.*
Le palmarès des déposants de brevets publié par l'Institut National de la Propriété Intellectuelle (INPI) place Safran à la première position avec 1 037 demandes de brevets français.
[…] Au fil des années, Safran est devenu un acteur incontournable de l'innovation dans l'écosystème industriel français. Au-delà du nombre de brevets, la qualité du portefeuille et de chacun des brevets reflète la stratégie de différenciation par l'innovation […].
Safran consacre 75 % de ses dépenses de R&T à l'efficacité environnementale […]. Entre 2021 et 2025, ce sont 4,2 milliards d'euros qui sont essentiellement dédiés aux innovations de ruptures nécessaires à une aviation plus durable.

**www.safran-group.com, 14 juin 2022.**

**4. Classez le type d'investissement réalisé par Safran.**

APPROFONDISSEMENT

**5. Expliquez l'intérêt pour l'entreprise d'investir dans l'innovation.**

## DOC. 4 Le cycle d'investissement des entreprises

Le **cycle d'investissement** désigne la succession des étapes au cours desquelles l'entreprise acquiert une immobilisation, c'est-à-dire un bien destiné à être utilisé de façon durable dans l'entreprise pour développer son activité.
Il comprend également les flux monétaires générés par l'investissement et les ressources financières à long terme permettant de financer cet investissement.

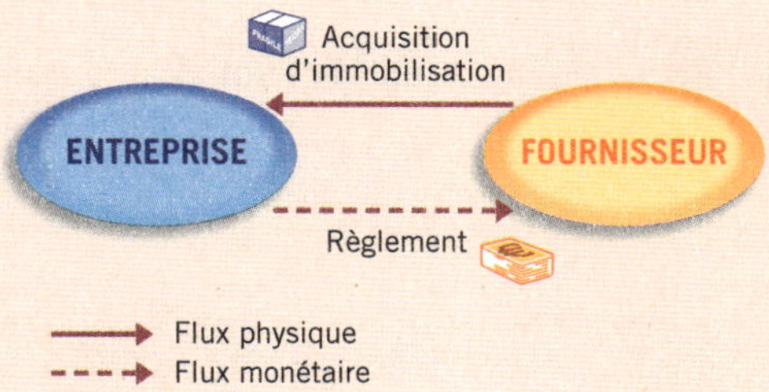


6. Quand un cycle d'investissement prend-il fin ?

APPROFONDISSEMENT

7. Pourquoi les ressources financières allouées au cycle d'investissement sont-elles à long terme ?

## DOC. 5 Mercedes-Benz livre 15 utilitaires à une entreprise bretonne

Basée à Trégueux, dans les Côtes-d'Armor, la Société coopérative ouvrière du bâtiment (Scobat) a décidé de renouveler sa flotte […]. La société, cliente de Mercedes depuis dix ans, a lancé un appel d'offres qui a abouti à la commande de quinze utilitaires chez la marque allemande […]. Le choix a été fait par les ouvriers, qui sont tous des actionnaires de la société. « Le choix final n'a pas uniquement porté sur le prix, mais également sur le confort, la sécurité embarquée, la robustesse et l'image véhiculée », détaille le directeur général de la Scobat, Hervé Maignen. En effet, les ouvriers ont choisi de prendre un niveau de finition supérieur. Ils ont aussi demandé la caméra de recul sur le Sprinter, des sièges en simili cuir, et le changement des banquettes du Vito par des sièges individuels et inclinables. Autre élément qui a convaincu les ouvriers : le prix de rachat des véhicules. La concession du groupe Étoile de l'Ouest s'est en effet engagée à reprendre les quinze utilitaires dans cinq ans.

**Hélène Faucher, www.automobile-entreprise.com**

8. Quel type d'investissement la Scobat a-t-elle réalisé ?
9. Sur quels critères l'entreprise a-t-elle sélectionné son fournisseur ?
10. Quelle sera la durée du cycle d'investissement pour les nouveaux véhicules ?

## DOC. 6 Bic acquiert la start-up iséroise AMI

Bic annonce avoir signé un accord en vue de l'acquisition de la totalité du capital d'AMI (Advanced Magnetic Interaction), une petite société française spécialisée dans la technologie d'interaction augmentée, et concepteur de la tablette graphique ISKN Repaper qui permet de reproduire les écrits et dessins réalisés sur papier sous un format électronique.
Cette technologie répond à la demande croissante des consommateurs pour des accessoires numériques simples d'utilisation, durables et sécurisés.
Cette acquisition renforce les capacités de R&D de Bic dans le domaine de l'Expression Numérique, un des piliers du plan stratégique Horizon, et permettra d'accélérer le déploiement de la technologie brevetée d'AMI, à travers notamment le développement d'une activité B2B dans des applications de création numérique et d'électronique grand public.

**Société BIC, 10 août 2022.**

11. Pour quelles raisons Bic a-t-il racheté la société AMI ?
12. Montrez que cet investissement aura des effets à long terme.

## B Le besoin de financement du cycle d'exploitation

### DOC. 7 Le financement de l'activité courante de l'entreprise : le cycle d'exploitation

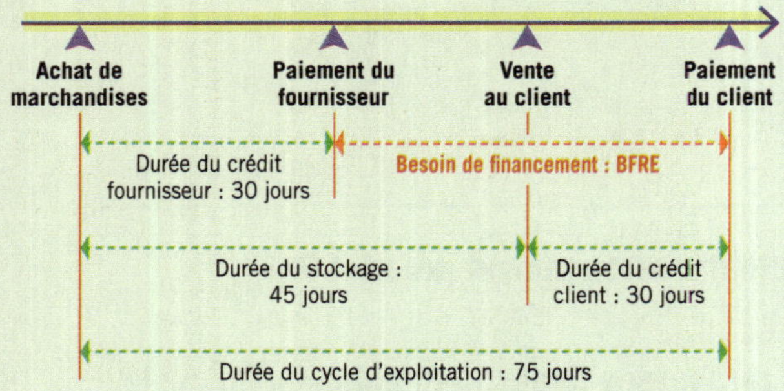


Le **cycle d'exploitation** regroupe l'ensemble des opérations courantes, nécessaires à la réalisation des activités productives et commerciales de l'entreprise. Il peut s'agir de l'approvisionnement en matières premières ou marchandises, ou de la vente des produits.

Il existe souvent un décalage au sein du cycle d'exploitation entre les dépenses engagées et les recettes non encore encaissées. Ce décalage est appelé « besoin en fonds de roulement » (BFR). Le BFR est la somme nécessaire que l'entreprise doit posséder pour payer ses charges courantes (achats de matières premières...) en attendant de recevoir le paiement dû par ses clients.

**13. Pourquoi existe-t-il un décalage entre les dépenses engagées et l'encaissement des recettes ?**

**APPROFONDISSEMENT**

**14. Pourquoi une entreprise en phase de croissance peut-elle, paradoxalement, être confrontée à des difficultés financières ?**

### DOC. 8 Les conséquences économiques de la hausse des prix

Les 2 500 habitants de la commune de Tende vont-ils se retrouver sans pain cet hiver ? L'unique boulangerie du village pourrait bien fermer entre les mois de janvier et d'avril en raison de la flambée des prix de l'énergie et des matières premières.

C'est à contrecœur qu'Isabelle Leleu, propriétaire de la boulangerie depuis 17 ans, envisage de fermer les portes de son commerce pour la première fois. Mais, selon elle, c'est la seule solution pour ne pas perdre de l'argent.

« *Je pense que cet hiver, il y a beaucoup de boulangeries qui vont fermer en France. C'est inévitable. Au niveau de la trésorerie, on ne pourra pas tenir* », se désole-t-elle. Le coût de l'énergie, multiplié par neuf, devient insupportable pour la gérante. « *D'habitude, j'ai 4 000 € pour un trimestre, et là, c'est 14 500 €, donc c'est 10 500 de plus que prévu* », déplore-t-elle.

À cela s'ajoute pour la commerçante la hausse des prix des matières premières, à savoir 32 % pour la farine, 50 % pour le beurre, 80 % pour le sucre et 40 % pour le lait. Pour arriver à l'équilibre, et sans prendre en compte l'énergie, Isabelle Leleu estime qu'elle devrait augmenter les prix de sa production de 30 %.

**C. Marabeuf, B. Ruiz et S. Boumghar, bfmtv.com, 10 octobre 2022.**

**15. Expliquez le problème de trésorerie de la boulangerie.**

**16. Pourquoi une fermeture hivernale est-elle envisagée ?**

**17. Quelles solutions pourraient résoudre le problème de trésorerie ?**

## APPLICATION AU CAS

### TEE-SHIRT DE FRANCE

L'entreprise Tee-shirt de France a remporté l'appel d'offres lancé par la SNCF pour renouveler les uniformes de ses contrôleurs sur tout le territoire. Cette commande, d'un montant de 3 millions d'euros, devra être honorée en 2024. Cela va nécessiter pour l'entreprise l'acquisition de trois nouvelles machines à coudre et un important volume de tissu.

**1. Quel impact aura cette commande sur le cycle d'investissement et sur le cycle d'exploitation de l'entreprise ?**

**2. Quel risque représente cette commande pour Tee-shirt de France ?**

**3. Imaginez comment Tee-shirt de France peut limiter ce risque.**

# 2 Recenser les solutions de financement adaptées à une entreprise

## A Le financement du cycle d'investissement

**DOC. 9 Les modalités de financement interne et externe des immobilisations**

Les entreprises disposent de plusieurs solutions pour financer leurs immobilisations.

| Ressources internes | Ressources externes | | | |
|---|---|---|---|---|
| **Autofinancement** L'entreprise finance ses investissements au moyen des ressources propres qu'elle dégage de son exploitation. | **Emprunt bancaire** Somme d'argent mise à la disposition de l'entreprise par des établissements bancaires ou de crédit en contrepartie du paiement d'un taux d'intérêt qui sera fonction de la durée de l'opération et du montant global emprunté. | **Apport en capital** Fonds investis par des associés actuels ou nouveaux dans l'entreprise contre un droit sur son patrimoine et ses gains futurs. Il se fait par émission d'actions sur le marché financier. L'associé intervient dans la gestion des entreprises lors des assemblées générales (ex. : désignation ou révocation du dirigeant). | ***Crowdfunding*** Ce financement participatif permet de collecter des apports auprès d'un grand nombre de particuliers *via* une plateforme collaborative sur Internet. Plusieurs modalités existent : le don (avec ou sans contrepartie), le prêt (avec ou sans intérêts) et l'investissement en capital. | **Aides et subventions** Des aides financières peuvent être accordées aux entreprises par l'État, les collectivités locales ou d'autres organismes (associations, fondations). |

**1.** Quels sont les inconvénients de l'emprunt bancaire et de l'apport en capital ?

**DOC. 10 Un financement adapté à une jeune entreprise**

Sophie et Coralie sont les fondatrices de MonBalluchon, un site en ligne de produits locaux et bio en vrac. Leur local est situé à Voisins-le-Bretonneux. Ces deux amies proposent depuis le 29 avril un service de proximité et zéro déchet. Les consommateurs commandent en ligne les produits et leurs contenants. Ils peuvent choisir leur mode de livraison : à domicile, sur leur lieu de travail ou en retrait *click & collect*. […]

Les fondatrices de MonBalluchon viennent de lancer une campagne de financement participatif en ligne. « *Nous avons eu des avis positifs et nos clients nous encouragent à étoffer notre gamme de produits plus vite que prévu. Nous avons ajouté récemment des chips sans gluten, des graines de courge, de sarrasin ou encore des flocons d'avoine, mais aussi de la crème solaire minérale et son après-soleil, et du savon liquide. Nous souhaitons parfaire notre offre* », confie Sophie. […]

L'objectif espéré est de 4 000 €, à atteindre avant le 8 août. « *Le premier palier de 2 000 € servira à acheter de nouveaux produits locaux. Le second palier fixé à 1 000 € sera pour l'achat de nouveaux contenants réutilisables, recyclables ou biodégradables. Le palier 3 à 1 000 € sera consacré à l'achat de mobilier pour notre local* », détaillent Sophie et Coralie. […]

« *Les personnes qui nous aideront vont contribuer à notre développement et donc à une offre plus variée,* souligne Sophie, rappelant, *le but de MonBalluchon est de limiter les déchets mais aussi de démocratiser le vrac et le rendre accessible à tout le monde.* »

**Manon Varaldo, www.actu.fr, 14 juillet 2022.**

**2.** Expliquez pourquoi les deux associées de MonBalluchon ont besoin d'investir.

**3.** Quelle solution l'entreprise a-t-elle trouvée pour financer son développement ?

**DOC. 11 Les Cidres Premium financent leur développement**

Afin de financer son développement à l'international, la société Les Cidres Premium a levé 200 000 € *via* la plateforme de financement participatif WeShareBonds, à un taux d'intérêt annuel de 6 % par remboursement amortissable sur 5 ans.

**4.** Par quel moyen Les Cidres Premium ont-ils financé leur développement à l'international ?

**5.** Quel est, à votre avis, l'intérêt pour une entreprise de recourir à ce mode de financement ?

## B Le financement du cycle d'exploitation

**DOC. 12 Le financement interne et externe du cycle d'exploitation**

Le financement du cycle d'exploitation peut s'effectuer grâce à des ressources internes (autofinancement) ou externes.

| Ressources externes | | |
|---|---|---|
| **Concours bancaires**<br>Modes de financement à court terme tels que le découvert bancaire ou la facilité de caisse (crédit bancaire accordé quelques jours pour financer les besoins de trésorerie dus aux décalages entre encaissements et décaissements). | **Crédit fournisseur**<br>Délai de paiement accordé à l'entreprise par ses fournisseurs. | **Affacturage**<br>L'entreprise cède ses factures à un organisme financier (le factor) qui lui verse immédiatement le montant dû en contrepartie d'une commission. Le factor s'occupe alors de la gestion de la facture jusqu'à son recouvrement. |

**6. En quoi la qualité des relations entretenues par une entreprise avec ses parties prenantes externes joue-t-elle sur le financement du cycle d'exploitation ?**

**DOC. 13 Le Crédit Agricole finance les factures des entreprises**

*Cash in Time* est un service proposé par le Crédit Agricole qui permet aux entreprises de financer leurs factures. Cela leur permet de mieux gérer leur trésorerie quand les clients paient avec plusieurs mois de retard. Le Crédit Agricole offre ce service moyennant une commission de 3,5 % du montant TTC de la facture. Toutes ces démarches pour l'affacturage peuvent directement être réalisées en ligne, ce qui facilite le processus. Le client peut demander le financement de plusieurs factures en même temps, et le temps de réponse est de 24 heures maximum.

**D'après www.nouveau-paris-ile-de-france.fr**

J. Cabot, président de Blue DME, une jeune entreprise spécialisée dans le BigData et cliente de *Cash in Time*, explique : « Dans mon activité, les délais de paiement varient entre 30 et 60 jours alors que *Cash in Time* me paie mes factures clients en moins de 24 h. J'ai la réactivité d'un service en ligne et la sécurité d'un grand groupe bancaire pour piloter facilement la trésorerie de mon entreprise. »

**D'après www.finyear.com**

**7. Expliquez le principe du service *Cash in Time* proposé par le Crédit Agricole.**

**8. Pourquoi ce service permet-il aux entreprises de mieux gérer leur trésorerie ?**

**DOC. 14 L'impact des délais de paiement sur la trésorerie**

[…] Le cabinet ARC a mené, avec l'Ifop, une étude portant sur la problématique des délais de paiement des entreprises françaises au premier semestre 2022 et leur impact sur la gestion de trésorerie de ces dernières. […]

70 % des sondés ne prévoient pas de croissance de leur activité […], 30 % des entreprises ne pensent pas pouvoir réussir à rembourser en même temps leurs créances, leurs investissements et leurs factures. […] Il en ressort alors que 75 % des répondants pensent que les délais de paiement risquent de devenir une variable d'ajustement et d'augmenter afin de pallier les problématiques de trésorerie des entreprises. En effet, pour plus de 7 entreprises sur 10, c'est l'allongement des délais de paiement de leurs fournisseurs qui leur permettra de compenser leurs besoins en trésorerie, suivi du découvert bancaire. […]

« *Les entreprises vont tout faire pour sécuriser le cash en réclamant le règlement de leurs factures clients et en retardant, en parallèle, celui de leurs fournisseurs. Les principales victimes de ce phénomène seront les petites et moyennes entreprises, si précieuses à l'économie française* », [commente Denis Le Bossé, président du cabinet ARC].

**Julien Dacheux, www.affiches-parisiennes.com, 24 juin 2022.**

**9. Expliquez pourquoi les délais de paiement sont une variable d'ajustement pour pallier les problématiques de trésorerie des entreprises.**

**10. Repérez l'autre moyen que peuvent utiliser les entreprises pour améliorer leur trésorerie.**

**APPROFONDISSEMENT**

**11. Quel est l'impact de l'allongement des délais de paiement pour les fournisseurs ?**

## C Préserver l'équilibre financier de l'entreprise

### DOC. 15 Évaluer la santé financière de l'entreprise

L'évaluation de la santé financière de l'entreprise permet de mesurer sa capacité à dégager des bénéfices, à financer ses investissements et ses besoins de trésorerie. Pour l'évaluer, l'entreprise peut se baser sur le compte de résultat et le bilan.
Le **compte de résultat** permet de calculer le résultat de l'entreprise sur une période en prenant en compte ce qu'elle a gagné (colonne « Produits ») et ce qu'elle a dépensé (colonne « Charges »). Ainsi, il permet de vérifier si l'entreprise engrange des bénéfices ou subi des pertes.

**Si Charges < Produits ⇛ l'entreprise réalise un bénéfice.**
**Si Charges > Produits ⇛ l'entreprise réalise des pertes.**

Le **bilan** est une photographie comptable de l'entreprise qui recense dans la colonne « Actif » le patrimoine de l'entreprise, c'est-à-dire tout ce qu'elle possède, et dans la colonne « Passif » ses ressources financières disponibles, c'est-à-dire ses fonds propres qui servent à financer sa création et son développement.
La règle de l'équilibre financier préconise que les fonds propres doivent être positifs afin de financer des investissements sur du long terme (ex.: machines, bâtiment) et l'activité de l'entreprise (ex.: achats de marchandises, charges d'exploitation, crédit clients). Lorsque les fonds propres sont insuffisants (perte sur les exercices antérieurs), l'entreprise doit trouver un financement.

**12.** **Pourquoi est-il important pour une entreprise d'évaluer ses ressources financières?**
**13.** **À quoi servent les fonds propres de l'entreprise?**

**APPROFONDISSEMENT**

**14.** **Le résultat de l'exercice de l'entreprise peut-il influencer ses ressources financières? Justifiez votre réponse.**

### DOC. 16 Levée de fonds record pour Ynsect

Ynsect [...], le spécialiste de l'élevage d'insectes puis de leur transformation en ingrédients à destination de l'alimentation animale, a annoncé avoir porté son financement [...] à 372 millions de dollars en octobre 2020, « *soit la levée de fonds la plus importante jamais réalisée par une entreprise non américaine dans le secteur agricole* », se targuait alors [son cofondateur], sans dévoiler sa valorisation.
Cette manne a permis au groupe de finaliser la construction de la plus grande ferme (verticale) d'insectes au monde à Amiens, dont la production est estimée à 100 000 tonnes par an, ainsi que de se développer en Amérique du Nord. S'il a réalisé un chiffre d'affaires de 10,5 millions d'euros en 2020, Ynsect indique avoir déjà signé des contrats d'une valeur globale de 105 millions de dollars avec des clients tels que Torres, Skretting ou Compo Group.

**Quentin Soubranne et Nathan Cocquempot, www.bfmtv.com, 17 janvier 2022.**

**15.** **Pourquoi l'entreprise Ynsect a-t-elle besoin de lever des fonds?**
**16.** **Pourquoi, selon vous, l'entreprise n'a-t-elle pas eu recours à de l'autofinancement?**

## APPLICATION AU CAS

### TEE-SHIRT DE FRANCE

L'entreprise Tee-shirt de France a renouvelé son stock de coton biologique le mois dernier. Parallèlement à cette opération, elle a emprunté pour investir 1 million d'euros dans une machine de découpe laser du tissu et dans le logiciel qui permet de la faire fonctionner auprès de son fournisseur LaserDécoup.

1. **Ces différentes dépenses concernent-elles le cycle d'investissement ou le cycle d'exploitation?**
2. **Caractérisez les acquisitions de Tee-shirt de France auprès de LaserDécoup.**
3. **Les ressources financières nécessaires à ces acquisitions seront-elles engagées à court ou à long terme?**

## Tester ses connaissances

### 1 Quiz

**Scannez le QR Code ou saisissez le mini-lien pour tester vos connaissances avec le quiz numérique.**

liennathan.fr/83bk8j

### 2 Des besoins de financement multiples

**Précisez, pour chacune des entreprises citées, s'il est question de leur cycle d'exploitation ou de leur cycle d'investissement.**

**1.** Sanofi va investir plus d'un demi-milliard d'euros pour créer en France un nouveau site de production flexible et digitalisé (Neuville-sur-Saône) et un nouveau centre de recherche (Marcy-l'Étoile) dédiés aux vaccins.

**Communiqué de presse, www.sanofi.fr, 16 juin 2020.**

☐ Cycle d'exploitation
☐ Cycle d'investissement

**2.** Verkor, start-up grenobloise notamment partenaire de Renault, a annoncé […] avoir sélectionné le port de Dunkerque (Nord) pour implanter sa première méga-usine (gigafactory) de batteries pour véhicules électriques.

**Rachida Boughriet, www.actu-environnement.com, 2 février 2022.**

☐ Cycle d'exploitation
☐ Cycle d'investissement

**3.** La hausse très importante des prix des carburants frappe de plein fouet le secteur du transport routier. […] À Châteauroux, le patron de TGL, Anthony Perrot, est inquiet pour l'avenir de sa société : « *Je dispose d'une petite trésorerie, pas énorme, parce que l'on a déjà pioché dedans. Je me donne trois mois. Dans trois mois, je suis désolé pour mes chauffeurs, mais je pense qu'on arrête.* »

**Manon Klein et Sylvain Rogie, www.francebleu.fr, 10 mars 2022.**

☐ Cycle d'exploitation
☐ Cycle d'investissement

### 3 Les différents moyens de financement

**Pour chacun des cas présentés, retrouvez le ou les moyens de financement auxquels une entreprise pourrait avoir recours.**

**1.** L'entreprise Lefèvre fait face à un problème de découvert bancaire récurrent. •

**2.** La société Eta doit investir dans la recherche pour innover. •

**3.** Le dirigeant de l'Hôtel de la Mer à Dinard souhaite réaliser des travaux pour restaurer les 25 chambres de son établissement. •

**4.** La start-up Holidays On Line cherche des fonds pour se développer sur le marché européen. •

**5.** La TPE Paper World constate un décalage entre le paiement de ses fournisseurs et les règlements de ses clients. •

• **a.** Autofinancement

• **b.** Emprunt bancaire

• **c.** Apport en capital

• **d.** *Crowdfunding*

• **e.** Concours bancaire

• **f.** Crédit fournisseur

• **g.** Affacturage

# ★★ 4 L'essor des modes de financement citoyens

Fiche méthode 6

1. Présentez le principe des obligations vertes.
2. Expliquez pourquoi ce mode de financement est appelé à se développer.
3. Justifiez la nécessité de mettre en place des initiatives pour mieux encadrer ce marché.

## DOC. 1 *Green bonds* : quand la finance se met au vert

La finance peut aussi se mettre au service de la planète. Depuis 2008, les *green bonds* représentent une nouvelle manière d'investir dans des projets durables, au service de la transition écologique.
En septembre 2021, l'Union européenne devient le premier émetteur de *green bonds* au monde en levant 12 milliards d'euros. Ces obligations vertes, dont la France est jusqu'à présent le principal émetteur dans le monde, sont des produits financiers émis par une entreprise ou une entité publique pour financer un projet durable, comme le développement des énergies renouvelables par exemple. Des sociétés ou des particuliers investissent dans cette obligation et touchent des intérêts. À la différence d'une obligation classique, les *green bonds* nécessitent la publication d'un rapport annuel afin de rendre compte aux investisseurs de l'évolution des projets et de leur impact sur l'environnement.
Malgré l'engouement autour de cette finance durable, il n'existe pas encore de normes définies sur la dimension environnementale des projets financés. La qualification d'« obligation verte » revient à celui qui l'émet. Il faut donc être attentif au *greenwashing*, une stratégie marketing visant à donner une image écoresponsable à une initiative qui ne l'est pas. Un manque de cadre que reprochent de nombreux acteurs du secteur.
L'Union européenne a été la première à réagir en proposant des initiatives pour mieux réglementer le marché. Elle prévoit des contrôles et des évaluations sur les investissements réalisés. Pour le moment, il n'est pas prévu de label unique pour les obligations vertes européennes. En France, le label TEEC (Transition énergétique et écologique pour le climat) a été lancé dès 2015 pour mieux définir le caractère « vert » des projets financés.

**Tess Della Torre, Bpifrance, 2 août 2022.**

## DOC. 2 Les grandes entreprises font appel aux obligations vertes

C'est une première pour Suez : le groupe spécialiste de l'eau et des déchets a émis un premier emprunt vert pour 2,6 milliards d'euros, a-t-il annoncé lundi. […]
De grandes entreprises, en particulier dans le secteur de l'énergie, se sont aussi lancées dans ce projet avec, en France, Engie, EDF ou encore dans l'immobilier avec le groupe Icade. La SNCF a également émis un *green bond* en 2016, devenant le premier gestionnaire d'infrastructures ferroviaires au monde à adopter une telle démarche. 900 millions d'euros ont ainsi été émis la première année, puis 1 milliard en 2017, soit la plus longue émission verte pour une entreprise française, et 500 millions en 2019. « *Dans le cadre des emprunts verts, les projets doivent porter sur les lignes électriques, en accord avec les impératifs de lutte contre le réchauffement climatique. L'investissement de SNCF Réseau dans la modernisation du système ferroviaire, facteur clé d'une économie bas carbone, fait partie des projets éligibles aux obligations vertes* », explique la SNCF. Selon le groupe, « *les ressources levées par les programmes de* green bonds, *en 2016, 2017 et 2019* », auraient « *permis d'éviter le rejet de 10,5 millions de tonnes "équivalent* $CO_2$*" dans l'atmosphère, soit l'empreinte carbone d'environ 21 000 Français sur 40 ans* ».

**www.latribune.fr, 17 mai 2022.**

## 1. Identifier les besoins de financement de l'entreprise

**Les cycles de l'entreprise**

- **À court terme :** le cycle d'exploitation → Besoin en fonds de roulement pour financer les décalages entre les décaissements et les encaissements
- **À long terme :** le cycle d'investissement → Besoin d'investissement pour acquérir des biens durables en vue d'en retirer des bénéfices futurs

## 2. Recenser les solutions de financement adaptées à une entreprise

Le **cycle d'investissement** nécessite :

– des ressources externes : emprunt, apport en capital, *crowdfunding* ;
– des ressources internes : autofinancement.

Le **cycle d'exploitation** nécessite :

– des ressources externes : concours bancaires, crédit fournisseur, affacturage ;
– des ressources internes : autofinancement.

## CONSTRUIRE SA SYNTHÈSE

**Rédigez votre synthèse à l'aide des mots-clés suivants :**

Cycle d'investissement – Investissements matériels – Investissements immatériels – Investissements financiers – Cycle d'exploitation – Besoin en fonds de roulement – Modes de financement – Autofinancement – Emprunt bancaire – Apport en capital – Émission d'obligations – Financement participatif – Concours bancaires – Crédit fournisseur – Affacturage – Équilibre financier – Compte de résultat – Bilan

# Les Fleurs de Suzy

THÈME 3

ENTRAÎNEMENT GUIDÉ

## + Contexte

Suzy Chalon, jeune femme de 24 ans, vient d'obtenir son brevet professionnel de production horticole. Elle envisage de s'installer comme floricultrice et d'écouler sa production de fleurs de saison d'une part auprès des fleuristes de sa région, d'autre part auprès des particuliers sur les marchés de proximité. Elle souhaiterait faire appel à un transporteur labellisé « Objectif $CO_2$ » pour assurer les livraisons auprès de ses clients.
Pour lui faciliter les choses, ses parents s'engagent à lui faire donation d'une partie des terres dont elle aura besoin, car ils disposent d'assez vastes surfaces, où ils pratiquent de l'agriculture en bio. De plus, ils lui donneront une petite maison, jusque-là exploitée comme gîte rural, où elle élira domicile.
Suzy devra néanmoins investir dans divers matériels – en particulier un petit tracteur – et dans une serre dédiée à certaines fleurs fragiles et craignant le froid. Pour les plantations, elle a déjà des contacts avec divers fournisseurs de plants, de semis et de bulbes.
Ayant consulté différents catalogues et échangé avec des professionnels, Suzy pense avoir à débourser entre 20 000 et 30 000 euros pour commencer son activité. Elle ne dispose pas de ressources personnelles et ne voudrait pas prendre trop de risques dans cette première expérience professionnelle ; en particulier, elle ne voudrait pas perdre la maison qu'elle va recevoir de ses parents. Par ailleurs, elle tient à rester la seule décisionnaire dans son activité. Elle envisage de créer une entreprise individuelle.

### 1 Montrez la portée du choix de l'entreprise individuelle envisagé par Suzy Chalon.

a. **Sens de la question :** il s'agit de faire ressortir les relations de cause à effet et ici, précisément, de relever dans le contexte les différentes attentes de Suzy et de vérifier dans quelle mesure la forme juridique choisie permet d'y répondre.

b. **Compétence à travailler** Droit : justifier le choix d'une structure d'entreprise par les considérations patrimoniales dans une situation donnée.

c. **Notions à maîtriser :** les facteurs de choix d'une structure juridique, l'entreprise individuelle.

d. **Méthodologie à exploiter :** analyser une situation juridique (fiche méthode 4, p. 230) et savoir exploiter des ressources juridiques (ici, un texte de loi).

### 2 Recensez et classez les moyens de financement possibles pour Suzy.

a. **Sens de la question :** il faut lister les moyens de financement de Suzy, sachant que toute entreprise est confrontée à l'alternative « s'autofinancer » ou « se faire financer ».

b. **Compétence à travailler** Management : recenser les solutions de financement adaptées à une entreprise dans une situation donnée.

c. **Notions à maîtriser :** les différents modes de financement.

d. **Méthodologie à exploiter :** conduire une analyse organisationnelle (fiche méthode 6, p. 234).

### 3 Analysez les choix de production de Suzy pour montrer en quoi ils allient développement durable et source de valeur.

a. **Sens de la question :** il s'agit d'étudier les choix de Suzy au regard de ses objectifs alliant préoccupations économiques et soucis environnementaux.

b. **Compétence à travailler** Économie : argumenter le choix de l'entreprise entre « faire » et « faire faire ».

c. **Notions à maîtriser :** les facteurs de production.

d. **Méthodologies à exploiter :** analyser un texte à caractère économique (fiche méthode 1, p. 224) et exploiter un graphique (fiche méthode 3, p. 228).

# Dossier documentaire

## ANNEXE 1 Loi du 14 février 2022 en faveur de l'activité professionnelle indépendante (extraits)

Le chapitre VI du titre II du livre V du Code de commerce est ainsi modifié :

**Art. L526-22.** – L'entrepreneur individuel est une personne physique qui exerce en son nom propre une ou plusieurs activités professionnelles indépendantes.

Les biens, droits, obligations et sûretés dont il est titulaire et qui sont utiles à son activité ou à ses activités professionnelles indépendantes constituent le patrimoine professionnel de l'entrepreneur individuel. […]

Les éléments du patrimoine de l'entrepreneur individuel non compris dans le patrimoine professionnel constituent son patrimoine personnel.

[…] L'entrepreneur individuel n'est tenu de remplir son engagement à l'égard de ses créanciers dont les droits sont nés à l'occasion de son exercice professionnel que sur son seul patrimoine professionnel […].

Seul le patrimoine personnel de l'entrepreneur individuel constitue le gage général des créanciers dont les droits ne sont pas nés à l'occasion de son exercice professionnel. […]

## ANNEXE 2 Le problème posé par l'origine des fleurs coupées en France

Importations françaises des fleurs coupées

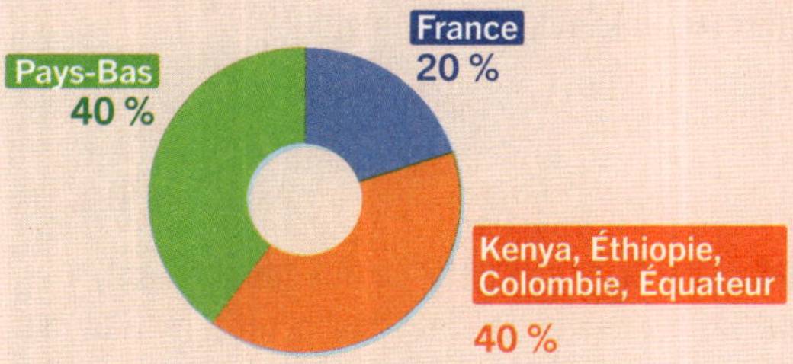


Source : d'après www.blomeko.fr, 20 juin 2021.

Les fleurs fraîches sont importées en avion car leur durée de vie est limitée. Elles transitent par la Hollande qui est le pôle européen de la fleur. Elles terminent leur voyage jusqu'en France en camion réfrigéré énergivore.

**www.blomeko.fr, 20 juin 2021.**

Un bouquet de 30 roses importées est responsable de l'émission de 60 kg de $CO_2$, un impact équivalent à celui d'un trajet Paris-Londres en avion. Pourtant, une quasi-majorité des fleurs coupées pour fabriquer des bouquets en France proviennent d'ailleurs. Une importation qui coûte cher en transport et en logistique mais qui persiste faute de mieux.

**https://bigmedia.bpifrance.fr**

## ANNEXE 3 Jeune agriculteur : comment financer son installation ?

La création ou reprise d'exploitation agricole demande de nombreux investissements. Quelle que soit la nature de votre projet, la question du financement se posera. […]

**Compter sur son apport personnel**

L'apport personnel reste la solution idéale pour réduire le recours à l'endettement et pour augmenter votre marge de sécurité.

**Solliciter l'aide de sa famille**

Concernant l'aide de votre famille, elle peut par exemple se traduire sous la forme d'une donation ou de prêts à taux modérés. Un atout pour le financement de votre projet puisqu'un engagement familial sous forme de prêt à long terme renforcera les capitaux permanents de votre exploitation. […]

**Bénéficier de la Dotation Jeunes Agriculteurs (DJA)**

La DJA est une aide en capital versée par l'État. Pour l'obtenir, vous devrez répondre à certaines conditions et notamment établir un plan pluriannuel décrivant l'équilibre de votre projet sur les plans économique, technique et financier. […]

**Comment compléter son financement ?**

Afin de compléter le financement de votre installation et pour vos besoins de chef d'entreprise agricole, vous pouvez recourir à toute une gamme de financements tels que les prêts, le crédit-bail, la location avec option d'achat.

**© Uni-médias, 3 août 2021.**

THÈME 3

# L'entreprise Jounet

**CONTEXTE DU SUJET**

Marina Toussain, récemment diplômée d'une école supérieure d'informatique de Nice Sophia Antipolis, a le projet de se lancer dans la création d'une entreprise de développement de jeux vidéo. Elle peut compter sur Pascal Cohen, qui souhaite s'associer avec elle et apporter son savoir-faire en infographie. L'équipe initiale, composée de huit autres personnes – un directeur du marketing, un *data analyst*, un programmeur moteur, un programmeur réseau, un programmeur des concepteurs, un programmeur 3D et deux dessinateurs – qui seraient salariées, se tient prête à agir dans le cadre de la future entreprise, baptisée «Jounet». Les deux futurs associés pensent créer une SAS.

Marina Toussain et Pascal Cohen veulent se donner toutes les chances pour réussir leur projet, mais ils savent qu'ils ne pourront pas le financer totalement.

Ils n'excluent pas d'associer leur offre de jeux vidéo à une console. Ils savent toutefois qu'ils ne sont pas encore en mesure de maîtriser le processus industriel. Pourtant, l'offre «globale» leur paraît un choix stratégique opportun.

**L'étude est composée de 3 missions :**

**MISSION 1 : L'introduction de l'entreprise Jounet sur un marché en plein essor**

**MISSION 2 : Les modalités de développement d'une offre globale de Jounet**

**MISSION 3 : Les conditions du succès de Jounet**

**Composition du dossier documentaire :**



**En prenant appui sur vos connaissances, le contexte et le dossier documentaire, il vous est demandé de répondre aux questions relatives aux trois missions du sujet. Vous êtes invité(e) à mobiliser les concepts et les apports théoriques dès lors qu'ils sont pertinents et que le lien avec la mission est argumenté.**

## MISSION 1 L'introduction de l'entreprise Jounet sur un marché en plein essor

(Annexes 1, 2, 3, 6 et 7)

Marina Toussain et Pascal Cohen ont rassemblé des informations précises sur le marché des jeux vidéo en France. S'ils ne doutent pas des chances de succès de leur entreprise, ils sont conscients qu'il leur faut procéder à une étude de ces données. De même, ils envisagent d'adopter le statut de SAS, qui a les faveurs d'un grand nombre de créateurs d'entreprise, mais il leur paraît indispensable d'en savoir plus sur ce type de société avant de prendre leur décision.

**1.1.** **Analysez la structure et l'évolution du marché des jeux vidéo en France.**

**1.2.** **Justifiez, à partir d'un raisonnement juridique, le choix de la SAS pour le projet Jounet, en faisant ressortir ses avantages spécifiques.**

## MISSION 2 Les modalités de développement d'une offre globale de Jounet

(Annexes 1, 4 et 8)

La SAS Jounet pourrait avoir comme seul objet social la production de jeux vidéo. Mais, sans penser concurrencer des géants comme Microsoft ou Nintendo, Marina et Pascal ne rejettent pas la possibilité de créer la console destinée à leurs futurs jeux. La maîtrise de la production industrielle apparaît toutefois comme un défi qui, dans le meilleur des cas, imposerait de s'appuyer sur les capacités et le savoir-faire d'un partenaire.

**2.1.** **Identifiez le problème économique auquel sont confrontés les créateurs de la SAS Jounet pour la production éventuelle de consoles.**

**2.2.** **Justifiez la solution de la sous-traitance dans le cas de l'entreprise Jounet.**

**2.3.** **Appuyez-vous sur la documentation fournie pour rédiger le contrat de sous-traitance entre la société Jounet et l'industriel qui pourrait fabriquer les consoles de jeux.**

## MISSION 3 Les conditions du succès de Jounet

(Annexes 5 et 9)

Comme toute entreprise, la SAS Jounet ne peut connaître le succès qu'à la condition de mobiliser les ressources indispensables, tant matérielles – avec le problème spécifique des ressources financières – qu'immatérielles.

**3.1.** **Identifiez les ressources sur lesquelles l'entreprise Jounet pourra compter.**

**3.2.** **Déterminez les meilleures sources de financement des activités de Jounet.**

**3.3.** **Caractérisez et justifiez le style de management qui devrait gouverner cette entreprise.**

# DOSSIER DOCUMENTAIRE

## ANNEXE 1 En 2021, le marché français du jeu vidéo réalise un record historique

Le marché français du jeu vidéo est en pleine forme. Si 2020 était déjà une année record, 2021 a continué de voir le marché croître sur notre territoire. La pénurie de consoles liée aux tensions sur les semi-conducteurs n'a pas entaché les excellents résultats de l'année qui vient de s'écouler. 5,6 milliards d'euros ont été générés en 2021.

### Les ventes de *hardware*[1] bondissent de 22 %

Force est de constater que, pour l'industrie du jeu vidéo, l'épidémie [de Covid] a été une véritable aubaine. Après une excellente année 2020 marquée par la crise sanitaire, le marché a continué de croître en 2021 pour atteindre 5,6 milliards d'euros. Une hausse de 1,6 % par rapport à l'année précédente et un record historique. Plus impressionnant encore : entre 2019 et 2021, les ventes totales de matériel (PC et consoles), jeux et accessoires ressortent en hausse de 13,5 % selon le rapport du Syndicat des éditeurs de logiciels de loisirs (SELL).

À ce sujet, Julie Chalmette, présidente du SELL, précise que « *l'année 2020 avait été extraordinaire, mais particulière en raison du contexte. Cette croissance confirmée en 2021 s'inscrit comme une véritable tendance de fond. Les Français n'ont jamais autant joué* ». Il faut dire que les deux dernières années ont été marquées par l'arrivée de nouvelles consoles. Notamment la PlayStation 5 et la Xbox Series. C'est justement la croissance du segment « *hardware* » (1,766 milliard d'euros, soit une croissance de 22 % sur un an) qui permet au marché français du jeu vidéo d'être sur cette excellente dynamique. […]

1. « Matériel », en informatique (par opposition à *software*, « logiciel »).

**Valentin Cimino, siecledigital.fr, 17 mars 2022.**

**37,4 millions de joueurs de jeux vidéo en France**
Le jeu vidéo en France représente 37,4 millions de joueurs. Ils sont composés de :
– 88 % d'adultes (âgés de 18 ans et plus) qui représentent 32,8 millions d'individus ;
– 12 % d'enfants (âgés de 10 à 17 ans) représentant 4,6 millions de joueurs.
Parmi cette population, certains jouent occasionnellement et d'autres plus régulièrement :
– 70 % d'entre eux, dont la moyenne d'âge est de 39 ans, jouent de manière occasionnelle, c'est-à-dire au moins une fois par an. Ils représentent 51 % d'hommes et 49 % de femmes ;
– 53 % de l'ensemble des joueurs de jeux vidéo en France sont quant à eux des joueurs réguliers et ont une moyenne d'âge de 38 ans. Ils sont 53 % d'hommes et 47 % de femmes à jouer aux jeux vidéo au moins une fois par semaine.

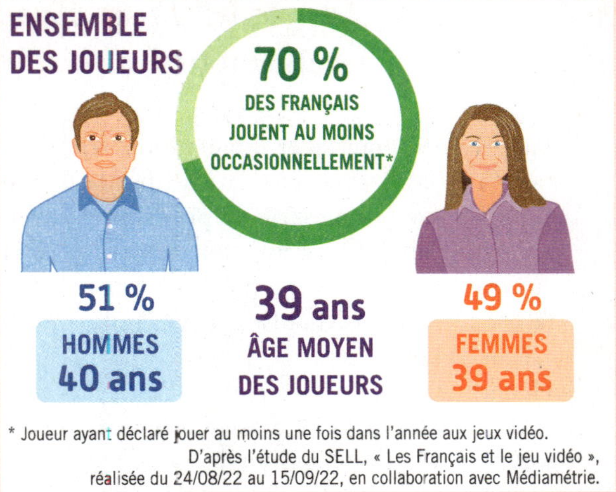


* Joueur ayant déclaré jouer au moins une fois dans l'année aux jeux vidéo.
D'après l'étude du SELL, « Les Français et le jeu vidéo », réalisée du 24/08/22 au 15/09/22, en collaboration avec Médiamétrie.

**Valérie Soriano, www.blogdumoderateur.com, 4 novembre 2022.**

## ANNEXE 2 Implantation des entreprises de développement de jeux vidéo en France en 2021

Sans surprise, l'Île-de-France est la région la plus fournie en entreprises : 43,4 % à elle seule.
Plus de la moitié des entreprises (57,8 %) ont pour activité principale le développement de jeux vidéo. Le reste se partage principalement entre l'édition (7,1 %) et les fournisseurs de technologie ainsi que les entreprises de prestation de services (33,8 %), et enfin celles qui ont pour activité la distribution (1,4 %), la fabrication de consoles de jeux et d'accessoires.

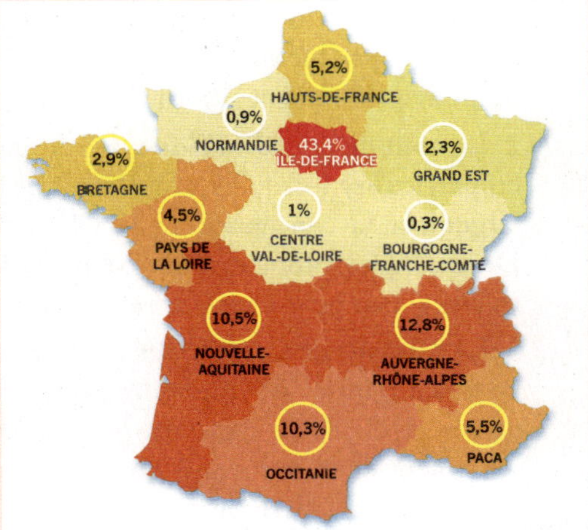


**Syndicat National du Jeu Vidéo, « Baromètre annuel du jeu vidéo en France, 2021 ».**

## ANNEXE 3 Les supports utilisés pour les jeux vidéo

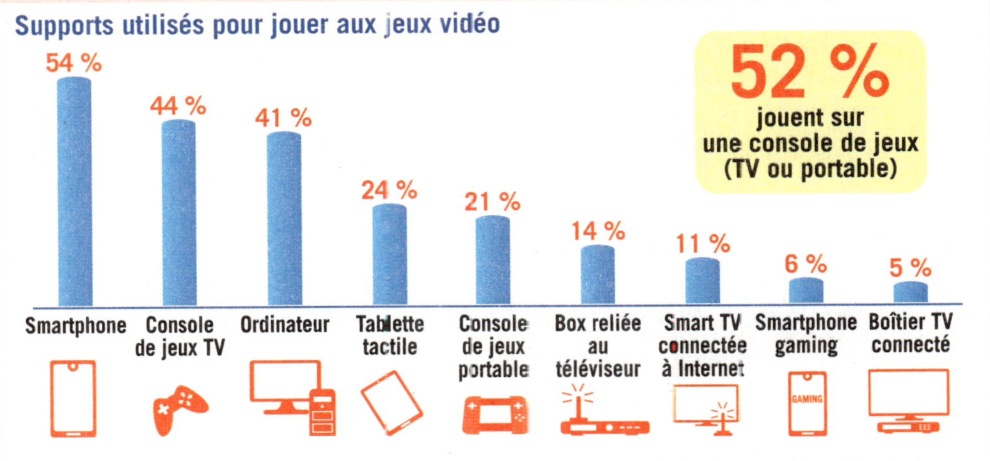


D'après l'étude du SELL, « Les Français et le jeu vidéo », réalisée du 24/08/22 au 15/09/22, en collaboration avec Médiamétrie.

## ANNEXE 4 Faire faire ou faire soi-même : quelle option choisir ?

Vaut-il mieux pratiquer l'intégration verticale et posséder toutes les ressources nécessaires à la conception, à la fabrication et à la distribution d'une offre, ou au contraire sous-traiter ces différentes étapes auprès de toute une série de prestataires spécialisés ? Les avis sont partagés.

Le maréchal Joffre avait pour devise : « Ne rien faire, tout faire faire, ne rien laisser faire ». Encore aujourd'hui, cet adage fait écho à une question centrale en stratégie d'entreprise : Faut-il faire ou faire faire ? De Zara à Microsoft et de Tesla à Areva, l'actualité économique nous rappelle la complexité de cet arbitrage.

Historiquement, le champion de l'intégration verticale est sans conteste Henry Ford. Soucieux d'optimiser l'efficience de la ligne d'assemblage de son Modèle T, il estimait en 1926 que « si vous voulez que ce soit bien fait, faites-le vous-même ». Dans cette optique, il avait racheté des mines de fer et de charbon pour forger l'acier des carrosseries de ses voitures, dont les pare-brise provenaient de ses propres usines de verre et les pneus de ses propres plantations d'hévéa. [...] Dans cette logique, les trois arguments en faveur de l'intégration verticale sont généralement les suivants :

**1. La spécificité :** il est parfois difficile de trouver des intervenants capables de répondre à une demande spécifique, et s'ils en sont capables, cela risque de créer une relation de dépendance dont ils chercheront certainement à tirer profit. Lorsqu'on a des besoins très particuliers, il est donc préférable d'y répondre par soi-même. C'est certainement une des raisons qui ont poussé Tesla à produire en interne 80 % de ses voitures, et notamment à construire dans le désert du Nevada sa fameuse « *gigafactory* », supposée doubler la production mondiale de batteries au lithium : il aurait été impossible (ou trop risqué en termes de pouvoir de négociation) de trouver un fournisseur pour de telles exigences.

**2. Le coût de coordination :** coordonner une multitude d'intervenants externes peut se révéler coûteux, en particulier lorsqu'ils sont dispersés et spécialisés. Boeing l'a appris à ses dépens en externalisant très largement la conception et la fabrication de son 787 *Dreamliner* auprès de centaines de fournisseurs. De multiples problèmes de coordination (logiciels incompatibles, normes différentes, documents non traduits) ont provoqué des retards considérables et toute une série d'avaries sur les avions déjà livrés.

**3. La vitesse :** dans certaines activités, l'exigence de vitesse de réaction est telle que seule l'intégration verticale permet d'y répondre. C'est ce qui explique notamment que Zara produise dans ses propres usines et distribue dans ses propres magasins. Cela lui permet de proposer de nouveaux modèles en seulement deux semaines, c'est-à-dire moitié moins de temps qu'il n'en faut pour transporter un conteneur du Bangladesh en Europe.

Pour autant, si ses avantages sont réels, l'intégration verticale repose trop souvent sur une idée fausse : nombreux sont les dirigeants qui pensent pouvoir capter les profits de leurs fournisseurs et de leurs clients en les rachetant. Après tout, nos fournisseurs nous vendent avec une marge, et nos clients font de même lorsqu'ils revendent à leur tour. Par conséquent, l'intégration verticale permettrait d'additionner les bénéfices tout au long d'une filière. Or, ceux qui tiennent ce raisonnement oublient que devenir son propre fournisseur ou son propre client revient en fait à changer de métier, et qu'une diversification de ce type se révèle toujours bien plus difficile que prévu. [...]

Devenir son fournisseur ou son client, c'est changer de métier, et changer de métier – en stratégie comme ailleurs – c'est particulièrement difficile. Si vous voulez mener une stratégie d'intégration verticale, demandez-vous si vous serez capable de gérer la complexité de multiples activités qui n'impliquent ni les mêmes ressources, ni les mêmes compétences, ni les mêmes cultures, et qui s'adressent à des clients différents avec des modèles économiques distincts. [...]

Comme le rappelait avec sagesse le maréchal Joffre, « ne rien laisser faire ». En tout cas, vouloir exercer un métier qu'on ne connaît pas, c'est bien souvent l'entraîner à sa perte.

**Frédéric Fréry, www.hbrfrance.fr**

## ANNEXE 5 Sources de financement des entreprises de développement de jeux vidéo (France, 2021)

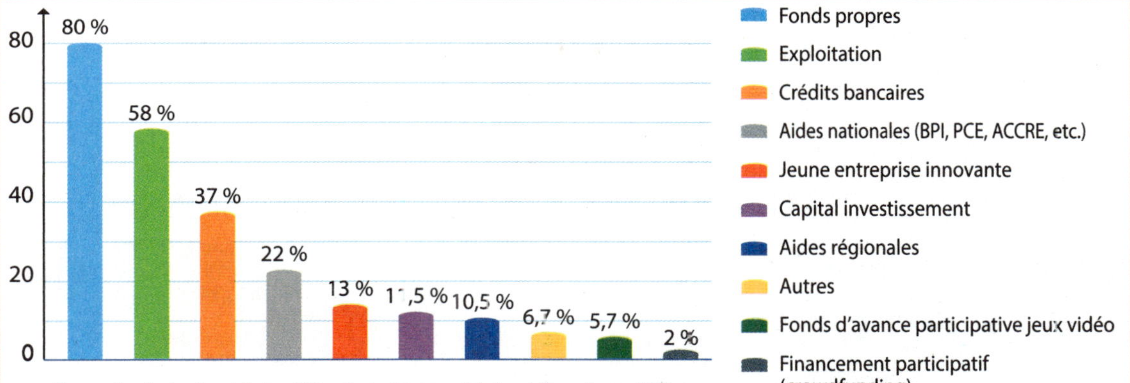


Source : Syndicat national du jeu vidéo, « Baromètre annuel du jeu vidéo en France, 2021 ».

## ANNEXE 6 Pourquoi choisir la SAS pour créer une start-up?

La SAS est le statut juridique qui répond le mieux aux attentes des fondateurs de start-up, compte tenu de sa flexibilité juridique et de la liberté dont profitent les fondateurs pour en organiser le fonctionnement. Possibilité de créer différentes catégories d'actions, mise en place sur mesure d'organes de gestion et de contrôle, facilité pour faire entrer et sortir des associés… Autant d'avantages qui font de la SAS le statut juridique privilégié pour les créations de start-up.

**La SAS, des conditions souples pour la création**

Il faut être au minimum 2 associés pour pouvoir constituer une SAS, et aucun maximum n'est prévu par la loi. La présence d'un seul associé est possible, il s'agira alors d'une SASU. Les associés peuvent être des personnes physiques ou des personnes morales.

Aucun montant minimum n'est exigé au niveau du capital social, qui pourra être composé d'apports en numéraire et d'apports en nature. Il est possible de prévoir des apports en industrie, ce qui peut être utile pour certains projets de start-up lorsque des intervenants ont des compétences particulières. […]

**La possibilité de créer différentes catégories d'actions**

En principe, le capital social d'une SAS est divisé en actions de même catégorie, dites ordinaires, auxquelles sont attachés des droits identiques (droits de vote, droits financiers…).

Les associés ont toutefois la possibilité de prévoir d'autres catégories d'actions, dites de préférence, auxquelles seront attribués des droits différents de ceux attachés aux actions ordinaires.

Il est par exemple possible de créer des actions de préférence:

- qui bénéficient de droits patrimoniaux différents de ceux des actions ordinaires;
- qui ne bénéficient d'aucun droit de vote ou, au contraire, d'un droit de vote multiple.

[…]

**Un système de gouvernance sur mesure en SAS**

Un président est obligatoirement désigné dès la création de toute SAS. Ensuite, il est possible de mettre en place différents organes de gestion et de contrôle en fonction des besoins du projet.

Par exemple, les fondateurs de la start-up peuvent prévoir:

- un poste de directeur général, ainsi que des directeurs généraux délégués;
- un conseil d'administration, fonctionnant de la même manière qu'en SA ou différemment;
- des comités, avec des rôles définis…

Le système de gouvernance de la SAS peut être construit sur mesure, à l'exception de l'obligation de devoir nommer un président dès la constitution.

En matière d'assemblée, ce sont également les statuts de la SAS qui en définissent les modalités de fonctionnement.

**En SAS, les entrées et sorties d'associés sont facilitées**

En SAS, les entrées et les sorties d'associés sont libres car aucune disposition du Code de commerce ne les encadre. Ce sont les fondateurs qui doivent en encadrer le fonctionnement dans les statuts de la société. […]

Le capital social de la SAS est réparti en actions, dont les modalités de cession sont plus souples que celles prévues en SARL.

**Pierre Facon, www.lecoindesentrepreneurs.fr, 29 avril 2022.**

## ANNEXE 7 Schéma sur les motifs de choix de la structure juridique

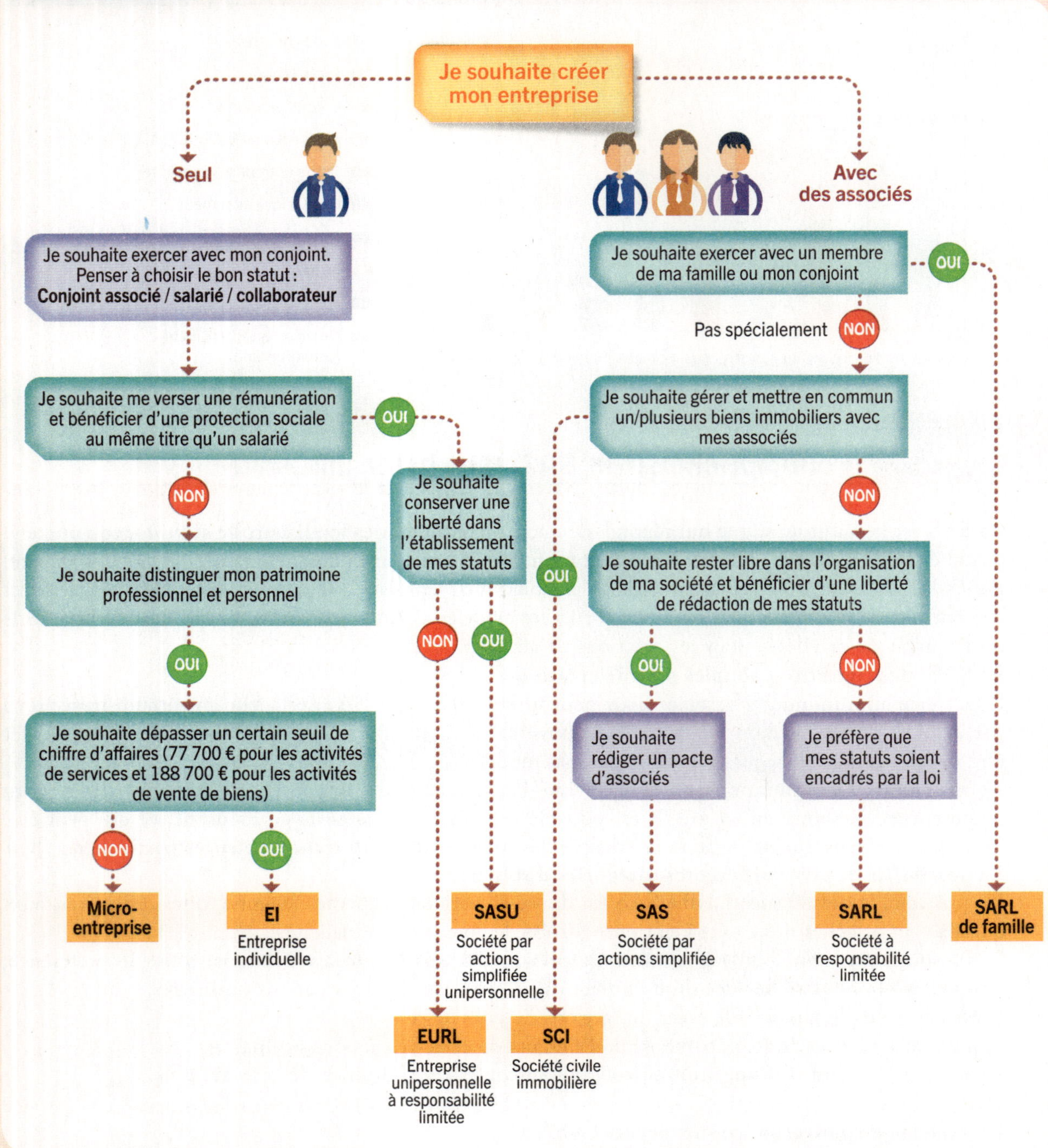


## ANNEXE 8 Le contenu du contrat de sous-traitance

**Le contrat de sous-traitance est un contrat d'entreprise** qui permet de cadrer et de sécuriser les relations entre le sous-traitant et le donneur d'ordre.

### Clauses du contrat de sous-traitance

Voici les principales clauses que l'on retrouve dans un contrat de sous-traitance.

**Les parties au contrat de sous-traitance**

Le contrat de sous-traitance est conclu entre deux parties :
– le sous-traitant, qui s'engage à exécuter les tâches qui lui sont confiées ;
– le donneur d'ordre, qui confie des tâches au sous-traitant.

Pour chacune des parties, il convient de renseigner les informations suivantes : nom de l'entreprise, forme juridique, montant du capital social (si société), adresse du siège social, inscription au RCS et identification du représentant légal.

**L'objet du contrat de sous-traitance**

Le contrat de sous-traitance doit préciser de manière détaillée l'ensemble des travaux qui sont confiés par le donneur d'ordre au sous-traitant.

**La durée du contrat de sous-traitance**

Le contrat de sous-traitance peut être conclu pour une durée déterminée ou indéterminée.

**Les modalités d'exécution**

Le contrat de sous-traitance doit prévoir les modalités d'exécution des travaux qui sont confiés au sous-traitant, notamment le calendrier de réalisation des travaux.

**Le prix proposé au sous-traitant et le règlement**

Comme dans tout contrat d'entreprise, le contrat de sous-traitance doit prévoir le prix convenu entre les parties pour la réalisation des travaux qui y sont décrits.

Les modalités de règlement doivent également être prévues : acompte prévu, délais de règlement, clause éventuelle de révision de prix…

**Les obligations du sous-traitant et du donneur d'ordre**

En concluant le contrat de sous-traitance, le donneur d'ordre et le sous-traitant s'engagent à respecter des obligations *(voir plus loin)*.

**Les modalités de rupture du contrat de sous-traitance**

Comme tout contrat d'entreprise, le contrat de sous-traitance doit prévoir ses modalités de rupture :

– en cas de contrat à durée déterminée, il prend fin à son terme ou par commun accord. Une clause de tacite reconduction est souvent insérée, c'est-à-dire que le contrat est reconduit pour la même durée sauf si une des deux parties le dénonce avant son terme ;

– en cas de contrat à durée indéterminée, chaque partie a la possibilité de demander la rupture du contrat unilatéralement. Il convient alors d'en fixer les conditions.

## Les obligations des parties au contrat

**Obligations du sous-traitant**

Le sous-traitant s'engage à réaliser les travaux qui lui sont confiés en respectant le calendrier d'exécution des tâches prévu et les règles de l'art de sa profession.

Il est également tenu d'informer le donneur d'ordre sur les éventuelles difficultés rencontrées dans le cadre de ses travaux.

Enfin, le sous-traitant a une obligation de conseil envers le donneur d'ordre et il peut, dans certains cas, être tenu d'une obligation de résultat.

**Obligations du donneur d'ordre**

Le donneur d'ordre s'engage tout d'abord à payer le sous-traitant en application du contrat établi et en respectant les conditions de paiement qui y figure.

Il est également tenu de tout mettre en œuvre pour que le sous-traitant puisse exécuter correctement les travaux sous-traités.

Ensuite, le donneur d'ordre est responsable envers le maître d'ouvrage des fautes commises par le sous-traitant pendant la réalisation des travaux qui lui sont confiés.

## Clauses spécifiques du contrat de sous-traitance

**La clause de contrôle et de réception des travaux**

Le contrat de sous-traitance doit prévoir les conditions de suivi des travaux réalisés par le sous-traitant et les conditions de réception des travaux réalisés par le sous-traitant.

Parfois, les parties indiquent dans une clause spécifique du contrat de sous-traitance :

– que le donneur d'ordre s'engage à réceptionner les travaux auprès du maître d'ouvrage dans les meilleurs délais ;

– que la réception des travaux par le maître d'ouvrage au donneur d'ordre vaut réception des travaux par le donneur d'ordre au sous-traitant.

**La clause de secret**

Un contrat de sous-traitance peut prévoir une clause de secret, à travers laquelle le sous-traitant s'interdit de divulguer les informations qu'il recevra dans le cadre de sa collaboration avec le donneur d'ordre.

### Rédiger et formaliser le contrat de sous-traitance

Le **contrat de sous-traitance** fait l'objet d'un écrit sous seing privé et un projet de contrat est généralement établi durant les négociations.
Le projet de contrat doit être analysé avec précaution par les parties, notamment par le sous-traitant qui se voit proposer un volume d'activité important pour son entreprise.
Le **contrat de sous-traitance définitif** doit être paraphé et signé par chacune des parties. Un exemplaire au moins est remis à chaque partie au contrat.

**D'après www.lecoindesentrepreneurs.fr**

## ANNEXE 9 Quels sont les avantages et les limites du management horizontal ?

### Le management horizontal : c'est quoi au juste ?

Le management horizontal est une méthode de gestion encore récente. Il a été mis en place afin d'améliorer la productivité d'une structure, qu'importe l'effectif des équipes. Pour cela, il faut prendre en compte les besoins et les attentes de chaque collaborateur pour atteindre l'épanouissement au travail. En effet, un salarié motivé et épanoui est plus efficace et plus productif.
L'organisation horizontale est basée sur la confiance entre les collaborateurs et les managers. Contrairement au système vertical, les dirigeants des entreprises ne doivent pas imposer des décisions ou faire preuve d'autoritarisme. Au contraire, ils sont tenus d'adapter les tâches aux profils de chacun des employés.
Le rapprochement des supérieurs et des subordonnées et la limitation de la distance sont les principaux objectifs du management horizontal. D'où l'appellation « management collaboratif ». En fait, avec la méthode classique ou management vertical, de nombreux projets n'aboutiront pas, car ils n'auront été validés que par les supérieurs hiérarchiques, sans prendre les avis de ceux qui exécuteront les différentes tâches et activités.
Mais lorsque les employeurs sont plus à l'écoute des salariés, ils sont plus ouverts aux idées innovantes qui pourraient contribuer positivement au développement des activités de l'entreprise. D'ailleurs, les employés et les managers sont impliqués dans chaque prise de décision pour garantir l'aboutissement de tout projet ainsi que le bon fonctionnement de l'entreprise.

### Quels sont les atouts du management horizontal ?

Grâce au management horizontal, tout le monde se trouve sur un même pied d'égalité. Ainsi, chaque collaborateur est impliqué dans l'organisation. Dans tous les cas, ce type de management présente de nombreux avantages non négligeables :
– un travail d'équipe renforcé ;
– une facilité dans le contrôle des activités de chaque employé. En cas de nécessité, vous pouvez ajuster les tâches, activités ou travaux pour améliorer la productivité ;
– une fluidification de la circulation des informations ;
– des employés plus impliqués et plus motivés ;
– un suivi simplifié de l'évolution des projets en cours ;
– une entraide mutuelle et un échange d'expérience.
L'ambiance au travail est aussi moins pénible. Les salariés sont plus à l'aise et plus heureux au travail et les tensions entre supérieurs et subordonnés s'amenuisent ou disparaissent même.

### Quelles sont les limites du management horizontal ?

Cependant, il n'y a pas que des avantages. En effet, le management horizontal ou management collaboratif a aussi quelques revers. *A priori*, cette technique de gestion n'est pas adaptée dans les grandes entreprises comptant des centaines de collaborateurs. Pour gagner en efficacité, il est préférable de l'adopter par département ou par branche.
Il faut aussi relever que tous les participants doivent s'impliquer dans le projet de l'entreprise. La négligence d'un collaborateur ou les conflits internes peuvent donc impacter sur l'efficacité du groupe. Un changement collectif et individuel est d'ailleurs indispensable, car les habitudes et les comportements dans le management vertical ne correspondent plus aux attentes du management horizontal. […]

**www.laradiodesentreprises.com, 1er août 2022.**

# Présentation de l'épreuve de Culture économique, juridique et managériale

(Arrêté du 15 février 2018, JO du 6 mars 2018 ; Arrêté du 3 juin 2022, JO du 4 juin 2022)

Cette épreuve vise à évaluer les compétences que vous aurez acquises dans le cadre de l'enseignement de CEJM ainsi que votre capacité à les mobiliser à travers un questionnement croisant les champs disciplinaires **économique, juridique** et **managérial**.

## 1. Les compétences évaluées

L'épreuve vise à évaluer votre capacité à :
- analyser des situations auxquelles l'entreprise est confrontée ;
- exploiter une base documentaire économique, juridique et managériale ;
- proposer des solutions argumentées en mobilisant des notions économiques, juridiques ou managériales et les méthodologies adaptées aux situations proposées ;
- établir un diagnostic (ou une partie de diagnostic) préparant une prise de décision stratégique ;
- prendre des décisions opérationnelles intégrant les dimensions économique, juridique et managériale ;
- exposer des analyses et des propositions de manière cohérente et argumentée.

## 2. Les formes de l'épreuve

**Une forme ponctuelle :**
- une **épreuve écrite** ;
- durée : **4 heures** ;
- un **contexte d'entreprise d'environ 2 pages** ;
- une **base documentaire de plus de 10 pages** ;
- une série de **questions** (en moyenne 9 questions) ;
- plusieurs **missions contextualisées** (en moyenne 3).

**Une épreuve de contrôle de rattrapage :**
- **une épreuve orale : 20 min de préparation et 20 min d'interrogation** (10 min de présentation du candidat et 10 min de questions avec le jury) ;
- un **sujet de 2 pages** (1 page de contexte d'entreprise + 1 page contenant deux annexes) ;
- **3 questions :** une question de droit, une question d'économie, une question de management.

Les épreuves prennent appui sur un **dossier** qui comprend :
- un **contexte réel** d'entreprise ;
- des **problématiques** de nature juridique, économique ou managériale ;
- une **base documentaire** juridique, économique et managériale ;
- une **série de questions** permettant de **structurer et orienter le travail à réaliser** par le candidat, couvrant les trois champs ;
- pour chaque question, une **réponse construite et argumentée** est attendue.

Les **annexes** sont utiles pour comprendre le problème. Il peut s'agir :
- d'extraits de Codes et des décisions de justice, etc. ;
- de références théoriques et de concepts (ex. : la chaîne de valeur, etc.) ;
- d'articles, d'extraits de sites Internet, d'entretiens fictifs ou réels, etc.

# Méthodologie

# 1 Analyser un texte à caractère économique

L'épreuve de Culture économique, juridique et managériale s'appuie sur un dossier documentaire composé de plusieurs textes. Il est indispensable de maîtriser la compréhension et l'analyse de ces documents afin de repérer les informations essentielles et de répondre de manière argumentée et structurée aux questions posées.

## DÉMARCHE À METTRE EN ŒUVRE

L'analyse de textes économiques nécessite une méthode rigoureuse. On pense souvent que c'est la partie la plus facile puisqu'il suffit de « lire ». En réalité, une bonne exploitation des documents ne peut se faire qu'en respectant plusieurs étapes.

**Fortes incertitudes dans un contexte géopolitique mondial qui s'assombrit**

L'environnement économique international reste marqué par l'accumulation de chocs exogènes, susceptibles de peser sur l'activité et de nourrir l'inflation. L'épidémie de Covid-19 persiste, et, avec elle, les confinements dans certaines régions chinoises. La guerre en Ukraine a entraîné une crise géopolitique majeure entre la Russie et l'Europe et fait maintenant craindre une crise énergétique. […]

*Contexte*

Au total, les difficultés liées à l'offre apparaissent durablement importantes dans la plupart des grands secteurs d'activité. […] Ces contraintes d'offre peuvent prendre plusieurs formes : problèmes d'approvisionnement, manque d'équipement, mais aussi parfois manque de personnel. Les difficultés de recrutement se situent en effet elles aussi à des niveaux inédits, dans un contexte de dynamisme récent de l'emploi salarié. […]

*Difficultés de production*

L'accumulation inédite de contraintes d'offre, conjuguée à la vigueur de la demande observée juste après la phase la plus aiguë de la crise sanitaire, a conduit à une envolée des prix de production dans l'industrie et l'agriculture mais aussi dans la construction. […]

Bien que nettement tempérée par les mesures de limitation des prix, l'inflation resterait élevée d'ici la fin de l'année. […] Au total, dans notre scénario, l'inflation se stabiliserait un peu en dessous de 6 % sur un an en septembre-octobre, puis s'élèverait à environ 6,5 % en décembre. […] Les boucliers tarifaires et remises à la pompe contribueraient directement à atténuer l'inflation d'ensemble d'environ 2,5 points de pourcentage en septembre. […]

Sur l'ensemble de l'année 2022, le pouvoir d'achat n'augmenterait pas par rapport à 2021 (environ 0 % prévu) et baisserait de l'ordre de 0,5 % par UC.

La consommation s'est ainsi redressée modérément au 2e trimestre (+ 0,3 %), après son repli très marqué en début d'année (- 1,2 %). […]

*Conséquences : inflation, contraction du pouvoir d'achat et de la consommation*

La croissance serait légèrement positive au 3e trimestre, mais l'activité ralentirait (+0,2 % prévu, après + 0,5 % au 2e trimestre). […] Notre scénario central est donc celui d'une activité qui marquerait globalement le pas au dernier trimestre (0,0 % prévu). […]

Au total en 2022, la croissance du PIB en moyenne annuelle s'élèverait à 2,6 %. L'« acquis » de croissance pour 2023 (c'est-à-dire la croissance annuelle cette année-là, si le PIB trimestriel restait chaque trimestre au niveau atteint fin 2022) serait relativement modeste, de l'ordre de + 0,2 %.

*Prévisions de croissance*

**Note de conjoncture, INSEE, 7 septembre 2022.**

### 1. Situer le texte dans son environnement

Cette étape consiste à repérer :

– **le titre** : il indique souvent l'objet du document et le ton utilisé.

Certains documents peuvent être précédés d'une présentation visant à accrocher le lecteur (le chapeau). Généralement, elle en synthétise le contenu et en montre la tonalité.

> ***Exemple :*** *« Fortes incertitudes dans un contexte géopolitique mondial qui s'assombrit » indique que le texte traite des prévisions économiques en France dans un contexte de fortes incertitudes.*

– **la source :** elle indique l'origine du texte (presse quotidienne, hebdomadaire grand public, revue spécialisée, extrait d'ouvrage, site Internet, etc.) et permet de définir le type de texte (théorique, factuel, critique, etc.).

***Exemple :*** *il s'agit ici de l'Institut national de la statistique et des études économiques (Insee), organisme français qui produit, analyse et diffuse des informations sur l'économie et la société françaises. Il s'agit d'une information factuelle.*

On pourra également repérer l'auteur du texte (journaliste, professeur, économiste, chef d'entreprise, homme politique, etc.) permettant de prendre du recul par rapport à l'information.

– **la date :** elle permet de mieux appréhender le contexte dans lequel le document a été écrit. Le contexte économique évolue, parfois brusquement (ex. : crise) et un texte peut rapidement être dépassé.

***Exemple :*** *la date est récente, ce document décrit la situation de la conjoncture (l'activité récente).*

## 2. Lire et repérer les idées importantes

Conseil : lire l'ensemble des questions avant de commencer la lecture du texte pour orienter votre travail. Le travail d'analyse du texte peut se faire en deux temps.

**a) Une première lecture rapide et active du texte**

Avec un surligneur ou un crayon, souligner les mots, expressions clés ou passages qui vous semblent importants – en rechercher la définition si nécessaire.
Entourer les chiffres essentiels concernant le sujet.
Ce travail facilitera l'utilisation des arguments dans la phase de rédaction.

**b) Deuxième lecture : les idées principales et les idées secondaires**

L'idée est de faire ressortir la logique du texte, la pensée de l'auteur, en dissociant l'essentiel de l'accessoire :
– **repérer l'idée générale du texte**, l'aboutissement du raisonnement tenu par l'auteur. Essayer de la résumer en une phrase.

***Exemple :*** *Dans un contexte de forte incertitude géopolitique, l'activité économique en France devrait se contracter fin 2022 puis en 2023, avec de fortes difficultés de production qui renforcent une inflation déjà élevée, limitant le pouvoir d'achat des ménages.*

– **repérer le plan du texte** : relever les idées principales en identifiant éventuellement les paragraphes qui regroupent des idées communes.
– **repérer les idées secondaires** correspondant aux arguments qui viennent soutenir la ou les idées principales. Éliminer tout ce qui est anecdotique. Un très long paragraphe peut ne contenir qu'une seule idée importante et plusieurs exemples !

Remarque : repérer les mots de transition permet de retrouver les enchaînements logiques du raisonnement de l'auteur (« enfin », « d'une part » et « d'autre part », etc.). Certains termes apportent des nuances (« malgré », « cependant », « néanmoins », etc.) ou des relations de cause à effet (« ainsi », « en conséquence », etc.).

## 3. Construire les réponses aux questions

– **Comprendre les questions :** lire attentivement les questions posées et analyser le sens de la réponse attendue grâce aux verbes directeurs utilisés : analyser, identifier, expliquer, apprécier, interpréter, etc.
– **Rédiger les réponses :** répondre à chaque question, de manière précise et structurée, **en utilisant ses connaissances** et en s'appuyant sur le texte.

### Les pièges à éviter

- Il ne faut pas faire de paraphrase du texte. Le plus difficile dans l'étude de textes économiques est la reformulation des idées.
- Il ne faut pas traiter les questions comme des questions de cours sans rapport avec le document étudié.



MÉTHODOLOGIE I ÉCONOMIE

## 2 Analyser un tableau

L'épreuve de Culture économique, juridique et managériale s'appuie sur un dossier documentaire que vous allez devoir exploiter. L'analyse d'un tableau est d'autant plus importante qu'il est souvent source de nombreuses informations.

## DÉMARCHE À METTRE EN ŒUVRE

L'analyse d'un tableau doit vous demander une grande rigueur méthodologique. En effet, vous ne devez pas vous contenter de « lire » les données du tableau, mais vous devez les interpréter et les mettre en corrélation avec vos connaissances personnelles pour leur donner du sens.

**Contribution des principales branches d'activité à la valeur ajoutée**
**(En % de l'ensemble des branches)**

| | 1960 | 1980 | 2000 | 2020 |
|---|---|---|---|---|
| Agriculture, sylviculture et pêche | 12,0 | 4,0 | 2,3 | 1,8 |
| Industrie manufacturière, industries extractives et autres | 27,8 | 23,7 | 18,9 | 13,2 |
| Construction | 4,9 | 7,4 | 4,9 | 5,2 |
| Services principalement marchands | 36,4 | 45,4 | 53,2 | 56,4 |
| Services principalement non marchands | 13,1 | 19,5 | 20,7 | 23,4 |

**Source : Insee, juillet 2021.**

### 1. Repérer les éléments constitutifs du tableau

Cette étape consiste à repérer :

– **le titre** : il donne une indication importante sur le contenu du tableau. Il faut donc le lire attentivement.

> ***Exemple :*** *Ici, le tableau analyse la part de chaque branche d'activité à la valeur ajoutée (sujet) créée en France (délimitation géographique).*

– **la date et la source** : elles permettent de contextualiser les données afin de mieux les interpréter. Les tableaux de données statistiques peuvent inclure des données anciennes, qui sont donc à nuancer ou à actualiser avec les autres documents qui vous seront fournis.

> ***Exemple :*** *Ici, les données du tableau sont issues de l'Insee, l'institut national de la statistique et des études économiques, qui produit et diffuse des informations sur l'économie et la société françaises. Elles indiquent la part de la valeur ajoutée de chaque branche d'activité entre 1960 et 2020. Il s'agit d'une analyse de longue période.*

– **Les unités utilisées** : il est fréquent d'utiliser des unités facilitant la lecture. Il faut donc vérifier si on est en unité, en milliers, en millions ou en milliards. 2000 milliers de chômeurs nous donne ainsi 2 millions de chômeurs et non 2000 !

Les données peuvent également figurer en pourcentage, comme c'est le cas ici. Il est recommandé de faire une phrase avec l'un des chiffres pour s'assurer de la compréhension des données.

> ***Exemple :*** *Ici, le premier chiffre « 12,0 » indique que la branche Agriculture, sylviculture et pêche a contribué à 12 % de la valeur ajoutée produite en France en 1960.*

### 2. Exploiter le tableau

**a) Repérer les données les plus pertinentes du tableau**

Toutes les données n'ont en effet pas le même intérêt. Il faut en particulier être très attentif au regroupement de données et aux sous-totaux qui peuvent exister. Il faut donc hiérarchiser les informations et comprendre comment a été construit le tableau.

> ***Exemple :*** *Ici, comme il s'agit d'un tableau qui fournit une évolution dans le temps, il est nécessaire d'analyser l'évolution de la contribution de chaque branche (étude par ligne) pour repérer les évolutions les plus marquantes. On observe, par exemple, que la production primaire (agriculture, sylviculture et pêche) ne cesse de diminuer depuis 1960 : elle représente 1,8 % de la production française en 2020, contre 12 % en 1960.*

**b) Retraiter certaines données**

Il est souvent utile de faire les calculs, de transformer des données brutes en pourcentage ou de calculer des taux de variation qui seront plus évocateurs dans une démonstration.

> ***Exemple :*** *ici, on peut calculer le total de la production tertiaire en ajoutant la part de la valeur ajoutée des services marchands (4e ligne) et non marchands (dernière ligne), soit un total de 79,8 % pour la production tertiaire en 2020.*

**c) Lister les idées contenues dans le tableau**

Les tableaux ont la particularité de souvent comporter beaucoup d'informations. Il faut donc repérer l'ensemble des éléments qui y sont abordés. En effet, vous serez surement « attiré » par les données les plus marquantes, et vous risquez d'oubliez d'autres informations pertinentes.

> ***Exemple :*** *Ici plusieurs informations nous sont données : une répartition entre les branches (en colonnes) et une évolution dans le temps (en ligne). Deux types de constats peuvent ainsi être faits. Par exemple, on observe en 2020 que l'essentiel de la production française relève d'une activité de services (79,8 % en 2020), mais également que cette contribution des services à la valeur ajoutée n'a cessé d'augmenter depuis 1960, où elle ne représentait que 49,5 % de la valeur ajoutée (36,4 + 13,1).*

## 3. Utiliser les informations obtenues pour construire votre argumentaire

Il faut enfin reprendre les différentes informations qui vous sont données et les mettre en relation avec vos connaissances théoriques et factuelles afin de répondre aux questions qui vous sont posées.
Pensez à structurer votre commentaire pour le rendre plus clair. Par exemple, partez des éléments généraux avant d'illustrer avec des points particuliers.
Enfin, pensez à nuancer vos propos.

> ***Exemple :*** *ici, il s'agira de montrer qu'il y a une forte évolution des activités en France depuis 1960 avec une économie française qui se tertiarise au fil du temps, traduisant une forte diminution des activités agricole (1,8 % en 2020 pour 12 % en 1960) et industrielle (13,2 % en 2020, contre 28 % en 1960). Ainsi, on assiste à un phénomène conjoint de désindustrialisation et de tertiarisation du système productif français.*

**Le piège à éviter**

- Il ne faut pas faire de la simple « lecture » de données, sans les interpréter et les rattacher à vos connaissances.

# 3 Exploiter un graphique

L'enseignement de Culture économique, juridique et managériale (CEJM) vise à développer des compétences méthodologiques en économie, en particulier l'exploitation de graphiques au service de l'analyse des phénomènes économiques. L'épreuve de CEJM consiste à analyser un dossier qui peut intégrer des graphiques à exploiter pour construire une réponse argumentée aux questions posées.

## DÉMARCHE À METTRE EN ŒUVRE

L'analyse de graphiques économiques nécessite de suivre une démarche rigoureuse. Une lecture trop rapide peut conduire à des analyses erronées ou incomplètes, voire des contre-sens. Avant de commencer l'analyse des graphiques, il est indispensable d'avoir en tête les questions posées. Le respect des étapes proposées ci-dessous permet une bonne exploitation des graphiques économiques.

**Perspectives de l'économie mondiale 2023-2024**

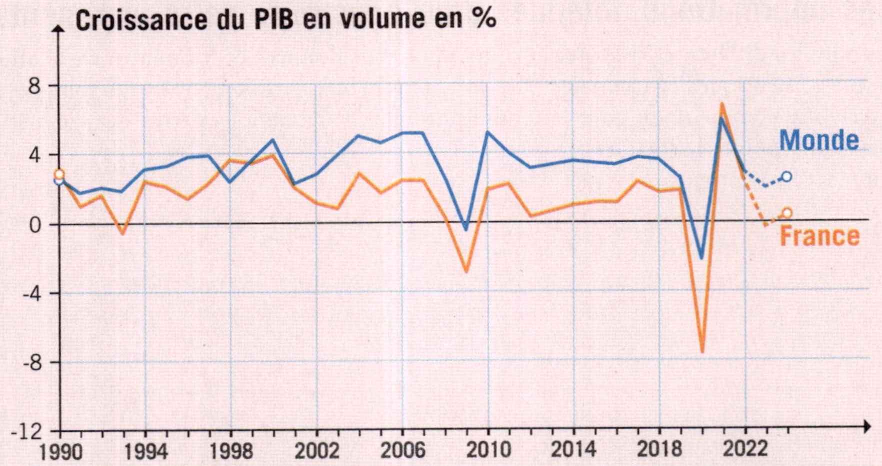


*Source :* Coe-Rexecode, *Perspectives de l'économie mondiale 2023-2024*, Document de travail n° 7, décembre 2022.

### 1. Identifier l'environnement du graphique

Cette étape consiste à repérer :

– **le titre** : il indique l'objet du graphique.

> ***Exemple :*** *le titre « Perspectives de l'économie mondiale » nous indique une double dimension géographique et prévisionnelle pour étudier le taux de croissance du PIB.*

– **la date :** elle situe le contexte économique du graphique. La collecte de données économiques nécessite du temps. C'est pourquoi les chiffres figurant dans les graphiques ne sont pas situés dans l'actualité immédiate.

> ***Exemple :*** *ce graphique a été réalisé en décembre 2022 : à cette date récente, seules les données jusqu'à mi-2022 sont disponibles, celles à partir de 2023 sont prévisionnelles.*

– **la source :** elle indique l'organisme qui a construit le graphique. Il est intéressant de savoir si l'organisme est indépendant et si les données utilisées sont fiables.

> ***Exemple :*** *Coe–Rexecode : le Centre d'observation économique et de Recherche pour l'Expansion de l'économie et le Développement des Entreprises est un institut indépendant au service de l'information économique et du développement des entreprises.*

### 2. Lire le graphique

Il s'agit d'identifier :

– **le type de graphique.** Il peut s'agir :

– soit d'une représentation de l'évolution d'une donnée dans le temps : courbe, diagramme en bâtons, etc. ;

– soit d'une représentation de la répartition d'une donnée : diagramme circulaire, etc.

> ***Exemple :*** *ici, deux courbes figurent sur le graphique, le taux de croissance de la France et celui du monde.*

– **le(s) indicateur(s) représenté(s).** Un ou plusieurs indicateurs peuvent être représentés pour mettre en évidence un phénomène économique. Cela peut permettre des comparaisons.

> ***Exemple :*** *la croissance du PIB est représentée par le taux de croissance, qui est un taux d'évolution. Un taux d'évolution est une valeur relative et non absolue. Ainsi, le taux d'évolution du PIB négatif en 2009 et en 2020 signifie que le PIB diminue mais n'indique pas un PIB négatif !*

– **l'échelle de temps des données du graphique.**

*Exemple : données du graphique sur la période 1990 à 2024.*

– **les unités utilisées en abscisses et en ordonnées.**
Le temps, généralement en abscisses.
En ordonnées, des nombres (unités, milliers, millions, etc.), des indices ou des pourcentages. Lorsqu'il s'agit de chiffres exprimés en monnaie, portez une attention particulière à la monnaie utilisée (euro, dollar, etc.) et au mode de valorisation (en valeur soit à prix courants, ou en volume soit à prix constants).

*Exemple : ici le temps figure sur les abscisses et des pourcentages en ordonnées.*

– **l'information générale du graphique.**
Il s'agit de dégager une tendance générale sur la période représentée

*Exemple : ici, sur la période étudiée, la croissance du PIB français est toujours moins forte que celle du monde (la courbe orange est sous la courbe bleue) mais elle suit globalement la tendance mondiale (les formes des courbes sont semblables).*

## 3. Exploiter le graphique pour répondre aux questions

– **Comprendre les questions** : lire attentivement les questions pour comprendre les attentes des examinateurs.
– **Construire une réponse argumentée, et pour cela** :
  – s'appuyer sur le graphique et sur ses connaissances ;
  – mettre en évidence la tendance générale du graphique ;
  – repérer les écarts par rapport à cette tendance, éventuellement en procédant à des calculs supplémentaires.

*Exemple : depuis 1990, la croissance du PIB en France a décroché par rapport à la tendance mondiale en se situant en moyenne à 2 points de pourcentage en dessous du taux de croissance du monde.*

  – rechercher des causes et des conséquences aux faits observés ;
  – rédiger une réponse aux questions en allant du général au particulier.

### Le piège à éviter

- Il ne faut pas se focaliser sur un point particulier d'un graphique qui peut attirer le regard mais qui n'est pas l'objet principal.

*Exemple : Ici, on observe un retournement des courbes de taux de croissance du PIB à partir de 2008 et de 2019 pour atteindre des valeurs négatives en 2009 et 2020. Cela correspond à la période de crise mondiale des* subprimes *en 2009 et à celle de crise sanitaire de la Covid-19, mais ce n'est pas l'objet principal du graphique qui retrace une évolution comparée du PIB de la France et du monde sur une longue période, de plus de 30 ans.*

MÉTHODOLOGIE I ÉCONOMIE

# 4 Analyser une situation juridique

L'exercice qui consiste à analyser une situation juridique permet d'apprécier l'aptitude de l'étudiant à appliquer des règles de droit à des situations concrètes. Cela consiste à répondre à une ou plusieurs questions posées sur une situation donnée, en utilisant l'argumentation juridique appropriée. L'analyse de toute situation juridique suppose de répondre aux questions suivantes :
– Quels sont les faits ?
– Quel est le problème juridique posé ?
– Quelle est la règle de droit applicable ?
– Quelle argumentation peut-on développer ?
– Quelle solution doit-on adopter ?

## DÉMARCHE

### ÉTAPE 1 Les faits qualifiés

La première étape du travail suppose de lire attentivement le contexte et les faits qui sont à l'origine du problème qui vous est soumis.

> ***Exemple :*** *M. X, commerçant, avait l'habitude de se livrer chez un fournisseur, l'entreprise Y., dans le cadre d'un accord passé avec elle. À la suite d'un dégât causé à la marchandise lors d'un transport, M. X a voulu faire payer à l'entreprise Y le préjudice subi. Le fournisseur n'a rien voulu entendre, et a prétendu être exonéré de toute réclamation grâce aux termes du contrat.*

Vous devez traduire ces faits en termes juridiques. Qualifier les faits permet de rattacher la problématique concrète à un cadre juridique abstrait, c'est-à-dire à la règle de droit applicable afin d'en tirer des conclusions. L'exercice de qualification juridique consiste donc à donner aux faits concernés la traduction juridique adaptée permettant l'application de la règle de droit.

> ***Exemple :*** *le cocontractant d'un commerçant invoque une clause de non-responsabilité pour repousser une demande d'indemnisation née d'une livraison défectueuse.*

À ce stade, il faut éviter de mêler aux faits des éléments de droit, et encore moins une solution prématurée.

### ÉTAPE 2 Le problème juridique

L'identification des parties (demandeur et défendeur) et des éléments du problème doit aboutir à la formulation du problème juridique. Ce problème doit être présenté de façon générale, au-delà du cas spécifique.

> ***Exemple :*** *une clause de non-responsabilité est-elle valable dans un contrat conclu par deux commerçants ?*

### ÉTAPE 3 La ou les règle(s) de droit applicable(s)

Il s'agit d'expliquer les grandes lignes du droit positif, qui permettront d'apporter une réponse au questionnement juridique identifié dans l'étape précédente.

> ***Exemple :*** *en droit, une clause de non-responsabilité est nulle dans les contrats de consommation, mais elle est en principe valable dans les contrats entre professionnels, donc entre commerçants. Il en est autrement si le contrat est d'adhésion, puisque la loi reconnaît dans ce cas la notion de clause abusive.*

Des règles juridiques sont parfois fournies en annexe dans le sujet (extrait de codes, décision de justice, convention collective…), mais on attendra généralement de vous que vous fassiez appel à vos connaissances. Il est donc indispensable de bien identifier et maîtriser la partie du cours concernée.

### ÉTAPE 4 La solution proposée

Les étapes précédentes ont permis de passer des faits au droit. Il s'agit maintenant d'appliquer le droit aux faits pour proposer une ou plusieurs solutions. Il faut donc s'attacher à tirer les conséquences des analyses précédentes. L'argumentation juridique consiste à rapprocher les faits, juridiquement qualifiés, des règles de droit applicables, pour en déduire une ou plusieurs solutions.
La solution que vous proposerez est susceptible d'entraîner des conséquences juridiques (action en justice, démarches, etc.). Elle doit être justifiée par une argumentation juridique rigoureuse.

> ***Exemple :*** *M. X étant commerçant, il ne peut pas invoquer la nullité de la clause de non-responsabilité qui figure dans le contrat d'approvisionnement conclu avec l'entreprise Y. En effet, rien n'indique que ce contrat est un contrat d'adhésion dont les termes n'ont pas été négociés entre M. X et l'entreprise Y.*

Vous devez soigner la rédaction et structurer votre propos avec des transitions claires (« C'est pourquoi…, Compte tenu de…, En conséquence… »). Dans tous les cas, vous utilisez le vocabulaire juridique adéquat. Vous pourrez introduire la solution que vous proposez avec une formule classique : « Dans le cas d'espèce…, En l'espèce…, Dans le cas étudié… ».

# 5 Savoir exploiter des ressources juridiques

## 1. Analyser un contrat

Dans l'épreuve de l'examen, vous devez répondre à certaines questions de manière à proposer une solution à un problème juridique. Vous disposez pour cela d'un dossier documentaire pouvant comporter un contrat ou des clauses extraites d'un contrat.

Il s'agira alors pour vous, selon les exigences de l'exercice :
- de rattacher le contrat à une situation juridique ;
- d'identifier les obligations des parties et les effets particuliers de certaines clauses contractuelles ;
- d'exercer votre esprit critique et d'apprécier la validité du contrat en général ou de ses clauses spécifiques ;
- éventuellement, de faire le rapprochement entre le contenu du contrat proposé à l'étude et les informations juridiques fournies par d'autres sources documentaires (extrait de code, jurisprudence, etc.).

## DÉMARCHE

### ÉTAPE 1 Lire le contrat ou les clauses extraites du contrat

Cette première étape permet de repérer de quel type de contrat il s'agit (contrat de travail, contrat de vente, contrat d'assurance…). La première lecture du contrat suffit à l'identifier, souvent grâce au titre du document.

### ÉTAPE 2 Analyser le contrat

La méthode d'analyse se déroule selon les phases suivantes.

#### 1. La situation juridique

Il s'agit d'identifier les éléments du contrat qui précisent la situation :
- d'abord, l'objet du contrat : contrat de travail (à durée déterminée, indéterminée, etc.), contrat de vente (entre professionnels, entre un professionnel et un consommateur, etc.), contrat de location (civile, commerciale), contrat de transport, contrat d'assurance, etc. ;
- ensuite, les parties concernées : un salarié et son employeur, un vendeur et un acheteur, un bailleur et son locataire, un transporteur et une personne transportée, un assureur et un assuré, etc.

#### 2. La règle de droit applicable

Il s'agit de retrouver à quelle branche du droit se rapporte le contrat : droit civil, droit du travail, droit commercial, droit de la consommation, etc.

#### 3. La validité du contrat

**a)** Vérifier l'existence des conditions générales de validité du contrat (C. civ, art. 1128) :
- le consentement des parties (existence et absence de vice) ;
- leur capacité de contracter ;
- un contenu licite et certain.

**b)** Vérifier l'existence des conditions spécifiques de validité du contrat :
- les exigences légales (les mentions impératives dans les contrats de travail atypiques, par exemple) ;
- la présence de formulaires à joindre impérativement (ex. : le bordereau de rétractation dans le contrat de vente à domicile) ;
- la signature des parties.

#### 4. Les clauses du contrat

Vous repérerez les divers éléments du contrat :
- la nature précise du contrat : contrat de travail à temps partiel, prêt à la consommation, contrat de location avec option d'achat… ;
- le lieu et la date de conclusion du contrat ;
- les parties, avec leurs noms et leurs qualités en droit (ex. : SARL Durand, employeur, et Mme Bayle, salariée ; M. Dubois, emprunteur, la banque SMC SA, prêteur) ;
- la durée et/ou le terme du contrat, éventuellement les possibilités de renouvellement prévues par une clause.

#### 5. Les effets du contrat

Il s'agit de préciser quelles sont les obligations des parties découlant du contrat, en distinguant celles qui se traduisent par des sommes à payer (ex. : prix du bien vendu, loyer de l'appartement, salaire et éléments de rémunération, etc.) et celles qui revêtent une autre forme (ex. : prestation de travail, réalisation d'une activité, livraison d'un bien, interdiction d'exercer une activité, etc.).

## ÉTAPE 3 Utiliser le résultat de cette analyse pour résoudre le cas

En fonction des questions posées par le sujet, l'analyse ainsi menée pourra être utilisée pour argumenter sur la solution proposée.

*Exemple de contrat de distribution*

**Entre les soussignés :**
La société anonyme Flavier, dont le siège est à Lyon (69003), 24 Bd Jeanne d'Arc, immatriculée sous le numéro 854 456 982 RCS Lyon, représentée par son directeur général Pierre Michel,
Ci-après désigné « **le Fournisseur** » d'une part,
**Et**
La SARL Singée, dont le siège est à Montélimar (26200), 8 rue des Oliviers, immatriculée sous le numéro 788 987 821 RCS Romans, représentée par Mme Alice Person, sa gérante,
Ci-après désigné « **le Distributeur** » d'autre part,
**Il a été convenu ce qui suit :**

**1 – Objet du contrat**
Le Distributeur s'engage à s'approvisionner auprès du Fournisseur selon les termes et conditions du présent contrat. Le contrat porte sur la distribution des canapés, fauteuils et sièges fabriqués par le fournisseur sous la marque déposée à l'INPI « Relaxos ».

**2 – Quantité minimale**
Le Distributeur s'engage à commander chaque année civile, à compter du 1er janvier 2024, un minimum de 24 unités. Le non-respect de cette obligation entraînerait la résiliation de plein droit du contrat dans les conditions prévues à l'article 7 ci-dessous.

**3 – Durée**
Le contrat est conclu pour une durée de 3 ans à compter de la date de la première livraison effective prévue, soit le 15 janvier 2024. Le non renouvellement du présent contrat de distribution n'entraînerait aucune indemnité au profit de l'une ou l'autre partie.

**4 – Prix, modalités de paiement**
Les produits seront vendus par le Fournisseur au Distributeur au prix fixé par le tarif en vigueur au jour de l'enregistrement de la commande par le Fournisseur. Le Fournisseur peut, à la fin de chaque année civile, modifier le tarif pour tenir compte de l'évolution générale des prix, de la concurrence et des coûts de production des produits.
20 % du prix seront payables à la commande, et le solde 30 jours après la livraison.
Tout retard de paiement donnera lieu à des pénalités au taux de deux fois le taux de l'intérêt légal en vigueur au jour de l'échéance impayée.

**5 – Livraisons**
Les produits seront livrés par le Fournisseur dans les locaux du Distributeur. Le conditionnement des produits devra être conforme aux spécifications de la commande.

**6 – Fin du contrat**
Le contrat prend fin par la survenance de son terme ; cependant, le Fournisseur le rappellera au Distributeur par lettre recommandée avec avis de réception adressée six mois avant la date prévue pour la fin des relations contractuelles.

**7 – Résiliation et pénalités**
En cas de manquement par le Distributeur à l'une quelconque des obligations mises à sa charge par le contrat, ce dernier pourra être résilié de plein droit, au gré du Fournisseur 15 jours après une mise en demeure demeurée infructueuse, cela sans autre formalité.
Le Fournisseur aura droit dans ce cas à titre de pénalité :
– au remboursement des frais d'enlèvement et de retour du matériel repris ;
– au paiement d'une indemnité de 2000 euros.

**8 – Dispositions générales**
Toute modification du présent contrat ne peut résulter que d'un accord constaté dans un écrit signé par les deux parties.
Loi applicable : Le contrat est soumis à la loi française.

Fait à Lyon, le 18 novembre 2023

Le Fournisseur, Le Distributeur,

## 2. Analyser une décision de justice

La partie juridique de l'épreuve d'examen consiste à répondre à des questions de manière à proposer une solution à un problème juridique. Vous disposez pour cela d'un dossier documentaire, pouvant comporter une décision de justice ou un extrait de jurisprudence. Le sujet ne demandera pas forcément de l'analyser, mais ce travail se révélera souvent indispensable pour répondre aux questions posées et proposer une solution argumentée. Dans cette épreuve, vous devrez donc être capable de :

– situer la décision de justice en précisant la juridiction, la date, la procédure et le domaine de droit concerné ;
– dégager le problème juridique posé et le raisonnement de la juridiction pour le résoudre.

### ÉTAPE 1 Comprendre la décision de justice

Pour bien comprendre une décision de justice, il faut repérer les points suivants.

#### 1. La juridiction et la date de la décision étudiée

Repérer s'il s'agit d'un jugement ou d'un arrêt, et identifier la juridiction (tribunal ou cour) qui est intervenue.

*Exemple : arrêt du 26 janvier 2018 rendu par la chambre commerciale de la Cour de cassation.*

#### 2. Les parties

Identifier les parties en présence (demandeur/défendeur, appelant/intimé, demandeur au pourvoi/défendeur au pourvoi) : indiquer leurs noms en les situant l'une par rapport à l'autre sur le plan juridique.

*Exemple : le demandeur est M. Grappa, commerçant, le défendeur est la société Final, fournisseur de M. Grappa.*

#### 3. Les faits à l'origine du litige et l'objet du litige

Résumer les faits, c'est-à-dire les circonstances ou les événements qui ont mené au litige, en éliminant les détails et en suivant l'ordre chronologique. Mettre en évidence ensuite le litige lui-même.

#### 4. Le déroulement de la procédure

Identifier, par déduction, les différentes juridictions saisies et présenter les étapes du procès chronologiquement. Indiquer la décision rendue par chaque juridiction.

#### 5. L'énoncé du problème de droit

Formuler le problème juridique posé au juge, éventuellement sous la forme d'une phrase interrogative, mais toujours sous une forme générale. On peut souvent déduire le problème de droit des motifs évoqués par la juridiction saisie.

*Exemple : une clause de non-responsabilité insérée dans un contrat commercial est-elle valide ?*

#### 6. Les arguments des parties

Exposer les arguments (moyens) avancés par les parties devant la juridiction qui a rendu la décision étudiée. Procéder par énumération pour chacune des parties.

#### 7. Les motifs de la décision

Relever les raisons qui justifient la décision du juge. Elles sont rédigées le plus souvent sous la forme : « Considérant que… » ou « Attendu que… ».

#### 8. Le dispositif de la décision

Indiquer la décision prise par la juridiction saisie, tout en la commentant.

*Exemple : la Cour de cassation approuve ici les juges du fond qui ont rejeté la demande du commerçant. Les juges du droit rappellent que la validité d'une clause d'exonération de responsabilité commerciale est remise en cause par la loi, soit dans les contrats de consommation, soit dans les contrats d'adhésion, dont les termes ne sont pas négociés par les deux parties.*

### ÉTAPE 2 Utiliser le résultat de cette analyse pour résoudre le cas

En fonction des questions posées par le sujet, l'analyse ainsi menée pourra être utilisée pour argumenter sur la solution proposée.

# 6 Conduire une analyse organisationnelle

Cette méthodologie vous permettra d'associer chaque compétence du programme à des questions susceptibles d'être posées lors de l'épreuve, à des auteurs en management ainsi qu'à des outils à mobiliser.
Lors de l'épreuve, procédez de la même façon lors de la lecture du sujet et de l'analyse des questions : vous devrez vous demander à quelle compétence se rattache chaque question et quels auteurs et/ou quels outils sont à mobiliser.
Pour répondre à chaque question posée par le sujet, vous rédigerez une courte introduction dans laquelle vous définirez les mots-clés contenus dans la question (ex. : « finalité », « partie prenante ») et vous préciserez sur quels auteurs et/ou sur quels outils vous allez vous appuyer pour y répondre.

## DÉMARCHE

| Compétence attendue | Objectif et exemple de question | Outil/auteur à mobiliser |
|---|---|---|
| Identifier les finalités économique, sociale et sociétale de l'entreprise | *Montrer que les décisions prises dans une entreprise concourent à une finalité.*<br>*Présenter la finalité poursuivie par une entreprise et identifier les objectifs qui en découlent.* | Auteur : Peter Drucker |
| Caractériser les différentes parties prenantes de l'entreprise | *Montrer que les décisions prises dans une entreprise répondent aux attentes des parties prenantes.*<br>*Quelles sont les attentes des différentes parties prenantes d'une entreprise ?* | Auteur : Ed Freeman |
| Caractériser les étapes de création d'une entreprise | *Identifier les différentes phases de création d'une entreprise à travers le parcours d'un entrepreneur.*<br>*À quelle(s) partie(s) prenante(s) s'adresse le business plan d'une entreprise ?* | |
| Distinguer une démarche entrepreneuriale d'une démarche managériale | *En quoi la démarche d'un entrepreneur relève d'une démarche entrepreneuriale ?*<br>*En quoi la démarche d'un dirigeant est-elle passée d'une logique entrepreneuriale à une logique managériale ?* | Auteurs : Joseph Schumpeter et Henry Mintzberg |
| Identifier les différentes composantes de la performance de l'entreprise | *Proposer des indicateurs permettant à un dirigeant de s'assurer qu'il respecte les finalités de l'entreprise.*<br>*Quels sont les indicateurs qui permettent de mesurer la performance d'une entreprise ?* | Auteurs : Robert Norton et David Kaplan |
| Repérer les principaux éléments du macro-environnement de l'entreprise | *Montrer qu'un dirigeant a su saisir les opportunités présentes dans l'environnement de l'entreprise.*<br>*En quoi l'environnement d'une entreprise est-il porteur de menaces ?* | Outil : PESTEL |
| Analyser les évolutions de l'environnement et en identifier les conséquences sur la situation de l'entreprise | *Montrer qu'une entreprise s'adapte aux changements de son environnement en innovant.*<br>*En quoi la prise de décision dans une entreprise est-elle influencée par le macro-environnement ?* | Auteur : Joseph Schumpeter |
| Caractériser les styles de management | *Caractériser le style de direction d'un dirigeant.*<br>*En quoi le style de direction d'un dirigeant contribue-t-il aux performances d'une entreprise ?* | Auteur : Rensis Likert |
| Repérer le rôle des différentes parties prenantes et des contre-pouvoirs | *En quoi les parties prenantes influent-elles sur la prise de décision dans une entreprise ?*<br>*En quoi une partie prenante constitue-t-elle un contre-pouvoir ?* | Auteurs : Michel Crozier et Erhard Friedberg |
| Identifier le type de structure, les mécanismes de coordination et de contrôle au sein de l'entreprise | *Repérer les mécanismes de coordination mis en œuvre dans cette entreprise.*<br>*Quels déterminants influencent le choix de la structure de l'entreprise ?* | Auteur : Henry Mintzberg |

| Compétence attendue | Objectif et exemple de question | Outil/auteur à mobiliser |
|---|---|---|
| Repérer les ressources et les compétences au sein de l'entreprise | *Analyser en quoi les ressources et les compétences d'une entreprise constituent des forces et/ou des faiblesses.*<br>*Quelles compétences une entreprise doit-elle maîtriser pour réussir sur son domaine d'activité ?.* | |
| Distinguer les différents processus de l'entreprise | *En quoi les différents processus mis en œuvre dans telle entreprise contribuent-ils à ses performances ?*<br>*Les processus de cette entreprise contribuent-ils tous à la création de valeur ?* | |
| Identifier le besoin de financement de l'entreprise en fonction du cycle (exploitation/investissement) | *Le besoin de financement d'une entreprise relève-t-il du cycle d'exploitation ou du cycle d'investissement ?*<br>*La décision prise par une entreprise aura-t-elle un impact sur son cycle d'investissement ou son cycle d'exploitation ?* | |
| Recenser les solutions de financement adaptées à l'entreprise dans une situation donnée | *Présenter les risques et les coûts des solutions de financement envisagées par un dirigeant.*<br>*Quelles solutions de financement sont les plus adaptées aux besoins du cycle d'exploitation ?* | |

**Abus de position dominante** Comportement d'une ou de plusieurs entreprises profitant de leur position dominante sur le marché pour fausser le jeu de la concurrence.

**Administrations publiques** Organismes publics qui produisent des services non marchands. Elles comprennent les administrations centrales (État, Sécurité sociale) et les administrations locales (collectivités territoriales).

**Affacturage** Technique de financement qui permet à l'entreprise de céder ses factures à un organisme financier (le factor) qui lui verse immédiatement le montant dû en contrepartie d'une commission.

**Agent économique** Individu ou groupe d'individus constituant un centre de décision économique indépendant pour effectuer ses opérations économiques.

**Allocation** Rôle de l'État lorsqu'il intervient sur les marchés dans des situations de défaillances de marchés.

**Apport en capital** Fonds investis par des associés actuels ou nouveaux dans l'entreprise contre un droit sur son patrimoine et ses gains futurs.

**Assemblée générale** Réunion de l'ensemble des associés d'une société, dans le but de prendre des décisions. Assemblée générale extraordinaire (AGE) : réunion des associés pour modifier les statuts de la société. Assemblée générale ordinaire (AGO) : réunion des associés dans un but autre que de modifier les statuts. L'AGO doit être réunie au moins une fois par an, notamment pour approuver les comptes, répartir les bénéfices, nommer les dirigeants.

**Asymétrie d'information** Situation dans laquelle certains des participants à un échange disposent d'informations (pertinentes) que d'autres n'ont pas.

**Atomicité** Hypothèse de la concurrence pure et parfaite qui suppose un nombre suffisant d'offreurs et de demandeurs pour qu'aucun d'entre eux ne puisse avoir une position lui permettant d'influencer le fonctionnement du marché.

**Autofinancement** Financement des investissements au moyen des ressources propres que l'entreprise dégage de son exploitation.

**Autorité administrative indépendante (AAI)** Institution chargée par l'État de réguler un secteur, sans être soumise à l'autorité du gouvernement, tout en disposant des pouvoirs nécessaires à l'accomplissement de sa mission.

**Autorité de la concurrence** AAI dont la mission est de veiller au fonctionnement et au maintien de la concurrence sur l'ensemble des marchés.

**Avantage concurrentiel** Élément qui permet à l'entreprise de différencier fondamentalement son offre de celle de ses concurrents et de lui donner un avantage compétitif (Michael Porter). Cet avantage concurrentiel peut reposer sur la maîtrise des coûts ou un élément hors-coût (innovation, qualité, etc.).

**Avant-contrat** Engagement contractuel d'une ou de plusieurs parties dont la finalité est de préparer la conclusion d'un contrat à venir.

**Banque centrale européenne (BCE)** Institution monétaire de l'Union européenne qui mène la politique monétaire pour la zone euro.

**Banque** Organisme financier qui reçoit et gère les dépôts de ses clients, gère leurs moyens de paiement et leur accorde des crédits.

**Barrières à l'entrée et/ou à la sortie** Une barrière à l'entrée sur un marché désigne un obstacle qui limite ou bloque l'accès à ce marché. Une barrière à la sortie désigne les coûts engendrés lorsqu'un offreur décide de quitter un marché (désengagement financier, coût des licenciements, indemnités...).

**Barrières à l'entrée artificielles** Barrières à l'entrée dont l'origine est réglementaire ou stratégique. Dans le premier cas, c'est l'État qui limite volontairement l'entrée sur le marché (pour des raisons de normes, de sécurité, d'orientation de l'activité économique). Dans le second cas, ce sont les autres offreurs qui élaborent des stratégies visant à créer des obstacles pour bloquer l'accès aux concurrents.

**Barrières à l'entrée naturelles** Barrières à l'entrée dont l'origine est liée au fonctionnement intrinsèque du marché, à sa structure.

**Besoin en fonds de roulement** Le BFR correspond au décalage existant au niveau du cycle d'exploitation entre les dépenses engagées et les recettes non encore encaissées.

**Bilan** Document comptable présentant l'ensemble des immobilisations acquises par l'entreprise depuis sa création (actif du bilan) et toutes les ressources financières dont elle dispose pour les financer (passif du bilan).

**Brevet** Titre de propriété industrielle délivré par l'Institut national de la propriété industrielle permettant de protéger une invention technique en conférant à son titulaire un monopole d'exploitation.

**Budget de l'État** Ensemble des documents, votés par le Parlement, qui prévoient et autorisent les recettes et les dépenses de l'État pour chaque année.

**Business plan** Lors de la création d'une entreprise, dossier qui formalise le projet par écrit et en présente les éléments principaux, notamment financiers.

**Capacité juridique** Aptitude d'une personne à être titulaire de droits et à les exercer. L'incapacité juridique est l'incapacité à exercer les droits dont on est titulaire (comme conclure un contrat) en raison de l'âge (minorité) ou de l'altération des facultés personnelles chez certains majeurs (majeurs protégés).

**Capital** Facteur de production correspondant à l'ensemble des biens de production (outils, machines, bâtiments...) destinés à produire d'autres biens et services.

**Carré magique** Représentation graphique des quatre grands objectifs de politique économique sous forme d'indicateurs : taux de croissance, taux de chômage, le solde extérieur, taux d'inflation. Cet outil d'analyse a été mis au point par N. Kaldor (1971).

**Cartographie** Représentation qui permet d'identifier et de visualiser les relations avec les parties prenantes.

**Chaîne de valeur** Outil proposé par Michael Porter qui vise à examiner les sources de l'avantage concurrentiel. Elle se compose d'une série d'activités génératrices de valeur.

**Chômage** Situation des personnes privées de travail et à la recherche d'un emploi.

**Circuit économique** Représentation schématique, donc simplifiée, des relations entre les agents économiques.

**Clause de réserve de propriété** Clause du contrat qui autorise le vendeur à récupérer le bien objet de la vente si l'acheteur n'a pas intégralement payé le prix selon les modalités fixées au contrat.

**Clause** Dispositions d'un contrat. Il existe des clauses générales, comme celle relative à l'identification des parties, et des clauses spécifiques à chaque type de contrat (vente, bail, etc.)

**Clause pénale** Clause du contrat qui détermine à l'avance la pénalité pécuniaire due par la partie qui n'exécuterait pas ses obligations.

**Combinaison productive** Combinaison qui résulte du choix opéré par le chef d'entreprise de la quantité respective de chacun des facteurs de production, travail et capital.

**Commission européenne** Organe de l'Union européenne dont la mission consiste à proposer des règles européennes et à veiller à leur respect par les États membres.

**Compétence** Capacité de l'entreprise à mobiliser ses ressources pour atteindre un objectif.

**Compétence fondamentale** Elle permet à l'entreprise d'exploiter ses ressources pour se distinguer de la concurrence avec un avantage difficilement imitable.

**Compte de résultat** Document comptable permettant de calculer le résultat de l'entreprise sur une période en prenant en compte ce qu'elle a gagné (colonne « Produits ») et ce qu'elle a dépensé (colonne « Charges »).

**Concours bancaires** Modes de financement à court terme tels que le découvert bancaire ou la facilité de caisse, qui permettent de financer sur quelques jours les besoins de trésorerie dus aux décalages entre encaissements et décaissements.

**Concurrence** Processus par lequel les offreurs sur un marché rivalisent entre eux pour satisfaire la demande.

**Concurrence déloyale** Pratique commerciale consistant à capter ou à tenter de capter la clientèle d'un concurrent par des procédés illicites (imitation, parasitisme, dénigrement et désorganisation).

**Consentement** Accord des volontés des parties à un contrat réalisé par la rencontre de l'offre et de l'acceptation.

**Consommation** Opération économique consistant à acquérir des biens ou des services destinés à être détruits immédiatement ou progressivement à travers leur utilisation.

**Contenu du contrat** Ensemble des engagements des parties constituant leurs obligations contractuelles.

**Contrat** Accord de volontés entre deux ou plusieurs personnes, appelées « parties », destiné à créer, modifier, transmettre ou éteindre des obligations.

**Contrefaçon** Délit pénal constitué par la violation d'un titre de propriété industrielle (brevet, marque). Il donne lieu à des sanctions pénales (amendes, peines d'emprisonnement) et des sanctions civiles (dommages-intérêts en réparation du préjudice subi).

**Contre-pouvoirs** Acteurs déployant des actions afin de bloquer les décisions de dirigeants quand ils considèrent que leurs intérêts sont menacés.

**Contrôle des concentrations** Mécanisme soumettant les rapprochements d'entreprise (fusions, acquisitions) à l'autorisation préalable de la Commission européenne ou de l'Autorité de la concurrence, afin de vérifier que ce rapprochement n'est pas de nature à diminuer la concurrence sur un marché.

**Coopération** Stratégie de mise en commun de ressources ou compétences par des agents économiques afin de bénéficier d'avantages mutuels.

**Coût des matières premières** Coût relatif à l'acquisition de matières premières incorporées dans le processus de production.

**Coût du capital** Coût des actifs durables et non durables utilisés par l'entreprise pour produire.

**Coût du travail** Somme des dépenses, composée du salaire et des cotisations sociales, qui incombent à l'employeur en contrepartie de l'emploi d'un salarié.

**Crédit fournisseur** Délai de paiement accordé à l'entreprise par ses fournisseurs.

**Croissance** Augmentation durable des richesses créées par l'activité économique. C'est un phénomène quantitatif qui se mesure avec l'évolution du PIB.

**Cycle d'exploitation** Ensemble des opérations courantes nécessaires à la réalisation des activités productives et commerciales de l'entreprise.

**Cycle d'investissement** Ensemble des étapes au cours desquelles l'entreprise acquiert une immobilisation.

**Défaillance de marché** Dysfonctionnement d'un marché tel qu'une concurrence trop faible, l'existence d'externalités, de biens publics, ou la présence d'asymétrie d'information.

**Déficit public** Solde du budget de l'État lorsque les dépenses publiques sont supérieures aux recettes publiques.

**Demande** Quantité de biens, de services, de force de travail ou de capitaux demandés sur un marché à un instant t.

**Démarche entrepreneuriale** Volonté d'une ou plusieurs personnes de créer ou de reprendre une entreprise.

**Démarche managériale** Capacité du manager à gérer de manière optimale les ressources de l'entreprise pour assurer sa pérennité.

**Dénigrement** Pratique qui consiste à noircir, rabaisser ou discréditer la réputation d'un concurrent ou les biens et services qu'il produit, en vue de capter sa clientèle.

**Déséquilibre** Situation d'inadéquation entre l'offre et la demande sur un marché, qui peut se traduire par de l'inflation ou du chômage.

**Désorganisation** Pratique visant à perturber une entreprise concurrente, en débauchant une partie de son personnel, en désorganisant son réseau de vente, en détournant ses commandes…

**Dette publique** Ensemble des emprunts dus par les administrations publiques dont l'encours résulte de l'accumulation des déficits publics.

**Développement** Phénomène qualitatif qui désigne l'ensemble des changements des structures économiques, sociales, démographiques et culturelles d'un pays.

**Développement durable** Développement qui répond aux besoins du présent sans compromettre la capacité des générations futures à répondre à leurs propres besoins.

**Dol** Vice du consentement, constitué par des manœuvres, des mensonges ou une dissimulation intentionnelle par une partie pour obtenir le consentement de son cocontractant.

**Dommage** Préjudice pouvant prendre diverses formes subi par une personne – parfois par une collectivité –, trouvant son origine soit dans l'inexécution d'un contrat, soit dans des situations de responsabilité extracontractuelle.

– Le dommage corporel est constitué par une atteinte à l'intégrité physique d'un individu.

– Le dommage matériel est une atteinte au patrimoine de la victime, soit une perte économique, soit la détérioration d'un bien, soit un manque à gagner.

– Le dommage moral se présente comme une atteinte à l'intégrité de la personne (son honneur, sa réputation, sa vie privée) ou par une atteinte aux sentiments d'affection.

– Le dommage écologique est constitué par une atteinte grave aux écosystèmes ou aux bénéfices collectifs tirés par l'homme de l'environnement.

**Échange** Flux, réels et/ou monétaires, entre deux agents économiques à l'occasion d'une opération économique (vente, crédit, embauche, etc.).

**Économie sociale et solidaire** Activité d'entreprises dont le mode de gestion est démocratique et participatif et dont les activités sont fondées sur un principe de solidarité et d'utilité sociale.

**Effet d'expérience** Phénomène lié au processus de production qui entraîne une diminution du coût de production lorsque la production augmente.

**Effet obligatoire du contrat** Principe selon lequel le contrat engage les parties et ne peut être remis en cause par la décision unilatérale de l'une d'entre elles.

**Effet relatif du contrat** Principe selon lequel le contrat n'a d'effet qu'entre les parties contractantes.

**Émission d'obligations** Technique de financement qui permet à celui qui l'émet d'emprunter de l'argent à un agent qui percevra en contrepartie des intérêts.

**Emprunt bancaire** Somme d'argent mise à la disposition de l'entreprise par des établissements bancaires ou de crédit en contrepartie du paiement d'un taux d'intérêt.

**Entente illicite** Accord explicite ou tacite passé entre des entreprises, ayant pour but ou pour effet de fausser le jeu de la concurrence.

**Entreprise** Unité économique produisant des biens ou des services pour les vendre sur un marché afin de réaliser des bénéfices.

**Entreprise individuelle** Forme juridique d'entreprise sans personnalité morale, dans laquelle il n'y a pas de distinction entre le propriétaire de l'entreprise et l'entreprise, mais qui permet aujourd'hui de différencier le patrimoine personnel du patrimoine professionnel, seule garantie des créanciers professionnels.

**Entreprise individuelle à responsabilité limitée (EIRL)** Entreprise individuelle dans laquelle l'entrepreneur affecte une partie de son patrimoine à son activité professionnelle.

**Entreprise unipersonnelle à responsabilité limitée (EURL)** Société à responsabilité limitée constituée d'un seul associé.

**Équilibre financier** L'étude de l'équilibre financier d'une entreprise vise à étudier comment les fonds propres de l'entreprise permettent de financer les investissements et l'activité de l'entreprise.

**Erreur** Vice du consentement qui affecte la validité du contrat si l'erreur porte sur une des qualités essentielles de la prestation due ou sur celles du cocontractant.

**Étude de marché** Étude visant à collecter et analyser des informations afin d'étudier l'offre et la demande sur un marché donné.

**Exercice du pouvoir** Modalités de direction de l'entreprise, qui peut concentrer les décisions entre les mains d'une seule personne, d'un groupe de dirigeants, voire de l'ensemble des associés.

**Externalité négative** Situation où un agent subit les effets négatifs d'une activité économique sans être indemnisé.

**Externalité positive** Situation où un agent profite des effets positifs d'une activité économique sans en payer le prix.

**Facteurs de production** Ensemble des éléments (travail, capital, ressources naturelles, connaissances) qui sont combinés pour produire des biens et des services.

**Fait d'autrui** Fait dommageable émanant d'une personne dont on doit répondre sur le terrain de la responsabilité civile (comme le fait d'un mineur pour ses parents, le fait d'un salarié pour son employeur).

**Fait d'une chose** Fait dommageable occasionné par une chose dont on est gardien et qui oblige à assumer la responsabilité résultant du dommage causé par ladite chose.

LEXIQUE

**Fait dommageable** Fait à l'origine de la responsabilité civile (faute personnelle, fait d'une personne dont on doit répondre, etc.).

**Faute personnelle** Comportement d'une personne qui, par malveillance (faute volontaire) ou bien par imprudence ou négligence (faute involontaire), cause un dommage à autrui.

**Finalités** La finalité d'une entreprise correspond à sa raison d'exister qui a été définie lors de sa création par les fondateurs. L'entreprise peut chercher à atteindre plusieurs finalités : la finalité économique pour créer de la valeur financière en combinant profit et croissance ; la finalité sociale en s'engageant à prendre en compte les attentes de ses salariés ; la finalité sociétale en contribuant au bien-être de la société.

**Financement** Collecte des fonds nécessaires à mener à bien l'activité de l'entreprise.

**Financement participatif** Financement consistant à solliciter les particuliers via une plateforme Internet pour financer le projet de l'entreprise.

**Force majeure** Événement échappant au contrôle du débiteur, imprévisible et irrésistible, excusant l'inexécution totale ou partielle d'un contrat ou exonérant de la responsabilité extracontractuelle.

**Imitation** Pratique qui consiste à ne pas se distinguer d'un concurrent, à s'identifier à celui-ci (en usurpant son nom, en imitant ses signes distinctifs, par exemple) en vue de produire une confusion dans l'esprit de la clientèle.

**Impartition** Stratégie d'entreprise qui consiste à faire réaliser, produire par des entités externes des biens et services au lieu de les produire, de les développer en interne.

**Impôt sur le revenu** Impôt direct d'État dont l'assiette est constituée par les revenus des contribuables personnes physiques.

**Impôt sur les sociétés** Impôt direct d'État dont l'assiette est constituée par les revenus des sociétés (plus généralement de toutes les personnes morales se livrant à une exploitation ou à des opérations à caractère lucratif).

**Imprévision** Changement de circonstances, imprévisible au jour du contrat, qui permet à la partie victime de demander la révision du contrat.

**Indicateur de développement humain (IDH)** Outil de mesure du niveau de développement d'un pays. C'est un indicateur composite car il intègre plusieurs dimensions : la santé, l'éducation et le revenu.

**Indicateurs** Critères d'évaluation permettant de mesurer les résultats et la performance d'une organisation.

**Inflation** Hausse générale et durable des prix dans l'économie.

**Information parfaite** Hypothèse de la concurrence pure et parfaite, appelée aussi « transparence du marché », selon laquelle l'ensemble des acteurs du marché (offreurs et demandeurs) connaît la totalité des informations disponibles sur le bien ou service échangé.

**Infraction** Action constituant une atteinte à l'ordre social et condamnée par la loi. Selon la gravité des faits, l'infraction est une contravention, un délit ou un crime.

**Innovation** Selon l'OCDE, une innovation est la mise en œuvre d'un produit (bien ou service) ou d'un procédé nouveau ou sensiblement amélioré, d'une nouvelle méthode de commercialisation ou d'une nouvelle méthode organisationnelle dans les pratiques de l'entreprise, l'organisation du lieu de travail ou les relations extérieures.

**INPI** Organe qui délivre les brevets et enregistre les marques en France.

**Investissement** Opération réalisée par un agent économique consistant à acquérir des biens de production durables (investissement matériel) ou à effectuer certaines dépenses ayant pour but de développer le potentiel de l'entreprise pour l'avenir (investissement immatériel).

**Levée** de fonds Apports réalisés par des investisseurs privés ou publics.

**Libéralisation du marché** Ensemble des règles qui visent à instaurer un marché concurrentiel dans des secteurs économiques qui étaient jusqu'ici gérés par des monopoles publics.

**Liberté contractuelle** Principe juridique selon lequel les personnes sont libres de contracter ou de ne pas contracter, de choisir leur cocontractant, de déterminer le contenu et la forme du contrat (dans les limites fixées par la loi).

**Liberté du commerce et de l'industrie** Droit de valeur constitutionnelle en vertu duquel toute personne peut user des libertés d'entreprendre, d'exploiter et de concurrencer.

**Lien de causalité** Relation de cause à effet entre un dommage et le fait générateur de ce dommage.

**Macro-environnement** Le macro-environnement concerne les facteurs globaux influençant les organisations (tendances démographiques, économiques, politiques, écologiques, sociales, technologiques, culturelles...).

**Marché** Lieu de rencontre entre l'offre et la demande qui permet la fixation d'un prix d'échange.

**Marché des biens et services** Lieu de rencontre entre l'offre et la demande de biens et services qui permet la fixation d'un prix.

**Marché des capitaux** Lieu de rencontre entre les agents économiques ayant un excédent de capitaux (offreurs) et les agents économiques ayant un besoin en capitaux (demandeurs). Ce marché permet donc d'assurer une partie du financement de l'économie.

**Marché du travail** Lieu de rencontre entre l'offre et la demande de force de travail qui permet la fixation d'un salaire.

**Marque** Signe distinctif permettant la différenciation d'un produit ou d'un service proposé par une entreprise.

**Mécanisme de coordination** Mécanisme qui a pour but d'assurer la cohérence du travail réalisé dans l'entreprise en vue d'atteindre les objectifs fixés. Il en existe 6 : ajustement mutuel, supervision directe, standardisation des procédés, des résultats, des qualifications ou des normes.

**Menace** Les menaces sont les problèmes, obstacles extérieurs, qui peuvent empêcher ou limiter le développement de l'activité de l'entreprise, et qu'il faut tenter de maitriser.

**Ménage** Individu ou groupe d'individus, vivant habituellement sous le même toit, qu'il y ait entre eux un lien de parenté ou non.

**Micro-entreprise** Entreprise individuelle permettant l'exercice d'une activité commerciale, artisanale ou libérale sous une forme simplifiée offrant des avantages fiscaux et sociaux.

**Micro-environnement** Ensemble des partenaires d'une entreprise (clients, fournisseurs, concurrents, etc.) susceptibles d'affecter son action et qu'elle-même peut aussi influencer.

**Mobilité des capitaux** Circulation des capitaux entre les pays.

**Modes de financement** Ensemble des moyens utilisés par l'entreprise pour financer ses investissements et son cycle d'exploitation.

**Monopole** Situation dans laquelle une entreprise est seule, sur un marché, à proposer des biens ou des services. Elle n'est soumise à aucune concurrence.

**Nullité** Sanction de l'absence d'une condition de validité du contrat consistant en l'anéantissement du contrat.

**Objectifs** Résultats qu'une organisation souhaite atteindre.

**Obligation d'information** Obligation, pour un contractant, de communiquer à son cocontractant, les informations susceptibles d'être déterminantes de son consentement.

**Obligation de moyens** Obligation contractuelle en vertu de laquelle le débiteur doit faire tout son possible pour atteindre le résultat attendu par son cocontractant.

**Obligation de résultat** Obligation contractuelle en vertu de laquelle le débiteur s'engage à atteindre un objectif déterminé.

**Obligation de sécurité** Obligation contractuelle en vertu de laquelle le débiteur est tenu d'exécuter son obligation en assurant la préservation de l'intégrité de son cocontractant.

**Offre** Quantité de biens, de services, de force de travail ou de capitaux offerts sur un marché à un instant t.

**Opportunité** Les opportunités sont les possibilités extérieures positives, dont on peut éventuellement tirer parti.

**Pacte de préférence** Engagement d'une personne à proposer prioritairement au bénéficiaire désigné de traiter avec lui pour le cas où elle déciderait de contracter.

**Pacte de stabilité et de croissance** Pacte de discipline budgétaire, signé en 1997, contraignant les pays de la zone euro à coordonner leurs politiques budgétaires nationales et à éviter l'apparition de déficits budgétaires excessifs.

LEXIQUE